성결교회를 중심으로

# 기독교교육과 프락시스

박종석 지음

KSI 한국학술정보㈜

　교회 현장에서, 교단 본부에서, 그리고 신학대학교에서 오랫동안 기독교교육에 몸담으면서 느끼는 것은 기독교교육은 실천지향적이어야 한다는 것이다. 기독교교육의 이론이 아무리 그럴듯하더라도 그것이 실천되지 않는다면 적어도 기독교교육의 경우에는 죽은 이론이다. 그래서 기독교교육의 모든 이론이 살아 움직이기 위해서는 실천을 지향해야 한다.

　기독교교육의 이론이 실천적이라고 할 때 그것이 지향하는 가장 우선되어야 할 곳은 교회다. 교회는 하나님의 선물이고 그곳에 속한 모든 신자들이 함께 그리스도의 몸을 이루어 가야 하는 곳이다. 더 나아가 교회는 기독교교육의 목적인 그리스도를 닮아가는 삶의 현장이기도 하다.

　교회 안에 각양 은사를 가진 지체들이 있듯이 교회 역시 다양한 교파로 나뉘어 자신에게 부여된 사역을 자신의 방식으로 감당한다. 그래서 얼핏 보면 대동소이하지만 교회마다 같은 일을 다른 방식으로 해 나가는 것이다. 그리고 사실 그래야 할 것이다. 유행처럼 같은 일을 똑같은 방식으로 해나가는 레드 오션(red ocean)적 행태는 하나님께서 각 교회에 주신 은사의 활용이라 볼 수 없다.

　성결교회는 한국의 자생교회로 중생, 성결, 신유, 재림의 사중복음을 강조하는 교단이다. 이 책은 그 같은 성결교회의 전통이 무엇이며, 그것을 오늘날 어떻게 살려나갈 수 있는지를 교육적으로 논의한 것이다. 그동안 성결교회와 관련해서 쓴 글들을 모아 정리해 보니 다행히 교육의 목적에서부터 실천과 미래에 이르는 내용들을 체계적으로 정리할 수 있는 양이 되었다.

특정 교단의 교육을 이처럼 한 권의 책으로 묶어내는 시도는 흔하지 않다. 이 책은 우선 그런 면에서 의미가 있을 것이다. 아울러 한 사람이 쓴 글이기는 하지만 교단교육에 관한 역사적 자료로서의 가치가 있을 것이다. 만일 이 글들이 여기 이렇게 한 권의 책으로 묶이지 않았더라면 똑같은 노력을 누군가가 다시 해야 하는 번거로움과 필요 없는 수고를 해야 할 것이다. 또한 이 책의 내용이 완벽한 것은 아니기 때문에 후학들에 의해 더 정교화되면 우리 신앙적 삶의 터전인 교회와 교단의 교육을 더욱 발전시키는 데 기초가 될 수 있을 것이다.

부족하나마 이 책이 이런 내용을 품기까지 여러 분의 도움이 있었다. 저자가 기독교교육을 계속 공부할 수 있도록, 그리고 교단의 교육에 대한 관심의 끈을 놓지 않도록 도와주신 분들이다. 대학원 과정의 학비 전체를 후원해 주신 변원구 장로님, 그리고 기독교대한성결교회 총회본부 교육국에서 모셨던 류재하 목사님께 감사드린다. 교단 본부에서 일하는 동안 나도 모르게 교단 사랑을 배운 것 같다. 그리고 이 책의 상당 부분을 생각하도록 글을 쓸 기회를 준 교육국장 유윤종 목사에게도 고마운 마음을 전한다. 교단교육이 맺어준 강신덕, 강형규, 김덕원 목사와의 인연도 귀하게 여겨진다. 성결교회 창립 100주년을 맞아 구성된 서울신학대학교 성결교회신학연구위원회에서 함께 활동했던 최인식, 정인교, 윤철원 교수 등이 머리에 떠오른다. 수년에 걸친 고된 작업이었지만 추억으로 남을 수 있는 협력과 격려가 감동적이었다. 그리고 교단에서 가장 왕성하게 일할 때, 가장 행복한 시절을 지냈다고 추억하는 우리 가족들, 사랑하는 아내와 현수, 귀연이도 생각난다. 교단은 내게 연인과 같다. 늘 애를 써도 부족한, 그래서 힘이 닿는 한 교단의 교육을 위해서 더 노력을 해야겠다는 다짐을 해 본다.

2008년 초하

박종석

# 목 차

 제1장 성결교회 교육의 본질

# 제2장 성결교회 교육의 유산

 제3장 성결교회의 교육신학

 제4장 성결교회의 교육과정

 # 제5장 성결교회교육의 비전

# 제6장 성결교회의 교육문헌

# 제1장

# 성결교회 교육의 본질

# 제1절 성결교회의 교육이념

"교육이념이란 한 사회의 모든 교육정책, 교육제도, 교육내용 및 교육방법 등을 포함하는 교육의 모든 과정(process)을 지배하는 신념의 체계를 의미한다."[1] 성결교회에서 교육이념 역시 마찬가지이다. 성결교회의 교육이념은 성결교회라는 교단, 또는 신앙공동체 안에서 수행되는 모든 교육 행위의 바탕을 이루며 지향해야 할 방향의 역할을 하는 가치를 말한다.

성결교회에서 교육이념이라는 내용이 공적으로 나타난 때는 2001년『새천년 교육백서』"를 통해서이다. 백서에 따르면 성결교회의 교육이념은 "성결한 삶"이다.

## Ⅰ. 성결한 삶[2]

교육이념은 교육목적의 사상적 기초이다. 성결교회의 교육이념은 성결교회의 특성으로부터 나온다. 성결교회는 복음주의와 웨슬리의 신학적 입장과 사중복음의 정신을 따르고 있다. 무엇보다 복음주의의 특성은 성경에 대한 강조이다. 웨슬리 신학의 특성은 성결이다.

---

1) 이길상, "해방후의 교육", 서울대학교 교육연구소 편,『교육학 대백과사전』(춘천: 하우동설, 1998), 2850.
2) 이하의 내용은 교육백서위원회 편,『새천년 교육백서』(서울: 기독교대한성결교회 출판부, 2001), 16-18로부터 나온 것임.

그리고 사중복음의 특성은 교육적으로 보아 발달론적인 성숙의 특성을 보여준다. 여기서부터 "성결한 삶"이라는 교육이념을 끌어낼 수 있다.


## 1) 성 경

성결한 삶은 복음주의가 강조하는 성경의 기본 정신이다. 한국 성결교회는 복음주의라는 신학사조 위에 서 있다.

> "성결교회의 기본교리는 기독교 개신파가 일반으로 믿는 복음주의니."[3]
> "기독교대한성결교회에서 믿는 교리와 신조는 기독교 개신교파가 일반으로 믿는 복음주의니 이는 신앙의 생명이며 골자이다."[4]

복음주의의 기본 특성은 성경을 하나님의 영감에 의하여 기록된 문서로 보는 것이다. 성결교회는 성경을 하나님의 책이요 신학의 기초요 생활의 표준이 되는 책으로 믿는다.

> "우리 교회의 경전은 성경전서, 곧 구약과 신약이니 이 경전은 하나님의 계시를 받은 자들이 영감에 의하여 기록한 것인즉 이를 하나님의 말씀으로 믿나니 성경은 모든 사람을 구원하기에 넉넉하므로 무릇 성경에 근거하지 않은 신학설(神學說)이나 여하한 신비설이나 체험담은 신빙할 수 없으며 이런 것을 신앙의 조건으로 하거나 구원의 필요로 함을 배격한다."[5]

---

3) 헌법 제6조.
4) 헌법 제13조.

이런 점에서 한국성결교회의 교육은 성경을 철저히 가르칠 것을 요구하고 있다. 이것은 "우리는 사도신경을 신앙의 근간(根幹)으로 하고 성경을 진리의 터전으로 하여 영적인 발전을 도모한다"6)로 보아 확인할 수 있다. 그렇다면 한국성결교회의 교육은 인간이 처한 상황이나 인간의 생활이나 혹은 경험보다는 성경말씀을 기본 골격으로 하는 교육을 펴 나가야 한다. 그런데 성경의 기본 주장의 하나는 거룩, 곧 성결이다.

### 2) 성 결

한국성결교회의 교리는 존 웨슬리(John Wesley)의 신학적 입장을 따르고 있다. 한국성결교회는 그 교리에 있어서나 실천에 있어서 성결을 매우 강조하고 있으며 교단의 명칭으로까지 채택하고 있다.

> "곧 '요한 웨슬리'가 주장하던 [성결]의 도리를 그대로 전하려는 사명하에서 본 교회는 중생, 성결, 신유, 재림의 사중복음을 더욱 힘 있게 전하여, 모든 사람을 중생하게 하며 성도들을 성결한 신앙생활로 인도하여 주의 재림의 날에 티나 주름 잡힘 없이 영화로운 교회로 서게 하려는 것이다."7)

성결은 "그리스도로 말미암아 성령의 세례를 받음이니 곧 거듭난 후에 믿음으로 순간적으로 받는 경험이다. 이 은혜는 원죄에서 정결하게

---

5) 헌법 제5조 1항.
6) 헌법 제4조 3항.
7) 헌법 제8조 후반.

씻음과 그 사람을 성별하여 하나님을 봉사하기에 현저한 능력을 주심이다."[8]

그런데 성결은 과정적인 차원에서 볼 때, 칭의로부터 시작하여 성화에 이르는 전체 과정이기도 하다. 이 과정에서 하나님은 은총을 베푸시고 인간은 그 은총에 대하여 믿음으로 응답함으로써 성결을 이룬다.

"사람이 의롭다 함을 얻음에 믿음이 유일의 조건됨 같이 성결도 오직 믿음으로 얻는 은혜이다."[9]

이런 점에서 한국 성결교회의 교육은 구원의 전체 과정에서 성결을 이루어 가도록 돕는 교육이어야 한다. 뿐만 아니라 웨슬리의 '온전한 사랑'의 개념으로부터 알 수 있듯이, 성결의 수평적 차원인 이웃과의 관계를 보완하여 성결을 삶으로 살도록 해야 한다. 이 같은 성결은 믿음에 의하여 순간적으로 받는 은혜이지만, 평생에 걸쳐 유지해 나가야 할 발달과업이라고 할 수 있을 것이다.

## 3) 성 숙

한국 성결교회는 "창립 당시로부터 중생, 성결, 신유, 재림의 4대 표제를 들어 강조(强調)하여 왔으니 이는 '평강의 하나님이 친히 너희로

---

8) 행 1:4, 5, 15:8, 9, 1:8, 눅 24:49, 헌법 제18조 전반.
9) 롬 5:1, 행 15:8, 갈 3:4, 요일 1:9, 헌법 제18조 후반.

온전히 거룩하게 하시고 또 너희 온 영과 혼과 몸이 우리 주 예수 그리스도 강림하실 때에 흠 없이 보전되기를 원하노라'(살전 5:23)는 말씀에 부합되는 복음이다."[10]

사중복음에는 중생으로 시작되는 성결 외에 신유와 재림의 내용이 있다. 신유는 "신자가 하나님의 보호로 항상 건강하게 지내는 것과 또는 병들었을 때에 하나님께 기도함으로 나음을 얻은 것을 가리킴이니 이 은사는 우리 육신을 안전케 하는 복음"[11]이다. 신유는 신앙이 타계주의적이거나 현세도피적이 되는 것을 막아준다. 신유를 강조함으로써 육신도 안전하게 되는 복음을 강조함으로써 기독교의 구원이 전인적 구원임을 말하고 있는 것이다.

"구약성경의 예언의 중심이 그리스도의 수육탄생(incarnation)이라면 신약 성경의 중심은 그리스도의 재림이라 할 수 있나니 우리는 공중재림(살전 4:16－18)과 지상재림(행 1:11)을 믿는다. 요한계시록은 재림을 전적으로 계시한 성경으로 마지막에 [내가 속히 오리라] 한 말씀이 세 번이나 거듭 기록되었다(계 22:7, 12, 20)."[12]

이 재림은 미래적 사건이지만 현재의 역사와 연결된 장래이다. 그러므로 그리스도의 재림은 "도적 같이 오실" 내일의 사건이지만 그에 대한 기다림과 소망으로서 우리 마음속에 일어나는 '현재적 사건'으로 볼 수 있다. 그러므로 "재림은 신앙생활의 요소이며(살전

---

10) 헌법 제6조.
11) 헌법 제6조3항.
12) 헌법 제6조4항.

3:13) 소망이요(살전 2:19 - 20) 경성이 된다(마 24:44, 25:13)."

이와 같은 중생·성결·신유·재림의 사중복음은 발달단계적 성격을 띤다. 즉 예수 그리스도를 믿음으로 거듭난 신자는 이 세상에서 몸과 마음이 건강한 가운데 구원이 완성되는 우리 주님의 다시 오심을 대망하며 거룩한 삶을 살아간다는 것이다. 사중복음의 발달단계적 특성은 결국 성숙한 신앙인을 목표로 하는 것이다. 구원의 초기 단계라고 할 수 있는 중생을 넘어서 발전된 단계인 성결의 은혜를 맛보는 수준으로까지 나아가면서, 성결을 단순히 내적인 은혜로만 품고 있는 것이 아니라, 전인성의 다른 표현이라고 할 수 있는 신유라는 '삶'으로 나타나도록 하면서도, 최고의 가치를 하나님 나라의 완성인 재림에 두는 성숙한 신앙인의 품격을 지향한다는 것이다.

이런 점에서 한국 성결교회의 교육은 그리스도의 재림을 대망하며 평생에 걸쳐 온전한 몸과 마음을 지니고 살도록 하는 것이어야 한다. 성결교회의 교육에서 처음으로 나타난 교육이념인 "성결한 삶"은 결국 앞에서 언급한 바와 같이 성경을 중심으로 하는 교육, 성결을 이루어 가는 교육, 그리고 성숙을 추구하는 교육이라고 할 수 있다.


## Ⅱ. 성결한 하나님의 사람

성결교회에서 교육이념이 교단적 합의에 의해 나타난 것은 2003년 기독교대한성결교회와 예수교대한성결교회와의 연합기관인 한국성결교회연합회가 개발한 <성결과 비전> 교육과정에서이다.[13] 이에 대해 알아보기 전에 먼저 "성결한 하나님의 사람" 자체, 즉 "성결인"에 대해 먼저 일반적 이해, 성결교회의 이해, 그리고 교육적 이해를 해 보자.

## 1. 일반적 이해[14]

성결인의 일차적 의미는 성결한 사람이다. 성결인을 결과적으로 성결하게 된 사람이라고 한다면 그에 이르는 과정이 전제될 수밖에 없다. 실제로 성결을 하나님께서 시작하신 구원의 과정과 따로 떼어서 생각할 수 없다. 그래서 성결인은 하나님의 목적을 위해 어떤 사람을 불러내어 거룩하게 만드는 과정이라는 의미를 그 안에 포함하고 있다. 그런데 그 과정은 점점 더 하나님과 닮아 가는 과정이라고 할 수 있다. 하나님만이 본질적으로 성결하기 때문에, 사람은 그가 하나님의 존재와 활동의 영역 안에 있는 정도에서만 성결할 수 있다. 성결인은 하나님을 떠나서는 존재할 수 없는 하나님의 인간에 대한 성결의 은혜를 받은 사람이라고 할 수 있다.

성결인은 크게 두 가지 의미를 지닌다. 하나는 인간 본성의 차원에서 세속적 본성으로부터 거룩한 본성으로의 전이(轉移)라고 할 수 있다. 이 전이는 그리스도에 의해 완전히 성취되었다(고전 1:30). 다른 하나는 성결의 은혜를 받은 자가 마땅히 책임져야 할 삶의 모습

---

13) 한국성결교회연합회 편, 『성결과 비전 교육과정』(서울: 기독교대한성결교회 출판부; 예수교대한성결교회 출판부, 2003), 25.

14) 이하의 내용은 박종석, "성결인", 『성결교회 신학용어사전』(서울: 기독교대한성결교회 출판부, 2005), 175－177로부터 나온 것임.

이다(롬 6:19-22; 살전 4:3-4; 히 12:14). 하나님께서 성결케 한 사람은 하나님이 거룩한 것처럼 거룩하도록 부름을 받았다(레 19:2, 20:26; 벧전 1:15-16). 이런 의미에서 성결인은 종말론적인 존재이다. 그는 이미 그가 결국 되어야 할 그것이다. 그럼에도 불구하고 그는 그의 변화된 본성을 세계 안에서 적절하게 이루어 나갈 필요가 있다.

지위와 목적으로서의 성결인은 신학적 성격에 따라 상이한 의미를 지닌다. 개신교에서 성결인은 신앙을 통해 하나님의 은혜에 의해 의롭게 되면서 시작된 구원 과정의 연속선상에 있는 자이다. 가톨릭과 동방정교회는 의인과 성결인을 구태여 구별하지 않는다. 물론 기본적인 구원의 은사와 인간 본성의 계속적인 변화 둘 다를 설명하기 위해서는 후자를 선호한다. 동방정교회는 사람이 성결하게 살 수 있다는 성결인의 개념을 가장 분명하게 표현한다. 왜냐하면 그는 "신성한 성품에 참여하는 자"이기 때문이다(벧후 1:4). 그러나 정도 면에서 성결인에 대한 합의는 없다. 존 웨슬리(John Wesley)와 성결운동에서는 완전한 성결인을 주장한다. 그 밖의 개신교파들에서는 성결한 사람이 되어 가는(고전 1:2; 히 2:11, 10:14) 과정에 있는 자라도 하나님에게 또는 하나님을 위해 끌리기보다는 하나님으로부터 분리되고자 하는 죄의 성향이 강하다는 현실을 들어 완전한 성결인에 대해 소극적이고 부정적이다. 전체적으로 기독교는 성결인의 가능성을 하나의 은사로서 기독교인의 지위로 인정하지만 온전한 성결인임을 증거하는 전적인 성결 생활의 가능성에 대해서는 다소 회의적이라고 할 수 있다.

## 2. 성결교회의 이해

성결인은 성결한 사람의 내용을 말한다. 성결교회에서는 성결에 대해서는 말해왔지만 성결의 내용에 대해서는 구체적으로 말하지 않았기 때문에 성결인에 대해서 잘 알 수 없다. 그 이유는 성결을 성결인과 동일시해서 구태여 성결인에 대해 언급할 필요를 못 느꼈을 수 있다. 즉 성결을 체험한 사람을 성결인이라고 한다면 그런 태도가 나올 수 있다. 그럼에도 불구하고 성결교회가 성결인을 무엇으로 보고 있는지는 우선 살펴볼 필요가 있다.

성결교회에서는 무엇보다 성결인을 '성결교회의 신자'라는 뜻으로 흔히 사용했다. 교단을 중심으로 한 일치가 요구될 때 성결교회의 일반신자들을 가리켜 성결인이라고 부르고 있다. 마치 '○○교회 신자'라고 하는 식이다. 그런 면에서 이 성결인이라는 말은 다른 집단과 구별하기 위한 특정집단의 차별적 의도를 가진 정치적 용어라고 할 수 있다.

다음으로 성결교회는 기준의 모호성에도 불구하고 일반적으로 신앙이 좋다고 여겨지는 인물을 성결인으로 지정하여 본받도록 하고 있다. 그와 같은 인물들에는 교단 내 각계인사가 포함되지만 목회자와 전도자의 비중이 크다. 그러나 종종 사회에 끼친 공로가 큰 이들을 성결인으로 보기도 한다. 이런 유의 성결인들에는 사회적으로 성공한 평신도들이 주류를 이룬다. 이와 같은 성격의 성결인은 신앙으로 역경을 이기거나 신앙의 힘으로 교회와 사회에 큰 영향력을 끼친 사람이라고 정의할 수 있겠다.

그러나 성결인을 본질적인 차원에서 정의하려는 시도도 있다. 이에 따르면 성결인은 하나님의 말씀의 기준과 원리와 규범을 따르는 자이다. 그는 세상의 그 어떤 것도 아닌 하나님의 말씀의 통제를 받으며 사는 자이다. 그런 까닭에 그는 세상과 구별된 삶을 사는 자가 될 수밖에 없다.

> "성결한 삶이란 세상으로부터 구별되어 하나님께 속한 삶을 의미한다. 성결을 체험하는 일은 중요하다. 그러나 성결의 은혜는 이 세상에서의 성결한 삶을 향한 소명이다. ……성결한 삶이란 타락한 세상 풍속, 세상 문화, 세상 가치관으로부터 구별된 하나님의 법으로 살아가는 삶이다. ……세상과 격리된 것이 아니라, 세상에 있으나 세상에 속하지 아니하고, 세상과는 구별된, 그리하여 진리에 속한, 진리로 거룩하게 된 자이다."[15]

그러나 하나님의 말씀을 따라 사는 삶이나 세상과 구별되어 하나님께로 향한 삶은 성결의 별칭인 '사랑'으로 형상화된다. 그리스도인의 완전으로서의 성결인은 사랑하는 자이다. 이 사랑은 두 차원에서 표현된다. 하나는 하나님 사랑이고 다른 하나는 이웃 사랑이다. 그런데 하나님 사랑의 표현이 이웃 사랑이다. 그러므로 하나님 사랑과 이웃 사랑은 별개의 것이 아니며 하나이다. 여기서 우리는 성결인을 주로 내적으로 이해하려 했던 성결교회의 이해를 넘어 삶의 차원을 충분히 수용해야 함을 인식하게 된다.

이와 같은 차원에서 성결인은 성결교회의 교인이라는 일반적 의미에서 성결교회의 배경을 이루는 복음주의, 웨슬리 신학, 사중복음을

---

15) 이강천, "성결인은 이런 삶을 지향합니다", 「활천」 559(2000), 18-19.

충실히 살아내는 자야말로 성결인이며, 이들을 통해서 교단 고유의 정체성이 드러나게 된다.

하나의 인간으로서 성결인은 여러 차원을 가지며 이는 성결인 논의에서 고려되어야 할 것이다. 성결인은 성결하게 되어 가는 과정에서 여러 가지 차원들을 실현해야 하는 과제들이 있다. 특히 교육적 차원에서 성결인은 기독교교육의 이념에 해당하는 내용으로서 성결인이 되어야 할 전 세대의 신자들에게 실현 가능한 구체적 내용으로 해석되고 적시되어야 한다. 이와 같은 점들을 고려할 때 성결인의 내용은 구체적으로 다음과 같이 제안할 수 있다:

성경을 하나님의 말씀으로 믿고 따르는 사람: 가치관
1. 성경은 삼위일체 하나님에 관한 말씀임을 안다.
2. 성경을 기독교인의 신앙과 생활의 규준으로 받아들인다.
3. 성경은 하나님의 영감으로 기록된 말씀임을 믿는다.
4. 하나님은 성경을 통해 말씀하심을 경험한다.
5. 성경을 해석하기 위해 이성, 전통, 경험이 이용될 수 있다.
6. 개인, 교회, 그리고 사회의 일에 대해 성경적 가치관에 따라 판단한다.

예수 그리스도를 믿음으로 거듭나는 사람: 구원관
1. 예수는 그리스도이심을 믿는다.
2. 예수께서 십자가에서 인류의 죄를 대속하셨음을 믿는다.
3. 구원은 오직 예수를 믿음으로 오는 것임을 인정한다.
4. 구원의 효과는 죄의 용서와 하나님의 양자 됨임을 믿는다.

하나님의 은총에 의지하여 성결한 생활에 힘쓰는 사람: 신앙관

1. 하나님의 은혜로 말미암아 믿음으로써 거듭날 뿐만 아니라 거룩을 체험한다.
2. 이 땅에서 사는 동안 온전한 성결, 곧 온전한 사랑의 은혜를 추구한다.
3. 신앙생활의 기본은 하나님의 말씀인 성경과 기도임을 안다.
4. 교회를 중심으로 신앙생활을 한다.
5. 교회가 그리스도를 머리로 하는 몸의 역할을 잘하도록 돕는다.

하나님의 나라를 이루기 위해 힘쓰는 사람: 생활관

1. 신자의 삶의 근본은 하나님 사랑과 이웃에 대한 사랑임을 안다.
2. 불신자의 구원을 위해 복음을 전도한다.
3. 그리스도인으로서의 품위를 유지한다.
4. 구제에 힘쓴다.

그리스도의 재림을 대망하는 사람: 역사관

1. 믿는 자에게는 소망이며 불신자에게는 심판인 예수 그리스도의 재림을 믿는다.
2. 역사는 하나님의 창조로 시작되었으며 예수 그리스도의 다시 오심으로 종말을 맞는다는 것을 믿는다.
3. 역사의 종말에 만물의 회복을 희망하며 창조질서의 보전을 위해 힘쓴다.
4. 역사를 주관하시는 하나님의 사역에 동참자가 된다.
5. 그리스도인의 몸이 다시 사는 것과 영원히 사는 것을 믿는다.[16]

이와 같은 성결인은 목회의 목적이며 교육의 목표이기도 하다. 목회에서 신자들에 대한 돌봄 이상으로 중요한 사역은 없다. 여기서 신자들 돌봄의 사역의 목표는 성결한 사람으로의 양육이라 할 수 있을 것이다. 목회가 성결인을 목적으로 한 포괄적 성격의 양육이라면, 교육은 좀 더 계획적이고 의도적이다. 교육의 목표는 항상 인간이었다. 교육이라는 전반적 체계의 최상위 개념인 교육이념이 주로 '○○인' 등으로 표현되는 것은 바로 이 때문이다. 따라서 성결교회의 교육의 특성이 무엇이든 그 모든 것은 성결한 사람, 즉 성결인으로 교육해내는 것에로 모아져야 한다.

## 3. 교육적 이해

<성결과 비전> 교육과정에 나타난 "성결한 하나님의 사람"은 디모데전서 6장 11절로부터 나온 것이다.[17] 성결교회는 내적, 외적인 면에서 거룩을 추구한다.[18] 내적인 거룩함은 예수 그리스도 안에 나타난 하나님의 사랑을 우리 안에 이루는 것이며, 외적인 거룩함은 하나님의 나라를 세계 안에 세우는 것이다. 성결을 우리 안에 이루고 세우는 일은 순간적 성결인 성령의 세례와는 구별해야 한다. 이 성결은 하나님의 선물이지만, 교육은 이 성결의 성숙을 위한 시도를

---

16) 박종석, "성결교회의 교육목적", 한국성결교회연합회 편, 『성결과 비전 교육과정』(서울: 기독교대한성결교회 출판부, 2003), 31.
17) "오직 너 하나님의 사람아 이것들을 피하고 의와 경건과 믿음과 사랑과 인내와 온유를 좇으며."
18) 이하의 내용은 박종석, "성결교회의 교육목적", 한국성결교회연합회 편, 『성결과 비전 교육과정』, 25로부터 나온 것임.

해야 한다. 교육 이념으로서의 성결은 교육의 궁극적 목적을 말한다.

교육의 우선적 목적은 사람이다. 어떤 성격의 사람을 형성하느냐가 교육의 목적을 이루어야 한다. 다른 내용을 교육의 목적으로 설정한다고 할지라도 그 목적을 성취해야 할 사람을 문제 삼지 않을 경우 교육의 목적은 허구가 되고 목적을 이루어야 할 인간은 위선적이 된다. 따라서 우리 교회는 인간이 교육의 궁극적 목적이어야 한다고 생각하고 그것을 "성결한 하나님의 사람"으로 정했다.

"성결한 하나님의 사람"은 이상적 인간이다. 일반적으로 도덕적으로 완전한 인간을 이상적으로 생각하기 쉽다. 교육학적으로는 지ㆍ정ㆍ의의 조화를 이룬 인간을 이상적으로 보기도 한다. 이것들은 인간적 차원만을 고려한 것이다. 성결한 사람은 인격적이고 전인적일 뿐만 아니라 하나님과의 관계에서 그 모든 것을 통합한 인간이다.

즉 "성결한 하나님의 사람"은 신앙적 인간이다. 신앙은 지적으로 믿는 것이고, 정적 신뢰이며, 행함이다. "성결한 하나님의 사람"은 교회가 믿어 온 전통의 내용을 알며, 하나님의 신실하심과 은총의 능력을 신뢰하며, 이웃을 내 몸처럼 사랑함으로써 하나님을 사랑한다. 그에게서 이 세 차원은 균형을 이루어 신앙의 인격을 형성한다. 그는 신앙의 인격으로 세상을 살아가는 사람이다.

그렇다고 "성결한 하나님의 사람"이 이상적이고 추상적인 사람은 아니다. 그는 역사적 인간이다. 그는 이 세계 안에서 살아가는 사람이다. 이 세계는 그의 삶의 터전이며 하나님의 나라를 위한 일터이다. 그래서 그는 이 세계에 관심을 갖고 그것을 변화시키려고 한다. 그의 사역의 범위는 인간과 인간의 역사, 자연과 환경 전체를 포함한다. 그는 인간과 자연의 세계를 하나님의 뜻에 일치하도록 변화시키려고 애쓰는 자이다.

## Ⅲ. 사회적 변화와 시대적 요구에 대응하는 교육이념

성결교회의 교육이념인 "성결한 삶"과 "성결한 하나님의 사람"이란 두 가지 교육이념에 대해서 그 내용을 살펴보았다. 이제 그 교육이념들이 교육이념 본래의 기능을 하고 있는지 검토해 보자. 교육이념을 평가하는 기준은 두 가지이다.[19] 하나는, 특정 공동체의 모든 교육적 행위의 방향을 제시하는 구체적 의도를 내포하고 있느냐는 것이고, 다른 하나는, 따라서 교육이념은 모든 교육적 행위의 결과에 대한 평가의 준거가 되는 사회·윤리적 가치체계를 드러내야 한다는 것이다. 이 같은 기준에서 성결교회의 교육이념을 평가해 보자. 먼저 교육이념의 구체성이다. 성결교회의 교육이념인 "성결한 삶"과 "성결한 하나님의 사람"은 비교적 구체적이라 할 수 있다. 성결교회의 교육이 지향해야 할 방향을 구체적으로 '성결'로 말하고 있으며, 성결의 삶과 성결한 인간으로 형성되어야 할 것을 말하고 있다. 성결교회라는 신앙공동체의 성격을 '성결'이란 말로 분명히 말하고 있다는 점에서 구체적이다. 둘째, 이와 같은 '성결'의 교육이념은 교육적 행위의 결과에 대한 평가기준이 되는 가치체계를 드러내고 있느냐는 점이다. '성결'은 성결교회의 교육행위가 성결한가라는 평가의 기준을 담은 가치라고 할 수 있다. 물론 '성결'이란 교육이념이, 교육이

---

19) 이길상, "해방후의 교육", 2850.

념이 지배해야 할 교육정책, 교육제도, 교육내용 및 교육방법 등에서 교육제도와 교육방법 등을 평가할 수 있는 기준의 역할을 할 수 있는지는 의문이다. 성결의 내용과 성격을 지닌 교육제도와 교육방법이 무엇인지는 모호하고 현실성이 없기 때문이다. 그러나 교육제도와 교육의 방법에 대해서는 어느 교육이념이나 어느 정도는 구체성을 결여하고 있기 때문에, 이것을 이유로 교육이념을 부적절하다고 말할 수는 없을 것이다.

"성결한 삶" 교육이념이 '삶'에 초점을 두었다면, "성결한 하나님의 사람" 교육이념은 그 삶의 주체를 규정했다는 데서 "성결한 삶" 교육이념보다 구체적이다. 이것은 당연하다. 교육이념은 일반적으로 교육이 추구해야 할 최종적 산물로서의 바람직한 인간상의 표현이기 때문이다.[20]

보다 발전적인 성결교회 교육이념의 진술을 위해서 생각해 보아야 할 문제는 여타 신앙공동체의 경우에서와 같이 교육이념과 사회와의 관계이다. 오늘날과 같은 정보화, 포스트모던, 그리고 세계화 시대에 그것이 비록 종교적인 것이라 하더라도 시공을 초월하여 추구할 수 있는 단일성을 본질로 하는 인간상을 전제로 한 교육이념이 존재하느냐 하는 것이다. 성결교회 신앙공동체가 유지해야 하는 전통적 교육이념과 변화하는 사회가 요구하는 교육이념 사이에는 갈등이 있다. 이 갈등 관계의 해결은 교회와 사회의 관계를 갈등이 아니라 긴장 관계로 전환시킬 수 있는 교육이념의 정립을 통해서 가능할 것이다. 사회는 간단없이 변화되고 있으며 그에 따라 다양한 요구들이

---

20) *Ibid.*

표출되고 있다. 교육이념은 이 사회적 변화와 시대적 요구와 성실한 상호작용 안에 있어야 한다. 그럴 때, 교육이념은 현실의 교육을 통제할 수 있을 것이고, 미래의 교육 방향을 제시할 수 있을 것이다.

# 제2절 성결교회의 교육목적

## Ⅰ. 교육 목적의 변천[21]

교단의 교육목적의 태동은 주일학교연합회로부터 왔다.

1964년 주일학교전국연합회는 교단 교육의 목적 제정을 촉구하는 의미에서 사중복음을 토대로 한 '기독교교육의 표준'을 제시하였다. 그리고 그 내용으로 예배·윤리·정서를 항목별로 나누어 놓았다.

"기독교교육의 목적은 피교육자로 하여금 성서의 교훈과 교회의 문화재를 통하여 하나님을 알게 하고 하나님의 자녀로서 예배를 드리며, 예수 그리스도를 믿어 구원에 이르게 하고, 성령의 도우심으로 기쁨 가운데 교회의 모임에 참여하며, 예수 그리스도를 본받아 봉사하며, 주 예수 재림의 소망 가운데 신앙의 사람으로 온전케 하려 한다."

그 후 이를 모태로 우리 교단의 교육 목적은 1969년 4월 제24차 총회에서 다음과 같이 승인되었다.

"기독교교육의 목적은 사람들로 하여금 예수 그리스도를 통하여 자기를 나타내 보이시며 우리를 찾으시는 하나님의 사랑을 깨닫고 믿음과 사랑으로 그를 섬기는 가운데 자기와 처하여 있는 형편의 의미를

---

21) 이하의 내용은 박종석, "교육목적", 『새천년 교육백서』(서울: 기독교대한성결교회 출판부, 2001), 19−21로부터 나온 것임.

깨달으며 새 사람으로 거듭나며 하나님의 자녀로서 교회 안에 뿌리를 박고 자라나며 성령 안에서 살며 이 세상에서 그리스도의 제자 된 도리를 다하여 그리스도의 다시 오심으로 이루어지는 영생의 소망 가운데 살 수 있도록 도와주려는 것이다."

그런데 위의 내용은 유감스럽게도 미국의 미국 기독교교회협의회(N.C.C.)의 주관하에 복음주의를 표방한 미국과 캐나다의 16개 교단이 연합으로 참여해서 연구 개발한 C.C.P.(Cooperative Curriculum Project: A Curriculum Plan)로 통하는 협동교육과정 계획안에 나타난 교육목적[22]을 거의 그대로 번역한 것이어서 성결교회의 전통과는 거리가 있었다.[23]

따라서 교단의 기독교교육 목적은 다시 정립될 필요가 있었다. 그래서 만들어진 교육목적문은 아래와 같은 것으로, 1977년 제32회 총회에서 인준되었다.

"교육의 목적은 모든 사람들로 하여금 성서를 통하여 보여주신 하나님의 부르심에 응답하여 하나님을 알고, 예수 그리스도를 믿음으로 거듭나며, 성령의 도우심으로 성결한 그리스도인이 되어 사랑의 공동체인

---

22) "기독교교육의 목적은 모든 사람들로 하여금 하나님의 자기 계시, 특별히 예수 그리스도 안에서 계시하신 구속의 사랑을 통하여 하나님을 알게 하고, 믿음과 사랑으로 이에 응답게 함으로써, 그들이 누구이며 그들 자신이 처한 형편이 어떠한지를 알고, 기독교 공동체 안에 뿌리를 둔 하나님의 자녀들로 성장하며, 모든 관계를 성령 안에서 유지하면서 세상 속에 주어진 공통된 제자직을 수행하고 기독교적 소망 안에서 살아가도록 하는 데 있다."
23) 이정근, "한국성결교회의 교육적 특징과 방법", 「신학과 선교」4, (부천: 서울신학대학교 출판부, 1977).

교회를 섬김으로 하나님을 영화롭게 하며, 이 세상을 구원하시는 하나
님의 역사에 동참하여 복음을 전하고, 이웃을 사랑하며, 영육을 건강케
하시는 성령과 함께 살면서, 소망스러운 삶을 살도록 도와주려는 것이다."

그러나 이 목적문 역시 먼저의 목적문과 맥을 같이하고 있음을
알 수 있다. 그러나 이전까지 교단 기독교교육 목적문의 문제점은
우리 교단의 교육이념의 전제 없이 정해졌다는 것이다. 이 같은 문
제점을 극복하기 위해서 우리 교단의 이념을 담은 교육목적의 제정
이 필요하게 되었다.

## Ⅱ. 교육의 목적(안)

교육의 목적은 교육의 이념으로부터 나온다. 앞에서 언급했듯이
우리 교단은 복음주의와 웨슬리 신학, 그리고 사중복음의 전통에 서
있다. 이와 같은 전통들로부터 교단의 교육이념을 성경, 성결, 그리
고 성숙으로 추출해 낼 수 있었다. 이와 같은 내용을 근거로 하여
우리 교단의 교육목적은 다음과 같이 말할 수 있을 것이다.

"교육의 목적은 예수 그리스도를 믿음으로 거듭나서 그리스도의 몸
인 교회를 이루어 하나님의 말씀인 성경을 배우고 성령충만하여 성결
한 삶을 살면서 하나님의 나라를 이루기 위한 그리스도인으로서의 책
임을 다 하면서 다시 오실 예수 그리스도를 소망하며 살도록 하는 데
있다."

## Ⅲ. 교육목적의 정립

성결교회의 교육목적은 앞에서와 같은 과정을 거쳐서 2003년 새로운 교육과정인 「성결과 비전」의 작성을 위한 준비과정에서 새롭게 태어났으며, 이 교육목적은 기독교대한성결교회와 예수교대한성결교회의 2003년 97년차 총회에서 통과되었다. 그 내용은 다음과 같다.

"성결교회의 교육목적은 사람들로 하여금 성령의 은혜를 체험하는 가운데 예수 그리스도를 믿음으로 구원에 이르게 하고, 하나님의 말씀을 따라 성결하게 살면서 건강한 몸과 마음으로 다시 오실 예수 그리스도를 기다리며, 신앙 공동체의 주역으로서 이웃에게 복음을 전하여 하나님 나라를 이루어 가도록 돕는 것이다."

이 교육목적문은 교육이념을 구현하기 위한 방향을 제시하기 위하여, 성결교회가 지향하는 복음주의와 웨슬리 신학, 그리고 사중복음을 배경으로 하는 동시에, 전인성을 추구하는 교육적 차원을 포함하고 있다.24) 교육목적문이 의미하는 내용들은 다음과 같다.

### 1. 믿음을 통한 중생의 구원

믿음으로 거듭남을 통하여 구원받은 자로서의 삶에 들어서게 된

---

24) 이하의 내용은 박종석, "성결교회의 교육목적", 한국성결교회연합회 편, 『성결과 비전 교육과정』(서울: 기독교대한성결교회 출판부; 예수교대한성결교회 출판부, 2003), 26－32로부터 온 것임.

다. 하나님께서는 여러 시대에 여러 모양으로 인간을 구원하시기 위해 힘쓰시다가 이 마지막 때에 독생자 예수 그리스도를 죄 있는 육신의 모양으로 세상에 보내셨디(롬 8:3). 그리므로 누구든지 그를 믿으면 멸망치 않고 영생을 얻게 된다(요 3:16).

구원은 오직 예수를 믿음으로만 온다는 복음의 내용은 예수께서 인간의 죄 때문에 대신 죽으심으로 인간의 모든 죄가 사해졌으며, 의롭게 여김을 받게 되었다는 것이다. 또한 예수께서 사망을 이기고 부활하셨기 때문에 믿는 자는 영생을 누리게 된다.

중생과 관련해서 학습자들은 각자 여러 가지 경험의 양태로 받은 구원의 이유와 내용에 대해서 알고, 구원에 대해 감사하며 구원받은 자로서 정체성을 확립하여 살아가도록 도움을 받아야 한다. 이때 믿음은 전인적인 것임을 감안하여 구원의 도리에 관한 사실과 그 사실이 마음에 수용될 수 있는 정서적 신뢰가 균형을 이루어야 한다. 더 나아가 구원의 도리를 생활 가운데서 실현할 수 있어야 한다.

## 2. 교육의 장으로서의 신앙공동체

예수 그리스도를 머리로 하고 믿는 자들을 지체로 하는 유기체로서의 신앙공동체인 교회는 기독교인의 삶을 훈련하는 배움의 터전이다. 교회는 하나님께로부터 부름을 받은 사람들의 모임이다. 따라서 교회는 인간적인 조직이 아니라 신적인 공동체이다. 이 공동체의 머리는 예수 그리스도이시다. 그러므로 교회는 예수 그리스도를 중심으로 주어진 사명을 다해야 한다. 복음을 전파하며, 모든 사람을 가르치고 제자를 삼아 하나님의 뜻대로 살도록(마 28:19-20) 돕는 일은 모두 예수 그리스도를 중심으로 이루어져야 한다.

교회는 케리그마, 디다케, 코이노니아, 디아코니아, 레이투르기아 등의 기본적인 사명을 갖는다. 이 같은 사명들을 예수 그리스도를 중심으로 수행되어야 하되 그것들이 학습자들을 대상으로 할 때, 교육을 중심으로 통일성을 이루어야 한다. 즉 디다케는 교회의 한 사명이면서 내용적인 면을 떠나서 교회의 사명들이 학습자들에게 교육될 수 있도록 하는 촉매의 역할을 해야 한다는 것이다.

교회의 교육은 그것이 신앙공동체에서의 가르침이라는 점을 고려할 때 일반 학교식의 교육체제와 방식과는 다른 성격을 띠어야 한다. 교회의 교육이 신앙교육이라는 점을 감안할 때, 발달 등 교육적 고려가 숨겨진 의도로 스며들어 있으면서도, 교회 전체가 교회의 사명을 수행하는 모범을 통해 교육자가 되고 성장세대가 그것들을 모방하는 비형식적 교육이 이루어져야 한다.

교회를 교육공동체로 인식한다는 것은 교육이 교회학교의 일만이 아니라는 것, 그리고 교회학교의 사명은 우선은 선교가 아니라 교육이라는 사실에 대한 분명한 확인을 의미한다.

## 3. 기독교적 삶의 표준으로서의 성경

신자들의 생활 지표는 성경이고, 그 뜻을 이루기 위해서는 하나님의 인도와 그에 대한 순종이 필요하다. 어느 교파이든 성경은 가치의 기준이 되며, 행위의 준거가 된다. 문제는 성경을 어떻게 보느냐이다. 성경은 역사적 문서나 책(book)이 아니라 하나님의 말씀이고 경전(canon)이다. 하나님의 말씀으로서의 성경은 인간의 참된 삶을 위한 길잡이가 된다. 성경에서 벗어나는 어떤 것도 잘못된 것이다.

중생한 신자는 하나님의 자녀로서 아버지 하나님의 뜻을 알기 위해 성경으로부터 그 말씀을 들어야 한다. 그러나 성경은 오늘날과는 다른 문맥에서 쓰였기 때문에 해석과 설명이 필요하다. 성경의 해석에는 건전한 신앙이 전제되어야 한다. 그리고 그 내용을 가르치기 위해서는 교육적 내용을 알아야 한다. 성경에 대한 가르침에는 신앙과 학습자에 대한 이해가 모두 필요하다. 이와 같은 조건들이 갖추어져서 성경은 교육적으로 해석되어야 한다. 성경의 본래 뜻은 바뀌지 않으나, 교육적 상황, 즉 학습자, 교사, 환경 등을 고려하여 소화하기 쉬운 부드러운 음식으로 요리해야 한다는 것이다(고전 3:2).

성경 교육에는 본래 의도와는 달리 지식화하여 가르치는 일반교육과 달리 본성적으로 영혼에 호소하는 차원이 있다. 성경은 그 내용이 육화될 때 학습자에게 호소력을 갖는다. 그래서 성경을 가르치는 교사는 성경의 학습자가 되어 자신이 그 말씀대로 살면서 다른 학습자를 가르쳐야 한다. 즉 성격 교육에서의 교사는 학습자이면서 교사이다. 학습자로서의 교사는 학습자가 삶의 기준으로서의 성격을 따르도록 하는 모범이 되기 때문에 매우 중요한 비중이 있다.

## 4. 신앙생활의 목표로서의 성결

신자는 성령의 은혜로 성결하게 되며, 말씀과 기도로 거룩한 인격을 소유한다. 신자는 예수 그리스도를 믿어 거듭나는 것으로 그치는 것이 아니다. 신자에게 중생은 시작에 불과하다. 신자의 목적지는 성결이다. 중생은 성결의 문턱이며 하나님의 완전에로의 도정(道程)이 앞에 있다.

성결은 전적인 성령의 은혜이다. 성결은 사람의 노력으로 이루어지는 것이 아니라 하나님께서 주시는 선물이다. 하나님의 선물인 성결은 믿음을 갖고 그것을 구하는 자에게 주신다. 그런데 성결을 유지하는 것은 인간 스스로 노력이 필요하다. 신자는 성결하기 위해 하나님의 말씀을 가까이 하며 기도를 통해 하나님께 나아가야 한다.

신자유주의의 물결이 교육에서 경쟁심을 강화시키고 있는 현실에서 기독교교육의 목적은 양적 소유가 아닌 질적 삶이어야 한다. 거듭난 신자는 자기 삶의 목적을 온전한 구원에 두어야 한다. 성결만이 그에게 구원과 행복과 의미를 주기 때문이다.

성결을 위한 교육은 삶의 목적으로서의 성결뿐만 아니라, 말씀과 기도에 대한 훈련을 포함한다. 말씀은 성결의 내용이 무엇인지를 알 수 있는 자원으로서, 기도는 성결의 외적 표현인 사랑의 실천으로 이어지도록 하는 계기가 되어야 한다.


## 5. 몸과 마음을 강건하게 지키는 생활

우리는 몸을 통해 이 세상에서 하나님을 위해 살아간다. 몸은 하나님으로부터 온 것이다. 그렇기에 우리는 먼저 몸을 소중한 것으로 인정해야 한다. 몸의 주인이 내가 아닌 하나님이시기에 우리는 우리의 몸을 청지기로서 보살펴야 한다. 우리의 몸이 하나님으로부터 유래되었다는 사실은 간혹 우리의 몸이 병들었을 때 하나님께 몸이 낫기를 위하여 간구하는 근거가 된다. 몸을 치료하는 의약이 있으나 완전한 치료는 하나님에 의해서 이루어진다.

오늘날 일반적인 견해에 따르면, 몸은 정신과 따로 분리되어 별개로 존재할 수 없다. 그래서 인간 전체를 몸으로 말하기도 한다. 따라서 우리가 몸에 대해 말할 때, 정신까지도 연루되며, 몸의 건강을 말할 때, 정신의 건강도 말하고 있는 것이다.

기독교교육은 인간의 전인을 추구한다. 따라서 성결교회가 말하는 사중복음에서의 신유는 기독교교육의 목적이 될 수 있다. 기독교교육의 목적으로서의 신유는 첫째, 우리 몸이 하나님으로부터 나왔다는 사실을 알고, 귀하게 여길 수 있도록 돕는 것이고, 둘째, 그릇된 현대의 사조들을 성경적 관점에서 비판할 수 있는 능력을 배양하는 것이다.

## 6. 선교를 지향하는 생명력 넘치는 청지기적 삶

온전케 된 자의 우선적 사명은 복음의 전파이고, 그것은 개인적 전도와 청지기적 생활을 통해 이루어진다. 신자의 사명 중의 하나는 선교적 삶이다. 선교적 삶의 하나는 복음을 전파하는 전도의 삶이다. 신자는 자기를 구원해 주신 예수님께서 타인의 생명도 구원해 주신다는 기쁜 소식을 알려야 한다. 복음 전파는 말로만 하는 것은 아니다. 신자의 삶 자체가 복음의 표현이 될 때, 그것은 선포가 될 수 있다.

교육과 선교는 다르다. 그럼에도 불구하고 선교는 신자의 본질적 사명이기 때문에 교육에서 배제되어서는 안 된다. 오히려 선교가 무엇이고 어떻게 할 수 있는지를 가르쳐야 한다. 선교에 대한 가르침은 그 실천적 특성상 시범, 실습, 견학 등의 실제적 방법을 사용하여 가르칠 수 있다.

더 나아가 신자의 삶 자체가 선교적 삶이어야 한다. 학습자가 무슨 일을 하든 그것을 통해 예수 그리스도로 말미암는 구원의 복음을 전할 수 있는 계기가 되어야 한다.

그와 같은 선교적 삶의 기본 성격은 섬기는 삶이다. 예수님의 대속적 사역 역시 섬김의 삶의 전형이다. 예수님은 우리를 구원하는 데 만족하지 않고 우리가 신자로서의 의무를 다하기 원하신다. 그 삶은 본질적으로 섬기는 삶으로 신자의 구체적 삶의 현장에서 행해져야 하는 삶이다.

## 7. 다시 오실 예수님

예수님은 이미 오신 주님이시만, 앞으로 다시 오실 주님이시다. 예수님의 다시 오심은 옛 세상에 대한 심판과 새로운 세상의 도래를 가져온다. 그렇기 때문에 예수님의 재림은 허구적 상상이 아니라 엄연한 현실이다. 예수님은 재림하셔서 세상을 심판하신다. 세상을 심판하실 분은 오직 예수님이시다. 인간은 심판할 수 없으며 심판받을 수 있을 뿐이다. 예수님은 세상 사람들을 심판하시며 그들이 한 행위에 대해 판단을 내리실 것이다. 세상의 어느 누구도 어떤 이유로도 그 심판을 피할 수 없다. 특히 불신앙은 영혼의 버림받는 벌을 현실적으로 겪게 될 것이다.

그러나 예수님의 재림은 옛 세상의 종말이지만 새로운 세상의 시작이기도 하다. 예수님의 재림으로 이루어질 새로운 나라는 질적으로 기존의 세상과는 다른 것이다. 그 세상은 물질적·환경적 변화와 더불어 신자의 영적 완전함이 이루어지는 나라이다. 자연 세계는 거듭나서 새로워지며, 불완전하던 성결은 영화를 체험하게 된다. 예수님의 재림으로 이루어질 세상은 이전에도 없었고 앞으로도 없을 만 일회적(once for all) 사건이다. 그렇기 때문에 그 세상은 말할 수 없이 귀하며, 귀하기 때문에 대망해야 할 나라이다.

예수님의 재림은 역사적이다. 예수님의 재림 사건은 인간 세계의 시·공간을 뚫고 들어오는 하나님의 시간이지만 역사적이다. 성경에서 예언된 재림은 인간에게 비현실적으로 보일지 몰라도 하나님의 현실에서는 지극히 자연스러운 것이다. 재림의 사건은 인간이 진리로 여기는 과학 너머의 현실로서 인간의 확신의 오류와 무지를 드러내는 현실이 될 것이다.

기독교교육은 사람들이 다시 오실 예수님을 선취하여 그 앞에서 결단하는 삶을 살도록 도와야 한다. 다시 오실 예수님의 심판을 받아야 할 우리의 삶은 다른 사람과의 삶이 아니라 나 자신의 단독적 삶이다. 그 삶은 주님의 재림을 대망하는 신앙의 삶이어야 할 것이다. 인간은 오직 다시 오실 주님 앞에서의 삶을 살 뿐이다.

기독교교육은 자연과 인간이 질적으로 변화되는 재림의 사건을 대망하도록 격려해야 한다. 재림의 대망은 세계 변화를 위한 인간 노력의 무력함을 인정하는 것이 아니라 인간 노력의 완성을 위한 희망이다. 이 희망은 인간에게 가장 우선되어야 할 희망이다. 이 희망은 미래적 의존적 기대를 넘어서 인간의 본질을 상기시키기 때문이다.

## 8. 하나님의 나라 실현을 위한 사회적 책임

신자에게는 소망 중에 하나님의 나라를 이루기 위한 책임이 있으며, 그 나라는 예수 그리스도께서 보여주신 사랑과 정의가 넘치는 사회이다. 거듭난 신자의 삶은 하나님의 은혜로 성결을 이루어 가는 삶이다. 이 삶은 우리 주님 예수 그리스도께서 오실 때 완성된다. 우리가 예수 그리스도의 재림을 기다리는 것은 그러한 까닭이다. 예수 그리스도의 재림으로 이루어질 하나님의 나라는 종말에 완성되는 하나님의 나라이지만, 하나님의 나라는 예수 그리스도의 초림으로 시작되었으며 지금 여기에 존재한다. 하나님의 나라는 과거와 현재, 그리고 미래에 걸쳐 있으며 우리는 그 가운데서 살아간다.

이미 임한 하나님의 나라는 신자가 이루어나가야 할 과제로서의 하나님의 나라이다. 그럼에도 불구하고 현재에서의 우리의 노력은 하나님의 은혜를 무용화시키지 않는다. 우리는 마치 하나님의 나라를 우리가 이룰 수 없다는 듯이 하나님의 은혜에 의지하며 일하지만, 한편 우리가 하나님의 나라를 이룰 수 있다는 자신을 갖고 온갖 노력을 경주하지만 하나님의 나라는 결국 최종적으로 예수 그리스도의 재림으로 완성된다는 신앙 가운데 있다.

현재와 미래 사이의 하나님의 나라는 신자에게 그 나라를 위한 책임적 삶을 요구한다. 하나님의 나라는 온 세계의 구원이 이루어지는 나라이다. 이 나라는 인간뿐만 아니라 자연을 포함한다. 하나님의 나라를 자연을 포함한 전체 피조계로 확장할 경우, 인간과 자연을 공존의 관점에서 보는 새로운 시각이 요청되며, 구원을 인간에게만 제한하는 관점에서 피조물의 세계에 대한 구원에 대한 논의가 필요하다.

하나님의 나라를 위한 교육을 위해서는 먼저 교육의 장을 확장해야 한다. 신앙공동체가 교육을 교회 내의 교육으로 한정했다면 가정, 사회, 국가, 세계, 자연으로 넓혀야 한다. 불완전한 가정, 병든 사회, 통일을 이루어야 할 국가, 지구학되어 가는 세계, 황폐해져 역공격을 가하는 자연환경 등은 모두 교육의 장이고 문맥이다. 특히 통일, 신자유주의, 환경 파괴 등의 문제는 성경적 차원에서 좀 더 심층적으로 다루어져야 할 것이다. 이런 흐름에서 볼 때 교회는 새로운 교육의 주제들을 발 빠르게 발굴하여 신앙적 차원에서 접근해야 할 것이다.

한편, 하나님의 나라를 위한 책임을 다하기 위해서는 학습자의 발달과 은사들이 고려되어야 한다. 현대 사회의 다양한 사상(事象)들은 다양한 계층의 다양한 재능을 요구할 것이다. 특정한 문제들을 다루어야 할 인재는 교육적 안목에서 발굴되어 훈련되어야 한다.

# 제3절 성결교회의 교육목표

## Ⅰ. 교육현장 중심의 교육목표

교육의 목적은 교육목표로 보다 구체화된다. 1964년 주일학교전국연합회가 성결교회 최초의 교육목적이라고 할 수 있는 '기독교교육의 표준'을 제안했다. 이들은 그 교육목적을 이루는 교육내용들을 예배·윤리·정서 등의 항목으로 제시했다. 그 내용은 다음과 같다.[25]

예 배

예배는 하나님의 은총의 부르심에 대한 응답이며 대화이다. 예배 행위를 통하여서 인간은 하나님 앞에 나아가며 하나님의 임재 앞에 서게 된다.

이 예배는 하나님에 대한 찬송과 신앙고백 및 봉사와 헌신을 통하여 모든 영광과 감사를 하나님께 드리며 성경 봉독을 통하여 하나님의 말씀이 선포되고 설교를 통하여 계시된 하나님의 뜻을 전달받으며 성찬을 통하여 하나님과의 화목의 뜻과 주안에서 성도의 교제를 이룬다.

예배는 진실과 신령으로 경건하게 드려야 하며 예배에 따르는 모든 계획과 준비를 기독교교육의 도움을 받아 효과적으로 드려야 한다.

기독교교육의 윤리표준

---

25) 주교전련, "기독교 교육의 표준", 「활천」 323(서울: 「활천」사, 1964), 47
 —48.

기독교교육에 있어 윤리적 표준은 성서적 교훈을 통하여 창조주 하나님의 선하신 뜻을 알아, 그리스도를 통한 속량받은 삶에 있으며, 소극적으로는 계명의 준수이며 적극적으로는 사랑의 실천이다.

가정에 있어서는 효순과 화목을, 이웃에 대하여 사랑의 교제와 희생적 봉사를, 교회에 대하여 한 소명 안에서 협동하며, 사회에 대하여 박애적 공헌과 사회정의 수립을, 국가 민족에 대하여 준법으로 책임을 다하며 애국애족으로 번영에 이바지한다.

정서교육

주일학교에 있어서의 정서교육은 그리스도인으로서의 완전한 인격을 이루기 위하여 그 정서를 순화하려고 예술성을 도야함에 있다.

1. 청각 예술 방면으로 시와 찬미를 부르며 성곡을 감상시켜 하나님께 대한 찬양 감사 기원 및 고백 등의 정서를 기르고 더 나아가 이 방면의 창작 능력을 기른다.
2. 시각 예술 방면으로 자연과 서화 공예품 등을 감상시켜 하나님의 창조의 미를 감탄케 하고 더 나아가 그리스도인의 정서를 담은 창작 표현 능력을 기른다.
3. 표현 미술 방면으로 그리스도인으로서의 은총의 생활을 모든 예능으로(언어, 동작 등) 표현케 한다.

교육목표라고 할 수 있는 앞의 내용은 교육목표가 교육목적으로부터 나와야 한다는 논리적 당위를 어기고 있다. 주일학교전국연합회가 제안한 교육의 목적에는 앞에서 말한 예배, 윤리, 그리고 정서만이 아니라 성서, 구원, 예수 그리스도, 성령, 재림 등의 주제들도 포함되어 있다. 이 같은 내용들은 교육목표로 진술되어야 할 중요한 것들임에도 불구하고 간과되어 있다는 데서 문제가 있다. 교회 교육

의 현장에서 실무를 담당하는 이들에 의한 작성이기에 당장에 필요
한 내용들에 관심이 있었던 것 같아 보인다. 그렇더라도 결국 교육
목적과 그에 따라야 하는 교육목표가 서로 무관하게 나타나고 있어
교육목표로서 근본적 한계를 지닌다. 또 이 교육목표는 교수-학습
에서의 교육목표(배울 목표)에서나 해당될 수 있는 구체적 방법까지
진술함으로써 교육목표로서의 수준을 잘못 잡고 있다.


## Ⅱ. 교육과정 중심의 교육목표

앞에서 언급한 1969년에 제정된 교육목적에 대한 교육목표는 발
견되지 않는다. 1977년에 제정된 교육목적에 따른 교육목표 역시 찾
아볼 수 없다. 1988년에 시작된 교육과정인 <성결한 삶>을 염두에
둔 교육목표는 다음과 같다.

1) 창조주 하나님을 알고, 하나님을 찬양하고 예배하도록 한다.
2) 창조와 타락과 구원의 입장에서 인간을 이해하고, 하나님과 이웃
   과 자연과의 올바른 관계에서 책임을 다하도록 한다.
3) 성육신 하신 그리스도를 통하여 하나님의 뜻을 이해하고, 그의 구
   속적 생애의 의미를 깨닫도록 한다.
4) 예수 그리스도를 주님과 구주로 영접하여 하나님의 자녀로 살게
   한다.
5) 성령을 따라 열매 맺는 생활을 하도록 한다.
6) 말씀과 기도로 하나님과 교제하므로 하나님을 닮은 경건한 신앙
   인격으로 성장하도록 한다.

7) 예수 그리스도의 교훈을 배워 그리스도의 제자가 되도록 한다.

8) 교회의 본질을 이해하고, 교회의 사역에 동참하도록 한다.

9) 인류를 구원하시려는 하나님의 뜻을 이해하고 세계 속에서 그리스도의 증인이 되도록 한다.

10) 하나님의 전신갑주로 무장하여 세상을 이기도록 한다.

11) 하나님이 맡겨주신 모든 것의 청지기로서 하나님과 이웃을 사랑으로 섬기도록 한다.

12) 건전한 기독교적 가치관을 가지고 세상의 헛된 생각으로부터 마음을 지키도록 한다.

13) 세상의 빛과 소금으로서 하나님의 의와 사랑에 기초한 사회건설의 사명을 수행하도록 한다.

14) 선량한 시민으로 하나님과 국가와 사회에 덕을 세우는 생활을 하도록 한다.

15) 인류공동체 의식을 가지고 세계평화를 위해 일하도록 한다.

16) 하나님의 일꾼으로서 하나님이 일하시는 역사에 책임 있게 참여하고 소망 중에 살아가도록 한다.[26]

그런데 이 교육목표는 1977년의 교육목적에 준해야 함에도 불구하고 너무 교리적인 데 치중되어 있다. 1977년의 교육목적문에 나타난 명제는 다음과 같다. 1) 성서적 하나님, 2) 하나님의 부르심, 즉 소명, 3) 하나님에 대한 지식, 4) 예수 그리스도를 믿음으로 오는 중생, 5) 거룩하게 하시는 성령, 6) 교회의 봉사, 7) 복음전파, 8) 이웃사랑, 9) 신자와 동행하시는 성령, 10) 소망의 삶 등이다.

이와 같은 교육목적에는 크게 두 가지가 문제가 된다. 첫째, 명제

---

26) "기독교교육의 기초", 기독교대한성결교회 총회본부 교육국 편, 『교사대학』 I (서울: 기독교대한성결교회 출판부, 1987), 27.

의 성격이 무엇인지 알 수 없다는 것이다. 예를 들어, 첫 번째 명제인 성서적 하나님은 너무 그 내용이 광범위하기 때문에 교육의 목표가 되기에 부적절하다. 하나님의 어느 면이나 어떤 차원을 강조해야 한다는 언급이 없다. 둘째, 예수 그리스도에 대한 내용이 없다는 것이다. 예수 그리스도에 대한 내용이라고 생각하기 쉬운 네 번째 명제는 사실은 중생에 대한 명제이다. 그렇다고 보면 가장 중요한 내용으로 다루어져야 할 예수 그리스도에 대한 내용이 없다는 말이 된다. 예수 그리스도가 신앙의 중심이라는 면에서 이것은 큰 문제이다. 여기에 성결교회의 교육을 이루는 정신인 복음주의, 웨슬리 신학, 그리고 사중복음의 내용이 제대로 반영되어 있지 않기 때문에 교단의 교육목표로 삼기에 적절치 못했다. 이 교육목표가 교육목적으로부터 나온 것이라기보다 <성결한 삶> 교육과정을 위한 것이라고 볼 때, 이 교육목표는 있어야 할 교육목표와 교수-학습 과정의 학습목표 사이에 위치해야 할 수준의 것이라고 볼 수 있다. 따라서 여전히 교육의 목적으로부터 자연스레 흘러나온 교육목표가 요구되었다.

## Ⅲ. 인간상 중심의 교육목표

2003년에 제정된 교육이념과 교육목적을 따라 제시된 교육목표는 다음과 같다.[27]

---

27) 이하의 내용은 박종석, "성결교회의 교육목적", 한국성결교회연합회 편, 『성결과 비전 교육과정』(서울: 기독교대한성결교회 출판부; 예수교대한성결교회 출판부, 2003), 31과 『새천년 교육백서』(서울: 기독교대한성결교

성경을 하나님의 말씀으로 믿고 따르는 사람: 가치관
예수 그리스도를 믿음으로 거듭나는 사람: 구원관
하나님의 은총에 의지하여 성결한 생활에 힘쓰는 사람: 신앙관
하나님의 나라를 이루기 위해 힘쓰는 사람: 생활관
그리스도의 재림을 대망 하는 사람: 역사관

이와 같은 교육목표가 의미하는 내용은 다음과 같다.

성경을 하나님의 말씀으로 믿고 따르는 사람: 가치관
1. 성경은 삼위일체 하나님에 관한 말씀임을 안다.
2. 성경을 기독교인의 신앙과 생활의 규준으로 받아들인다.
3. 성경은 하나님의 영감으로 기록된 말씀임을 믿는다.
4. 하나님은 성경을 통해 말씀하심을 경험한다.
5. 성경을 해석하기 위해 이성, 전통적 경험이 이용될 수 있다.
6. 개인, 교회, 그리고 사회의 일에 대해 성경적 가치관에 따라 판단
   한다.

예수 그리스도를 믿음으로 거듭나는 사람: 구원관
1. 예수는 그리스도이심을 믿는다.
2. 예수께서 십자가에서 인류의 죄를 처리하셨음을 믿는다.
3. 구원은 오직 예수를 믿음으로 오는 것임을 인정한다.
4. 구원의 효과는 죄의 용서와 하나님의 양자 됨임을 믿는다.

하나님의 은총에 의지하여 성결한 생활에 힘쓰는 사람: 신앙관
1. 하나님의 은혜로 말미암아 믿음으로써 거듭날 뿐만 아니라 거룩

---

회 출판부, 2001), 23 - 24로부터 온 것임.

을 체험한다.
2. 이 땅에서 사는 동안 온전한 성결, 곧 온전한 사랑의 은혜를 추구한다.
3. 신앙생활의 기본은 하나님의 말씀인 성경과 기도임을 안다.
4. 교회를 중심으로 신앙생활을 한다.
5. 교회가 그리스도를 머리로 하는 몸의 역할을 잘 하도록 돕는다.

하나님의 나라를 이루기 위해 힘쓰는 사람: 생활관
1. 신자의 삶의 근본은 하나님 사랑과 이웃에 대한 사랑임을 안다.
2. 불신자의 구원을 위해 복음을 전도한다.
3. 그리스도인으로서의 품위를 유지한다.
4. 구제에 힘쓴다.

그리스도의 재림을 대망하는 사람: 역사관
1. 믿는 자에게는 소망이며 불신자에게는 심판인 예수 그리스도의 재림을 믿는다.
2. 역사는 하나님의 창조로 시작되었으며 예수 그리스도의 다시 오심으로 종말을 맞는다는 것을 믿는다.
3. 역사의 종말에 만물의 회복을 희망하며 창조질서의 보전을 위해 힘쓴다.
4. 역사를 주관하시는 하나님의 사역에 동참자가 된다.
5. 그리스도인의 몸이 다시 사는 것과 영원히 사는 것을 믿는다.

# 제2장

# 성결교회 교육의 유산

# 제1절 성결교회 교육의 전통

성결교회의 교육신학을 논의하기 위한 첫 단계는 그동안 성결교회의 교육은 무엇이었느냐는 것이다.[1] 즉 역사적으로 실천되어 온 교육의 현실은 무엇이었느냐 하는 것이다. 이 장에서 다룰 역사적 교육실천 내용에는 현장에서 이루어지는 구체적 교육 행위뿐만 아니라 그 교육 행위를 이해하고 설명하고 방향을 제시하려고 한 이론적 노력들도 포함된다. 성결교회 교육을 살펴봄으로써 성결교회의 전통이 교육을 통제하고 교육은 전통을 전달하고 발전시킨다는 진리를 확인하게 될 것이다.

## Ⅰ. 성경을 강조하는 교육

성결교회의 교육은 무엇보다도 성경교육이라고 할 수 있을 것이다. 성결교회는 초기부터 성경공부를 강조하였다. 성결교회의 전통 형성에 영향을 끼친 인물인 카우만, 길보른 등인데 이들은 무디 성서학원 출신들이었다. 당시 성서학원은 "고도의 신학이론보다는 성경을 철저하게 가르쳐서 성경을 통달하게 하고, 이것을 실질적으로 현장에서 적용할 수 있도록 현장교육을 강조하는 것이 특색이다."

---

1) 이하의 내용은 서울신학대학교 성결교회신학연구위원회 편, 『성결교회신학』(서울: 기독교대한성결교회 출판부, 2007), 931-957로부터 온 것임.

이와 같은 영향을 받아 동양선교회는 일본 선교를 시작하자마자 동 경성서학원을 시작하였으며, 이곳에 유학하던 김상준과 정빈이 그 영향을 받아 귀국한 뒤에 성경반(Bible Class)을 시작하였다. 이들은 약 25명의 학생을 모아서 매일 아침 성경을 가르쳤다. 이 성경반은 경성성서학원 설립의 모태가 되었다. 성서학원의 가장 중요한 과목 은 성경이다. 경성성서학원은 성경을 창세기부터 요한계시록까지 모 두 배운다. 이곳에서 이루어진 성경공부는 소위 종합적 연구이다. 이 것은 성경을 전체적으로 공부하는 것으로 고등비평의 분석적 방법과 는 대조된다. 이 종합적 방법을 통하여 성경을 전체적으로 조망하며, 여기에서 성경의 중요한 핵심을 파악하게 된다. 성서학원에서는 성 경 각 장을 거기에 맞는 주제와 함께 철저하게 공부하여 모든 학생 이 성경 전체를 통달하도록 만들었다.[2] 여기 토마스가 1918년 겨울 에 구약을 가르친 내용이 있다.[3]

주제: "장자권을 판 에서" 창 25장

장자권의 특별한 의미는 한국에서는 매우 잘 이해된다. 왜냐하면 한 국의 관습과 성서시대의 유대인의 관습이 비슷하기 때문이다.
1. 에서가 받은 유혹－"장자의 명분을 오늘날 내게 팔라."(31절)
2. 에서에게는 현재가 모든 것이었다. 미래는 불확실하다. "내가 죽 게 되었으니"(32절)

---

2) Mrs. Thomas, "A Day in a Missionary Life", *The Way of Holiness*(February 1914), 4.
3) John Thomas, "'Living Witness', or What Brother Thomas is Doing in Korea", OMST(December 1918. 4.), 15.

3. 에서는 그가 본 것을 가치 있게 평가한다. 하나님의 것에는 아무
   런 가치를 두지 않는다. "이 장자의 명분이 내게 무엇이 유익하리
   요."(32절)
4. 그는 그의 장자권을 팔았다. (얼마나 어리석은가?) "떡과 팥죽을
   위하여"(33절)
5. 에서는 그의 길을 갔다.
6. 에서는 그의 장자권을 무시했다(34절).
   A. 이스라엘은 아름다운 땅을 무시한다(시 106:24).
   B. 결혼에 매인 사람은 초청을 무시한다(마 22:5).
7. 에서는 후에 눈물을 흘렸다. 그리고 후에 축복을 열심히 찾았지만
   결국 그는 축복을 얻지 못했다(히 12: 17).

적  용

1. 그리스도인의 장자권은 무엇인가? 답) 행 26:18. 우리의 유산은
   성령세례이다.
2. 이 유산은 아버지에 의해서 우리에게 유언되었다. 그러므로 우리
   는 그 유언을 바라보아야 한다. 눅 1:73~75.
3. 에서와 같이 많은 사람들이 장자권에 대해서 아무런 가치를 두지
   않는다. 그들은 오직 현재만 바라본다.
4. 에서와 같이 많은 사람들이 한 조각의 고기를 위해서 그들의 장
   자권을 판다. 히 12:15.
   A. 돈, B. 영광이나 명예, C. 쾌락, D. 어떤 감추인 죄악.
5. 에서는 눈물로 축복을 찾았으나 그것을 발견하지 못했다. 하지만
   우리는 찾기만 하면 확실히 얻을 수 있다. 눅 11:10, 13.
6. 그 축복을 무시하는 자는 사람을 무시하는 것이 아니라 하나님을
   무시하는 것이다. 살전 4:7.

성결교회 교육에서 성경을 강조하는 전통은 성결교회 창립 때부터 내려왔다. 성결교회는 "성경을 하나님의 영감에 의하여 기록된 문서로 보며(딤전 3:16), 성서에는 문법적 괴오나 기계적 괴오가 있을지 모르나 전체적으로는 무오한 책으로 믿는 입장"인 복음주의에 바탕을 두고 있다. 교단 신학교육기관인 서울神學大學이 처음 탄생될 때 "聖書學院(Bible Institute)"이라는 명칭을 사용한 것으로 보아도 초창기의 성결교회의 창설자들이 얼마나 성경을 중요하게 생각했는가를 확인할 수 있다.4) 경성성서학원의 교과과정은 구·신약강의, 총론, 성서신학, 계통신학, 역사신학, 실천신학 등이었다.5) 그러나 비록 성경과목이 아니라 할지라도 그 내용들은 성서적이었을 것이다.6)

성결교회에서 성경을 강조하는 전통은 교회학교 교재를 통해서도 이어졌다. 교재는 교육의 기획으로부터 교수-학습 상황까지에 이르는 교육의 과정에서 중심적인 역할을 한다. 교재에는 그것을 발행하는 단체의 의도와 정신이 스며들어 있다고 할 수 있다. 따라서 그 단체의 교육의 성격을 이해하는 한 가지 방법은 교재를 통해서이다. 이처럼 비중을 차지하는 교재의 성격이 성결교회에서는 성경적이라

---

4) Mrs. Charles E. Cowman, Charles E. Cowman(Grand Rapids, MI: Zondervan Publishing House, 1928), 205 이하. 물론 이 교명에 대하여 자유주의신학에 대응하기 위하여 굳이 썼다는 주장도 있으나(이천영, "서울신학대학 반세기: 신학대학의 어제와 오늘", 「활천」 334 [서울: 「활천」사, 1968], 12), 무디성서학원의 명칭도 영향이 있었을 것이다. 이정근, "서울신학대학 60년사와 새로운 전망", 「신학과 선교」 2(부천: 서울신학대학 출판부, 1974), 11.
5) 주간, "성서학원을 신학교 인가에 대하여", 「활천」 209(1940), 156.
6) 김유연, "믿음이란 무엇인가", 「활천」 194(1939), 16-20; 이명직, 『신학대강』(등사판, 출판지 불명, 1952), 참조.

는 것이다.

성결교회 교회학교 교재 내용들의 거의 대부분은 성경으로부터 나온 것들이다.[7] 성결교회의 교재는 교과중심, 경험중심, 그리고 학문중심 교육과정의 유형 중에서[8] 사회의 전통적 경험 유산을 중시하는 교과중심 교육과정에 속한다. 교과중심 교육과정은 사회적 전통의 내용을 중심으로 한다는 데서 내용중심 교육과정에 속한다. 복음주의를 표방하는 성결교회는 성경의 지도를 받으려고 한다. 이와 같은 교회의 정신은 무엇보다 교회학교의 교재에 잘 나타나 있다. 이명직의 '만국주일학과'는 교사와 성경 공부를 하는 사람을 위해 「활천」에 게재되었다.[9] 교재의 작성자가 가지고 있었던 '만국주일학과' 집필의 기본적 관점, 즉 학생들이 배워야 한다고 생각하는 이유를 "성경을 공부하는 이에게도 유익"을 주기 위해서라고 말하고 있다. 즉 '만국주일학과'는 성경을 가르치기 위한 것이라는 것이다. 다시 말해 '만국주일학과'의 작성자는 학생이 무엇보다 성경을 공부해야 한다고 생각하고 그렇게 할 수 있도록 이 교재를 집필했다고 볼 수 있다. 성경의 내용을 배우는 것과 성경의 의도나 정신을 배우는 것은 다르다. '만국주일학과'가 성경의 의도나 정신이 아닌 내용, 즉 구약성서의 창세기에서 만물의 창조, 역사서들과 예언서, 그리고 신약의 마태복음을 비롯한 예수님의 행적과 사도행전을 바탕으로 한 바울의 전도여행 등, '사실(fact)'을 가르치기 위한 교재라는 인상이

---

7) 박종석, "성결교회 교회학교교재의 역사에 대한 비판적 연구", 「교수논총」 13(2002), 219－245 참조.
8) 자세한 내용은 김재복, "교육과정 유형", 서울대학교 교육연구소 편, 『교육학 대백과사전』(서울: 하우동설, 1999), 502－503 참조.
9) 「활천」 1:1(1922), 2.

짙지만,[10] 그것은 '만국주일학과'가 성경에 전적으로 집중했다는 반증이 될 것이다.[11] 이와 같은 성경 내용 중심의 교재는 이후 성결교회 교재의 주요 흐름으로 자리잡는다. 1988년 '성결한 삶' 교재가 발행되기 전까지 교재는 그 명칭조차 『성경공과』[12]와 『성경공부』[13]라는 이름으로 발행될 정도였다. 그러나 『성결한 삶』 교재 역시 성경 중심의 교재의 흐름에서 크게 벗어나지 않는다. 기본적으로 『성경공부』의 틀을 그대로 따르면서 내용 면에서 성경 전체를 다루고 있기 때문이다. 1992년부터 학년별교재로 개편된 『성결한 삶』 교육과정 역시 그 체제는 크게 달라졌지만 성경에 대한 강조는 바뀌지 않았다.

"우리가……강조점을 둔 것은 성경말씀이다. ……이 교재는 그야말로 성경공부 교재 외의 다른 것이 아니다. 성경말씀을 충분히 그리고 깊게 다루려는 것이 이 교재의 뜻이다."[14]

교재에서의 성경의 강조는, 2004년부터 예수교대한성결교회와 함

---

10) '만국주일학과'는 방법 면에서 성경 교육에 전형적인 "전달식과 문답식의 방법을 사용하고 있다. '만국주일학과'의 교수-학습진행은 먼저 성경본문을 주해하고 그것을 해석하여 의미를 끌어내는 교훈이 있으며, 본문의 주해와 교훈을 확인하는 복습문제로 구성되어 있다. 이 같은 교수 방식은 그 뒤로도 기본적으로 이어진다." 박종석, "성결교회 교회학교 교재의 역사에 대한 비판적 연구", 221-222.
11) *Ibid.*, 220-221.
12) 주일학교연합회, 『성경공과』(1962).
13) 총회교육부, 『성경공부』(서울: 기독교대한성결교회출판부, 1970).
14) 기독교대한성결교회 총회본부 교육국 편, 『성결한 삶』 교사지침서(서울: 기독교대한성결교회 출판부, 2000), 5.

께 발행하기 시작한 사중복음을 틀로 한 연합교재에서 성경 전체를 다루지 않았다는 면에서 다소 약화되기는 했지만, 기본적인 성경 강조는 변하지 않았다고 볼 수 있다.

성결교회에서 성경에 대한 강조는 교회 교육의 현장에서도 확인할 수 있다. 대부분의 교회에서 매주 공과공부를 마친 후에 배운 성경 말씀을 확인하기 위한 문답시간을 가졌으며,[15] 성경 암송, 성경 퀴즈대회, 성경경시대회[16] 등은 모두 교회학교에서 성경을 중시하여 하게 된 행사라고 할 수 있다.


## II. 영적 부흥을 위한 교육


한국성결교회는 그 설립 초기부터 영적 교육을 중시하였다. 성서학원의 건물을 짓기 위한 대지를 물색하던 당시 한국의 선교사들은 연합하여 성서학원을 세우고자 하였고, 여기에 동양선교회를 동참시키고자 하였다. 동양선교회는 이를 거부하였는데, 그 이유는 그럴 경우, 성결을 자유롭게 가르칠 수 없을 것 같았기 때문이다. 동양선교회는 성서학원을 세운 다음에 세계적인 성결교사들을 초청하여 수련생들에게 성결을 가르치고, 또한 그들로 하여금 성결을 가르치게 만들었다.[17] 성서학원의 건축이 진행되는 동안 동양선교회는 학생들에

---

15) "주일학교 순례", 「어린양」 창간호(전국주일학교연합회, 1954), 21.
16) 「어린양」 21(1990), 113－116, 131; 「어린양」 22(1991), 111－117, 136; 24(192), 127; 25(1993), 144－168, 185; 26(1994), 194; 27(1995), 96－110, 128 참조.

게 매 두 시간씩 육체노동을 요구하였다. 이에 대해 유교문화에 젖어 학문을 숭상하고 노동을 천시하는 학생들이 거세게 반발하자 동양선교회는 "영적인 경험에 대한 빛나는 간증을 하는 것은 매우 쉽다. 하지만 우리는 또한 우리 성품이 그리스도 안에서 실질적으로 발전하는 것을 보아야 한다. 우리가 우리의 영적 생활의 깊이를 입증할 수 있는 것은 바로 이런 구체적인 일을 통해서이다."라고 하면서 노동의 이유가 영적인 데 있음을 말하고 있다.[18] 학생들의 일과는 매일 개인기도 시간을 2시간여 갖도록 짜여 있었다.[19] 이처럼 성서학원에서 가장 중요한 것은 성령의 세례를 받아 성결을 체험하는 것이었다. 모든 교과과정은 이것을 목적으로 하고 있었다. 성서학원에서는 봄과 가을에 부흥회를 열었다.

"설교가 끝나면 통성기도를 하고 통성기도가 끝나면 돌려가면서 기도하기를 삼사시간을 계속하게 되었다. ……한 사람씩 돌려가면서 기도하는 중에 큰 이적과 기사가 나타났다. 오순절적 성신강림하시는 현상도 있게 되었다. 신유의 역사로 거듭나는 자 성결의 체험하는 자 기뻐 뛰며 춤추는 자 새로운 영적 변화를 받고 간증하는 자 회개의 열매를 맺기 위하여 고향에 사람을 만나러 가는 자 각양각색의 이적이 나타나게 되었던 것이다."[20]

---

17) John Merwin, "The Oriental Missionary Society Holiness Church in Japan, 1901~1983", D. Miss. Diss., (Fuller School of World Mission, 1983), 113.

18) E[rnest] A. K[ilbourne], "Dedication of the New Tabernacle in Seoul Korea", *Electric Messages*(May 1912), 4-5.

19) Mrs. Thomas, "A Day in a Missionary Life", *The Way of Holiness*(February 1914), 4.

이와 같은 성령 충만의 추구는 영적인 데서 그친 것이 아니라 현실적인 국가와 민족의 문제 역시 성령 충만으로 해결할 수 있다고 볼 정도로 강한 것이었다.

"성령 충만한 토착사역자는 이 문제에 대한 최선의 해결책이며, 일본에서와 같이 한국에서의 우리의 계획은 성결성서훈련학원(Holiness Bible Training School)을 통해서 이루어진다. 이 성서학원을 통해서 성령충만한 순결한 마음을 소유한 젊은 남녀들을 보내 불같은 말씀으로 이미 익어가는 나라를 전도하려고 한다."[21]

이와 같은 신학교의 전통은 지금까지도 이어져 서울신학대학교 역시 매년 봄과 가을에 신앙수련회를 열고 있다. 서울신학대학교에서 영성 중심의 교육을 받은 지도자들의 영향 등으로 교회에서 수련회 때에 부흥회 프로그램을 여는 것은 흔히 볼 수 있었다. 부흥회는 어린이를 대상으로 해서까지 열릴 정도였다. 부흥회의 초점은 죄의 회개와 하나님의 은혜에 대한 간증에 있었다.[22] 이와 같은 어린이부흥회는 수십 년간 지속되었다.[23]

성결교회는 일반교육을 육체의 교육으로 보았다. 이 일반 육체의 교육은 지적이고 도덕적인 것을 목표로 한 교육으로, 종교교육은 영적인 것을 목표로 하는 교육으로 보았다. 이 영적 교육은 달리 말하

---

20) 김정호, "성결교회 초창기의 부흥운동", 「활천」 353(1970), 15.
21) "The Work in Korea", *Electric Messages*(Jan. 1910), 13.
22) S. M. C., "청량리교회 소아부흥회기", 「활천」 90(1930), 55.
23) 이정율, "원주 어린이 교회를 찾아서", 「어린양」 8(성결교회주일학교전국연합회, 1955, 9 · 10.), 33.

면 하나님을 아는 교육으로, 세상 교육과는 구별된다.[24)]

김정호는 성결교회에서 이 영적 부흥이 성서학원을 본산으로 일어났다고 하면서, 그 특징을 회개운동, 기도운동, 모이는 열심, 간증회 등 네 가지로 말한다. 회개하고 예수의 피를 믿고 죄사함을 받는 '회피'의 경험이 없는 자는 신자라 할 수 없었다. 설교를 마친 후에는 으레 통성기도를 하였다. 여기에 철야기도, 금식기도 등이 가세를 하였다. 예배 전에 미리 모여 성경을 보거나 묵상을 하며 은혜받을 준비를 하였고, 주일날 오전이나 오후에 성경공부를 하기 위해 모였다. 수요일에는 성경을 돌아가며 읽으면서 회개, 깨달음, 새 힘을 얻은 일 등을 간증하였다.[25)]

이와 같은 영적 교육의 동기는 인간관에서 비롯된 듯하다. 인간을 어떠한 존재로 보느냐 또 어떠한 존재를 바람직한 인간형으로 보느냐 하는 것은, 교육의 목표는 물론 교육의 전체 구조를 결정하는 중요한 요인이 된다. 이 인간관이 영적 교육의 동기가 되었다. 인간은 죄로 말미암아 타락한 존재이다. 인간은 자신의 죄를 깨닫고 용서하시는 하나님의 은총에 응답해야 한다. 이 과정에서 인간에게 요구되는 것은 회심이다. 회심은 인간의 노력이 아닌 하나님의 은혜에 의해 일어나며, 그래서 그것은 영적인 일이다.

이와 같은 배경하에서 성결교회는 설교와 부흥회 등을 통한 회심의 촉구에 힘을 쏟았던 것이다. 동양선교회와 경성성서학원의 체험을 강조하는 교육이 이후 교육에서 영적인 성격을 강조하는 데 큰 영향을 끼쳤다고 볼 수 있다.

---

24) 배문준, "교회교육", 「활천」 282(1957), 50.
25) 김정호, "성결교회 초창기의 부흥운동", 14−15.

## Ⅲ. 전도에 힘쓰는 교육

성결교회의 교육은 전도에 힘쓰는 교육이었다.26) 성결교회 자체가 전도를 목적으로 창립된 교회이기에 그것은 당연하다. 이명직은 성결교회의 창립 이유를 "따로 교파를 세운다든지 또는 선교사업에 야심이 있는 것이 아니라, 순연히 구원의 복음을 미신자에게 널리 전하여야 하겠다는 정신"이라고 하였다.27) 경성성서학원은 그 영어 이름(Bible Training Institute)이 보여주듯,28) 실천적 교육을 시켰다. 이곳의 학생들이 훈련받는 과목은 농촌사역, 가두전도, 실내전도, 전도책자 배포, 심방 등 전도에 관한 전반적인 것들이 주를 이루었다. 이런 교육은 두 가지에 초점을 둔 것이라 할 수 있다. 하나는 어떻

---

26) 교육에서 전도의 문제는 이론적으로 경시되고 있다. 교육은 전도가 아니며 다만 전도되어 온 사람들을 교육하는 것이라고 흔히들 말한다. 이와 같은 주장은 이미 그 안에 교육과 전도에 관계성이 있음을 전제로 하고 있다. 리차즈(Lawrence O. Richards)에 따르면, 본성적인 면에서 교육이나 전도는 모두 생명과 관계가 있다. 교육은 생명의 양육이고 전도는 생명의 전달이다(Lawrence O. Richards, *A Theology of Christian Education*, 문창수 역, 『교육신학과 실제』 [서울: 정경사, 1980], 66). 다만 순서에서 선후를 가릴 뿐이다. "교회의 제일의 관심사는 몸의 양육을 유지하는 것이다. ……이것은 전도로부터 후퇴가 아니라, 하나님의 백성의 전도사역의 긍정인 것이다. 우리가 그의 형상으로 화함에 따라, 그의 사랑은 우리의 동인(動因)이 되며, 힘이 되며, 그의 임재의 증거는 우리가 능력으로 증거하는 데서 나타날 것이다"(*Ibid.*, 67). 전도와 교육은 분명 다르다. 그러나 그것은 유기적인 관계에 있다고 할 수 있다. 전도 없이는 교육이 없으며 전도를 향하지 않는 교육은 방향을 상실한다.
27) 이명직, 『조선야소교 동양선교회 성결교회 약사』(동양선교회 성결교회 출판부, 1929).
28) *Electric Messages*(1912. 11.), 1−2.

게 죄인을 회개시켜 구원받게 하는가 하는 것이며, 다른 하나는 구원받은 신자를 어떻게 완전한 구원, 즉 성결에 이르게 하는가 하는 것이었다. 따라서 전도는 교육의 대상, 곧 학습자를 확보히여 성결에 이르게 하기 위한 선결조건이었다고 할 수 있다. 그래서 얼핏 보아 전도가 교육과 무관한 듯 보이지만 전도 없이는 교육이 성립하지 않는다는 사실에서 성결교회의 교육은 전도와 관련된 교육이라고 할 수 있다는 것이다.

주일학교의 부흥을 위해 당시, 전도의 필요성 등이 권면되었음을 알 수 있다. 교역자들에게 "쟝년 집회(壯年集會)만 즁히 녁이고 교회로 인증하지 말고 어린이들 모히는 집회도 하나님의 교회로 생각하고 무거운 마암으로 힘쓸 것이며 또는 쟝년 집회를 위하야 개인 전도나 방문을 하시는 것과 갓치 어린이들의 집회도 위하야 개인 견도와 방문을 힘써 하시기를……쥬께셔 바라고 원하"신다고 권하고 있다.[29] 이리하여 주일학교의 목적 자체가 전도에 있다고까지 주장하고 있다.

> "주교의 교과서는 하나님의 말씀 곧 성경이다. 주교는 모여서 성경을 배움으로써 불신자들을 믿도록 하며 믿는 자에게는 더욱 믿음을 주제 하는 데 있으며 그 밖의 목적은 다만 우발적일 것이다. 그 근본 목적은 전도에 있다. 전도에 실패한 주교는 완전 실패이다."[30]

---

29) 북청생(기자), "아해와 복음(아동과 복음)", 「활천」 8(1923), 44.
30) 미세스 낄보륜, "아동전도", 성결교회주일학교전국연합회, 「어린양」 7(1955, 7·8), 1.

어린이들에게 전도해야 할 이유로는, 우선 빈천한 자와 어린이에 대한 전도가 약하기 때문에 강화될 필요가 있으며, 어린이에게는 단순한 믿음이 있어 복음을 잘 받아들이고, 경험적으로 볼 때 어린이가 가장 쉽게 믿으며, 어린이들이 세상의 거짓 진리를 배우기 전에 하나님의 도리를 가르쳐 믿게 해야 하며, 어린이 목회도 주님께는 장년 목회만큼 중요하며, 아동기는 신앙교육의 적기이고, 아동기의 신앙이 성인까지 영향을 미친다고 말한다.[31]

전도에 대한 반작용으로 양보다는 질을 중시해야 한다는 주장이 있었다.[32] 질이 양에 따라가지 못하므로 교회가 비판받고 있으며, 성경은 신자의 양보다는 신앙의 질을 중시하고 있으며, 마지막 심판 때 천국에 들어갈 수 있는 조건은 신앙의 질이라는 것이 그 주장의 요지였다. 그런데 여기서 질이라는 것이 흔히 생각하듯 전도의 상대적 개념으로서의 교육을 말하는 것이 아니라, 중생의 경험을 가리키기 때문에, 전도에 대한 비판은 그만큼 설득력이 약해진다.

성결교회의 교육은 주로 교회 성장의 차원에서 다루어져 왔다. 김석규는 성결교회가 교육적인 면에 소홀했던 점에 대해, 창시자가 평신도였던 점, 직접전도를 표방하면서 세속교육을 무시했던 점, 부흥주의, 이렇게 세 가지 이유를 든다.[33] 그는 교육이 소홀해서는 안 되는 이유를 결국 선교의 약화를 가져오기 때문이라고 한다.[34] 홍순우 역시 선교를 위해 교육을 강화해야 한다고 한다. 선교전략에 합

---

31) *Ibid.*, 42−43.
32) 이건, "질이냐? 양이냐?", 「활천」 86(1930), 21−24.
33) 김석규, "선교와 교단 교육의 현황", 「활천」 355(1971), 22−24.
34) *Ibid.*, 22.

당한 교육적 전략이 필요하다는 것이다. 그는 신학교육을 선교전략적 차원에서 해야 하고, 선교전략적 측면에서 평신도 전도요원 훈련을 해야 하고, 특수전도 분야에 관심을 기울이고, 교회학교 및 청소년 교육훈련을 선교적 차원에서 해야 한다고 주장한다.[35] 박인병은 교육을 전도적 교육과 교육적 전도로 나눈다. 전도적 교육은 복음을 듣고 회개하여 하나님께 돌아온 사람이나 신자의 자녀에 대한 것으로 일반적인 교회의 교육을 이른다. 교육적 전도는 신앙고백 이전의 사람이나 미신자의 자녀에게 행하는 것으로 일종의 전도라고 할 수 있다. 교회교육은 이 전도적 교육이라는 질과 교육적 전도라는 양의 균형을 꾀해야 한다는 것이다.[36] 성결교회는 이처럼 교육을 선교와 전도의 차원에서 보는 독특한 관점을 소유하고 있으며 선교적 차원에서 교육을 수행하려고 노력해 왔다.


## IV. 주일학교 중심의 교육

성결교회의 교육은 주일학교 중심의 교육이었다. 정빈과 김상준의 보고에 의하면, 복음전도관이 설립된 1907년 벌써 주일학교가 조직되었다. "우리는 지난달에 풍성한 주의 축복을 받았다. 우리는 7번의 야외집회와 9번의 성경공부, 5번의 부흥회와 3번의 주일학교를 열었다."[37] 그리하여 1914년 주일학교가 활성화되고 있음이 보고되고 있

---

35) 홍순우, "교단선교 전략과 교육", 「활천」 384(1978), 24-26.
36) 박인병, "교회교육을 통한 선교전략", 「신학과 선교」 2(부천: 서울신학대학교, 1974), 166-167.

다.[38) 주일학교 중심의 교육에서 특이한 점은 이 교육이 현장의 실천을 중심으로 활발하게 펼쳐졌다는 것이다. 이것은 다시 두 차원에서 전개되었다. 하나는 신학생들을 중심으로 한 활동이었다. 신학생들이 주일학교 교육에 뛰어들도록 영향을 끼친 이는 이명직이다. 이명직은 교단 행정 업무와 신학 교수로서의 바쁜 생활 중에도 어린이 부흥회에 나서서 큰 역사를 일으켰으며, 그 소감을 「활천」에 여러 차례 게재하였다.[39) 이명직의 영향으로 신학생들은 처음에 앞장서서 소아 부흥회를 인도하였고, 김성호, 이용신, 오기선 등이 실제적인 주일학교 교육에 헌신하였다.[40)

주일학교를 장으로 하는 실천적 교육의 다른 하나의 세력은 주일학교 교사들이었다. 이들은 주일학교 연합회를 조직하여 감히 교단에서도 하지 못했던 교육의 목적 제정과[41) 교재 발간, 교사들을 위한 잡지 발행 등의 일을 해나갔다. 단계적인 교육과 복음주의의 신념을 확립시킬 수 있는 성결교회의 교육이념과 목표가 없어 아쉬워하던 차에,[42) 1964년 주일학교 전국연합회가 교단 교육의 목적 제정을 촉구하는 의미에서 '기독교교육의 표준'을 제시하였다. 이를 기초

---

37) *Electric Messages*(January 1908).

38) 부여 지역의 규암전도관의 경우 1914년에만 주일학교가 모인 횟수가 29회이고, 학생 수는 249명이다. 이 숫자는 1921년 집회 수가 47회, 학생 수가 928명으로 증가한다. 이응호, 『한국성결교회사』(서울: 성결문화사, 1992), 199.

39) "죽첨정 소아부흥기", 「활천」 16(1924), 14-16; "무교정교회 소아부흥기", 「활천」 18(1924), 15-18.

40) 성결교주일학교전국연합회, 「어린양」 1:1(1954) 참조.

41) 주교전련, "기독교 교육의 표준", 47-48.

42) 주교전련, "연구주일학교 선정에 대하여", 「활천」 321(1963), 68.

로 1969년 4월 제24차 총회에서 '성결교회의 기독교교육 헌장' 초안이 만들어졌고 최종적으로는 1977년 성결교회의 '교육 목적문'이 완성되었다.

또한 주일학교연합회는 1962년에 『성경공과』라는 이름의 교재를 발행하였다. 1961년 교단이 분열되면서 대한기독교교육협회 등의 연합기관에서 탈퇴함으로써 대한기독교교육협회가 발행하던 통일공과를 쓰던 우리 교단은 당장 주일학교 교재의 부재로 문제가 생겨나게 되었다.[43] 그래서 주일학교 전국연합회가 주도적으로 나서서 발행하게 된 교재가 1962년에 발행된 『성경공과』이었다.[44] 이 교재는 세계 주일학교연합회가 제공한 '세계통일주일공과'의 커리큘럼을 따라 우리 실정에 맞게 편집한 교재였다.[45]

또한 주일학교연합회는 주일학교의 교사들을 위한 지침서인 「어린양」과 「교회교육」을 발행하였다. 1954년 4월 휴전 이후 주일학교연합회의 첫 총회가 서울 신학교에서 개최되었다. 이 총회에서 "성서적 순복음 정신과 전통적 교의와 신학사상에 입각하여 중생, 성결, 신유, 재림의 사중복음의 기치를 선명히 들고 교계를 지도 정화하고 민중을 구원하자"고 결의하며(1954년 4월, 제9회 총회록), 성결교회의 질적 양적 성장을 추구하였다. 이에 발맞추어 주일학교 교사를 대상으로 「어린양」(1954)과 「교회교육」(1956; 1회만 발간)이 발행되었다. 「어린양」은 크게 설교,[46] 동화,[47] 그리고 교사들을 위한 참고

---

43) 이종무·송기식·채준환, 『교회학교 50년사』(서울: 기독교대한성결교회 교회학교전국연합회, 2001), 170.
44) 안수훈, 『한국성결교회성장사』(Los Angeles: 기독교미주성결교회출판부, 1981), 219.
45) 이종무·송기식·채준환, 『교회학교 50년사』, 171.

자료[48] 등으로 구성되었다.

주일학교연합회는 이외에도 어린이 부흥회, 어린이 예배순서 등의 주일학교의 실제문제를 다루는 주일학교 교육연구,[49] 순회교사 강습회,[50] 총회의 각 기관에 교육의 중요성을 알리는 일, '연구주일학교'라고 해서 지방연합회에서 선정한 10여 교회 등을 중심으로 한 임상교육[51] 등을 다채롭게 진행함으로써 향후 성결교회 교육발전의 초석을 놓았다.

이후 신학생들과 평신도들의 주일학교 활동은 보다 전문적 성격의 도움을 받게 된다. 신학교 교수들과 교육에 관심을 가진 일부 교역자들에 의해 주일학교 교육의 활성화를 위한 노력들이 크게 일어난다. 주일학교에 대한 관점,[52] 교재,[53] 예배,[54] 설교,[55] 여름 성경학

---

46) 예를 들어, 김성호, "새롭게 나자", 「어린양」 1:1(서울: 성결교주일학교 전국연합회, 1954), 3-4, 14 등.

47) 예를 들어, 이용신, "사랑엔 거짓이 없다", 「어린양」 1:1(1954), 8-10 등.

48) 예를 들어, 전기주, "교회학교 편제에 대하여", 「어린양」 1:2(1954), 31-34 등.

49) 오기선, "주교교육연구회에 대하여", 「어린양」 2(1954), 34-39; 주일학교 교육연구회, "어린이 예배순서", 「어린양」 2(1954), 37-39.

50) "지방별 주일학교 순회강습에 대하여", 「어린양」 7(1955), 44-45. 그 내용에 대해서는 이정율, "원주 어린이교회를 찾어서", 「활천」 32-33; 오기선, "여러 교회 주일학교를 찾아보고", 「활천」 8(1955), 35-39.

51) 주교전련, "연구주일학교 선정에 대하여", 68-70.

52) 이용신, "주일학교 교육에 새로운 설계", 「활천」 298(1958), 31-33; 이용신, "주일학교의 새로운 설계", 「활천」 300(1959), 44-45; 주교전련, "연구주일학교 선정에 대하여", 「활천」 321(1963), 68-70; 이종무, "주일학교의 당면한 과제들", 「활천」 322(1964), 41-45; 주교전련, "주일학교의 연합예배와 위문활동", 「활천」 322(1964), 46-48; 지열(Zehr), 윤수한 역, "주일학교의 현황과 미래상", 「활천」 337(1969), 55-58; 이정근, "교회 청소년 교육의 과제", 「활천」 376(1976), 37-41.

교,56) 교수-학습,57) 학습자 이해,58) 교육심리,59) 교육 방법,60) 교육


53) 이종무, "공과 선정의 당면과제", 「활천」 334(1968), 56-60; 이종무, "주일학교 공과 책이 나오기까지", 「활천」 343(1969), 47-50; 주교전련, "교회학교 어린이 성성공부", 「활천」 344(1969), 56-60; 편집실, "좌남회: 기대 속에 발행된 공과", 「활천」 346(1970), 47-52.

54) 이종무, "주일학교의 예배문제", 「활천」 324(1964), 53-56; 이종무, "주일학교 어린이의 예배문제 (2)", 「활천」 325(1964), 33-34; 이종무, "어린이 주일 예배 안내", 「활천」 338(1969), 67-68; 「활천」사 자료, "어린이 주일예배 순서", 「활천」 348(1970), 58-61.

55) 최건호, "중고등부 설교자료", 「활천」 340(1969), 60-62.

56) 이정률, "성청 이동성경학교", 「활천」 282(1957), 76; 편집실, "여름철 교회교육 프로그램", 「활천」 332(1968), 43-44; 이용원, "성공적인 여름학교의 계획과 진행", 「활천」 341(1969), 23-26; 이종무, "여름 성경학교의 새로운 운영 모색", 「활천」 351(1970), 28-30; 홍순우, "여름성경학교 교사들에게", 「활천」 351(1970), 31-33; 최건호, "여름학교 회상", 「활천」 357(1971), 50-51; 이용신, "여름 성경학교의 새로운 시도", 「활천」 367 (1973), 45-48; 박희성, "하기 수련회의 운영과 실제", 「활천」 376(1976), 42-46.

57) 오기선, "교수의 의의와 목적", 「활천」 282(1957), 59-65; 문수채, "주일학교 학습지도에 대하여", 「활천」 338(1969), 65-66; 이용신, "무엇을 어떻게 가르칠까", 「활천」 341(1969), 27-29; 주교전련, "교회학교 어린이 성경공부", 「활천」 344(1969), 56-60; 이종무, "교회학교 어린이 성경공부 지도", 「활천」 347(1970), 48-50; 배선규, "무엇을 가르쳐야 하나", 「활천」 349(1970), 53-57.

58) 백천기, "중고등학생 지도의 새로운 시도", 「활천」 334(1968), 53-55; 백천기, "중고등학생들의 문제와 교회의 책임", 「활천」 342(1969), 22-27; 구장회, "중고등학생의 신앙지도 문제", 「활천」 349(1970), 24-26; 이용원, "청소년의 심리", 「활천」 376(1976), 32-36.

59) 임천영, "심리학과 신유", 「활천」 299(1958), 9-14; 오기선, "어린이의 종교심에 대하여", 「활천」 303(1959), 34-36; 허경삼, "청소년의 회심과 교회", 「활천」 376(1976), 27-31.

60) 이용신, "시각적교수(視覺的敎授) 방법의 설계", 「활천」 305(1959), 34-36; 안광춘, "전달을 가능케 하는 방법", 「활천」 345(1969), 37-39.

행정,[61] 교육과정,[62] 프로그램[63] 등 그 내용이 유년주일학교에서부터 청소년부서까지 다양한 내용들이 등장하고 있다.


## V. 정체성을 추구하는 교육


성결교회의 교육은 초기에 성결을 강조하는 데서부터 사중복음을 전체적으로 강조하는 데로 변화되어 왔다. 그와 같은 변화는 정체성을 추구하는 노력의 일환이라고 볼 수 있을 것이다. 성결교회가 교회에 위임된 사명 가운데 교육이 중요한 사명임을 인식하기 시작하면서, 점차 교육적 자각이 일어나게 되었다.[64]

---

61) 리정원, "주일학교 교사 양성공과", 「활천」 79(1929), 51−54, 「활천」 80, 49−52, 「활천」 81, 49−54; 이용신, "교회의 교육행정", 「활천」 323(1964), 44−46; 이용신, "주일학교 경영안 작성에 대하여", 「활천」 335(1968), 56−58; 이용신, "교회학교 운영의 오늘과 내일", 「활천」 351(1970), 21−24; 편집실, "교육과 행정에 역점 둔 찾아가는 교회", 「활천」 358(1971), 46−47.
62) 이용신, "주일학교의 커리큘럼과 당면과제", 「활천」 324(1964), 28−29.
63) 왕영천, "중고등부 프로그램에 대하여", 「활천」 345(1969), 49−51; 조갑수, "청소년 여름철 프로그램", 「활천」 367(1973), 41−44.
64) 성결교회의 교육을 토착적인 차원에서 반성한 작업은 송기식에게서 볼 수 있다. 그는 주장한다: 믿음의 역동성을 강조하는 복음주의적 기독교교육은 유교적 율법주의를 극복해야 한다. 또한 신앙의 체험을 강조하는 성결 사상은 지성적 교육을 받은 교사들에게 체험과 지성 사이의 갈등을 일으키게 하였다. 한국의 기독교교육은 미국으로부터 일방적으로 수입된 것으로 경제적, 문화적, 교육적으로 큰 차이가 난다. 한국성결교회는 교회를 성장시키기 위해 교육보다는 부흥회에 더 많이 의존해 왔다. 부흥회는 순간적이고 돌발적인 신앙을 강조하여 지속적이고 성실한 교육적 성격이 외면되었다. 즉 한국의 기독교교육은 유교주의,

성결교회의 정체성을 추구하려는 교육은 무엇보다 교육 목적 제정을 통하여 나타났다. 성결교회 교육 목적의 태동은 주일학교연합회로부터 왔다. 1964년 주일학교 전국연합회는 교단 교육의 목적 제정을 촉구하는 의미에서 사중복음을 토대로 한 '기독교교육의 표준'을 제시하였다.65)

"기독교교육의 목적은 피교육자로 하여금 성서의 교훈과 교회의 문화재를 통하여 하나님을 알게 하고 하나님의 자녀로서 예배를 드리며, 예수 그리스도를 믿어 구원에 이르게 하고, 성령의 도우심으로 기쁨 가운데 교회의 모임에 참여하며, 예수 그리스도를 본받아 봉사하며, 주 예수 재림의 소망 가운데 신앙의 사람으로 온전케 하려 한다."

그 후 이를 모태로 성결교회의 교육 목적은 1969년 4월 제24차 총회에서 다음과 같이 승인되었다.

"기독교교육의 목적은 사람들로 하여금 예수 그리스도를 통하여 자기를 나타내 보이시며 우리를 찾으시는 하나님의 사랑을 깨닫고 믿음과 사랑으로 그를 섬기는 가운데 자기와 처하여 있는 형편의 의미를 깨달으며 새 사람으로 거듭나며 하나님의 자녀로서 교회 안에 뿌리를 박고 자라나며 성령 안에서 살며 이 세상에서 그리스도의 제자 된 도리를 다하여 그리스도의 다시 오심으로 이루어지는 영생의 소망 가운

---

부흥주의, 그리고 진보주의의 영향 아래 있다고 볼 수 있다. 한국적 기독교교육은 이와 같은 문제점들을 극복하면서 민족적 문제를 복음의 생명력으로, 그리스도를 반영하는 교사들의 인격으로 성실하게 추구하여야 한다. 송기식, "한국적 기독교교육을 위한 서설", 30-34.

65) 주교전련, "기독교 교육의 표준", 47-48.

데 살 수 있도록 도와주려는 것이다."

그런데 위의 내용은 유감스럽게도 미국 기독교교회협의회(N.C.C.)
의 주관하에 복음주의를 표방한 미국과 캐나다의 16개 교단이 연합
으로 참여해서 연구 개발한 C.C.P.(Cooperative Curriculum Project: A
Curriculum Plan)로 통하는 협동교육과정 계획안에 나타난 교육 목
적[66]을 거의 그대로 번역한 것이어서 성결교회의 전통과는 거리가
있었다.[67] 따라서 교단의 기독교교육 목적은 다시 정립될 필요가 있
었다. 그래서 만들어진 교육 목적문은 아래와 같은 것으로, 1977년
제32회 총회에서 인준되었다.

"교육의 목적은 모든 사람들로 하여금 성서를 통하여 보여주신 하나
님의 부르심에 응답하여 하나님을 알고, 예수 그리스도를 믿음으로 거듭
나며, 성령의 도우심으로 성결한 그리스도인이 되어 사랑의 공동체인 교
회를 섬김으로 하나님을 영화롭게 하며, 이 세상을 구원하시는 하나님의
역사에 동참하여 복음을 전하고, 이웃을 사랑하며, 영육을 건강케 하시
는 성령과 함께 살면서, 소망스러운 삶을 살도록 도와주려는 것이다."[68]

---

66) "기독교교육의 목적은 모든 사람들로 하여금 하나님의 자기 계시, 특별
히 예수 그리스도 안에서 계시하신 구속의 사랑을 통하여 하나님을 알
게 하고, 믿음과 사랑으로 이에 응답게 함으로써, 그들이 누구이며 그
들 자신이 처한 형편이 어떠한지를 알고, 기독교 공동체 안에 뿌리를
둔 하나님의 자녀들로 성장하며, 모든 관계를 성령 안에서 유지하면서
세상 속에 주어진 공통된 제자직을 수행하고 기독교적 소망 안에서 살
아가도록 하는 데 있다." The Work of C.C.P., *The Church's Educa-
tional Ministry: A Curriculum Plan*(St. Louis: The Bethany Press, 1965), 3.
67) 이정근, "한국성결교회의 교육적 특징과 방법", 119.
68) 류재하, "교단교육의 목적과 교육정책 수립과정", 『기독교와 교육』1(부

이 교육 목적에는 성결교회의 핵심교리가 집약되어 있는 것을 볼 수 있다. 이는 교육의 지·정·의 차원을 포함한 교육학적 기초 위에 현재의 성실(결)한 삶과 미래의 소망을 동시에 강조하는 성결교회 교리적 특색을 볼 수 있다. 또한 성경관과 선교의 개념이 복음주의적 입장을 분명히 보여주고 있다.[69]

1977년에 발표된 성결교회의 '교육 목적문'은 기독교의 전체적인 신앙 체계를 포괄하고 동시에 교단의 교리적 특색인 사중복음을 부각시켰다. "교육 목적은 알도록 하게 하는 지적 영역과 믿도록 하게 하는 정서적 또는 감정적 영역과 살도록 하게 하는 (실현하도록 하게 하는) 의지적 차원이 포함된 교육학적 기초 위에 서 있으며, 현재의 성실한 삶과 미래의 소망이 동시에 강조되었고 또한 성결교회의 교리적 특색을 포함시켰다. 그리고 개인으로서의 하나님과의 관계와 사회적인 존재로서의 이웃과의 관계가 균형 있게 강조되었으며, 성서관과 선교의 개념에 있어서 복음주의적 입장이 명백히 제시되었다."[70]

"이 교육 목적이 시사하는 바는 크게 세 가지이다. 첫째, 하나님께서 우리에게 요청하시는 인간의 모습은 중생하고 성결한 그리스도인이다. 둘째, 성결한 인간이란 구체적으로 온전한 그리스도인을 의미한다. 그는 하나님을 영화롭게 하는 사람으로서 그 행위는 예배와 이웃 사랑으로 나타나며 선교, 교육, 친교, 봉사 등으로 구체화된다.

---

천: 서울신학대학교 기독교교육연구소, 1989), 14−17; 류재하 편, 『성결교회 기독교교육』(서울: 도서출판 청파, 1993), 273−280 참조.

69) 구경선, "성결교회와 기독교교육", 『신학과 선교』 29(서울신학대학교 출판부, 2004), 89.

70) 류재하 편, 『성결교회 기독교교육』, 277.

셋째, 성결교회의 교육과정은 하나님, 아버지, 예수 그리스도, 성령, 구원, 교회, 윤리, 재림의 내용을 포함하며, 교육의 대상은 영아로부터 노인에 이르며, 교육의 현장은 가정, 사회, 교회, 직장, 학교 등 인간이 삶을 영위하는 모든 현장이라고 할 수 있다.

즉 성결교회의 교육 목적은 신앙의 지·정·의의 세 차원을 모두 포함하고 있으며, 현재의 삶과 미래의 소망이 동시에 강조되며, 하나님과의 수직적 관계와 이웃과의 수평적 관계를 균형 있게 강조하고 있다."[71]

한편, 이전까지의 교단 기독교교육 목적 제정에서의 문제점은 교육 목적의 상위 개념인 교육이념으로부터 나오지 않았다는 것이다. 이 같은 문제점을 극복하기 위해서 우리 교단의 이념을 담은 교육 목적의 제정이 필요하게 되었다. 이와 같은 지적으로부터 2003년에는 예수교대한성결교회와의 공동 작업을 통하여[72] "성결한 하나님의 사람"(딤전 6:11)이라는 교육이념을 정했다. "성결한 하나님의 사람"이란 교육이념을 전제로 설명을 위해 삽입한 아래 교육 목적문의 (  )에서와 같이 사중복음을 중심으로 한 교육의 목적을 제정하였다.

"성결교회의 교육 목적은 사람들로 하여금 성령의 은혜를 체험하는 가운데 예수 그리스도를 믿음으로 구원에 이르게 하고(중생), 하나님의 말씀을 따라 성결하게 살면서(성결) 건강한 몸과 마음으로(신유) 다시 오실 예수 그리스도를 기다리며(재림), 신앙 공동체의 주역으로서 이웃

---

71) 이정효, 『기독교대한성결교회의 기독교교육사』, 246－247.
72) 『연합교육과정』 작성에 참여한 사람은 기독교대한성결교회 측에서 이정효, 박종석, 남은경 교수, 예수교대한성결교회 측에서 김국환, 홍은숙, 임낙형 교수이다.

에게 복음을 전하여 하나님 나라를 이루어 가도록 돕는 것이다."

이 교육 목저문은 2003년 97년차 기독교대한성결교회와 예수교대한성결교회 총회에서 통과되었다.[73)]

성결교회의 교육은 이제 본격적으로 성결교회의 정체성 있는 교육을 수립할 단계에 와 있다. 교육을 성경 교육으로 알던 시기부터 시작하여, 교육에 대한 일반적 이해의 시기를 거쳐, 우리 성결교육이 무엇이냐를 사중복음을 중심으로 함의를 찾는 단편적인 연구의 단계를 거쳐 왔다.[74)] 『새천년 교육백서』[75)]를 통해 교육 실천의 장으로 틈입하려는 시도와 기성·예성의 공동 연구에 의해 탄생한 『성결과 비전』 교육과정[76)]에 의한 성결교육의 포괄적 구성은 성결교회 교육의 형성을 위한 노력이 계속되고 있다. 앞으로의 과제는 성결교회의 교육신학이 무엇이냐가 명쾌하게 진술되는 것이며, 이를 바탕으로 이론적으로 타당하고 실천적으로 효율성 있는 교육 이론을 정립해 나가야 할 것이다. 더 나아가 이를 바탕으로 교회의 균형적인 성장을 위한 교육목회의 이론적 작업이 당장 선행되어야 할 것이다.

성결교회의 교육은, 교회 성장주의, 교단 지도자들의 교육에 대한 인식의 부족, 그리고 중생과 성결 등 교육보다는 회심에 강조점이

---

73) 『97년차 총회회의록』(서울: 기독교대한성결교회, 2003), 42.

74) 이정근, 『성결교회 전통과 기독교 교육의 방향』, 34-43; 이정근, "한국 성결교회의 교육적 특징과 방법", 105-130; 이정근, "교단신학 교육의 지표가 있어야 한다", 「활천」 533(1998·4), 49-53; 이정효, "사중복음 교육화에 관한 연구", 411-436; 이정효, "기독교 대한 성결교회의 교육신학 정립에 관한 연구", 『신학과 선교』 26(2001), 159-182.

75) 교육백서 위원회 편, 『새천년 교육백서』.

76) 한국성결교회연합회 편, 『성결과 비전 교육과정』.

두어지기 쉬운 교리 등의 이유들로 활짝 피어나지는 못했다. 그럼에도 불구하고 사중복음과 웨슬리 신학, 특히 사중복음에 대해서 전통적인 회심 위주의 해석 위에 교육적 해석을 가할 때 교육할 수 있는 내용으로 발전할 가능성이 커서 성결교회 교육의 지평을 확대하는 소중한 유산이 될 수 있을 것이다.

# 제2절 성결교회 교육의 계발

앞에서 성결교회의 교육적 전통을 성경을 강조하는 교육, 영적 부흥을 위한 교육, 전도에 힘쓰는 교육, 주일학교 중심의 교육, 그리고 정체성을 추구하는 교육으로 보았다. 이것들은 각각 교육의 주요 범주인 교육의 방법, 내용, 환경, 교사, 그리고 학습자와 연관 지어 생각해 볼 수 있다. 즉 성경에 대한 강조는 교육의 방법과, 영적 부흥에 대한 강조는 교육의 내용과, 전도에 대한 강조는 교육의 환경과, 주일학교 중심의 교육은 교사와, 그리고 정체성 추구의 교육은 학습자와, 각각 연관시켜서 그 내용을 발전시킬 수 있다.

## I. 전인을 전제로 한 전달식 방법

성결교회는 복음주의의 영향으로 교육에서 성경을 강조한다. 성경의 내용을 충실히 전달하는 데 큰 의미를 두는 것 같다. 예를 들어 이명직의 『주일학교독본』의 내용 구성을 보면, 공과의 제목(예: 제1과 애굽의 새법률), 성경 본문(예: 출애굽기 1장), 복습 문제(문제 3개)로 되어 있고, 교사가 참고할 만한 내용이 줄 위에 기록되어 있다.[77]

---

[77] 예를 들어 "년대, 기원전 일천오백십 년; 처소, 애굽의 비돔, 라암셋; 참고, 행 4장 17-19", 이명직, 『주일학교독본』 5, (서울: 기독교대한성결교회 출판부, 단기 4284), 1.

성경을 강조하는 교육이 전달에만 치중해서는 안 되지만, 현실적으로 성경 말씀을 삶에서 실천하는 단계보다 앞서기 때문에 무시될 수 없다. 종종 복음주의 등 보수주의의 교육이 주입식 교육으로 부정적인 비판을 받는데, 과연 그러한가 생각해 보자. 전달식 교육의 상대적 개념은 비판적 교육이다. 비판적 교육은 지적 자율성이나 책임성을 중시하여,[78] 자유롭게 사고할 수 있는 비판적 능력을 가진 사람을 길러내고자 한다. 그러나 바르게 사고한다고 해서 반드시 바르게 행동하거나 바른 가치관을 지닌다는 뜻은 아니다.[79] 어떤 사람들은 비판적 사고를 통해 자신을 실현하지만, 또 어떤 사람들은 그것 없이도 자기를 실현한다.[80] 또한 비판적 교육은 비판에 사용되는 소재의 획득 없이는 불가능할 것이다. 학습자에게 장기간에 걸쳐 지식과 정보를 제공하여 형성시키는 과정이 없이는[81] 비판교육은 불가능할 것이다.[82]

따라서 성경을 강조하는 성결교회의 교육이 학습자의 형성을 위한 전달식 방식을 사용한다고 해서 비판받을 이유는 없다. 모든 학습자

---

78) Krishan Kumar, Dan Cohn−Sherbok and Michael Irwin, eds., *Exploring Reality*(London: Allen & Unwin, 1987), 55.

79) Jeff Astley, *The Philosophy of Christian Religious Education*(Birmingham, Ala.: Religious Education Press, 1994), 71.

80) *Ibid.*, 75.

81) Glenn Langford, *Education, Persons and Society: A Philosophical Enquiry*(Basingstoke: Macmillan, 1985), 181, 187. 또한 Michael Warren, "Religious Formation in the Contect of Social Formation", *Religious Education* 82:4(1987)과 Adrian Thatcher, "Learning to Become Persons: A Theological Approach to Educational Aims", *Scottish Journal of Theology* 36(1983).

82) Astley, *The Philosophy of Christian Religious Education*, 75.

에게 형성적 주입 방법이 적절한 것은 아니지만, 모든 학습자에게 전달식 방법은 비판적 사고를 형성하기 위해서도 기본적 방식이라 할 수 있다. 전달식 교육의 전통을 갖고 있는 성결교회는 전달식 교육이 잘못된 것이라고 생각할 것이 아니라 그 장점을 적극적으로 살려야 할 것이다. 전달식 교육에 대한 불신은 성경에 대한 무지를 낳을 것이며, 이 무지는 기독교적 가치관 형성과 하나님의 뜻을 실천하는 기반의 붕괴를 가져올 수도 있다. 물론 전달식 교육 방법에 대한 강조는 전인을 위한, 그리고 전인을 향하는 것을 전제로 한다.

## Ⅱ. 교육 내용으로서의 신앙

성결교회는 영적인 부흥을 위한 교육에 힘써왔다. 이와 같은 교육은 자칫 인간의 한 측면만을 강조하고 다른 측면들을 배제할 우려가 있다. 사실 영적 부흥은 그 성격이 질적으로 교육과는 다르다. 영적 부흥은 의도적이거나 계획적일 수 없으며 하나님의 은총에 의존해야 하는 일시적이고 우연적인 것이라고 할 수 있다. 이에 비해 교육은 의도적이고 계획적이며, 선정된 내용들을 통해서 오랜 기간에 걸쳐 학습자에게 영향을 끼치려 한다. 그러므로 기독교교육은 어떻게 이 교육 일반의 속성인 의도와 계획성을 자신 안에 포함시킬 수 있느냐를 과제로 삼아야 한다.

영적 부흥을 위한 교육은 기독교교육에서 신앙교육이라고 할 수 있을 것이다.[83] 신앙교육은 최근에 활발히 연구되어 주의를 끄는 영

성훈련이나 영성교육과는 다르다. 영성교육은 역사에 나타난 영성
훈련의 내용과 영성 수련의 지침들을 풍성하게 제시한다는 데서 전
통적인 영적 부흥을 위한 교육의 보완이다. 그래서 그 근본 성격은
부흥을 위한 교육과 다르지 않다. 그래서 부흥을 위한 교육이 기독
교교육 안으로 유입되기 위해서는 신앙교육으로 변모될 필요가 있
다. 부흥을 위한 교육의 성격이 신앙교육과 유사하다고 할 수 있으
나 보다 전인적이라는 데서 다르다.

　신앙교육의 요체는 전인이다. 신앙의 차원은 세 가지이다.[84] 첫째,
지적인 차원이다. 이것은 지적으로 믿는 것으로서의 신앙이다. 둘째,
정적인 차원이다. 이것은 정서적으로 신뢰하는 것으로서의 신앙이다.
셋째, 행위적 차원이다. 이것은 하나님의 뜻을 행하는 것으로서의 신
앙이다. 한편 전인으로서 형성되어야 할 학습자는 다차원적 유기체
적 존재이다. 이 말은, 학습자는 하나의 차원으로 파악될 수 없으며
단차원으로 구성되어 있지도 않다는 뜻이며 더구나 여러 차원이 서
로 얽혀서 서로 영향을 끼치는 유기체적 성격의 존재라는 것이다.

---

83) 기독교 개신교에서 일반적으로 기독교교육에 대해 사용되는 용어는 전
　　통적인 정통주의 기독교교육-자유주의 입김이 서려있는 종교교육-신
　　정통주의의 세례를 받은 기독교교육-다원주의 신학이 스며있는 기독
　　교종교교육-그리고 최근의 신앙교육 등으로 역사적 변천을 거쳐 왔다.
84) Thomas H. Groome, *Christian Religious Education: Sharing Our Story
　　and Vision*, 『기독교적 종교교육』 이기문 역(서울: 대한예수교장로회총
　　회교육부, 1980), 96-111: John H. Westerhoff, Ⅲ, *Values for Tomo-
　　rrows Children: An Alternative Future for Education in the Church*
　　(Philadelphia: Pilgrim Press, 1971), 28; Thomas H. Groome, *Sharing
　　Faith: A Comprehensive Approach to Religious Education and Pastoral
　　Ministry*(San Francisco: Harper Colins, 1991), 18-21 참조.

일반적으로 학습자라는 인간 존재는 지·정·의의 전인적 존재라고 할 수 있다.

그런데 신앙인에게 이 지·정·의는 무엇일까? 그것을 가치관, 신앙관, 그리고 생활관으로 볼 수 있을 것이다. 어느 것에다 가치를 둔다는 것은 그것에 가치를 부여하는 이유를 갖고 있기 때문이다. 이유는 인지 작용의 결과로서 지적인 성격을 띤다고 할 수 있다. 신앙은 어떤가? 일반적으로 생각할 때 종교의 전통과 교리를 모르고 그 실천의 부족에도 불구하고 어떤 종교의 신앙인이라고 불린다면 그 까닭은 신앙의 대상에 대한 신뢰 때문일 것이다. 그는 완전한 신앙인은 아니더라도 신앙인이 아니지는 않다. 따라서 신앙관은 인간의 정서적 요소와 긴밀하다고 할 수 있다. 신앙인의 생활 역시 마찬가지이다. 이것은 당연히 인간의 행위적 요소와 관련이 있다. 따라서 인간의 전인을 구성하는 지·정·의의 요소가 각각 신앙인의 가치관, 신앙관, 그리고 생활관과 상응함을 알 수 있다.

이제 이와 같은 내용들을 교육적으로 수용하여 간략하게 살펴보자. 첫째, 기독교적 삶의 표준으로서의 성경이다. 성경에 대한 교육은 무엇보다 성경을 하나의 책이 아니라 정경(Canon)으로서 가르쳐야 한다. 정경으로서의 성경은 다양한 가치관들이 혼재되어 있는 시대에 처한 학습자의 생활 세계에 척도로서 제시되어야 한다. 또한 성경을 독자적으로 대면할 수 있는 능력을 길러주어야 한다. 오늘날과 다른 문맥에서 쓰인 성경은 해석과 설명이 필요하다. 성경의 해석에는 건전한 신앙이 전제되어야 한다. 나아가 실제적인 성경 해석의 기술을 익혀 스스로 성경 연구를 해나갈 수 있는 역량을 길러주어야 한다. 성경 교육과 관련하여 구체적으로 교단의 교재를 통한 교육은 안전하고 용이할 것이다. 또한 교육의 단계성과 지속성을 보장해 주기 때문에 적극 활용할 필요가 있다.

둘째, 신앙생활의 목표로서의 성결이다. 무엇보다 먼저 성결교회 신자의 신앙생활의 목표는 성결한 사람이 되는 것임을 분명히 가르쳐야 한다. 이 성결은 성령의 은혜로 말미암는다. 그러나 그 은혜를 유지하기 위해서는 말씀과 기도를 쉬지 말아야 한다. 말씀은 성결의 내용이 무엇인지를 알려주는 자원이며, 기도는 성결의 외적 표현이라고 할 수 있는 사랑을 실천할 수 있도록 힘과 격려를 받는 장이다.

셋째, 하나님의 나라 실현을 위한 책임으로서의 성장이다. 학습자에게는 소망 중에 하나님의 나라를 이루기 위한 책임이 있으며, 그 나라는 예수 그리스도 안에 나타난 사랑과 정의가 넘치는 사회이다. 하나님의 나라는 사람과 자연을 포함한 전체 세계에 이루어져야 한다. 학습자는 그 나라의 건설이 추상적인 것이 아니라 발달과 은사들을 고려하면서 자신의 수준에 맞추어 지금 이루어야 할 것으로 인식해야 한다. 한편, 성경을 통하여 다룰 수 없던 사회적 주제들을 사건과 인물들을 통해 다룸으로써 하나님 나라의 건설을 위한 실제적 지식과 기술을 익혀야 한다.


## Ⅲ. 교육의 장을 확대하는 교육선교

성결교회는 전통적으로 전도에 힘써왔다. 주로 직접 전도에 치중한 전통적 전도는 그 대상이 구체적 개인이었다. 사회가 변화를 겪으면서 상대적으로 개인들 사이에 얼굴을 마주 대하는 친밀한 접촉이 어려워지고 사적인 생활을 향유하려는 움직임과 정보사회로의 진입으로 인한 익명성 등으로 전통적 전도방식은 더 이상 효과를 발하기 어렵게 되었다. 이와 같은 상황은 전도를 포함한 교육 환경의 확대를 요청하게 되었다. 이와 관련하여 몇 가지가 고려되어야 할 것이다.

첫째, 이제까지 사용해 오던 '전도'라는 용어의 대체이다. 전통적인 '전도'라는 말은 주로 개인의 영혼 구원을 위해 개인적 접촉을 통해 복음을 전하는 것으로 이해할 수 있다. 그러나 다양한 이유로 영혼구원이라는 문제를 중심으로 개인적 접촉이 어려워지면서 새로운 개념의 도입이 요구된다. 개인은 사회 성격의 본질적 변화로 인해 몰개성화되어 가고 익명성을 즐기게 되었다. 이와 같은 상황에서 인격적 개인적 접촉은 점점 더 어려워지고 있으며, 그 효과도 미미하게 되었다. 따라서 이제는 개인을 품고 있는 전체 사회와 개인을 은폐하고 있는 공간 등을 포함하는 대상을 향해 복음을 전해야 한다는 요청으로부터 선교적 의미의 새로운 전도 개념이 필요하다.

둘째, 전도 대상을 개인으로부터 사회로 확대할 때, 자연히 교육의 장도 확장된다. "예루살렘과 사마리아와 땅 끝까지!"라는 복음 전파의 구호는 이제 "특성화된 지역과 변동 사회와 새로운 문화에까지!"로 성격이 바뀌어야 한다. 우리가 상대해야 할 최근 교육의 환경은 크게 변하고 있다. 전통적인 교육의 환경이라고 할 수 있는 가정과 사회 역시 내적 본성은 크게 변하였다. 무엇이 가정이고 무엇이 사회인지 혼동을 겪고 있으며 새로운 개념이 정립되어 가고 있는 실정이다. 그러므로 실체 없이 출몰하는 개념들과 변화와 변동들이 사실은 새로운 교육 환경이라고 할 수 있겠다.

셋째, 교육 환경, 곧 장(場)의 창출이다. 정보사회에 진압하면서 사이버 공간은 인류에게 새롭게 열린 삶의 장이 되었다. 사이버 공간은 공상이나 유희의 장이 아니다. 그것은 현실이며 오히려 현실보다 더 위력을 지닌 인간 삶의 터이다. 사이버 세계의 발전은 인간에게 현실과 상상을 구분할 수 없게 할 것이라는 예측을 '매트릭스(Matrix)'와 같은 영화들이 보여준다. 이와 같은 사실로부터 교육의 장을 확보하는 문제에 실마리를 얻을 수 있다. 교육은 주어진 장에 만족할 것이 아니라 새로운 장을 적극적으로 창출해 나가야 한다. 막강한 위력을 지닌 거대 변동 사회에도 틈새는 있을 것이고, 그 틈새를 공략하여 교육의 장을 마련해야 할 과제가 우리에게 있다. 거대 담론의 해체는 곧 이성과 권위의 몰락을 의미하는 것이지만, 상대적으로 평등과 감성을 중시하도록 만들었으며 인간 자체에 집중하도록 만들었다. 이 평등과 감성, 그리고 인간 자체를 교육의 장으로 확보할 때 성결교회의 약점으로 지적되는 사회 참여의 문제와 권위주의에서 비롯된 경직성이 해소될 것이며 하나님을 위한 새로운 인간 형성의 가능성이 열릴 것이다. 교육의 장의 창출은 이처럼 교육의 내용과 형태와도 얽혀 있는 문제이기 때문에 중시되어야 한다.

## IV. 회중과 함께하는 교육적 목회

성결교회는 교회학교 중심의 교육을 해 왔다. 여기서 '교회학교'라는 말은 기독교교육 분야에서 부정적인 의미로 사용된다. 우선 그 말은 교회의 교육을 학교식 교육으로 보는 의도를 갖고 있다는 데서 비판을 받는다. 학교에서 행해지는 일반교육과 교회에서 행해지는 기독교교육은 그 성격이 크게 다름에도 불구히고 학교식 형대를 따른다는 데에 문제가 있다는 것이다. 전인을 목표로 하지만 실상은 주지적 교육에 치중되어 있는 학교식 교육은 전인적 신앙을 추구하는 교회의 기독교교육과는 그 성격이 판이하다는 것이다. 학교식의 교회교육을 비판하는 사람들은 교회라는 신앙공동체 전체가 교육의 장이 되어 신앙의 문화를 익힐 수 있어야 한다고 주장한다.[85]

'교회학교'라는 말이 지닌 의미에 대한 또 하나의 비판은 그 말이 교육을 교회 전체의 일이 아닌, "단지 주일학교 유년부 정도로" 축소시킨다는 것이다.[86] 그리하여 교회 전체적으로는 교육적 사명이라는 직무를 유기한 데 대한 면책이 되며, 결국에는 교육에 대한 무관심을 초래하게 된다는 것이다. 이와 같은 비판의 배경에는 교육이 교회의 일부 부서의 일이 아니라 교회 전체의 사명이라는 확신이 깔려 있다.[87] 교회교육의 학교식 교육의 부적합성이나 교회의 교육 책임 회피 등의 비판은, 교육이 교회적이어야 하며 그래서 교회의 사

---

85) John H. Westerhoff III, *Will Our Children Have Faith?*(New York: Seabury, 1976), 66. 또한 John H. Westerhoff III and Gwen K. Neville, *Generation to Generation*(New York: Pilgrim, 1979), 152 – 159; John H. Westerhoff III, *Living the Faith Community*(San Francisco: Harper & Row, 1985), 74; David R. Hunter, *Christian Education as Engagement*(New York: Seabury, 1963), 18 참조.

86) 김성호, "교회는 교회이어야 한다: 종교교육의 재인식에서 실천까지", 「활천」 283(1957), 48.

87) James D. Smart, *The Teaching Ministry of the Church*, 『교회의 교육적 사명』 장윤철 역(서울: 대한기독교교육 협회, 1960), 참조.

명이 되어야 한다는 말에 다름 아니다.

이 같은 주장은 최근 목회를 교육과는 분리시켜 보던 관점, 즉 교육을 목회의 일부로 보는 전통적 사고와는 달리 목회 자체를 교육적으로 보려는 관점과 상통한다. '교육적 목회'라고 부를 수 있는 이 목회는 목회를 교육적으로 한다는 의미에서 교육을 목회적으로 한다는 개념의 '교육 목회'와는 구별된다. '교육적 목회'의 강점은 교육에 대한 강조를 명분으로 내세워 목회를 부인하지 않으면서도 목회의 여러 영역들을 교육적 관점에서 통합하면서 목회를 전체적으로 활성화시킨다는 데 있다. 다시 말하면 교육목회는 기존의 교육에 대한 교회의 관심을 호소하는 입장에서 기왕의 교육을 활성화하는 성격이며, 교육적 목회는 목회 자체를 교육적 관점에서 시도한다는 데서 기존의 교육 목회와는 그 성격이 크게 다르다는 것이다.

교육적 목회가 의미하는 바를 좀 더 살펴보도록 하자. 첫째로, 그것은 교회의 교육적 사명이 목회자나 전문적인 사역자에게만 있는 것이 아니라 신자 전체로 구성된 교회에 있음을 말한다. 해리스(Maria Harris)는 교회의 정체성을 하나님의 백성으로 보면서, 이 하나님의 백성이 교회 사역의 전체적인 책임을 맡아야 한다고 말한다.88) 하나님의 백성으로서의 교회가 사역의 책임자라는 뜻은 교역

---

88) 해리스는 이 사명을 "목회적 소명"이라고까지 부르며, 이 소명은 다음과 같이 구성된다고 본다: 제사장적인 백성: 거룩히 여김을 받고, 축복하고, 기억하는 활동과, 가르침과 기도, 전통을 보존하는 사역, 예언자적인 백성: 정의의 말씀 선포, 하나님의 애정을 몸으로 나타내는 사역, 정치적인 백성: 더불어 하는 존재방식을 통해 기독교공동체 안에서 복음을 전하고 생명력을 유지시키는 사역과 우리가 사는 세계 속에서 기구와 체제들이 이 지구 위에서의 삶에 힘을 공급시킬 수 있게 하는 사역. Maria Harris, *Fashion Me a People: Curriculum in the Church*, 『회

자를 보조하는 의미에서의 평신도 역할의 확장이나[89] 교역자를 대체하는 평신도의 역할을 말하는 것이 아니다. 교육적 목회의 실행자를 이처럼 하나님의 백성으로서의 교회 전체로 볼 경우 평신도가 교육적 목회에 참여할 수 있는 근거가 마련되며, 평신도의 교육적 목회는 교역자에 의한, 그래서 여전히 교역자 중심일 수밖에 없었던 종래의 평신도 사역과는 달리 평신도가 자발적으로 보다 적극적이고 능동적인 참여가 요청된다는 것이다.

교육적 목회가 의미하는 두 번째 내용은, 교육이 교회의 여러 사명 중에 하나이지만 다른 사명들을 교육적 차원에서 재개념화할 수 있는 기능을 하는 것으로 본다는 것이다. 해리스는 그것을 다음과 같이 말한다.[90]

"코이노니아(koinonia): 공동체와 교제의 형태에 관여하는 활동. 레이투르기아(leiturgia): 예배와 기도와 영성의 형태에 관여하는 활동. 케리그마(kerygma): "예수는 부활하셨다."라는 케리그마에 관심을 갖고 삶의 언어로 실천하고 구현하는 활동. 디아코니아(diakonia): 교회에 대한 봉사와 개인적으로나 공동체적으로, 또는 세계적으로 세상에 대한 섬김에 관심을 갖는 활동. 디다케(didache): 교회공동체 내에서 가장 적절한 교수와 학습의 형태에 관심을 갖는 교육활동."

---

중 형성과 변형을 위한 교육목회 커리큘럼』, 고용수 역(서울: 한국장로교출판사, 1997), 53−55.
89) 즉 교역자는 영적 지도자, 평신도는 전문적 지도자로 육성해야 한다는 주장과는 크게 다르다. 이정근, "성결교회 전통과 기독교 교육의 방향", 38.
90) Harris, *Fashion Me a People*, 52.

해리스는 이 교회의 사명들을 교육 과정의 차원에서 교육적 목회 전체를 구성하는 것으로 보고 있다. 이와 같은 관점은 그룹(Thomas H. Groome)에게서도 볼 수 있다. 그는 교육이 교회의 다양한 사역에 적용될 수 있고, 그럼으로써 교회의 사역들이 함유하고 있는 교육적 측면을 강화해 줌으로써 그 사역들이 삶 가운데서 실현되는 효과에 도움을 줄 수 있다고 본다. 그는 이러한 내용을 입증할 요량으로 '나눔의 프락시스 접근(shared praxis approach)'이라고 하는 그의 교육적 형태를 전도하고 예식과 설교 등에 적용하며, 장을 달리하여 교회의 사회적 사역이라고 할 수 있는 정의와 평화의 문제에 대해, 그리고 목회 상담에 적용하고 있다.[91] 해리스와 그룹을 통해서 볼 때, 교육적 목회가 교회의 여러 사명들을 본성에 부합되도록 도우면서, 실천으로 나타날 수 있도록 구체성을 부여할 수 있음을 알 수 있다.

---

91) 교회의 사역에 대한 나눔의 프락시스적 접근은 일반적으로 다음과 같다. 초기화 활동에서 참여자들이 자신의 필요와 가능성들을 보도록 한다. 그렇게 할 때, 사람들은 자신이 직면한 실제 문제를 취할 수 있게 된다. 제1무브먼트에서는 사람들이 파트너십 가운데서 다른 사람들에게 다른 사람들과 더불어 섬기면서, 자신의 은사를 사용하고 나누고, 자기 말을 하며, 자신의 현실을 명명하게 된다. 제2무브먼트는 성격상 사려가 깊다. 이 단계에서 다른 사람의 필요와 그 은사의 활용에 민감하고, 현재의 문제가 무엇인지에 대한 이유와 기억, 그리고 하나님의 통치에 대해 그것이 어떠해야 하는지에 대한 상상하도록 격려한다. 제3무브먼트는 공동체와 세계 속에서 행동, 말, 상징을 통해 생명을 주는 기독교 신앙의 자원들을 반복적으로 인식한다. 제4무브먼트는 참여자들이 주체가 된다. 나름대로의 주고받는 스타일, 그리고 주는 자와 받는 자 사이의 본질적 교환 가운데서 그 자신이 된다. 제5무브먼트는 참여자들이 주체가 되어 인간화시키는 신앙의 방법으로 행동하고 배우가 되도록 한다. Groome, *Sharing Faith*, 295-423.

## V. 성결한 인간을 형성하는 교육

성결교회는 정체성을 추구하는 교육을 해 왔다. 성결교회의 정체성 교육은 성결을 강조하는 교육으로 나타났다. 성결교회는 "요한 웨슬레가 주장하던 성결의 도리를 그대로 전하려는 사명하에서……" 웨슬리 신학의 큰 틀 안에서 성결을 이해한다. 웨슬리는 칼빈과 달리 성결을 점진적 성화의 과정 중에 일어나는 은혜의 사건으로 본다. 성결교회는 같은 맥락에서 성결을 '중생 이후 믿음에 의해 순간적으로 이루어지는 성령세례'로 본다. 이 성령세례는 본질적으로 초자연적인 성령의 체험이다. 그래서 이 성결은 영적 훈련보다는 순간적인 성령의 선물이다. 성결교회는 성령세례를 점진적인 과정으로 보기보다는 순간적이고 특별한 경험적 사건으로 보는 것이다.

성결이 본질상 순간적으로 주어지는 하나님의 은총이라고 해서 점진적인 과정이 무시되어서는 안 된다. 왜냐하면 성결을 유지하기 위해서는 하나님의 은총의 통로인 말씀과 기도에 충실해야 하기 때문이다. 또한 성결의 은혜를 받기 위해서라도 진지한 신앙적 훈련이 필요하다. 성결은 평생 긴장을 늦추지 말고 추구해야 할 것이다. 성결을 이처럼 생각할 경우, 성결 개념은 교육의 가능성을 열어놓게 되며, 그 교육이 생애에 걸친 평생교육의 기초를 제공한다.[92] 즉 성결교회가 학습자를 향하여 평생에 걸쳐 시도해야 하는 교육은 성결의 교육이라는 것이다.

성결교회가 성결을 강조하는 교육을 한다는 사실은 성결한 인간을

---

92) 이정근, "한국성결교회의 교육적 특징과 방법", 109-119.

형성하는 교육을 해야 한다는 문제로 집약된다. 교육의 목적은 인간 형성에 있으며 그 교육의 정체성은 어떤 성격의 인간 형성이냐 하는 것으로 알아볼 수 있다. 성결교회는 교육의 이념을 "성결한 하나님의 사람"으로 정하고 있다. 이 교육이념이 의미하는 바는 성결을 교육의 궁극적 목적으로 삼은 인간 형성에 있다. 이것은 세 가지 인간상을 포함하고 있다. 첫째, '성결한 하나님의 사람'은 이상적 인간이다. 일반적으로 도덕적으로 완전한 인간을 이상적으로 생각하기 쉽다. 그러나 교육학적으로는 지·정·의의 조화를 이룬 인간을 이상적으로 본다. 그러나 이것은 인간적 차원만을 고려한 것으로, 여기서 말하는 이상적 인간으로서의 성결한 사람은 인격적이고 전인적일 뿐만 아니라 하나님과의 관계에서 그 모든 것을 통합한 인간을 가리킨다. 둘째, '성결한 하나님의 사람'은 신앙적 인간이다. 신앙은 지적으로 믿는 것이고, 정적 신뢰이며, 하나님 뜻의 실천이 조화롭게 구성된 실재이다. '성결한 하나님의 사람'은 교회가 믿어온 전통의 내용을 알며, 하나님의 신실하심과 은총의 능력을 신뢰하며, 이웃을 내 몸처럼 사랑함으로써 하나님을 사랑하는 사람이다. 그에게서 이 세 차원은 균형을 이루어 신앙의 인격을 형성한다. 그는 신앙의 인격으로 세상을 살아가는 사람이다. 셋째, '성결한 하나님의 사람'은 역사 안의 인간이다. 그는 이 세계 안에서 살아가는 사람이다. 이 세계는 그의 삶의 터전이며 하나님의 나라를 위한 일터이다. 그래서 그는 이 세계에 관심을 갖고 그것을 변화시키려고 한다. 그의 사역의 범위는 인간과 인간의 역사, 자연과 환경 전체를 포함한다. 그는 인간과 자연의 세계를 하나님의 뜻에 일치하도록 변화시키려고 애쓰는 사람이다.

# 제3장

# 성결교회의 교육신학

# 제1절 성결교회 교육신학의 전제[1]

　　기독교교육은 넓은 의미에서 교회의 교육적 실천 행위라고 할 수
있다.[2] 교회에는 본질적이라 할 수 있는 여러 사명들이 있는데, 그
중에 하나가 교육이다. 교회가 이 교육의 사명을 위해 하는 행위를
기독교교육이라고 한다. 그러나 기독교교육이 반드시 실천적 행위만
을 말하는 것은 아니다. 교육을 가르치는 행위라고 할 때 무엇을 어
떻게 가르쳐야 하느냐를 묻게 되는데, 그 물음에 대한 답은 다분히
이론적 성격을 띤다. 일반적으로 어떤 내용을 어떤 방법으로 가르쳐
야 한다는 이론이 교육의 현장에 주어지고 그에 따라 교육이 시행된
다는 것이다. 이로부터 교육은 이론과 실천의 두 차원을 소유하고
있음을 알 수 있다. 기독교교육 역시 마찬가지이다.[3] 기독교교육을
'기독교'와 '교육'이란 두 용어로 나누어 볼 경우, '기독교'는 신학이

---

1) 이하의 내용은 서울신학대학교 성결교회신학연구위원회 편, 『성결교회신
학』(서울: 기독교대한성결교회 출판부, 2007), 928–930으로부터 온 것임.
2) 기독교교육은 '종교교육', '기독교종교교육', '교리문답' 등 다양하게 불
린다. '종교교육'이라는 말은 자유주의 신학의 입장을 대변하는 기독교교
육 용어이다. '기독교종교교육'이라는 말은 타종교를 염두에 둔 기독교교
육 용어이다. '교리문답'이라는 말은 가톨릭의 전통적 교육용어이지만,
사회화의 성격이 담긴 기독교교육 용어로 사용되기도 한다. 이 모든 말
들을 포괄하는 용어로 '기독교교육'이라는 말이 사용되지만, 특히 보수주
의 또는 신정통주의 신학의 입장을 견지하는 학자들이 사용하는 용어이
다. 성결교회신학연구위원회 편, 『성결교회 신학용어사전』, 76.
3) 물론 '기독교교육학'이라고 할 경우에는 '기독교교육'에 대한 이론적 탐
구를 뜻한다. 그러니까 기독교교육이 이론과 실천 차원 모두와 관계된다
면, 기독교교육학은 이론적 차원과만 관련된다.

라는 이론을 '교육'은 실천을 의미한다고 볼 수 있다. 따라서 기독교
교육에 대한 적절한 탐구는 이론과 실천의 균형을 유지하는 가운데
수행되어야 한다.

성결교회의 기독교교육 역시 마찬가지이다. 성결교회의 교육은 무
엇인가 하는 것을 탐구하고자 할 때 역시 이론과 실천 모두를 살펴
보는 것이 필요하다. 그러나 여기에서 우리가 당면한 과제는 교육신
학의 정립이다. 이 '교육신학'이란 말은 신학적으로 볼 때 교육이 무
엇이냐 하는 것이다.[4] 신학의 성격은 일반적으로 이론적으로 볼 수
있으며, 교육신학은 그 이론적 내용에 따라 교육을 구성하는 것이기
때문에 이론적일 수밖에 없다. 즉 교육신학은 기독교교육의 이론과
실천 두 차원의 성격에서 이론적 차원에 제한된다는 것이다. 성결교
회의 교육신학이라고 할 때 역시 마찬가지이다. 그것은 성결교회 신
학의 입장에서 볼 때 교육은 무엇이냐를 탐구하는 학문적 행위이다.
따라서 그것은 이론적이며 신학적이다. 이론적이라고 하는 것은 그

---

4) '교육신학'이라는 말은 한국에서는 은준관에 의해 사용되기 시작했으나
   (은준관, 『교육신학: 기독교교육의 이론적 근거』(서울: 대한기독교서회,
   1976), 사실 틸리히(Paul Tillich)의 『문화 신학』(*Theology of Culture*)) 중
   의 한 논문인 "교육의 신학"에서 먼저 사용되었다(Paul Tillich, *Theology
   of Culture*, 『문화의 신학』 김경수 역(서울: 대한기독교서회, 1971)), 163
   -174. 은준관은 이 말을 '복음이라는 구조와 교육이라는 과정이 만나는
   장에 대한 해석'이라는 의미로 사용하고 있으며(은준관, 『교육신학』, 13.),
   틸리히는 교육을 기술교육, 인문주의 교육, 그리고 긍정적 의미에서의 주
   입식 교육이라고 할 수 있는 도입교육(the inducting education)으로 나누
   고, 현재의 교회 학교에 남아 있는 도입교육과 인문주의 교육의 상호관
   계의 탐구라는 의미로 사용하고 있다(Paul Tillich, *Theology of Culture*,
   170-174). 이 예에서만 보아도 알 수 있듯이 '교육신학'이라는 말은 다
   양한 의미로 사용되고 있다.

것이 기독교교육의 이론적 차원에 한정된다는 뜻이며, 신학적이라고 하는 것은 성결교회의 신학을 말한다. 여기서 성결교회의 신학이라고 하는 것은 복음주의, 웨슬리 신학, 그리고 사중복음의 내용을 말한다.

성결교회의 교육신학을 논의하기 위해 이용할 문헌들은 복음주의, 웨슬리 신학, 그리고 사중복음과 관련된 신학적 자료뿐만 아니라 보다 직접적으로 성결교회의 교육과 관련된 문헌들이다. 성결교회 교육과 관련된 문헌들은 헌법,[5] 교육의 원리,[6] 교재,[7] 헌장,[8] 성결교회 전통,[9] 교단과 교육,[10] 선교,[11] 교육과정,[12] 백서,[13] 역사[14] 등에

---

5) 주간, "사설 · 성결교회 헌법실시에 제하여", 「활천」 85(1929), 1-2.

6) 주교전련, "기독교 교육의 표준: 기독교 교육헌장 제정을 위한 초안", 「활천」 323(1964), 47-48.

7) 이명직, "만국주일학과(=일요학과, 주일학과)", 「활천」 2(1923 · 1); 박종석, "성결교회 교회학교 교재의 역사에 대한 비판적 연구", 『교수논총』 13(부천: 서울신학대학교, 2002), 215-248.

8) S. M. C., "청량리교회 소아부흥회기", 「활천」 90(1930), 55; 박형규, "인천교회 하간 역사기", 「활천」 95(1930), 53-54.

9) 지. 디. 왓손, "성결과 성장", 「활천」 5(1923 · 4), 15-18; 「활천」 8(1924 · 7), 13-16, 「활천」 10(1924 · 9), 8-10; 송기식, "한국적 기독교교육을 위한 서설: 성결교회의 입장에서", 「활천」 324(1964), 30-34; 이정근, "성결교회 전통과 기독교 교육의 방향", 「활천」 375(1976), 34-43; 이정근, "한국 성결교회의 교육적 특징과 방법", 「신학과 선교」 4(부천: 서울신학대학 1977), 105-130; 이정효, "사중복음 교육화에 관한 연구", 411-437; 이정효, "기독교 대한 성결교회의 교육신학정립에 관한 연구", 「신학과 선교」 26(부천: 서울신학대학교 출판부, 2001), 159-182.

10) 길보륜, "사설", 「활천」 3(1923 · 2), 1-2; 이건, "질이냐? 양이냐?", 「활천」 86(1930), 21-24; 이명직, "금일에 교회가 쇠퇴하야가는 원인(상)", 「활천」 99(1931), 62-63; 송기식, "한국적 기독교교육을 위한 서설: 성결교회의 입장에서", 「활천」 324(1964), 30-34; 정승일, "성결교회 교육의 실정", 「활천」 332(1968), 17-20.

관한 것들이 있다. 그 수는 많지 않으며 특히 성결교회 교육신학 논의를 위해 필요한 참고 문헌들의 수는 더욱더 축소된다. 그렇기 때문에 성결교회의 신학이리고 할 수 있는 복음주의와 웨슬리 신학과 사중복음, 이 세 가지에 대해 기독교교육적으로 논의한 글들을 주로 참고할 뿐만 아니라, 세 가지의 신학 자체에 대해 말하는 문헌들도 중요시하여 참고할 것이다. 이와 같은 자료들을 참고로 하여 먼저 교육신학의 방향을 정하기 위해 성결교회 100년의 교육이 어떤 것이었는지를 먼저 반성적으로 살펴보고, 성결교회의 신학이라고 할 수 있는 복음주의와 웨슬리 신학과 사중복음이 교육적으로 어떤 의미가 있는지를 검토하여 교육신학 정립의 기초를 삼고자 한다. 이로부터 나온 신학적 원리를 바탕으로 성결교회 교육신학에 대한 제안을 하려고 한다.

---

11) 홍순우, "교단선교 전략과 교육", 「활천」 384(1978), 19-26.
12) 한국성결교회연합회 편, 『성결과 비전 교육과정』(서울: 기독교대한성결교회 출판부 / 예수교대한성결교회 출판부, 2003).
13) 교육백서위원회 편, 『새천년 교육백서』(서울: 기독교대한성결교회출판부, 2001).
14) 이정효, "기독교대한성결교회의 기독교교육사", 「기독교교육논총 5: 한국교단의 기독교교육사」(서울: 한국장로교출판사, 1999), 241-271.

# 제2절 성결교회의 신학과 교육

　교회 현장은 지금 위기 상황이다.[15] 양적으로 정체되고 있으며, 성장은 과거의 추억이 돼버린 듯하다. 또한 질적으로 교회는 사회에 대하여 이렇다 할 본을 보이지 못하며 오히려 추문을 생산한다. 현대의 포스트모던 상황에 대한 미비한 대처로 성장과 변혁은 아쉬움과 실망으로 남게 되었다. 이 같은 위기 상황은 자신을 돌아보게 하며 그것은 곧 정체성의 문제로 연결된다. 성결교회 신학 정립의 필요성에 대한 이와 같은 배경을 고려한다면, 교회 현장에 관심을 갖지 않을 수 없다. 교회의 현장과 무관한 신학은 그 정당성을 회복하기 어렵기 때문이다. 이런 면에서 성결교회신학의 정립은 교회의 현장과 운명적으로 얽히게 된다. 따라서 기독교교육적 차원에서의 성결교회신학의 정립은 성결교회신학의 교회 현장의 적용 가능성에 주목하게 된다.

　이와 같은 배경에서 우선은 기존에 일반적으로 성결교회의 신학이라고 인정되어 온 복음주의, 웨슬리 신학, 사중복음을 대상으로 교회교육현장의 적용 가능성 차원에서 검토한다. 전에도 이와 같은 연구가 있었으나,[16] 충분한 논의의 여지가 있기 때문에 보다 확대되고

---

15) 이하의 내용은 서울신학대학교 성결교회신학연구위원회 편, 『성결교회신학』(서울: 기독교대한성결교회 출판부, 2007), 958－1038로부터 온 것임.

16) 송기식, "한국적 기독교교육을 위한 서설: 성결교회의 입장에서", 30－34; 이정근, "성결교회 전통과 기독교 교육의 방향", 34－43; 이정근, "한국 성결교회의 교육적 특징과 방법", 105－130; 이정효, "사중복음

심화될 필요가 있다. 성결교회의 교회 교육현장에의 적용 가능성에 대한 기독교교육적 탐구는 몇 단계로 구성되어야 한다고 본다. 첫 번째 단계는 성결교회신학의 기독교교육적 함의를 찾는 단계이다. 성결교회의 세 신학은 본질적으로 신학적 이론이지 기독교교육적 이론이 아니다. 따라서 이들 세 신학에 대한 기독교교육적 검토는 필요하다. 그래서 이 첫 단계에서는 성결교회신학이 기독교교육적으로 무엇을 의미하는지, 즉 이제까지 일반적으로 인정되어 온 기독교교육적 이론에 부합되어 교육적으로 실천될 수 있는지를 탐색하는 것이다. 두 번째 단계는 성결교회 교육신학을 정립하는 단계이다. 이 단계는 첫 번째 단계의 논의를 바탕으로 세 신학, 즉 복음주의, 웨슬리 신학, 사중복음의 공통점을 바탕으로 교육의 요소인 교육의 목적, 내용, 그리고 방법 등에 맞추어 성결교회의 기독교교육을 체계화하는 작업이다. 이에 대해서는 장을 달리하여 논의할 것이다.

세 신학에 대한 기독교교육적 차원에서의 논의는 두 가지 차원에서 이루어진다. 첫째, 이론적 차원이다. 세 신학이 기독교교육적 차원에서 긍정적인지 부정적인지를 이론적 차원에서 검토할 것이다. 둘째, 실천적 차원에서이다. 이론적 차원에서 기독교교육적 의미가 있는 것들 중에서 실천적 고려가 가능한 것들에 대해 언급될 것이다. 그러나 이 두 차원은 분명하게 구별되지 않는 경우가 있다. 기독교교육의 특성이 이론과 실천의 어우러짐이기 때문이다.

---

교육화에 관한 연구", 411-437; 이정효, "기독교 대한 성결교회의 교육 신학정립에 관한 연구", 159-182.

# Ⅰ. 복음주의

복음주의는 시대적, 교파적, 상황적으로 다양하게 나타난다.[17] 성결교회의 기초 신조인 복음주의는 기독교 개신교파가 일반적으로 믿는 것이다(헌법 13조). 그런데 오늘날 복음주의는 신조나 신학만으로는 복음주의의 차별성을 더 이상 주장하기 어려워졌다. 오히려 복음주의의 특성은 중생의 체험과 복음전도 등에서 찾아볼 수 있다. 그런 까닭에 복음주의는 기독교 개신교파가 믿는 신조와 복음주의적 성격이 강한 조직이나 교파들의 복음전도 운동을 포괄하며, 이것은 또한 성결교회에서 본래 말하는 복음주의의 뜻에 더 가깝게 보인다. 이런 입장에서 복음주의를 하나로 묶어주는 공통점은 성경의 궁극적 권위에 대한 강조와 거듭나는 중생, 그리고 열정적인 복음전도이다.[18] 복음주의적 기독교교육 역시 원칙적으로 이와 같은 복음주의의 특징을 띤다. 복음주의 기독교교육은 첫째, 성경을 신앙과 삶을 위한 하나님의 권위 있는 말씀으로 보기 때문에 기독교교육 과정의 중심으로 삼는다. 둘째, 복음주의 기독교교육은 예수 그리스도의 구속적 사역과 그리스도에 대한 신앙을 통한 개인 구원의 필요성을 확신하기 때문에, 그리스도의 구속적 사역에 대한 개인적 신앙의 초청인 전도를 복음적 교육 사역의 결정적인 특성으로 본다. 셋째, 복음

---

17) 박명수, 『근대 복음주의의 주요 흐름』(서울: 대한기독교서회, 1998) 참조.
18) 목창균, "복음주의란 무엇인가?", 『성결교회와 신학』(부천: 서울신학대학교 성결교회역사연구소, 1999), 16-20; 박명수, "현대 복음주의 운동의 현황", 『성결교회와 신학』(부천: 서울신학대학교 성결교회 역사연구소, 1999), 35-65 참조.

주의 기독교교육은 개인적 공동체적 영적 성장, 곧 사람들의 삶 안에서 활동하시는 성령으로 말미암아 인격과 태도와 행동에서 예수 그리스도의 형상을 닮아가기는 일을 강조한다. 여기서 교사는 개인적으로 경건을 유지하게 하시고 이웃들을 사랑하며 바른 관계를 맺도록 하시는 성령의 동반자로서 기능한다.[19] 이와 같은 면에서 복음주의의 교육적 의미를 찾아보자.

## 1. 성서적 교육

교회 교육현장에서 성경과 가장 깊숙이 관련된 활동은 소위 분반공부 시간이다. 이 시간을 통한 성경 공부는 오랜 전통을 지니고 있다. 그런데 최근 이 시간이 위협받고 있다. 여러 가지 이유를 대며 분반공부를 하지 말자는 말들이 나오고 있는 것이다. 이 같은 말들에 대해 예의 주시해야 하는 까닭은 그것이 단지 성경공부를 하는 분반의 폐지가 아니라 성경의 내용을 가르칠 필요가 있느냐는 동기가 숨어 있는 것은 아닌가 하는 의구심을 갖게 하기 때문이다. 성경은 그 정경성 때문에 사실은 기독교교육의 전 범주를 통제하는 원칙이 되어야 한다. 그런데 성경공부를 폐지하려는 교육 현실의 상황은 자못 위험스럽기까지 하다. 성결교회에서는 기독교교육을 하나님의 일꾼을 양성하는 것으로 생각해 왔고 그를 위한 최상의 교육을 성경교육으로 여겨왔다.

---

19) Kevin E Lawson, "Marginalization and Renewal: Evangelical Christian Education in the Twentieth Century", *Religious Education* 98:4(Fall 2003), 438.

그런데 성경교육이란 무엇인가? 그것은 종종 성경의 내용을 교리적으로 정리해 내거나 특정 단체의 목적에 맞추어 회원 양성을 위한 훈련 내용의 학습으로 왜곡된다.[20] 모든 교육이 그렇듯이 성경교육 역시 변화를 추구한다. 그랬을 때, 기존의 성경교육은 과연 변화를 생성하는가? 성결교회에서 성경이 강조된다고 했을 때, 이와 같은 변화를 목적으로 한 것이었는가, 아니면 성경 지식이나 교리의 학습이었는가? 성결교회의 성경교육은 변화의 추구보다는 다분히 사실의 전달에 치우쳐 있다.[21]

변화는 사실에 치우친 지적인 차원에서의 접근으로는 달성될 수 없다. 교육에서 추구하는 변화는 전인적인 것이다. 그러므로 성결교회의 성경교육은 주지적 성격을 유지하되, 그것이 마음과 행위로 이어지도록 하는 총체적 접근이 요청된다. 한 걸음 더 나아가, 기독교

---

20) 베델, 크로스웨이, C.C.C., 네비게이토(Navigator) 교재 등이 그렇다.

21) 예를 들어, 이명직의 '만국주일학과'(萬國主日學課), 만국주일학과는 1923년 1월호부터 '일요학과(日曜學課)'라는 제목으로 시작하였으나 다음 호부터는 '만국주일학과'라는 이름으로 그 명칭과 필자가 바뀌면서도 계속된다. '만국주일학과'는 1924년 한 해 동안 게재되지 않고, 그 뒤로는 계속 이어진다. 1934년부터는 집필자가 이건으로 바뀌고 1934년부터는 '만국주일공과'로 이름이 바뀌면서 필자도 한영환으로 바뀐다. 그리고 1960년 9월부터는 황경찬으로 바뀐다. 1963년 9월부터는 '생명의 양식'이라고 이름이 바뀌고 필자도 김석규로 바뀐다. 그리고 그해 12월을 끝으로 '만국주일학과'의 명맥은 끊긴다. '만국주일학과'는 성경의 내용, 즉 '사실'(fact)을 가르치기 위한 교재였다. 처소, 연대 등의 적시가 그 예이다. 하지만 방법도 이 같은 목적에 맞추어 전달식과 문답식의 방법을 사용하고 있다. '만국주일학과'의 교수-학습진행은 먼저 성경본문을 주해하고 그것을 해석하여 의미를 끌어내는 교훈이 있으며, 본문의 주해와 교훈을 확인하는 복습문제로 구성되어 있다. 이 같은 구성은 이미 정해진 답에 대한 확인의 성격이 짙다.

교육학적 차원에서 고려할 때, 복음주의에서의 성경의 권위 강조는 기독교교육학의 원리 형성을 위한 권위적 출처가 된다. 종래의 복음주의 기독교교육학은 성경의 사실 전수, 교리의 주입, 특정 신학에의 집중 등 기독교교육적으로 볼 때에 부적절한 성격이 있었다. 성경을 강조한다고 하지만 사실은 성경이 배제되어 왔다.

그러므로 이제 복음주의 기독교교육학은 성경으로 철저하게 복귀해야 한다. 복귀의 형태는 기독교교육의 원리 자체를 성경으로부터 추출해 내는 일이다. 성경 안에는 모종의 기독교교육의 원리가 숨어 있을 것이다. 그 원리의 추출을 위해서 선입관이 배제될 수 없겠으나, 가능한 한 현상학적 방식에 의해 시도가 되어야 할 것이다.

성경에 대해서 복음주의가 공통적으로 인정하는 내용은 성경의 궁극적 권위이다. 성경은 하나님의 감동으로 기록된 말씀으로서(딤후 3:16), 그리스도의 장성한 분량이 충만한 데까지 이르게 하기에 충분하기 때문이다(엡 4:13). 또한 성경은 사람을 변화시켜서 영혼을 바르게 하고(히 4:12), 인생의 복된 길을 알려 주며(계 1:3, 시 1:1-3), 모든 삶의 지침이 된다(시 119:105). 어떠한 사상이나 이념도 성경을 대신할 수는 없는 것이다. 오직 성경의 초월적 주장들에 근거한 신앙만이 모든 문화적, 이념적 비전을 대신할 수 있다. 마찬가지로 기독교교육의 핵심은 성경이 되어야 한다. 성경 교육이 바르게 이루어질 때, 온전한 기독교적 인간을 양성할 수 있는 것이다. 그러므로 성경은 전통이나 이성 혹은 인간의 경험에 우선하여 교육되어야 한다.

그러나 기독교교육에서 성서는 학습자를 대상으로 가르쳐야 할 교육의 내용과 신앙 성장을 위한 자원 이상의 위치를 지닐 수 있어야 한다. 우선 성경은 그 내용적 차원에서만이 아니라 성경 전체를 아우르는 정신을 교육의 내용으로 삼아야 한다. 그것은 정보적(infor-mative)이기보다 변형적(transformative) 교육이라고 할 수 있을 것이다. 구체적 사실이 아닌 성경이 말하고자 하는 마음과 정신이 교육의 내용으로 추가될 때에야 진정한 성경교육이 발생할 수 있을 것이다. 그러기 위해서는 전통적인 지식 위주의 교수가 아닌 정서에 주의를 돌려야 한다. "정서는 주의를 끌며, 주의는 학습과 상기에 결정적이다."22) 성경의 내용을 언급한다고 해서 그것을 성경교육이라고 생각하는 착각에서 깨어나 성경의 정신과 마음을 전할 수 있는 교육으로 거듭나야 한다. 그리고 성경교육이 교사로부터 학습자로의 일방적 교수였다면 학습자로부터 교사의 학습 방향을 고려하여 정상적 교육을 회복시켜야 한다. 그러기 위해서는 학습자의 발달과 문화 이해가 선행되어야 하며, 결과적으로 성서에 대한 정해진 해석이 아닌 다양한 해석들이 나타나고 대화 가운데 이해되어야 한다.23)


## 2. 체험적 교육

복음주의의 특성 중의 하나인 회심에 대해 교육과의 연관에서 크게 두 가지를 생각해 볼 수 있다. 하나는 중생 개념의 확대이고, 다른 하나는 중생의 교육적 적합성이다. 복음주의에서 중생은 하나님의 초월적인 은혜로 인한 회심의 체험으로 여겨진다. 즉 하나님의 강력한 역사로 인한 인간 영혼의 변화에 초점을 맞추고 있다. 그럴

---

22) John M. Bracke and Karen B. Tye, *Teaching the Bible in the Church*(St. Louis: Chalice Press, 2003), 40.

23) *Ibid.*, 86.

104

경우 동일하게 변화라는 말을 사용하지만 교육이 의도하는 삶의 변화라는 개념과는 멀어진다. 물론 중생으로부터 오는 변화가 인간 내면의 본질적 변화이고, 생활과 삶에서 이루어지는 변회는 결코 이와 같은 변화에 미칠 수 없다는 것은 사실이다. 그러나 시간적인 차원에서 볼 때, 중생으로부터 오는 변화가 특정 시간 또는 비교적 짧은 시간에 일어나는 변화임에 비하여, 교육에서 말하는 변화는 항구적 변화를 말하기 때문에, 비교적 장기간에 걸친 변화에서는 중생의 회심 체험에서 볼 수 있는 강력한 체험을 유지하기 어렵다. 그렇더라도 중생의 본질적 체험은 교육이 항시 상기하고 돌아가야 할 목적지가 되어야 한다. 체험이 모두 등가적인 것은 아니다. 교육에서 추구하는 경험은 중생과 같은 성격의 체험에 근접하기 위해 노력해야 한다.[24]

교육이 추구해야 할 변화된 삶의 구체적인 모습은 무엇인가? 그것은 바로 성결한 삶을 살아가는 것이다. 복음주의자들은 신앙 체험의 결과로서 성결하고 경건한 삶을 강조하였다. 따라서 성결한 삶의 모습을 교육 내용으로 제시하면, 더 구체적으로 기독교적인 삶을 지향할 수 있을 것이다. 특히 정보 사회와 포스트모더니즘으로 인한 21세기의 급격한 변화 속에서 우리에게 필요한 것은 상실된 인간성을

---

24) 그 체험의 성격이 심리학적 내용과 동일하다고 볼 수는 없는 것이다. 그럼에도 불구하고 교육은 인간을 상대하는 이상 심리학을 배격할 수는 없을 것이다. 종교적 체험에 대해서는 William James, *The Varieties of Religious Experience: A Study in Human Nature*, 『종교적 경험의 다양성』 김재영 역(서울: 한길사, 2000). 그리고 심리학과 신학과의 관계에 대해서는 웨슬리신학회(Wesleyan Theological Society, March 2, 2002)에서의 발표를 기초로 한 Douglas S Hardy, "Implicit Theologies in Psychologies: Claiming Experience as an Authoritative Source for Theologizing", Cross Currents 53:3(Fall 2003), 368-377을 참조.

회복하고, 세속화된 문화와 가치를 바로잡는 것이다. 이를 위해서 성결하고 거룩한 삶을 위한 교육은 다양한 내용과 방법으로 준비되어야 한다. 시대를 복음적 안목으로 새롭게 해석하여 새로운 그리스도인의 모습을 제시해야 하는 것이다.

교육과의 연관에서 회심에 대해 생각해 보아야 할 다른 하나는 중생 이후의 문제이다. 복음주의 노선의 성결교회는 거듭나는 중생의 회심을 강조한다. 그것도 급진적 회심을 강조한다. 이 같은 사정은 오늘날이라고 해서 별반 달라진 것 같지는 않다.

급진적 회심은 교육적으로는 큰 문제이다. 모든 기독교의 교파가 회심을 강조하지만 그 성격을 어떻게 보느냐에 따라 그 결과 양상이 크게 달라진 것을 보게 된다. 장로교회는 칼빈을 추종하여 점진적 회심을 따라 자연스레 교육에 비중을 두게 되었다. 가톨릭 역시 점진적 회심의 노선을 취함으로써 행위를 강조하는 독특한 교리를 형성하게 되었다. 복음주의 회심 교리의 한계는 회심을 급진적으로 이해하여 후속적 내용이 부재하다는 데 있다.

복음주의에서 중생의 회심을 강조하는 것은 중요하다. 이것은 기독교교육의 전제가 되는 마음 밭을 준비시키기 때문이다. 그러나 인간의 성숙은 마음 밭으로 충분하지 않으며 거기에 하나님의 말씀인 성경의 씨가 뿌려지고 기도의 물을 주는 등 교육적 농사가 필요하다. 인간이 완성되는 것은 특정한 시점에서의 체험이 아니라 그 시점 이후의 양육에 의해서이다. 그렇다면 복음주의의 중생을 강조하는 신조가 기독교교육적 의미를 갖기 위해서는 중생의 시점과 더불어 중생 이후의 시기, 그리고 중생의 시점에서의 체험과 더불어 중생 이후의 시기에 행해야 할 양육이 균형을 이루어야 한다.

## 3. 선교적 교육

복음주의는 전도를 통한 영혼의 구원을 강조한다. 복음주의는 다양한 신앙 운동의 형태를 취하면서, 불신자에 대한 전도와 선교를 강조하였다. 그 결과로 복음주의 교회는 많은 성장을 이루었고, 지금도 지속적으로 성장하고 있다. 이는 복음주의 교회의 특징을 단적으로 나타내는 것이다. 그런데 선교와 기독교교육은 초대교회로부터 분리될 수 없는 교회의 사명으로 자리잡았다. 예수께서는 선교와 교육의 사명, 즉 가서 제자 삼고 가르쳐 지키게 하는 사명(마 28:18-20)을 그의 제자들에게 명하셨다. 그래서 성령을 받은 예수의 제자들이 예수 그리스도의 복음을 담대히 증거하였고, 많은 사람들이 구원을 받았으며, 제자들은 이들에게 세례를 주고 또한 가르쳤다. 초대교회는 이처럼 전도된 자들을 교육하여 이룬 신앙공동체이며 전도와 교육이 조화를 이룬 결과, 온 백성에게 칭송을 받게 되었다(행 2:40-47).

그렇지만 전도는 종종 교육과 무관한 것으로 여겨진다. 기독교교육에서 전도의 문제는 교회학교의 부흥 등의 문제와 관련되어서 현실적으로는 중요하나, 전도 행위 자체에서 어떤 교육적 내용을 찾아볼 수 없다는 이유 때문에 논외로 다루어진다. 기독교교육은 일반적으로 전도 이후에 관심을 갖는다. 그러나 선교와 교육은 분리될 수 없는 교회의 사명이다(마 28:18-20).

"……선교와 교육은 공존·병행해야 한다. 교육 없는 선교는 후속 부대 없는 전진과 같고, 선교 없는 교육은 전방의 공격 없는 후방 지원과 같이 불완전한 것이다. 그러므로 주님의 마지막 명령에서 선교와 교육을 함께 분부하셨음은 참으로 의미 깊은 일이다. 주님은 위대한 선교사인 동시에 또한 교육가이셨다. 그러므로 주님의 몸 된 교회는 주님의 직능을 지상에서 계속 수행하는 유일한 기관이다. 따라서 교회는 선교적 직능인 케리그마(하나님의 말씀 선포)와 기독교교육적 직능인 디다케(가르침)를 조화 있게 수행해 나가야 하는 사명적, 책임적 기관이다.”[25]

전도는 교회교육의 현장에서 대단히 심각한 주제이다. 전도를 통한 성장이 이루어지지 않을 때, 교육현장은 무능한 것으로 평가된다. 현실적으로 중요한 이 전도가 기독교교육의 ‘학(學)’의 영역에서는 무시된다. 그러나 이 주제를 재고해 보면, 이 주제가 기독교교육학의 주요 연구 과제 중의 하나인 이론과 실천이란 주제의 가장 구체적인 실례가 될 수 있다. 따라서 복음주의의 전도 강조는 복음주의적 기독교교육학의 정체성을 세우는 하나의 실마리가 될 수도 있다.

한편 예수 그리스도의 대위임(마 28:18-20)을 따라 복음 전도를 제자훈련과 연결시킬 때, 교육에서 전도 개념은 단순히 복음을 전하고 예수를 영접하도록 권면하는 행위 이상이다. 오늘날 복음전도의 대상은 전도자의 물리적 경계 너머에 있으며, 따라서 만민에게 복음을 전하고 그들을 제자로 삼기 위해서는 가상공간을 고려할 필요가 있다. 로엘즈(Shirley J. Roels)에 따르면, 기독교교육의 주요 목적은 만민을 제자로 삼으라는 명령을 지키는 것이다. 그럴 경우, 온라인 교육은 그 같은 소명을 이루기 위해 선호되어야 할 도구이다. 기술이 사람들의 공간 감각을 바꾸고 있는 시대에 전도와 교육이 물리적 장에만 매여 있어서는 안 된다.[26]

---

25) 홍순우, “교단선교 전략과 교육”, 20.

## Ⅱ. 웨슬리 신학

웨슬리 신학의 특징은 선행(先行)은총과 신인 협동설, 하나님의 절대권 안에서 주어진 인간의 자유와 책임, 복음적 신앙 체험의 강조, 구령열에 불타는 선교 지향적 정신과 자세, 구원의 확신의 교리, 복음의 사회성 강조, 목회의 조직성, 그리고 가장 중요한 성결론과 이 모든 것을 가능케 하는 성령의 능력과 사역이라고 할 수 있다.[27] 그러나 이 모든 것들을 묶어줄 수 있는 키워드는 성결과 선행은총론일 것이다. 선행은총론은 칼빈주의와 대조될 때 두드러진다. 칼빈의 창세전 하나님의 예정에 의한 구원에 대하여 웨슬리는 지금 여기서 믿는 자의 구원을 주장하였으며, 칼빈의 하나님의 주권에 대하여 웨슬리는 그 주권을 인정하면서도 하나님의 주권에 의해서 위임된 인간의 자유와 책임성을 강조하는 복음적 신인 협동설(Evangelical Synergism)을 주장한다.[28] 여기서는 먼저 웨슬리의 성결론의 교육적 함의를 생각해 본다.

### 1. 성결한 교육

웨슬리에게 기독교는 곧 구원이요, 구원은 곧 성결을 뜻하였다.

---

26) Shirley J Roels, "Global Discipleship and Online Learning: What Does Blackboard Have to do with Jerusalem?", *Christian Scholar's Review* 33:4(Summer 2004), 451－470.
27) 서울신학대학교 성결교회신학연구위원회 편, "웨슬리주의", 『성결교회 신학용어사전』(서울: 기독교대한성결교회 출판부, 2005), 295.
28) *Ibid.*, 293.

성결은 크게 의식적인 성결인 성별과 윤리적 성결인 정결의 두 가지로 나눌 수 있다.[29] 웨슬리가 관심을 갖는 것은 후자인 윤리적 실제적 성결이다. 그는 윤리적 성결을 정도의 차이에 따라 관계적 성화, 초기의 성화, 점진적 성화, 온전한 성화, 그리고 영화 등으로 구분하였다.[30] 이와 같은 성격의 성결은 교육 목적으로서 적절하다. 우선 성결교회는 신자의 성결에 힘쓰는 교회이기 때문이다. 웨슬리 신학의 중심은 구원론이고 그 핵심은 성결론이다. 성결교회의 신자는 하나님의 거룩함을 닮아 가는 이 성결을 신앙의 목표로 삼아야 하는 것은 자명하다. 다음으로 성결의 실천적 실제적 성격과 초기의 성결로부터 영화에 이르는 단계는 교육의 실천적, 발달적 성격에 잘 부합된다. 즉 성결 자체가 교육적 성격을 갖고 있다고 할 수 있다.[31] 이는 성결이 추상적인 것이 아니어서 달성 가능한 교육 목적으로 삼기에 적절한 내용임을 가리키는 것이다.

핸더슨(Michael Handerson)에 따르면 웨슬리 신학적 차원에서 기독교교육의 목적은 두 가지이다. 내적인 목표로서의 영적인 성숙과 외적인 목표로서의 봉사를 위한 준비(딤후 3:16−17)가 그것이다.[32] 성서는 두 가지 중 전자인 내적인 목표를 '완전', '성숙', '성화', '완성', 혹은 '성결' 등 여러 가지로 표현하고 있다. 웨슬리는 "그리스도

---

29) 한영태, 『웨슬리의 조직신학』(서울: 성광문화사, 1996), 212.

30) *Ibid.*, 218−225 참조.

31) 김삼복, "성결은 종교적 자아실현인가?", 「활천」 439(1990 · 1), 40−42; 김삼복, "성결에 관한 심리학과 신학적 개념의 비교 연구", 「교수논총」 5(부천: 서울신학대학교, 1994), 313−350.

32) Michael Handerson, "19장 기독교교육: 교육신학", Charles W. Carter ed., *A Contemporary Wesleyan Theology*, 『현대 웨슬리 신학 Ⅱ』 박은규 외역(서울: 대한기독교서회, 1999), 556.

를 닮음(Christlikeness)"이라는 내적인 목표를 '전적인 성화'라고 말했다(살전 5:23 - 24).33) 또한 두 번째로 외적인 목표는 봉사를 위한 준비이다. "속사람"(엡 3:16)의 발전을 의미하는 영적 성숙이란 목표는 단순히 이것을 성취하는 데 그치는 것이 아니라 하나님 나라를 위한 사역에 참여할 수 있도록 준비시키는 일까지를 포함한다. 즉 예수 그리스도처럼 세상에서 행하신 사역을 할 수 있는 능력을 갖는 것을 의미한다.34) 웨슬리는 이 외적인 목표를 '완전한 사랑'으로 이름 붙였다. 웨슬리의 '완전한 사랑' 개념은 "다른 사람에게 자신을 내어주는 사역을 수반할 뿐만 아니라, 그 같은 봉사를 위해 요구되는 마음의 순결함과 영적인 열심을 또한 필요로 한다."35)

한편, 성결이 기독교교육에 시사하는 점은 최소한 두 가지이다. 첫째, 성결의 교육적 가능성이다. 이정근은 다음과 같이 말한다.

> "요한 웨슬레는 성결의 시작을 '稱義'로부터 보았다. 그리하여 新生(혹은 重生)을 바로 初期聖化(initial sanctification) 단계라고 하였다. 그리고 성결은 단번에 완성되는 것이 아니라, 漸進的으로 성장하는 것으로 보았다. 즉 순간적으로 성화가 이루어지지만 이 순간적 변화들이 누적되어 目的論的으로 점진적 성장을 하게 된다고 하였다. ……결국 신앙을 성장하는 개념으로 봄으로써 平生敎育의 基礎를 제공하고 있다."36)

특히 웨슬리는 성결이 하나님의 선물이지만 그것을 받을 만한 사

---

33) *Ibid.*, 557.
34) *Ibid.*, 559.
35) *Ibid.*, 563.
36) 이정근, "한국 성결교회의 교육적 특징과 방법", 109 - 119.

람들에게 주어지는 것으로 보았다. 그런데 여기서 받을 만한 마음과
정신은 가정과 교회의 가르침을 통해 형성된다고 보았다. 웨슬리는
그것에 대해 "자연적 성향은 그릇되어 있다. 교육이 그것을 바르게
한다."37)고 말한다. 따라서 웨슬리에게 구원이라고 할 수 있는 성결
은 어느 연령이나 어느 영적 성장의 단계에서도 필수적인 평생에 걸
친 신앙 안에서의 의도적 훈련과 양육으로 보인다.38)

둘째, 일단 성결을 하나님의 은혜를 배제하지 않으면서 그 안에서
이루어지는 교육의 다른 이름이라고 생각하면, 성결은 전인적인 것
이어야 한다. 종종 성결은 교육적 노력 너머에 있는 초월적 영적인
실재로 생각되어왔다. 웨슬리는 초월적 성결을 교육적 본성에 부합
하는 단계로 나누어 제시함으로써 성결의 교육적 가능성을 신장시켰
다. 따라서 성결에 대한 교육적 이해를 극대화시킬 경우, 성결은 교
육의 완성이며, 내용적으로는 교육의 목적이 된다. 성결을 교육의 목
적으로 볼 경우, 성결이 무엇인지에 대한 신학적 지식, 성결로 인도
하는 회심의 격려, 그리고 하나님께 대한 인격적 헌신이라는 전인적
차원에서의 모색이 요구된다.39)

성결을 교육에서 보다 비중을 두어 강조하려고 할 때의 과제는
두 가지라고 생각한다. 하나는 아동의 발달 단계에 맞는 성결 개념
의 교육적 해석이 필요하다는 것이고, 다른 하나는 성결에 대한 교

---

37) Thomas Jackson, ed., *The Works of the Reverend John Wesley* 13(London: Wesleyan Conference Office, 1872), 476.

38) Gayle Carlton Felton, "John Wesley and the Teaching Ministry: Ramifications for Education in the Church Today", *Religious Education* 92:1(Winter 1997), 101.

39) Ibid., 102.

육신학적 정리가 필요하다는 것이다.

한편, 성결이 순간적이어서 교육적 가능성을 배제하느냐, 아니면 점진적이어서 교육적 가능성을 열어놓느냐 하는 문제는 성결 이후의 시점에 대한 언급이지만, 성결 이전 시기에서 교육의 역할이 무엇인지도 물을 수 있다. 이에 대해 왓손은 다음과 같이 말한다.

> "聖潔의 準備는 이와 갓치 漸次的으로 되는 것이지만은 聖潔한 恩惠를 밧는 單純한 信仰으로 말매암아 瞬息間에 되나니라. 聖潔하기 前 成長은, 心靈의 缺乏을 깨닷는 感覺性과 恩惠를 思慕하는 心이 增長할 뿐이오, 恩惠에 成長하여지는 것은 決코 아니니라."[40]

이와 같은 말로부터 성결을 향하여 가속화시키는 기능을 할 수 있는 기독교교육의 역할을 볼 수 있다. 앞에서의 논의들을 종합해 볼 때, 성결은 교육과 밀접한 관련이 있음을 알 수 있다. 여기서 우리는 교육이 성결을 야기하는 것은 아니지만 교육적 상황 안에서 성결의 사건이 발생할 수 있는 가능성을 열어놓게 된다. 거꾸로 성결의 사건은 내용 없는 체험에 불과한 것은 아닐 것이다. 성결의 체험은 설명될 수는 없지만 어떤 메시지를 체험자에게 전할 것이다. 성결은 교육에 의해 완성되며, 교육은 성결을 자극한다.

## 2. 능동적 교육

선행(先行)은총(혹은 선재은혜, prevenient grace 또는 preventing

---

40) 왓손, "성결과 성장", 16-17.

grace)은 인간의 어떤 선한 행위나 노력보다 앞서서 행하시는 하나님의 은총을 말한다. "성결교회는 존 웨슬리처럼 타락한 인간에게는 스스로에게 구원의 능력이 없으므로 하나님의 선행은총이 필요하고, 만인을 향한 하나님의 부르심에 인간은 순종해야 된다고 권고하고 있다."41) 선행은총은 주로 구원에서 언급되어 왔으나, 이에 대한 적용 분야를 확대할 수 있다. 웨슬리는 선교에서 선교대상자들에게 이미 하나님의 선행은총이 있음을 확신하고 구령열을 가지고 많은 선교여행을 했다. 더 나아가 "그는 노예도 하나님의 사랑과 선행은총의 대상자라는 것과 그들을 위해서도 예수가 돌아가셨다고 믿고, 이들을 위한 사회정의를 구현하려고 했다."42) 이 같은 사실은 선행은총의 교육적 적용의 기회를 준다.

교육과 관련지어 선행은총에 대해 몇 가지로 생각해 볼 수 있다. 첫째, 인간에 대한 교육 가능성이다. 인간이 인간이 되는 것은 유전(본성)에 의한 것인지, 아니면 환경(양육)에 의한 것인지에 대한 끊임없는 논란이 있어 왔다. 유전이 많은 인간특성에서 중요한 역할을 한다는 것은 명확하다. 그러나 교사들은 학생들의 유전을 통제하지 못하기 때문에 학생들에게 영향을 주는 환경적 요인에 초점을 맞추고자 한다. 유전이 인간 특성의 여러 면에서 중요한 역할을 한다는 것은 명확하다.43) 그러나 교육은 학습자의 유전을 통제하지 못하기

---

41) 서울신학대학교 성결교회신학연구위원회 편, "선행은총", 『성결교회 신학용어사전』, 153.

42) *Ibid.*, 154.

43) Steven Pinker, *The Blank Slate*, 『빈 서판: 인간은 본성을 타고 나는가』 김한영 역(서울: 사이언스북스, 2004)은 빈서판으로 상징되는 양육의 폐해를 지적하며 본성을 강조하고 있다. 동일한 주제를 다루는 리들리

때문에 그에게 영향을 주는 환경적 요인에 초점을 맞추고자 한다. 본성이냐 양육이냐는 첨예한 문제에 대해 웨슬리의 선행은총론은 본성과 양육 그 사이를 지나간다. 하나님께서 우선 은총을 내리셨다는 내용은 본성에 해당하며, 그 은총에 응답해야 하는 인간이라는 내용은 양육에 해당한다. 하나님의 은총인 본성과 인간의 응답인 양육에 둘 다에 의해 구원이라는 교육의 목적이 이루어진다.

선행은총설의 교육적 의미가 이 같은 내용을 품고 있다면 이 내용은 기독교교육에서 교육의 결과를 신적인 것으로 돌리는 무책임한 행위를 시정할 수 있는 계기가 될 수 있다. 일반교육에서와 달리 기독교교육에서는 종종 교육의 결과를 신적인 것에 전가한다. 교육의 결과가 긍정적일 경우에 하나님의 간섭과 도우심이라고 고백하며 교육의 결과로부터 오는 보람의 기쁨을 누리지 못하며, 부정적일 경우에 하나님께 의탁함으로써 져야 될 책임을 회피한다. 그러나 이제 웨슬리의 선행은총론은 기독교교육의 원죄와 같은 이러한 올무로부터 벗어나도록 도와준다.

종교적 지식은 선행은총에 대한 반응이다. 신자는 하나님께서 죄인에게 내리신 선행은총에 반응하며 그에 따라 하나님의 사랑, 본성, 구원의 계획 등을 알아가게 된다. 거꾸로 말하면 하나님에 대한 인식이 하나님의 구원을 유효하게 한다.[44] 즉 여기서 선행은총은 교육

---

(Matt Ridley)는 유전자의 모습은 결정론 적인 삶을 나타내는 것이 아니라 인간의 발달시기마다 환경과 어울려서 돌아가는 일종의 메커니즘이라고 하면서 본성과 양육의 어울림을 꾀한다. Matt Ridley, *Nature Via Nurture: Genes, Experience, and What Makes Us Human*, 『본성과 양육: 인간은 태어나는가 만들어지는가』 김한영 역(서울: 김영사, 2004).

44) Wesley, "Walking by Sight and Walking by Faith", Sermons Ⅳ, vol.4,

의 잠재태이며 그것은 교육에 의해 하나님의 구원이 열매를 맺을 수 있도록 돕는 능동적 역할을 하게 된다. 그러니 교육은 구태여 교육의 결과에 대하여 신적인 것으로 돌리는 변명이나 책임 회피를 할 수 없으며, 오히려 보다 더 적극적으로 교육 그 자체가 구원 사역의 일환임을 인정하고 매진해야 한다. 구태여 구원에 차례를 정한다면 선행은총에 이어지는 칭의, 성화, 영화의 과정에서 교육은 성령을 통해 일하시는 하나님의 사역에 피동적으로 끌려가는 행위가 아니라 하나님의 행위에 적극적으로 함께 참여하는 동반자의 역할을 한다.[45]

웨슬리 신학과 관련하여 연구해야 할 주제가 사중복음이다. 우리의 사중복음이 심프손(Albert B. Simpson)으로부터 주어진 것이 아니라 냅(Martin Knapp)을 중심으로 한 만국성결교회로부터 전수되었다는 것은 이미 밝혀졌다. 그러나 중생과 성결은 웨슬리가 강조하였지만 신유와 재림은 웨슬리시대에는 신학의 중심주제가 아니었다. 우리교회 헌법에는 이미 '웨슬리가 주장하던 성결의 도리를 더욱 힘있게 전하기 위해서 사중복음을 전한다'고 규정되어 있다. 사중복음이 웨슬리 신학과 함께 해석됨으로 그 의미가 더욱 풍성해지고, 또 웨슬리 신학은 더욱 그 폭과 깊이를 더 할 수 있으리라고 본다. 예컨대, 아이어스(Jeremy Ayers)에 의하면, 구원론에 대한 동·서방교회의 이해는 그 성격이 판이했다고 한다.[46] 서방교회가 법적이었다

---

*The Works of John Wesley*, ed. Albert C. Outler(Nashville: Abingdon Press, 1984), 49.

45) Robert W. Pazmiňo, *God Our Teacher: Theological Basics in Christian Education*(Grand Rapids: Baker Academic, 2001), 47 참조.

46) Jeremy Ayers, "John Wesley's Therapeutic Understanding of Salvation", *Encounter* 63:3(Summer 2002), 263－297.

면 동방교회는 치유적이었다는 것이다.47) 이와 같은 주장은 웨슬리의 구원론을 사중복음의 신유와 함께 논의할 수 있는 여지를 남긴다.

"이와 같은 신학작업을 통하여 사중복음의 신학화가 이루어질 수 있으며, 헌법에 전도표제로 되어 있는 사중복음이 교단신학의 주요항목으로 자리할 수 있게 된다. 웨슬리 신학의 관용성은 이 작업을 충분히 가능하게 할 수 있을 것이다."48)

## Ⅲ. 사중복음

사중복음은 성결교회를 다른 교파와 구별해 주는 사상이다. 『헌법』은 사중복음에 대해 다음과 같이 포괄적으로 말한다.

"요한 웨슬리가 주장하던 성결의 도리를 그대로 전하려는 사명하에서 본 교회는 중생, 성결, 신유, 재림의 사중복음을 더욱 힘 있게 전하여, 모든 사람을 중생하게 하여 교인들을 성결한 신앙생활로 인도하여 주의 재림의 날에 티나 주름 잡힘 없이 영화로운 교회로 서게 하려는 것이다."49)

---

47) 이와 유사한 의견에 대해서는, Albert C. Outler, ed., *John Wesley*(New York: Oxford University Press, 1964), Ⅷ-ix; Randy Maddox, *Responsible Grace*(Nashville: Abingdon Press, 1994), 22-24); 그리고 Steve McCormick, "Theosis in Chrysostom and Wesley: An Eastern Paradigm on Faith and Love", *Wesleyan Theological Journal* 26:1(1991), 38-103.
48) 서울신학대학교 성결교회신학연구위원회 편, "웨슬리주의", 『성결교회신학용어사전』, 295.

이 사중복음은 단순히 전도를 위한 표제가 아니다. 헌법에 언급되었듯이 사중복음은 신자들의 신앙생활을 인도해 주는 교육적 나침반의 역할도 한다. 그래서 이강천은 "이 사중복음은 전통적인 것이기 때문에 교육해야 하는 것이 아니다. 그것이 성서적 기독교의 본질적 교리이기 때문에 교육해야 한다는 확신과 사명에서 교육해야 한다."고 말한다.[50]

여기서는 성결교회의 『헌법』에 나타난 사중복음의 내용 중에서 기독교교육과 관련된다고 보이는 내용들에 대해 교육의 주요 범주인 교육의 목적, 내용과 방법, 그리고 교사와 학습자의 면에서 어떤 의미가 있는지를 살펴볼 것이다.[51]

---

49) 『헌법』 제1장 제8조.

50) 이강천, "성결교회 교육의 오늘과 내일: 사중복음 교육을 중심으로", 「활천」 407(1984), 27.

51) 사중복음의 기독교교육적 의의를 보는 관점은 다양하다. 대표적으로 이정근, 이정효, 박종석, 박경순의 입장을 들 수 있다. 이정근은 교육의 가능성 입장에서, 이정효는 교육신학적 입장에서, 박종석은 철학적 입장에서, 박경순은 교육의 범주적 차원에서, 이강천은 경험적, 실천적 차원에서 접근하고 있다. 이정근, "성결교회 전통과 기독교 교육의 방향", 34-43; 이정근, "한국 성결교회의 교육적 특징과 방법", 105-130; 이정효, "사중복음 교육화에 관한 연구", 411-437; 이정효, "기독교 대한 성결교회의 교육신학정립에 관한 연구", 159-182; 박종석, "성결교회 신학의 기독교교육적 함의", 「신학과 선교」 29(부천: 서울신학대학교 출판부, 2004), 183-204; 박종석, "성결교회 교육신학의 기초적 구상", 「신학과 선교」 30(부천: 서울신학대학교, 2004), 129-154.; 박경순, "성결교회의 교육신학: 웨슬리의 교육사상을 중심으로", 「신학과 선교」 29(부천: 서울신학대학교 출판부, 2004), 142-143; 이강천, "성결교회교육의 오늘과 내일", 23-33.

## 1. 영적 변화의 교육

중생이 참된 신잉의 출발이라면, 성결은 이깃의 완성이다. 중생을 통해서 우리 인간익 내면에 하나님의 형상이 회복되기 시작했다면, 성결을 통해서 이것이 완성되는 것이다. 그 시작과 완성 사이가 교육이 활동할 수 있는 공간이다. 중생은 일종의 회심(回心)으로 하나님께로 돌아섬이다. 성결교회에서는 이 중생을 급진적인 것으로 인식해 왔다.[52]

종종 급진적 회심의 주장이 교육의 역할을 약화시킨다는 지적이 있으나,[53] 실상은 그렇지 않다. 성결교회는 급진적 회심에 알맞은 교육 방법들을 나름대로 사용해 왔다. 그 대표적인 방식은 부흥회가 될 것이다. 또는 성경 읽기, 통성 기도, 설교, 찬송, 묵상 등은 급진적 회심을 위한 방법들이었다.[54] 그러나 이 같은 방법들은 시대적 변화와 교육심리학적 성과들에 비추어 볼 때, 부적절한 방법으로 비판받을 수도 있다. 또한 그리스도인의 약 70%가 점진적 회심을 통하여서 중생을 경험한다는 보고가 있지만,[55] 급진적 회심을 통한 중생은 여전히 교육적으로 유효한 통로가 된다.

"중생은 곧 영으로 나는 일이니 신비에 속한 영적 변화"이다. 이 말은 중생의 과정을 설명하는 말이다. 그러나 중생의 과정은 이해하거나 설명할 수 없는 영과 관련된 신비이다. 중생은 인간의 일이 아

---

52) 이정근, "성결교회 전통과 기독교 교육의 방향", 41.
53) 이정효, "사중복음 교육화에 관한 연구", 411−437 참조.
54) 이정근, "기독교 회심과 교육의 가능성 연구", 「신학과 선교」 6(부천: 서울신학대학교, 1980), 172.
55) 이정근, "성결교회 전통과 기독교 교육의 방향", 41.

니라 하나님의 영에 의해 일어나는 사건이기에, 인간의 무력함이 철저히 드러난다는 의미에서 신비이다. 그렇기 때문에 비록 교육이라는 명분이라고 할지라도 신비를 인간적으로 육화하려고 해서는 안 된다. 신비 앞에 교육을 포함한 인간적 노력은 침묵해야 한다. 그러나 다행스럽게도 신비는 중생에서 신적 차원을 말하는 것이기 때문에, 인간적 차원은 탐구될 수 있다.

"성령의 역사로 새 생명을 얻어 그 사람의 심령과 인격 전체에 근본적 일대 변혁"이 일어나는 중생은 결과적 측면이기 때문에, 그 결과로 이끄는 원인적 측면이 있다. 그 원인적 측면은 인간적인 것으로서 "사람이 자기의 죄를 회개하고 십자가에 달려 속죄의 피를 흘리신 예수 그리스도를 믿"는 내용이다. 물론 하나님의 전능성은 인간의 원인적 측면을 무효화시킬 수 있다는 예외는 인정되지만, 여기서는 그 같은 내용을 예외로 보면서 전제로 한다. 그럴 때 교육의 가능성이 존재할 수 있게 된다.

중생에서 인간적 차원의 내용은 죄의 회개, 예수 그리스도에 대한 믿음으로 구성된다. 이 내용들은 기독교교육의 가장 기초적인 교육의 목적이 되어야 할 것이다. 이것 없이는 사중복음의 교육은 시작도 할 수 없기 때문이다. 죄를 회개하고 예수 그리스도를 믿게 하는 중생의 교육에서 교사의 역할은 비중이 있다. 회개와 믿음은 경험적 성격이 강하다. 경험은 인지적 차원만으로는 충분히 전달될 수 없기 때문에, 교사의 중생의 체험이 중요하다. 죄의 회개와 그리스도에 대한 믿음의 경험이 없는 교사는 학습자에게 중생을 온전하게 가르칠 수 없다. 교사의 경험이 회개와 믿음의 중생의 교육의 교육내용의 전제가 되며, 교육방법의 원천이 된다.

중생과 관련해서 학습자들은 각자 여러 가지 경험의 양태로 받은 구원의 이유와 내용에 대해서 알고, 구원에 대해 감사하며 구원받은 자로서 정체성을 확립히여 살아가도록 도움을 받아야 한다.[56] 이때 믿음은 전인적인 것임을 감안하여 구원의 도리에 관한 사실과 그 사실이 마음에 수용될 수 있는 정서적 신뢰가 균형을 이루어야 한다. 더 나아가 구원의 도리를 생활 가운데서 실현할 수 있어야 한다. 중생은 학습자에게 인식의 전환 사건이다. 그와 같은 인식의 변화는 자신, 세계, 그리고 삶에 대해서 일어난다. 중생은 신앙인으로서의 정체성을 갖게 하며, 세계와의 관계에 새로운 국면을 형성하며, 이타적 삶을 살도록 자극한다.[57]

## 2. 성결 체험의 교육

사중복음의 성결은 웨슬리 신학에서 볼 수 있는 성결과 그 성격이 판이하며 또 안이하지 않다. 즉 웨슬리 신학에서 성결은 사중복음에서 말하는 순간적 성결과 비교해서 보다 점진적인 과정이라고 볼 수 있다. 그러므로 사중복음의 성결을 교육적으로 이해하기 위해

---

56) 특히 청소년의 경우, 회심을 통하여 창조주 안에서 피조물된 정체감을 회복할 수 있다. 이소연, "청소년의 정체감 형성과 회심의 관계", 「신학과 선교」 20(부천: 서울신학대학교, 1995), 326; 이소연, "고등학생의 신앙발달단계에 따른 정체성의 변화", 「교수논총」 6(부천: 서울신학대학교, 1995), 163 – 186 참조.

57) 회심은 인간 발달과 긴밀하게 연관된다. 특히 회심으로 인해 도덕, 인지, 감성적 차원의 변화가 발생한다.; 김삼복, "회심에 관한 종교발달심리학적 고찰", 「교수논총」 8(부천: 서울신학대학교, 1997), 417 – 420.

서는 긴장과 더불어 창의성이 요구된다. 사중복음에서 말하는 성결
은 순간에 일어나는 성령세례로 이해되고 있다.[58] 성결에 대한 이
같은 이해는 성결을 성령세례와 동일시함으로써,[59] 성령을 인간의
접근 불가능한 것으로 만들거나, 아니면 오직 감정적 체험에 의해서
만 이해될 수 있는 것으로 만들 우려가 있다. 특히 성령세례에서 외
형상 볼 수 있는 감정 편중은 이해를 넘어서 있는 것이기 때문에,
이해에 선행하는 체험의 의미 또는 유용성 논란의 여지를 남긴다.
감정 자극을 통한 외형상 성령세례의 시도 역시 이해를 동반하지 않
아 형식적이라는 비판을 면키는 어려울 것이다.

이와 같은 상황을 염두에 둔 성령 세례에 대한 교육적 대처는 크
게 두 가지가 될 것이다. 하나는 부정적이고, 다른 하나는 긍정적이
다. 먼저 부정적인 교육적 대처는 성령세례가 외형적으로 감정적 현
상으로 보이는 것 자체가 문제가 아니라, 그 현상이 설명될 수 없기
때문에 교육적 고려를 할 수 없는 현상으로 폐기해야 하느냐의 문제
이고, 긍정적 대처는 성령세례가 성결교회의 중요한 전통이라는 구
속성을 담지하고 있다고 할 때, 그것을 교육적으로 어떻게 소화하느
냐 하는 문제이다. 우리가 취해야 할 입장은 후자이어야 할 것이다.
비록 성령세례가 초월적 실재의 문제이지만 그것은 인간에게 체험으
로 나타난다. 바로 이 성령세례의 설명될 수 없는 체험이 교육의 실
마리로 작동될 수 있을 것이다.[60] 교육은 성령세례와 유사한 체험을

---

58) 헌법 제18조.
59) 기독교대한성결교회, 『헌법』, 제1장 6조, 2장 18조.
60) 그래서 이강천은 중생과 성결이 교리적 개념적으로만 논의되었을 뿐
    체험되어야 할 것으로 교육되지 않았음을 지적한다. 이강천, "성결교회
    교육의 오늘과 내일", 29; 이소연, "경험적 학습에 의한 신앙성숙 단계

형성하려는 자의적 시도가 아니라, 시도까지 이어지는 과정 자체가 초월적인 방식의 준비가 되어야 한다는 것이다. 그런 방식들 중에서 가장 중요한 것은 기도기 될 것이다. 성령세례의 길로 가기 위한 모든 내용들을 기도로 하나님께 묻고 기도 안에서 하나님의 답을 듣는, 실로 기도만이 유일한 해결책이 되는 길을 걸어야 할 것이다. 더불어 "말씀과 사귐 속에서 성결이 영적 사건으로 경험되도록 교육되어야 한다."61)

이 길로 인도하는 것을 담당하는 자가 교사라면, 그리고 이 길을 가야 할 자가 학습자라면, 그들은 성령 세례 체험의 이유를 알아야 할 것이다. 전통적으로 기독교 신앙은 물음의 종교가 아니라 대답의 종교였다. 그러나 성결교회는 계시에 대한 맹목적 복종이 아니라 자발적 순종의 전통을 지니고 있다. 이 자발적 순종의 전제는 묻는 신앙이다. 물음에 대해 위로부터 답이 주어질 수도 있고, 그렇지 않을 수도 있다. 주어지지 않는다 하더라도 물음은 여전히 자발적 순종의 중요한 조건이 된다. 물음은 복종과 순종의 경계이다.

따라서 성령세례를 위한 교육적 준비는 물음의 준비를 포함한다. 학습자의 물음에 대한 설명이 준비되지 않을 때 성령세례의 체험으로 인도하는 교육은 맹목적 복종이 된다. 복종은 어느 때고 불복종이 될 수 있는 가변성이 있다. 복종의 이유가 부재하기 때문이다. 이유를 준비하는 교육은 크게 두 가지 면에서 시도할 수 있을 것이다. 하나는 이유의 책임을 신학에 돌리는 것이다. 신학은 이유에 대해 설명을 시도하겠지만 당장은 교육적 갈증을 해갈시킬 만한 설명

---

의 변화", 「신학과 선교」 21(부천: 서울신학대학교, 1996), 269-292 참조.
61) *Ibid*.

은 없어 보인다. 이유를 준비해야 하는 교육이 시도해야 할 다른 하나의 처방은 성령세례 자체가 아니라 그 이후의 결과에 대한 강조이다. 성령세례의 체험이 삶에서 어떤 변화를 가져오는지, 이상적인 모범이 있다면 그 모범 자체가 하나의 예시이며 설명이 될 것이다. 그러나 이 또한 교육의 현장에 현실적으로 상존할 수 있는 사례가 아니기 때문에 체험에 대한 교육이 다시 이성과 추상으로 진행될 수밖에 없는 처지에 놓일 수 있다는 문제가 있다.

성결교회의 교육 목적문 해설에 따르면, 성결은 신앙생활의 목표이다. 신앙생활의 목표인 성결은 교육의 목적이 되어야 할 것이다. "신자는 예수 그리스도를 믿어 거듭나는 것으로 그치는 것이 아니다. 신자에게 중생은 시작에 불과하다. 신자의 목적지는 성결이다. 중생은 성결의 문턱이며 하나님의 완전을 향한 도정(道程)이 앞에 있다." "신자유주의의 물결이 교육에서 경쟁심을 강화시키고 있는 현실에서 기독교교육의 목적은 양적 소유가 아닌 질적 삶이어야 한다. 거듭난 신자는 자기 삶의 목적을 온전한 구원에 두어야 한다. 성결만이 그에게 구원과 행복과 의미를 주기 때문이다."[62]

성결교회는 '성결'을 "교인이 받을 성령 세례"로 본다. 이것은 "주 예수께서 '요한은 물로 세례를 베풀었으나 너희는 몇 날이 못 되어 성령으로 세례를 받으리라'(행 1:5)고 약속하신 대로 오순절에 제자들"이 받은 "성령의 세례, 즉 성결의 은혜를" 말한다(행 2:1−4). 여기서 성결은 위로부터 주어진 은혜이다. 사람은 그것을 받을 뿐이다. 즉 체험할 뿐이다.

---

62) 박종석, "성결교회의 교육 목적", 한국성결교회연합회 편, 『성결과 비전 교육과정』, 27−28.

그렇다고 해서 성결에서 인간의 역할이 철저히 배제되는 것은 아니다. 여전히 인간은 "중생한 처지에 있는 신자들"을 "성결의 은혜를 체험하도록 인도"할 수 있다. 성결의 체험을 일으킬 수는 없으나 체험으로 인도할 수는 있다. 체험은 하나님의 것이지만 인도는 사람의 것이다. 인도는 인도하는 자와 인도 받는 자로 구성된다. 인도하는 자는 이미 인도될 곳(것)을 체험한 자이다. 그렇기에 그는 목적지에 이르기 위해 어느 길로 가야 할지를 안다. 그렇지 않다면 그 또한 인도받는 자에 불과하다. 교육에서 인도하는 자는 교사이다. 따라서 교사는 이미 성결한 체험을 한 사람이어야 한다.

학습자의 편에서 볼 때, 성결의 전제는 성결한 삶을 바라는 학습자의 욕구이다. 현대 사회에서 사람들의 욕구는 영적인 것에서 떠나 물질적인 것을 향하고 있다. 물질적 욕망이 팽배한 사회에서 영적인 욕구를 끌어내는 방안은 성결과 관련된 교육에서 중요한 과제이다. 이에 비해 성결 이후의 과제는 쉽다. 말씀과 기도로 유지되는 성결에는 좋은 습관의 형성이 큰 효과가 있을 것이다. 말씀은 성결의 내용이 무엇인지를 알 수 있는 자원으로서, 기도는 성결의 외적 표현인 사랑의 실천으로 이어지도록 하는 계기가 되어야 한다. 사실 성결은 영적인 차원의 상태이기도 하지만, "교인들을 성결한 신앙생활로 인도"[63]하는 삶의 차원을 갖고 있다.[64] 성결에 포함되어 있는 삶의 차원을 고려한다면, 습관의 형성은 성결을 유지시킬 뿐만 아니라,

---

63) 『헌법』 제1장 제8조.
64) 성결을 교수-학습에 적용한 사례에 대해서는 안효창, "성결의 교육신학화 개념화와 교수·학습모형", 박종석 외, 『기독교교육의 시선』(부천: 서울신학대학교 기독교교육연구소, 2005), 75-181 참조.

성결한 생활을 하는 훈련이 된다.

## 3. 전인적 건강의 교육

성결교회는 신유를 지나치게 강조하여 신비주의에 빠질 위험성이 있었고, 신유 때문에 미신적이라는 오해도 받았다.[65] 이 같은 입장은 의학을 세속적인 것으로, 의학에 의존하는 것을 불신앙으로 간주했기 때문이다. 그러나 거꾸로 질병의 치료를 하나님께 의지했다는 것은 의식하든 의식하지 않았든 영혼뿐만 아니라 몸 역시 하나님의 주관 아래 있음을 인정하는 것이다. 다시 말해 하나님 편에서 볼 때, 하나님은 사람의 영혼뿐만 아니라 신체까지 전인적으로 돌보신다는 것이다. 신유를 이렇게 이해할 경우, 건강하게 지내는 것 자체가 신유라는 헌법의 해석이 수용될 수 있다.

신유에 대한 전인적 이해는 몸에 대한 기독교적, 성서적 이해와도 일치한다. 몸에 대한 기독교적 이해는 플라톤적인 색채가 짙은 영지주의를 이단으로 정죄함으로써 몸을 악마적인 것이 아닌 하나님으로부터 온 것으로 복권을 시켰다. 성서적 이해 역시 우리의 몸을 '성령의 전'으로 규정함으로써 속되다고 주장되어 온 몸이 오히려 거룩한 영을 품는다는 사실을 보여주고 있다.

몸에 대한 교육적 관심은 인식론적이다. 즉 '몸이 어떻게 교육적 기능을 하는가' 하는 것이다. 몸이 영을 담는 그릇이라면 몸은 영을 인식하는 주체이다. 물론 영은 영에 의해 알려진다. 그럼에도 불구하

---

65) 기독교대한성결교회, 『헌법』, 제1장 6조 참조.

고 그 알려짐을 알려지는 것 되게 하는 과정에서 몸의 역할을 부정할 수는 없다. 교육은 영이 몸을 통해 오는 것이든 몸을 통해 영으로 나가는 것이든 이 몸의 매체에 주목해야 한다. 또한 몸에 대한 담론 자체가 이분법적 사고에 대한 도전이다.

> "몸이란 근본적으로 선인칭적이면서 인칭적이고, 수동적이면서 능동적이고, 외부이면서 내부이고, 주체이면서 대상이고, 확산되면서 수렴되는 등 기존의 모든 이분법적인 사유 구도와 그에 다른 개념들의 한계를 드러내는 존재이기 때문이다."[66]

교육에서 몸이라고 할 때, 그것은 인지적 성격의 두뇌만을 이르지 않는다. 몸은 손과 발, 그리고 가슴을 포함하는 개념이다. 우리는 두뇌로 이해하고, 가슴으로 느끼며, 손·발로 깨닫는다. 이것들은 어떤 순서로 또는 개별적으로 작용하지 않는다. 그것들은 한꺼번에 작용하는 것으로 보아야 한다.[67] 이것이야말로 교육에서 '전인(全人)'이라고 하는 것의 상태이다.

따라서 우리는 신유라고 할 때, 순진하게 그 대상을 신체에만 대입해서는 안 된다. 몸은 지·정·의로 구성되며 그것은 셋이 아니라 하나이기 때문에 신유를 신체에 대해서 말할 때, 우리는 인지, 정서, 그리고 행위를 모두 포함하는 전인으로서의 대상에 대해 언급해야 할 것이다. 이렇게 볼 때, 신유는 신체의 치유뿐만 아니라, 인지와

---

66) 조광제, "몸", 강수택 외 68인, 『21세기 지식 키워드 100』(서울: 한국출판마케팅연구소, 2003), 111.
67) Christopher K Richardson, "God in Our Flesh: Body Theology and Religious Education", *Religious Education* 98:1(Winter 2003), 89−90.

감정과 행위의 치유를 포함하는 것이다. 그럴 때 신유는 전인적 구원의 복음이 된다.

한편, 최근 몸 관리에 대한 자본의 강화, 유전공학에 의한 몸의 생물학적인 근본적인 변형 가능성 등, 몸에 대한 관점의 왜곡이 심화되고 있다. 몸은 다른 무엇을 위한 수단이어서는 안 된다. 몸은 몸 자체가 목적이어야 한다. 신유적 관점에서의 몸이 바로 이것을 말한다. 그렇다면 신유적 가치는 몸에 대한 병적 사회적 가치를 치유할 수 있는 하나의 대안으로까지 떠오를 수 있다.

우리 교회는 몸에 대해 미추보다는 건강의 차원에서 유의하고 있다. 따라서 오늘날의 건강보다 외모 차원에서의 몸에 대한 관심은 그릇된 것이다. 또한 몸은 하나님의 보호를 받는 실재이다. "신자가 하나님의 보호로 항상 건강하게 지내는 것",[68] 하나님은 당신이 경배받으시기 위해 우리의 몸을 보호하실 것이다. 따라서 오늘날의 자기 경배의 목적을 갖는 몸의 보호는 그릇된 것이다. 그러므로 신유와 관련된 교육은 세속적 가치관으로부터 기독교적 가치관의 변화에 초점을 맞추어야 한다.

신유 교육의 내용은 첫째, 하나님에 의한 신자의 온전성 회복이다. 신자의 불완전은 하나님께 대한 신앙을 통하여 온전하게 회복된다는 것이다. 둘째, 세계를 위한 하나님의 치유이다. 신유는 신도뿐 아니라 자연을 포함한 세계 전부를 위한 것이다. 아픔과 질병과 파괴 가운데 있는 세계가 하나님의 치유의 대상이 된다는 것이다. 셋째, 긍휼과 나눔의 정신이다. 이것은 소극적인 감정의 문제가 아니다. 이

---

68) 『헌법』 제1장 제6조.

128

긍휼과 나눔의 정신은 불쌍히 여기시는 하나님의 마음에 공감하는 것이며 치유하시는 하나님의 행위에 참여하는 것을 의미한다.[69]

## 4. 전통화 추구의 교육

성결교회의 사중복음은 재림을 "지나치게 타계적(他界的)으로만 해석함으로써 교육적 기반을 약화"시켰다는 비판을 받는다. 그러나 재림은 "장래(將來)의 사건이면서도 현재의 연결로서의 장래이지 현재와 단절된 미래(未來)의 사건은 아닌 것이다. 그러므로 그리스도의 재림은 '도적 같이 오실' 내일의 사건이면서도 이미 우리 마음속에 와 계신 '현재적 사건'으로 보아야만" 한다.[70]

재림은 시간과 밀접한 관련이 있다. 성결교회에서 재림의 복음은 통속의 시간선상에서 발생할 것으로 예측되지만, 재림 사건의 형태와 내용이 초월적이라는 데서 그 안에 역사와 초월 둘 다를 품고 있다. 이것은 논리적으로 모순처럼 보인다. 그러나 재림의 성격이 그 둘 다라고 하더라도 공통적으로 재림은 미래적 성격의 사건이다.

미래와 관련하여 두 가지 경우를 생각해 볼 수 있을 것이다. 첫째, 미래를 통시적(diachronic)으로 이해하는 경우이다. 이 경우의 미래는 과거와 현재의 바탕 위에서 성립된다. 재림은 아직 안 일어났으며 미래에 일어날 것이다. 그 미래와 현재 사이의 시간은 비어 있으며 미래를 위한 준비로 채워져야 할 것이다. 교육은 그 '빈(空)' 곳을 채우는 책임을 떠맡는다. 그 주요 형태는 교실(class)이 될 것이

---

69) 교육백서위원회 편. 『새천년 교육백서』, 67.
70) 이정근, "성결교회 전통과 기독교 교육의 방향", 43.

다. 미래를 위해 무엇을 준비해야 할지, 현재의 학습자는 과거의 전
통으로부터 배운다. 새로운 것을 탐구할 필요는 없다. 전통적 모범을
따라 모방하는 것으로 충분하다. 그래서 과거, 현재, 미래로 구획된
시간 개념에서 전통은 중시되지만 그 전통의 내용이 무엇이냐가 문
제가 될 수 있다. 전통이 박제화된 것이라면 그것이 미래의 준비가
될 수 있겠느냐는 의구심 때문이다.

미래에 대한 다른 차원은 공시적(synchronic)으로 이해하는 경우이
다. 미래는 끝없이 현재로 수렴되며, 그래서 미래를 현재와 분리시켜
생각할 수 없다. 현재와 미래 사이에는 간격이 없으며, 그러므로 현
재의 충일(充溢)이 바로 미래의 성취이다. 이 경우 재림은 이미 현
재 속에 일어나고 있다. 미래의 재림은 현재에서 선취된다. 재림에서
교육의 역할은 선취된 재림을 사는 것이다. 그것은 준비가 아니라,
삶 자체이다. 그 주요 형태는 삶의 실험실(Laboratory for a Christian
living)이 될 것이다. 삶을 위한 실험실의 학습자는 현재를 배우지 않
고 산다. 삶은 삶을 통해서 배우며, 그것은 시행착오의 조건을 거치
는 탐구가 필요하다. 행동과 반성을 통한 경험을 통해서 삶의 스타일
이 체득된다. 여기서 교회는 구체적으로 어떻게 변화를 위한 행동에
참여하는가를 배우도록 돕는 실험실과 훈련장으로 나타나야 한다.[71]

리(James M. Lee)에 따르면, 기독교적 삶을 위한 실험실은 직접적
인 경험이 가능하고, 다양한 변수들의 상호작용이 일어나는 상황적
성격을 띠며, 그 성격은 활동 중심적이고 인격 중심적이어야 한다.[72]

---

71) John H. Westerhoff Ⅲ, ed., *A Colloquy on Christian Education*, 『기독
    교교육 논총』 김재은 역(서울: 대한기독교출판사, 1978), 103.
72) James M. Lee, *The Shape of Religious Instruction: Social Approach*

이런 면에서 기독교적 삶을 위한 실험실은 내용을 단순히 전달하는 교실과는 아주 다르다.

성결교회 사중복음의 재림에 대한 교육적 이해는 '아직 아니'와 '이미'의 긴장 사이에서 전통저 교실과 삶이 실험실 둘 다를 추구하는 것이어야 한다. 전자만 강조할 경우 삶이 따르지 않는 교리적 지식만 남을 것이며, 후자만 강조할 경우 뿌리 없는 삶만 남아 정체성이 문제가 될 것이다. 재림에 대한 교육은 삶 안에서 전통과 변화를 함께 추구하는 데서 의미를 찾을 수 있을 것이다.[73]

사중복음에서 재림은 가장 강조되는 표제이다. 사중복음의 다른 세 표제들은 재림을 준비하기 위한 것으로 보인다. 사중복음을 전체적으로 표현하고 있는 『헌법』 제1장 제8조는 재림이라는 목적을 향한 연속적인 연결형의 내용으로 되어 있다.

> "……모든 사람을 중생하게 하여 교인들을 성결한 신앙생활로 인도하여 주의 재림의 날에 티나 주름 잡힘 없이 영화로운 교회로 서게 하려는 것이다."[74]

이것은 "구약성경의 예언의 중심이 그리스도의 수육탄생(受肉誕生)이라면 신약성경의 중심은 그리스도의 재림이라" 보는 데서도 나타난다. 이 말은 중생, 성결, 신유 역시 성경의 중심적 내용이라 할 수 있으나 특별히 재림을 신약성경의 예언의 중심으로 적시하고 있

---

(Mishawaka, Indiana: Religious Education Press, 1971), 81-82.

73) 무어(Mary E. Moore)는 이를 '전통화(traditioning)'라는 말로 표현한다. 그녀의 *Education for Continuity & Change* 참조.

74) 굵은 글씨는 강조.

다는 데서 그 중요성을 볼 수 있다. 구체적으로 재림을 "신앙생활의 요소이며(살전 3:13) 소망이요(살전 2:19-20) 경성이 된다(마 24:44, 25:13)"고 봄으로써, 재림이 성취되기를 기다려야 하는 수동적인 미래에 대한 추상적 예언이 아니라, 현재 살아야 할 능동적인 현재의 신앙적 삶의 현실로 보고 있다. 그리고 이 현실의 신앙적 삶은 재림에 의해 간섭을 받는다. 재림이 신자의 삶에 "경성이 된다."는 말에서 '경성'을 같은 타동사이지만, "(스스로) 깨치어 되살펴 봄. 깨달아 반성함."이라는 뜻의 '경성(警省)'을 사용하지 않고, "정신을 차려 그릇된 행동을 하지 않도록 타일러 깨닫게 함."[75]이라는 의미의 '경성(警醒)'을 사용하고 있음이 그 사실을 말해 준다. 전자의 경성이 자신에 대한 깨우침이라면, 후자의 것은 타자가 하는 깨우치기이다. 재림은 신자의 삶을 깨우치는 경성으로 기능하고 있다.

따라서 교육에서 재림은 미래적 차원에서는 교육의 궁극적 목적이 되어야 하며, 현재적 차원에서는 교육의 내용이 되어야 한다. 이 재림의 교육 내용은 가치관 형성을 위한 것이기도 하지만 그것이 현재적 삶으로 표현되는 소명과 비전의 형태로 나타내도록 하는 행위적 내용이어야 한다.[76] 즉 미래의 상징과 상상이라는 인지적 교육내용이 현재의 구체와 현실이라는 행위적 교육내용으로 나타나야 한다는 것이다.

재림은 학습자의 정체성을 다원화시킨다. 무엇보다 재림의 측면에

---

75) 동아출판사, 『동아 새 국어사전』(서울: 동아출판사, 1990 초판, 1994 개정판), 153.
76) 소명과 비전을 실현하는 교육방법에 대한 논의는 박종석, "성결교회 신학의 기독교교육적 함의", 183-204 참조.

서 신자는 현재와 미래의 과정에 있는 존재라는 것이다. 그는 '이미'와 '아직 아니' 사이에 있는 순례자이다. 여기서 그에게 과제가 주어진다. 그는 재림에 직면하여 세상을 향한 선교의 사명을 부여받는다. 신자에게는 소망 중에 하나님의 나라[77]를 이루기 위한 책임이 있으며, 그 나라는 예수 그리스도께서 보여주신 사랑과 정의가 넘치는 사회이다. 그러나 이 일은 개인에게뿐만 아니라 신앙공동체인 교회에 주어진 사명이기도 하다. 재림 안에서 학습자는 과정적 존재이며, 선교의 담당자이며, 공동체적 존재이다.

> "하나님의 나라를 위한 교육을 위해서는 먼저 교육의 장을 확장해야 한다. 신앙공동체가 교육을 교회 내의 교육으로 한정했다면 가정, 사회, 국가, 세계, 자연으로 넓혀야 한다. 불완전한 가정, 병든 사회, 통일을 이루어야 할 국가, 지구화되어 가는 세계, 황폐해져 역공격을 가하는 자연환경 등은 모두 교육의 장이고 문맥이다. 특히 통일, 신자유주의, 환경 파괴 등의 문제는 성경적 차원에서 좀 더 심층적으로 다루어져야 할 것이다. 이런 흐름에서 볼 때 교회는 새로운 교육의 주제들을 발 빠르게 발굴하여 신앙적 차원에서 접근해야 할 것이다.
>
> 한편, 하나님의 나라를 위한 책임을 다 하기 위해서는 학습자의 발달과 은사들이 고려되어야 한다. 현대 사회의 다양한 사상(事象)들은 다양한 계층의 다양한 재능을 요구할 것이다. 특정한 문제들을 다루어야 할 인재는 교육적 안목에서 발굴되어 훈련되어야 한다."[78]

---

77) 하나님의 나라는 온 세계의 구원이 이루어지는 나라이다. 이 나라는 인간뿐만 아니라 자연을 포함한다. 하나님의 나라를 자연을 포함한 전체 피조계로 확장할 경우, 인간과 자연을 공존의 관점에서 보는 새로운 시각이 요청되며, 구원을 인간에게만 제한하는 관점에서 피조물의 세계에 대한 구원에 대한 논의가 필요하다.

전체적으로 사중복음은 기독교교육과 관련해서 성결교회의 교육의 목적을 제시해 준다. 중생, 성결, 신유, 그리고 재림은 각각 교육 목적의 지위를 차지할 수 있으나, 사중복음의 전제로서의 중생과 사중복음의 결과로서의 재림이 그 교육적 목적에서 비중이 크다. 또한 사중복음은 교사의 자격에 관한 기준이 된다. 중생은 물론, 특히 성결은 그 체험적 성격 때문에 성결한 교사가 요구된다. 사중복음의 학습자적 의미는 욕구와 소명이다. 성결은 성결에 대한 욕구가 전제되어야 하며, 재림은 학습자의 소명이 되어 현재에서 구체화되어야 한다. 이 외에도 사중복음은 커리큘럼과 교육의 평가, 그리고 교사 훈련의 내용 등과도 깊은 관계가 있다.[79] 한마디로 사중복음은 충분한 기독교교육적 함의를 갖고 있다.[80]

성결교회의 신학을 형성하는 교리와 신조라고 할 수 있는 복음주의와 웨슬리 신학과 사중복음이 갖는 기독교교육적 의미를 이론적 실천적 차원에서 검토한 결과, 이 세 가지 신학은 결코 따로 분리된 별개의 신학이 아님을 알 수 있다. 이미 성결교회에 의해 수용되어 어떤 형태로든 성결교회의 신학의 범주 안에 들어와 있다는 현실 자체로 보아서 그렇고, 그 내용 면에서도 그렇다. 사실 이 세 가지 신학은 중생, 성결 등 중복되는 내용이 있으며, 이 내용들은 다른 신학에 의해 더 잘, 그리고 더 풍성하게 이해될 수 있다. 그러므로 이 세 가지 신학에 대한 기독교교육적 검토 역시 여기서는 각각 이루어

---

78) 박종석, "성결교회의 교육 목적", 30.
79) 박경순, "성결교회의 교육신학", 145−146.
80) 사중복음의 전체적 기독교교육적 함의에 대해서는 박종석, "성결교회 신학의 기독교교육적 함의", 183−204 참조.

졌지만 총체적인 이해 역시 필요하다. 이 과제는 성결교회 교육신학
의 정립을 위한 두 번째 단계에서 다루어질 것이다.

# 제3절 성결교회 교육신학의 성서적 기초

'교육신학'이라는 용어가 갖는 의미의 다양성에도 불구하고,[81] 여기서는 '교육신학'을 성결교회 신학의 교육적 재구성이라는 의미로 사용한다. 이와 같은 의미의 교육신학을 탐구하는 방식은 다양할 것이다. 여기서는 두 가지 방식으로 교육신학의 정립을 위한 시도를 한다. 하나는 교육신학의 성서적 기초를 마련하기 위해서, 교육의 범주와 관련된 신학적 주제들을 교육적 관점에서 해석하는 방식이고, 다른 하나는 앞에서 논의한 성결교회 신학에 대한 교육적 해석을 바탕으로 한 기독교교육의 이론적 체계를 구성하는 방식이다. 먼저 교육과 관련된 신학적 주제들을 교육적 관점에서 검토해 보자.

## Ⅰ. 기독교교육신학의 성서적 근거

기독교교육이 성서적 성격을 띠어야 하는 것은 당연하다. 그럼에도 불구하고 실제로 자유주의 기독교교육학은 그 연구의 발판을 위하여 구태여 성서를 필요로 하지 않는다. 복음주의 기독교교육과 자

---

[81] '교육신학'이라는 말은 '기독교'와 '교육'의 관계 구조라는 면에서 볼 때, '기독교', 즉 신학과의 관계 양상에 대한 다양한 입장을 나타내는 말이라고 할 수 있다. 즉 기독교교육이 신학과의 관계에서 신학으로부터, 신학 안에서 등으로 기독교교육 이론을 형성할 수 있는데, 이 모든 형태들을 교육신학이라고 할 수 있다는 말이다. 이에 대해서는 박종석, "기독교교육과 신학의 관계", 박종석 외, 『기독교교육의 시선』, 9-38 참조.

유주의 기독교교육이 갈라서는 분기점이 바로 성서이다. 복음주의 기독교교육의 본격적인 탄생은 자유주의 신학, 진보적 교육 접근, 사회복음 내용 등을 강조하면서 상대적으로 성서에 대한 비중을 약화시킨 통일공과에 대처하기 위한 모임이 열렸던 1939년이라고 할 수 있을 것이다.[82] 성서를 성령의 영감을 받은 무오한 책으로 인정하면서 신앙과 삶을 위한 권위 있는 책으로 수용하는 복음주의의 성서에 대한 강조는 오래전으로 거슬러 올라간다. 성서로부터 기독교교육의 기초를 닦으려는 움직임은 이미 종교개혁자들과 존 웨슬리(John Wesley)에게서도 나타난다. 마틴 루터(Martin Luther)는 민중에게 하나님의 말씀인 성서를 돌려주기 위하여 라틴어 성서를 독일어로 번역하였으며, 그것을 기초로 교리문답을 작성하였다. 웨슬리는 '한 책의 사람(homo unius libri)'이기를 원했다. 그러므로 기독교교육의 기초를 성서에서 찾는 일은 이미 종교개혁신학, 웨슬리 신학, 복음주의 등의 특정 신학에 가담하는 일이다. 특히 "복음주의 신학적 입장에 서서 확실하게 사고하고 그것에 근거한 교육을 실천하려면 그리스도인, 특히 기독교교육자들은 반드시 성경적 기초에 대해 철저히 연구를 해야 한다."[83] 복음주의의 가장 큰 특성은 성서의 강조에 있다. 이 성서에 대한 강조는 성서를 기초로 해야 한다는 당위와 의지가

---

82) Kevin E. Lawson, "Marginalization and renewal: Evangelical Christian education in the twentieth century", *Religious Education* 98:4(Fall 2003), 442.

83) Robert W. Pazmiňo, *Foundational Issues in Christian Education: An Introduction in Evangelical Perspective*, 『기독교 교육의 기초: 복음주의 적인 시각으로 바라본 기독교 교육 입문서』 박경순 역(서울: 디모데, 2003), 17.

포함된 말이다. "그러므로 복음주의 기독교교육의 기본적인 전제조건은 성경의 권위에 근거를 둔 말씀에 입각하고 있다."[84]

구체적으로 성서를 기독교교육의 기초로 삼아야 하는 이유로 네 가지를 들 수 있을 것이다. 첫째, 성서로부터 교육의 기독교적 성격을 알 수 있기 때문이다. 세상에는 수많은 교육들이 있다. 그중에 기독교교육이 있으며 그것이 다른 교육들과 차별성을 띠는 원인은 기독교적이기 때문이고, 그 기독교적 성격은 성서로부터 온다. 물론 기독교적 특성은 성서 이외에도 교회, 전통, 그리고 교리 등을 통해서도 알 수 있다. 그러나 본질적인 차원에서 성서에 미치지 못한다.[85] 기독교교육과 일반 교육과의 차별성은 바로 이 교육의 자원이 다르기 때문이다. 기독교교육은 우선은 성서의 내용을 자원으로 하여 가르치고 그 교육의 원리를 성서로부터 끌어낸다.

둘째, 성서를 기독교교육의 기초로 삼아야 하는 이유는, 성서가 기독교교육의 철학, 원리의 기초, 그 커리큘럼의 내용의 기초가 되며, 나아가 성서에서 방법과 활동의 단서를 발견할 수 있다고 보기 때문이다.[86] 기독교교육은 기독교를 가르치는 교육 이상이다. 그것은 교육을 기독교적으로 하는 것이기도 하다. 그리하여 기독교교육학은 이와 같은 것의 내용이 무엇인가에 대한 연구에 몰두한다. 그러나 기독교교육학은 기독교를 내용 삼아 가르치는 것과 교육을 기독교적으로 하는 것 사이에 대해서는 주의를 기울이지 않았다. 기독교교육

---

84) Werner C. Graendorf, *Introduction to Biblical Christian Education*, 『복음주의 기독교 교육론』 김국환 역(서울: 기독교문서선교회, 1992), 34.

85) Pazmiño, *Foundational Issues in Christian Education*, 17.

86) A. Elwood Sanner and A. F. Harper ed., *Exploring Christian Education* (Kansas City, Missouri.: Beacon Hill Press, 1978), 35.

138

학이 미처 보지 못했던 그 공간에 기독교교육에 대한 성서적 기초가 있다. 기독교교육의 기초를 성서로부터 놓으려고 하는 이 입장은 기독교교육을 성서, 전통, 그리고 교리 등을 포함한 기독교의 내용을 단순히 전달하려 하거나 기독교교육은 철학, 심리학, 사회학 등과 교차(intra) 또는 간(inter) 학문적 입장을 포함하는 일반 교육학에 의존하려는 것이 아니라, 그 모든 것의 원리를 성서로부터 끌어내려고 한다. 이와 같은 입장은 기독교교육의 본질이 무엇보다 성서에 담겨 있다는 확신으로부터 기인한다. 성서는 기독교교육의 철학, 원리, 그리고 내용의 기초가 된다. 성서에서 기독교교육의 방법론뿐만 아니라 방법들을 발견할 수 있다. 기독교교육은 성서적 원리에 의해 그 정체성을 확보한다.

셋째, 성서가 기독교교육의 기초가 되는 이유는, 교육의 임무를 띠고 그리스도께 순종하려는 사람들의 생각과 행동은 반드시 하나님의 진리에 의해 인도되어야 하기 때문이다. 성서에서 기독교교육의 기초를 찾고자 하는 동기는 이론적 관심을 넘어서 성서에 나타난 교육의 내용을 실천하고자 하는 호감에서 기인되는 것이다. 이렇게 성서를 찾는 자세는 온전한 교육적 조건에 부합된다. 성서의 정신을 실천하고자 하는 의지는 이미 기독교교육에 대한 성서의 권위를 수용하고 있다. 성서의 권위를 따라 그 가르침에 순종하여 실천하고자 하는 마음은 당연하지 않다. 그것은 의지적인 자발적 선택이기 때문에 성서를 보다 더 기독교교육의 기초로 작용하게 한다. 성서를 기독교교육의 기초로 삼겠다는 다짐이 이미 있기 때문이다. 성서는 교육을 위한 유용한 책이다. 왜냐하면 성서는 하나님의 말씀이기 때문이다. 하나님은 성서를 통해 당신의 명백한 뜻을 전하신다. 그래서 바울은 "모든 성경은 하나님의 감동으로 된 것으로 교훈과 책망과 바르게 함과 의로 교육하기에 유익하다."(딤후 3:16)고 말할 수 있었다.

넷째, 성서가 기독교교육의 기초가 되는 이유는, 성서는 다양한 현대 사회의 교육 이론에 대한 판단의 기준을 제시하기 때문이다. 오늘날 기독교교육에 대한 이론적 접근을 시도하고 있는 시무어(Jack L. Seymour)와 밀러(Donald E. Miller)는 『기독교교육에 대한 현대적 접근(Contemporary Approaches to Christian Education)』이라는 책에서 크게 다섯 가지 각기 다른 접근을 말하고 있다. 그것은 종교적 수업(Religious Instruction), 신앙공동체(Faith Community), 신앙 발달(Spiritual Development), 해방(Liberation), 그리고 해석(Interpretation)이다.[87] 이와 같은 접근들을 포함해 기독교교육에 대한 접근들을 학문적으로 포괄적으로 볼 경우, 기독교교육에 대한 접근들은 철학적 접근, 사회과학적 접근, 그리고 신학적 접근 등으로 대별될 수 있을 것이다.[88] 신학적 접근이라고 해도 그것을 성서적 접근과 똑같이 보아서는 안 된다. 신학적 접근이라고 해도 그것은 사실 신학에 의해서만이 아니라 현대의 다양한 학문과의 교차학문적 탐구 성향을 띠고 있다. 구체적으로는 수정주의 신학에서 볼 수 있듯이 현대의 여러 학문적 자료들을 신학 또는 성서적 자료와 근사한 비중을 두고 연구하고 있는 것이다.[89] 그러니까 일반적으로 기독교교육에서 성서

---

87) Jack L. Seymour and Donald E. Miller, ed., *Contemporary Approaches to Christian Education*, 『오늘의 기독교교육 연구』 맹용길 역(서울: 대한예수교장로회총회출판국, 1991).

88) 이에 대한 논의는 박종석, "한국 기독교교육학 논의의 조건", 180−209 참조.

89) David Tracy, *Blessed Rage for Order: The New Pluralism in Theology*

의 권위를 인정하는 탐구는 찾아보기 어렵다는 말이다.

신학을 포함해 현대 기독교교육 이론들의 바탕을 이루는 학문들은 변화의 와중에 있다. 항시 변할 수 있다는 가능성 자체가 흠은 아니지만 교육을 받는 사람들이 학문에 따라 변하는 것이 아니고 보면 다양한 학문적 성과들을 반영하는 기독교교육이론들은 기독교교육의 본질에 대해 답을 제시하지 못한다. 그래서 기독교교육의 다양성은 필요하다고 하더라도 무엇이 옳고 그른지 판단하려는 시도 자체가 무모하게 여겨질 정도이다. 이때 성서라는 준거는 기독교교육의 근거와 속성을 가늠하는 잣대가 될 수 있다. 기독교교육은 성서로부터 그 정신과 내용이 나왔기 때문이다.


## II. 기독교교육과 신학적 주제

교육의 범주와 관련된 신학적 주제들을 교육적 관점에서 해석한다고 할 때, 그 해석은 성결교회의 신학과 실천을 전제로, 그리고 배경으로 한다. 그래서 여기에서의 교육신학에 대한 논의는 성결교회 신학의 입장에 동조하면서 성결교회의 신앙적 실천을 목적으로 교육과 관련된 신학적 주제들을 논의하는 방식이 될 것이다.

성결교회의 교육신학을 정립하는 과정에서 선정해야 할 신학적 주제들은 성서신학적이거나 조직신학적이기보다는 교육적 관련 주제들이어야 한다. 그렇다면 신학적 주제들의 교육적 관련성을 판단하는

---

(San Francisco: Harper & Row, Pub., 1988).

근거는 무엇인가? 이 물음은 교육이 무엇인지 그 정의된 교육 개념에 근거하여 대답을 찾아야 하기 때문에 교육의 정체를 묻는 보다 근본적인 문제로 우리를 이끈다고 생각할 수 있다. 그러나 교육의 정체성이 규명되었다고 해서 그것이 신학적 주제들과의 관련성을 필연적으로 담보하는 것은 아니다. 왜냐하면 또다시 규명된 교육의 정체성과 신학적 주제들과의 관련성의 정도가 문제가 될 수 있기 때문이다. 예컨대 교육의 본질이 가르치고 배우는 현상이라고 할 때,[90] 그와 같은 정의에 맞는 신학적 주제가 무엇이냐는 것이다. 또한 교육의 정체성을 어떻게 보느냐에 따라 다양한 주장들이 대두될 것이고 그와 관련된 신학적 주제들에 대해 각각 언급할 수 있을 것이다. 그럴 경우에 주장들의 충돌로 빚어진 갈등들을 조정할 장치가 마련되어 있지 않을 경우 교육과 관련된 신학적 주제의 선정은 더욱 수렁에 빠져들 것이다. 그러므로 이 지점에서 이 문제에 대해 언급하는 대부분의 사람들이 동의할 수 있는 범주의 필요성이 대두된다. 그런 범주의 하나로 택할 수 있는 것은 일반 교육의 범주이다. 즉 교육의 목적, 내용, 방법, 교사, 학습자, 그리고 환경. 이처럼 신학적 주제의 선정 문제에 있어서 교육의 범주를 택할 경우 교육의 본질적 차원에서 접근할 경우의 추상성과 불일치성을 피할 수 있다는 장점이 있다.

교육의 범주적 차원에서 각각의 신학적 주제들을 선정할 경우에 그 내용들은, 목적과 관련된 것으로서 구원을, 내용과 관련된 것으로서 성서를, 방법과 관련된 것으로서 성령을, 교사와 관련된 것으로서

---

90) 장상호, 『학문과 교육』 상(서울: 서울대학교 출판부, 1997).

142

예수 그리스도를, 학습자와 관련된 것으로서 인간을, 그리고 환경과
관련된 것으로서 교회를 선정할 수 있을 것이다.[91]

## 1. 구  원

구원은 사건과 과정으로 이해할 수 있다. 사건이라 함은 구원받은
시점을 중심으로 본 것으로 중생을 말한다. "구원받았느냐?" 하는
말은 "중생했느냐?" 하는 말과 동일하다고 할 수 있다. 과정이라 함
은 구원을 특정 시점에서보다 비교적 장기간에 걸쳐 이루어지는 것
으로 보는 것으로, 구원을 중생으로부터 시작해서 영화로 끝나는 것
으로 보는 것을 말한다. 성결교회에서는 구원을 특정 시점에서의 회
심 사건으로 보는 경향이 있다. 그래서 구원의 다른 측면인 과정으
로서의 구원은 구원의 유지와 연관된 것으로 본다. 구원의 사건으로
서의 중생과 회심으로부터 영화에 이르는 구원의 과정이 지향하는
것은 '완전'이다. 중생으로부터 시작된 사건이 구원을 향해 나가는
과정을 구원이라고 할 수 있다.

기독교교육에서 이 구원은 온전한 인간성의 형성, 신학적으로는
하나님의 형상의 회복, 기독교교육은 하나님의 형상을 회복시키려는
일련의 노력이라고 할 수 있을 것이다. 제자를 삼고자 하는 모든 기
독교교육적 노력들을 영화로 향하는 구원의 과정이라 할 수 있다면,

---

91) 더구나 교육적 범주에 의해 선정된 주제들은 한국성결교회의 교리적
내용에 포함되어야 한다고 주장되는 삼위일체 신론, 성경계시론, 구원
론 등의 내용과도 합치된다. 이정근, "<미주성결교회 교리적 선언> 제
정경위와 그 신학적 기초", 『기독교교육신학 연구논문집』 중(서울: 교육
목회@교육선교연구원, 2002), 67.

하나님의 형상은 구원의 결과라고 할 수 있을 것이다. 이 하나님의 형상은 역사 안에 소개된 형상이며, 그리스도 안에서 육화된 형상이며, 제자들에 의해 모방된 형상이며, 천국에서의 불사(不死)의 형상이다. 그러므로 기독교교육의 결과인 구원으로서의 하나님의 형상은 단지 영적인 영역에 국한되지 않는다. 그것은 학습자의 인격과 소명 차원을 포함하는 전인적인 것이다. 기독교교육에서 구원은 근본적으로 변화시키는 힘인 하나님의 형상을 향하여 전적으로 개방된 인간 삶의 전 영역과 관련된 내용이다.92)

여기서 죄는 구원의 방해 세력이다. 기독교교육에서 죄는 구체적 사실이지만, 또한 교육적 차원에서 하나님께서 우리에게 허락하신 가능성의 실현을 방해하는 힘이다. 이 죄를 극복하고 구원을 이루는 길은 소극적으로 죄를 피하는 데 있지 않고, 적극적으로 하나님과 이웃을 사랑하는 데 있다. 따라서 구원은 죄의 징벌로부터 면제받는 것을 넘어서서 일상의 삶에서 하나님의 형상으로 사는 축복을 포함한다.


## 2. 성 서


성서는 기독교교육에서 가르쳐야 할 내용이면서 기독교교육의 기초가 된다. 성서에는 기독교교육에서 가르쳐야 할 다양한 내용이 풍성하다. 하나님이 누구신지, 인간은 누구인지, 역사와 자연은 무엇인지, 예수는 누구신지 등 평생을 배워도 다 못 배울 내용들로 가득하

---

92) R. T. Habermas, *The Complete Disciple: A Model for Cultivating God's Image in Us*(Colorado Springs, CO: Cook Communications Ministries, 2003).

다. 조직신학 차원에서 학습자가 배워야 할 성서의 주요 내용들은 다음과 같다: 성서, 하나님(삼위일체, 하나님의 속성, 창조, 섭리), 예수 그리스도(예수 그리스도의 인격, 그리스도의 사역), 성령(성령의 인격, 성령세례, 성령의 은사), 인간(하나님의 형상, 죄), 구원(은총, 회개, 신앙), 구원의 과정(칭의와 중생, 성결, 신유), 교회(교회의 본질, 교회의 기능, 세례, 성만찬), 종말(그리스도의 재림과 성도의 부활, 천년왕국, 영광의 하나님 나라).[93]

인간이 학습을 통해서 형성된다면 사람은 성서를 학습함으로써 그리스도인이 된다. 그리스도인은 기독교적 가치관을 품고 그에 따라 살아가는 사람이라고 할 수 있는데, 성서는 이 가치관의 내용이 된다. 기독교적 가치관을 형성하는 핵심적 내용으로서의 성서는 구체적 생활의 지침으로서 기능할 뿐만 아니라 삶을 위한 방향계 역할을 한다. 그러나 그 역할은 성서를 삶의 지표로 삼고자 하는 자발적 의지를 소유한 사람에게만 해당된다. 그러므로 기독교교육에서는 어떻게 성서를 지속적으로 대면하게 하느냐가 중요한 과제로 등장한다.

## 3. 성 령

기독교교육을 기독교적이게 하는 실재가 성령이다. 종종 기독교적이라는 것을 하나님, 예수 그리스도, 교회 등 그 내용을 들어 주장하나, 그 같은 내용들이 기독교적이 될 수 있는 것은 성령의 세례를

---

93) 서울신학대학교 성결교회신학연구위원회 편, 『성결교회신학: 성결교회 100년 전통의 '온전한 구원'의 신학 개신교복음주의 웨슬리안 사중복음 신학』(서울: 기독교대한성결교회 출판부, 2007), 제4부 조직신학 참조.

거치기 때문이다. 기독교교육에서도 마찬가지이다. 기독교교육이 기독교적일 수 있는 것은 성령의 필터를 거칠 때이다. 이런 면에서 성령은 기독교교육을 기독교적이게 하는 방법론적 원천이다. 여기서 한 걸음 더 나아가 성령은 기독교교육의 현장에서 실천을 기독교적이게 하는 인격적 기제로서 작용한다.

성령이 사용하는 방법의 원리는 일반적으로 네 가지로 볼 수 있다. 첫째, 점유(appropriation)의 원리이다. 이는 성서, 기독교의 전통과 교리 등을 옳고 타당한 것으로 선호하게 하여 자신의 것으로 삼게 하는 원리이다. 둘째, 모방(imitation)의 원리이다. 성서와 기독교의 역사에 나타난 하나님의 위대한 사람들과 현재 교회를 이루는 회원의 생활을 보고 배움으로써 따르게 하는 원리이다. 셋째, 창조적 발견(creative discovery)의 원리이다. 성령은 신앙생활을 포함한 삶으로부터 신적인 속성을 볼 수 있게 하며, 깨달음으로 이끈다. 넷째, 참여(participation)의 원리이다. 성령은 성서와 기도와 생활 속에서 하나님의 생명에 참여하게 하여 배움의 기회를 부여한다.[94]

성령은 개인적으로뿐만 아니라 공동체적으로 작용한다. 무엇보다 성령은 개인의 교사로서 영적 감수성과 교육적 수용, 그리고 창의적 발현의 야기자이다. 창의성은 예술적 용어이다. 기술적 산물이나 공작과는 질적으로 다르다. 창의성은 물건처럼 규격 지을 수 없다는 특징이 있다. 바람이 불고 싶은 대로 부는 것처럼, 성령은 창의성의 기원이다. 이 창의성은 신적인 것으로서 무에서 유를 창조하신 하나님의 창의성이며, 규정지을 수 없는 것이다.[95] 그러므로 창의성의

---

94) Nels F. S. Ferre, *A Theology of Christian Education*, 『기독교교육 신학』 이정기 역(서울: 보이스社, 1979), 180-183 참조.

종국은 하나님이며, 이와 같은 역할을 통해 성령은 기독교교육을 사랑이신 하나님께로 향하게 하며 이 사랑이 지식을 획득하게 하는 본질적인 방법이 된다.96) 성령은 교회 공동체에 작용한다. 그것은 하나의 문맥으로 배경을 이루며 교회를 그리스도의 몸으로 교회되게 할 뿐만 아니라 교회를 하나의 학습 공동체로 형성한다.97) 예컨대 예배(λειτουργία, Leitourgia)는 헬라어 문자 그대로 '사람의 작용(work of the people)'으로 생생한 성령을 향한 성령과 더불어 살아 있는 사람들의 에너지의 운동이라고 할 수 있다.

## 4. 예수 그리스도

기독교신앙은 그리스도로서의 예수에 대한 이해와 용납을 중심으로 한다. 즉 예수의 생애와 교훈에서 하나님에 대하여 배운다. 그러나 인간의 의견을 떠나 고립적이며 확정된 것으로서가 아니라 그 역사적인 배경과 깊이 관련된 것으로써 예수의 생애와 교훈은 계속적으로 재해석되어야 한다. 교육자로서의 하나님은 예수 그리스도의 인격과 교훈 가운데 나타난 사랑의 하나님이시다.

예수에 대해서는 인격과 사역 두 차원에서 살펴보아야 할 것이다. 예수는 신성과 인성 양성을 소유한 인격이시다. 그리스도로서의 예

---

95) Vladislav Andrejev, "Art and Religion: Creativity and the Meaning of 'Image' from the Perspective of the Orthodox Icon", *Theology Today* 61:1(Apr 2004), 57−64.

96) Ferre, *A Theology of Christian Education*, 224, 237−238.

97) Robert W. Pazmiňo, *God Our Teacher: Theological Basics in Christian Education*(Grand Rapids, Mich.: Baker Academic, 2001), 30.

수는 신성을 갖고 계신 분으로 그 신성은 인간과 초월의 관계 맺기의 가능성이다. 파즈미뇨(Robert W. Pazmiňo)에 따르면 기독교교육의 원리는 두 가지이다. 하나는 회심, 또는 초월적 원리이다. 교육은 하나님을 만나 변화를 겪도록 하는 것이다. 오늘날 이것은 성령의 사역을 통해 가능하다. 이 초월적 원리는 삶 속에서 삼위일체 하나님과 관계를 맺게 하며 이어 모든 피조물에 영향을 끼치도록 한다. 이것은 교육의 관계 맺기의 원리이다.98)

예수로서의 그리스도는 인간성을 갖고 계신 분으로 인간 성장의 가능성이다. 교사로서의 예수 그리스도는 신성과 인성을 한 몸에 갖고 계신 분으로서 하나님과 인간의 접촉 속에 있기에 이상적인 교사일 수 있다. 예수는 자발적으로 신적 속성 사용을 제한함으로써 시험, 고난, 인간 성장과 발달의 정상적 패턴을 따랐다. 그럼으로써 그는 인간으로서의 학습자를 경험적으로 이해하실 수 있는 자질을 소유하게 되었다. 신성을 지닌 분으로서 인성에 충실했던 분으로서의 예수는 인간 교사의 모범이 된다. 간혹 기독교교육 교사는 영적 세계와 물질적 세계를 나누는 거짓된 이분법에 미혹되기 쉽다. 예수가 완전한 인간으로서 인간에 대한 온전한 이해를 소유했다는 면에서 인간 교사는 영적 진리에 매몰됨으로써 인간 이해에 대한 의무 불이행을 변명해서는 안 된다.

예수의 인간 교사로서의 완전한 역할 수행은 신적 속성에 의한 것이 아니다. 그것은 인간성을 신적 속성에 굴복시킴으로써 가능했다. 즉 한 인간으로서 하나님께 대한 의지의 포기가, 인간이지만 온

---

98) Pazmiňo, *God Our Teacher*, 61-62.

전한 교사로 설 수 있게 했다는 것이다. 따라서 인간 교사의 능력은 성령 충만을 통한 신성의 추구가 아니라 인간성을 신성에 굴복시킴으로써 나타난다. 인간 교사가 학습자의 성장과 발달을 완전히 이해하기에는 여러 면에서 제약이 있다. 그러나 하나님께 대하여 자아를 굴복시키는 가운데, 즉 하나님께 대한 신뢰와 그의 목소리를 청종하는 가운데, 겸손과 사랑의 관점이 생겨나며 이를 통해 교사는 상대하는 학습자들을 이해할 수 있게 된다. 교사로서의 예수의 탁월한 교육 방법은 인간 이해로부터 나왔다. 일반 민중들에게는 비유로, 바리새인과 서기관들과는 논쟁을, 그리고 제자들은 직접적인 가르침을 통해 대상에 따른 차별적 교육 방법을 사용했다.[99]

예수 그리스도의 직무는 세 가지이다. 선지자, 제사장, 그리고 왕으로서의 역할이다.[100] 선지자의 역할은 성육신적 삶을 의미하며 제사장으로서의 역할은 희생적이고 견인적인 사랑을 나타낸다. 그리고 왕으로서의 역할은 하나님, 인류, 그리고 피조물에 대한 봉사를 의미한다. 이와 같은 예수의 삼중 직무는 교사의 이상적인 역할로 삼을 수 있을 것이다. 선지자로서의 성육신적 삶은 학습자의 처지까지 낮아짐으로써 몸으로 체득하는 이해자로 사는 삶을 의미하고, 제사장으로서의 희생적 견인적 사랑은 학습자들의 미숙에 대한 책임자로서 사는 삶을 의미하고, 왕으로서의 하나님, 인류, 그리고 피조물에 대한 봉사는 교회 안에서 학습자들 앞에서 하나님을 향하여 선 자로서

---

99) Herman H. Horne, *Jesus the Teacher: Examining His Expertise in Education*(Grand Rapids MI.: Kregel Publications, 1998), 135－136.

100) 파즈미뇨(Robert W. Pazmiño)는 예수 그리스도의 예언자, 제사장, 왕으로서의 세 직무를 교육적으로 각각 예언적, 목회적, 그리고 정치적 역할로 보기도 한다. *God Our Teacher*, 69－70 참조.

사는 삶을 의미한다.

## 5. 인 간

인간이 인간이 될 수 있는 것은 그가 교육을 받을 가능성이 있기 때문이다. 인간은 교육에 의해 인간이 된다. 인간은 하나님의 형상을 지녔지만 죄인이다. 인간이 하나님의 형상이라는 의미는 교육의 유전적 본성과 관계가 있다. 즉 교육은 이미 학습자가 지니고 나온 그것을 끌어내는 것이다. 인간을 죄인이라고 하는 것은 교육의 환경적 속성과 관계가 있다. 인간은 어떻게 태어났든 그는 환경에 의해 수정될 수 있다. 인간이 하나님의 형상을 지녔지만 죄인이라고 하더라도, 어쨌든 인간은 끌어냄(유전)과 집어넣음(환경)에 의해 교육적 잠재성과 가능성을 갖는다.

인간이 하나님의 형상이면서 죄인이라는 신분을 가졌다는 사실을 앞에서와는 달리 생각할 수 있다. 인간이 지닌 하나님의 형상은 완전하지 않으며 그것은 완전해야 될 형상이다. 그럴 때 하나님의 형상은 교육의 목적이 된다. 인간은 불완전하며 온전한 하나님의 형상을 이루어 가야 할 존재이다. 하나님의 형상을 이루어 가야 할 존재인 인간은 죄인이다. 따라서 하나님의 형상을 이루어 가는 인간은 죄인으로서의 인간이며, 이 죄인으로서의 인간은 교육에 의하여 그 목표를 향하여 점진적으로 나아간다. 결국 죄인으로서의 인간은, 교육에 의하여 하나님의 온전한 형상이라는 가능성을 향하여 나아가는, 교육적 인간이라고 할 수 있다.

## 6. 교  회

　예수 그리스도는 그 성육신의 신비 속에서 우리를 그의 인격과 소(사)명과 공동체로 부르신다.[101] 그리고 그리스도를 머리로 하는 지체로 삼으신다. 곧 교회는 그리스도인 형성의 모태이다. 기독교교육은 종종 개인적인 것으로 생각된다. 인간은 그 나름의 개인적 정체성, 예컨대 인지, 도덕, 영적 발달을 따라 발전한다고 생각한다. 이와 같은 개인적 교육 관점의 다른 편에 공동체적 교육관이 자리잡고 있다. 공동체적 양육은 인간의 형성이 하나님에 대한 경험에 참여하는 과정 속에 발생한다고 본다. 그 공동체가 바로 그리스도의 몸인 교회이다. 사실 그리스도인은 교회에서 태어나며 교회에서 살다 교회에서 죽는다. 교회가 그리스도인을 양육한다. 그리스도인은 교회 안에서 세례, 성찬식 등을 통해 그리스도의 손길을 느끼며, 이런 손길은 이웃에 대한 손길로 이어질 수 있다.[102] 그러니까 교회의 교육적 기능은 회원을 형성하는 역할을 한다고 할 수 있다. 즉 그리스도를 머리로 하는 교회는 그 회원을 형성하는 교육공동체이며, 이로써 교육은 교회의 개인이나 기관의 과업이 아닌 교회 전체의 과제가 된다.

　이상에서 교육신학을 보다 정당한 것으로 담보하기 위한 시도로, 교육신학의 성서적 기초를 교육적 범주와 관련된 신학적 주제들을

---

101) R. T. Habermas, *The Complete Disciple: A Model for Cultivating God's Image in Us*(Colorado Springs, CO: Cook Communications Ministries, 2003).
102) Brett P. Webb-Mitchell., *Christly Gestures: Learning to Become Members of the Body of Christ*(Grand Rapids, MI.: Eerdmans, 2003).

검토함으로써 논의하였다. 그렇다고 해서 성결교회의 교육신학이 정립된 것은 아니고 다만 기초가 다져졌을 뿐이다. 이하에서는 이 같은 기초 위에서 본격적으로 성결교회의 교육신학 정립을 위한 작업을 해 보자.

# 제4절 성결교회의 교육신학

앞에서 성결교회의 신학을 복음주의, 웨슬리 신학, 그리고 사중복음이라 전제하고, 그것들의 중요한 내용에 대한 기독교교육적 의미를 찾아보았다. 그런데 성결교회의 신학은 그 자체로 통일성이 있어야 하기 때문에, 이 세 가지 주요 신학들에 대한 각각의 탐구만으로는 하나의 성결교회 교육신학을 정립할 수 없다. 이제 이것들을 묶어줄 수 있는 고리가 무엇인지를 생각해야 할 것이다. 여기서는 앞에서 살펴보았던 주요 신학들의 기독교교육적 의미들이 갖는 공통되는 내용을 그 연결고리로 보려고 한다. 즉 세 가지 주요 신학들의 공통집합을 중심으로 하는 내용적 차원에서 교육신학을 구상해 본다는 것이다. 구체적으로 세 주요 신학의 공통분모가 되는 내용을 교육의 일반적 요소인 목적(이념), 내용, 학습자, 교사, 방법의 차원에서 생각해 볼 것이다.

## I. 성결교회 교육신학의 근거

성결교회의 교육신학을 정립하는 험난한 길은 크게 세 단계로 이어진다. 첫 번째 단계는 이미 교단의 헌법 등을 통해 성결교회의 신학이라고 인정되어 온 복음주의, 웨슬리 신학, 그리고 사중복음의 내용들이 갖는 기독교교육적 함의가 무엇인지를 검토하는 것인데, 이는 앞에서 논의되었다. 두 번째 단계는 성결교회의 신학이라고 할 수 있는 복음주의, 웨슬리 신학, 그리고 사중복음의 세 신학의 주요 내용들을 정리해 교육신학을 위한 소재로 삼는 일이다. 세 번째 단계는 복음주의, 웨슬리 신학, 그리고 사중복음의 공통적 내용을 소재로 삼아 교육의 범주를 따라 교육신학을 구성해 보는 일이다. 이는 다음 장에서 논의될 것이다.

성결교회교육신학의 근거가 되는 신학을 '성경(聖經) 성결(聖潔) 성장(成長)의 신학'이라고 이름을 붙이자. 복음주의로부터 '성경', 웨슬리 신학으로부터 '성결', 그리고 사중복음으로부터 나온 '성장'을 성결교회의 신학을 총체적으로 표현해 줄 수 있는 말들로 보는 것이다. 그 까닭은 뒤에서 두 가지 방향에서 간략하게 언급할 것이다. 첫째, 성결교회의 신학이라고 일반적으로 인정되어 온 복음주의, 웨슬리 신학, 그리고 사중복음, 각각을 통합할 수 있는 내용들이 '성경 성결 성장'이라는 것이다. 둘째, 복음주의, 웨슬리 신학, 그리고 사중복음의 내용들의 공통부분들이 '성경 성결 성장'이라고 말하는 것이다. 그러니까 세 복음 각각의 차원에서나 전체적 차원에서나, '성경 성결 성장'이라는 내용은 성결교회신학을 가장 잘 나타내 주는 용어라는 점을 말하려는 것이다.

세 신학을 일정한 내용으로 정리한다고 해서 포함되지 않은 내용들이 배제되는 것은 아니다. 그 내용들 역시 선정된 내용 속에 이미 함유되어 있기 때문이다. 그러므로 세 신학에 대한 정리는 공통적인 내용의 추출을 통해 교육신학의 근거로 삼는 데 목적이 있다. 한편, 이 세 신학의 공통적 내용들이 기독교교육적으로 타당한지가 역시 검토되어야 할 것이다. 신학적 타당성은 가지나 기독교교육적으로 상응되지 않을 때, 교육신학을 구상하려는 시도는 무력해지기 때문이다.

'성경 성결 성장의 신학'은 복음주의와 웨슬리 신학과 사중복음으로부터 자연스럽게 나온다. 성결교회의 복음주의는 기독교 개신교파가 일반적으로, 그리고 공통적으로 믿는 신학적 및 신앙적 입장이다.103) 그런데 그 역사적 계보만 소급해 올라가도 "19세기 미국의 성결운동(Holiness Movement)과 18세기 영국의 Wesley를 중심한 복음주의 부흥운동(Evangelical Revival Movement), 그리고 종교개혁을 거쳐 고대 공교회(Old Catholic Church)와 원시 기독교회에 이르는 기독교회의 정통적 복음주의 교회에서 믿는 사도신조에 함축되어 있는 프로테스탄트 교회의 신앙 및 신학의 본질성을 표현하는 말이다."104) 복음주의는 시대적으로뿐만 아니라, 교파적, 상황적으로도 다양하게 나타난다.105) 성결교회의 교육신학의 근거로 삼기 위해서는 이처럼 다양한 복음주의의 내용들은 정리될 필요가 있다. 앞에서 복음주의를 하나로 묶어주는 공통적인 내용을 성경의 궁극적 권위에 대한 강조와 거듭나는 중생과 열정적인 복음전도라고 했다. 여기서 다시 한 번 복음주의의 세 가지 주요 내용의 공통분모를 추출할 필요가 있다. 복음주의의 세 가지 주요 내용을 대표하는 것은 아무래도 '성경'일 것이다. 성경은 복음주의의 세 가지 핵심 내용을 관통한다. 복음주의에서 주장하는 회심은 성경에 나오는 구원의 실존에 다

---

103) 『헌법』, 제2장, 제13조.
104) 기독교대한성결교회 헌법해설집발간편집위원회, 『헌법 해설집』(서울: 기독교대한성결교회 출판부, 1993), 25.
105) 박명수, 『근대 복음주의의 주요 흐름』 참조.

름 아니다. 우리는 오늘날 수많은 구원에 대해 듣는다. 이성과 신념, 사랑, 나아가 예술 등에 의한 인간의 정신이나 육체의 구원에 대해 듣는다. 이 같은 구원들과 복음주의에서 말하는 영혼의 구원을 구별시켜 줄 수 있는 것은 성경이다. 구원이 성경적 보장을 받을 때 그 구원은 진정하다. 성경을 독서 차원에서라도 한마디로 요약한다면 그것은 '예수 그리스도를 믿으라!'는 것일 것이다. 이 '예수를 믿으라!'가 행동으로 옮겨지는 과정을 전도라 할 수 있을 것이다. 전도운동 역시 마찬가지이다. 오늘날 유사 전도운동들의 전개를 볼 수 있다. 교리 선전이나 자기조직의 체제를 형성하기 위한 명목의 성경 공부, 인간의 권리라는 미명하에 활발한 활동을 펼치는 인권운동, 시민운동 등은 모두 인간의 영혼 구원보다 더 중요한 것이 있는 양 목청을 높인다. 인간을 본질적 차원에서 가장 잘 이해하고 있으며, 그 정체에 대한 한 치의 틀림이 없는 정확한 단언은 성경이다. 성경이 없다면 복음주의에서 말하는 회심과 전도는 오염된다. 복음주의는 성경을 통해 회심에 의한 중생과 복음의 전파라는 그 신조를 지켜나갈 수 있다.

성결교회는 "요한 웨슬레가 주장하던 성결의 도리를 그대로 전하려는 사명하에서"[106] 일어난 교회이다. 그만큼 웨슬리 신학은 성결교회의 정체와 긴밀한 관계가 있다. 헌법해설집 편집위원회에 따르면, 성결교회의 신학이나 교리에 반영된[107] 웨슬리 신학의 주요 내용은, 성서적 기독교, 만인을 위한 복음(이중 예정론 반대), 은총 만으로의 구원(중생), 모든 죄에서의 구원(성결), 체험을 강조하는 신학

---

106) 『헌법』, 제1장, 제8조.
107) 기독교대한성결교회 헌법해설집발간편집위원회, 『헌법 해설집』, 18.

(성령의 증거), 세계 선교를 위한 교회, 선행(先行)은총과 복음적 신인 협동설, 복음의 사회적 책임 등이다.108) 이 중에서 웨슬리 신학의 내용 전체를 아우르는 것은 성결이라 할 수 있다. 다른 내용들은 이 죄에서의 구원을 말하는 성결을 향하여 수렴된다. 누구나에게 주어진 하나님의 은총을 통해 중생하여 구원을 얻어 신자의 책임을 다하는 것은 성결을 통해서이다. 만인을 위한 복음과 선행은총, 그리고 중생은 성결을 향하며, 성결은 복음의 책임으로 이어진다. 중생과 신자의 생활 사이에 성결이 있으며, 성결이 없이는 중생과 신자의 생활은 무의미하다. 하나님의 은총과 인간의 자유의지 역시 이 성결을 향하여 협동한다.

한편, 성결은 요한 웨슬리를 루터와 칼빈과 구별해 주기도 한다. "루터의 신학에서는 '믿음에 의한 칭의(Justification by faith)'가 강조된다. 즉 루터 신학에서는 칭의가 주제가 된다. 또한 칭의와 동시에 성화가 이루어지는 것으로 보았다. 칼빈 신학에서는 예정론이 주제가 된다. 창세전에 하나님께서 구원받을 자와 멸망할 자를 예정하셨다. 구원받기로 예정된 자는 먼저 중생하며, 중생한 신자의 삶이 곧 성화의 삶이라고 보았다. 따라서 중생과 성화는 동의어로 사용하고 있다."109) 웨슬리는 루터와 칼빈에게서 볼 수 있는 성결과 칭의·중생 관계의 모호성을 분명하게 정리하고 있다. 즉 "웨슬레는 구원의 순서에서 루터의 칭의와 칼빈의 중생 다음에 성화(성결)의 단계가 있음을……강조"한 것이다.110) 성결의 개념에서 루터와 칼빈과의 이와

---

108) *Ibid.*, 18−22.
109) *Ibid.*, 17−18.
110) *Ibid.*, 18.

같은 차이가 웨슬리의 성결 사상을 그만의 독특한 것으로 만든다.

"성결교회는 요한 웨슬레의 신학과 함께 전도표제로서 중생, 성결, 신유, 재림의 사중복음을 전통적 유산으로 간직하여"111) 왔으며, 이를 "더욱 힘 있게 전하여 모든 사람을 중생하게 하며, 교인들을 성결한 신앙생활로 인도하여 주의 재림의 날에 티나 주름 잡힘 없이 영화로운 교회로"112) 세우고자 해 왔다. 사중복음은 처음에 '순복음(Whole Gospel, Full Gospel)'이라고 불렸는데, "이는 사중복음이 내세와 현세, 영혼과 육신의 구원을 모두 포함하고 있다고 믿었기 때문이다."113) 이 같은 사실로부터 사중복음은 처음부터 총체적 성격을 띠고 있음을 알 수 있다. 이는 교육적으로 '전인성(wholeness)'을 의미하는 것이다. 타락한 인간은 중생을 통한 구원이 필요하다. 사망에 이르게 하는 타락의 구체적 형상은 교만과 자기중심성이다. 성결은 "동기의 순수함이며, 인간이 갖고 있는 자연적 욕망의 모든 부패성으로부터의 완전한 자유이며, 이기적 자아로부터 완전한 해방 또는 모든 생각과 기질이 하나님의 성품을 닮아 변하는 것"이다.114) 이것은 '그리스도인의 완전'을 의미한다. 이 완전은 죽은 후에나 가능한 것이 아니라 현세에서 가능한 것이다. 그리하여 의인―중생―성결의 과정은 이 땅에서 인간을 향해 갖는 하나님의 구원 계획이 된다. 신유는 직접적으로는 몸의 질병과 관련된 개념이다. 그러나 질병을 가진 사람의 몸을 영혼과 떼어 별개로 생각할 수 없기 때문에 포

---

111) 기독교대한성결교회 헌법해설집발간편집위원회, 『헌법 해설집』, 5.
112) 『헌법』, 제1장, 제8조.
113) *Ibid.*, 6.
114) *Ibid.*, 7.

괄적으로는 영혼과 육신을 위한 복음이 된다. 재림은 "새 하늘과 새 땅으로 나타날 하나님의 나라에 대한 간절한 소망과 신앙이다."[115] 이로 보아 재림의 초점은 하나님의 나라라고도 할 수 있다. 그 나라는 불완전한 것이 완전해지고 완성되는 곳이다. 그 나라의 온전함에 대한 희망이 오늘의 신앙의 동기이며 활동의 동력이 된다.

사중복음에 대한 이와 같은 간략한 고찰로부터 사중복음은 그 명칭의 총체적 성격, 중생과 성결의 완전성을 향한 지향, 영혼과 육신을 포함하는 신유의 전인성, 그리고 재림의 완성 등의 성격을 띠고 있음을 알 수 있다. 이 같은 성격의 사중복음 전체를 포괄할 수 있는 내용의 용어로는 전체성, 총체성 등이 있을 것이다. 이 용어들을 교육적으로 환원한다면 통전성, 전인성 등이 될 것이다. 그런데 통전성, 전인성 등은 어떤 상태에 대한 서술적 성격이 두드러진다. 그러므로 여기에 교육의 의도적 성격을 부과한다면 전인성으로의 '성장'이 될 것이다. 사중복음은 성장하는 그리스도인의 상태를 나타내는 복음이며 성숙을 요청하는 복음이다.[116]

복음주의와 웨슬리 신학과 사중복음이 각각 성경과 성결과 성장이라는 말로 대표될 수 있다는 주장은, 복음주의와 웨슬리 신학과 사중복음의 내용의 공통부분에서도 확인된다. 복음주의의 성경의 권위, 회심에 의한 중생, 열정적인 전도운동은 웨슬리 신학의 성서적 기독교, 은총만으로의 구원을 말하는 중생, 세계 선교를 위한 교회와 각각 대응한다. 웨슬리 신학의 은총만으로의 구원을 뜻하는 중생, 모든

---

115) *Ibid.*, 8.
116) 김삼복, "성숙과 교육", 『기독교와 교육』 1(부천: 서울신학대학교 기독교교육연구소, 1989), 34－39 참조.

죄에서의 구원을 뜻하는 성결, 체험을 강조하는 신학, 복음의 사회적 책임은, 사중복음의 중생, 성결, 신유, 재림과 각각 대응될 수 있을 것이다. 사중복음의 중생과 재림은 복음주의의 회심과 전도 운동과 대응할 수 있을 것이다. 이처럼 복음주의와 웨슬리 신학과 사중복음은 시작을 어느 곳에서 하더라도 처음으로 이어지는 순환고리와 같다.

여기서 기독교교육의 역할은 위와 같은 고리와 형태들이 순환하면서 확대되도록 돕는 일이다. 그럴 수 있는 가능성은 앞에서 말한 '성경, 성결, 성장'이 교육적 타당성을 가질 수 있는가에 의존한다. 언뜻 볼 때, 성경은 지적인 차원, 성결은 정서적 차원, 그리고 성장은 의지적 차원과 연결될 수 있음 직하다. 그러나 실제 그럴 수 있는지는 탐구가 필요하다. 여기서는 긍정적인 입장에서 그것들의 가능성을 열어놓는다. '성경, 성결, 성장'의 신학을 소재로 하는 아래의 교육신학 정립을 위한 모색은 이에 대한 논의의 일부이기 때문이다.


## II. 교육 목적

교육이념은 교육 목적의 사상적 기초이다. 성결교회의 교육이념은 성결교회의 특성으로부터 나온다. 성결교회는 복음주의와 웨슬리의 신학적 입장과 사중복음의 정신을 따르고 있다. 무엇보다 복음주의의 특성은 성경에 대한 강조이다. 웨슬리 신학의 특성은 성결이다. 그리고 사중복음의 특성은 교육적으로 보아 발달론적인 성장의 특성을 보여준다. 여기서부터 "성결한 삶"이라는 교육이념을 끌어낼 수 있다.

최근 한국성결교회 연합회 교육분과 사업의 일환으로 이루어진 연합교육과정 작업에 의해 제정된 교육이념은 "성결한 하나님의 사람"(딤전 6:11)[117]이다. 이 이념은 우리가 앞에서 말한 성경, 성결, 그리고 성장이란 내용을 기준으로 작성된 것은 아니다. 그러므로 '성경 성결 성장의 신학'에 의해 교육신학을 구상해 보려는 시도는 처음부터 난관에 부닥친다. 이 지점에서의 선택은 '성경 성결 성장의 신학'에 의한 새로운 구상을 제안하거나 이미 제정된 교육이념이나 교육목적을 '성경 성결 성장의 신학'에 의해 재해석하는 것이다. 교육에서 이론의 제창은 중요하나, 실천 역시 그만큼 중요하다. 따라서 우리는 성결교회의 교육신학의 구상을 교육이념을 포함한 교육적 현실을 인정하면서 그 안에서 논의하는 것이 지혜롭다고 생각한다. 교육이념에 대해 이와 같은 현실적 입장을 취할 때, "성결한 하나님의 사람"이라는 교육이념은 '성경 성결 성장'의 신학적 성격을 띠게 된다.

"성결한 하나님의 사람"이란 교육이념은 무엇보다 성경적이다. 하나님은 그의 자녀들이 거룩하기를 원하시며[118] 이것은 성경이 기록된 목적이기도 하다. 만일 우리가 하나님의 일로 보이는 큰 업적을 달성했다고 해도 하나님은 여전히 우리 내면의 거룩함을 문제 삼을 것이다. 외적인 공로는 내적인 성결에 의해 평가되며 완성된다.

"성결교회는 내적, 외적인 면에서 거룩을 추구한다. 내적인 거룩함은 예수 그리스도 안에 나타난 하나님의 사랑을 우리 안에 이루는

---

117) "오직 너 하나님의 사람아 이것들을 피하고 의와 경건과 믿음과 사랑과 인내와 온유를 좇으며."
118) "너는 이스라엘 자손의 온 회중에게 말하여 이르라 너희는 거룩하라 이는 나 여호와 너희 하나님이 거룩함이니라"(레 19:2).

것이며, 외적인 거룩함은 하나님의 나라를 세계 안에 세우는 것이다."[119] 여기서 우리는 거룩이 내면의 성결이나 외면의 정의만이 아닌 둘 다인 것을 발견하게 된다. 특히 성결을 내적인 것으로 보는 관점은 하나님의 나라를 세계 안에 건설하는 외적인 책임에 의해 보완되어야 할 것이다. 여기서 하나님 나라를 위한 책임은 우리가 말해온 '성경 성결 성장의 신학'에서 성장과 같다.

하나님의 뜻을 따라 자기 안에 하나님 나라를 품으며, 세계 속에 하나님의 나라를 건설하는 일에 참여하는 자는 진정 성숙한 자이다. 이상의 논의를 통하여 우리는 "성결한 하나님의 사람"이라는 성결교회의 교육이념은 성경으로부터 나온 거룩하라는 하나님의 우리를 향하신 뜻이며, 성결은 하나님 나라의 건설을 위한 책임을 수용하는 성숙성임을 알 수 있다. 따라서 '성경 성결 성장의 신학'을 품고 있는 성결교회의 교육이념은 성결교회적 특성을 충분히 지니고 있다고 할 수 있다.

다음으로 교육 목적에 대해 살펴보자. 새로 제정된 성결교회의 교육 목적은 다음과 같다.

> "성결교회의 교육 목적은 사람들로 하여금 성령의 은혜를 체험하는 가운데 예수 그리스도를 믿음으로 구원에 이르게 하고, 하나님의 말씀을 따라 성결하게 살면서 건강한 몸과 마음으로 다시 오실 예수 그리스도를 기다리며, 신앙 공동체의 주역으로서 이웃에게 복음을 전하여 하나님 나라를 이루어 가도록 돕는 것이다."[120]

---

119) 박종석, "성결교회의 교육 목적", 25.
120) *Ibid.*, 26.

이 교육 목적문은 교육이념을 구현하기 위한 방향을 제시하기 위하여, 성결교회가 지향하는 복음주의와 웨슬리 신학, 그리고 사중복음을 배경으로 하는 동시에, 전인성을 추구하는 교육적 차원을 포함하고 있다.

교육 목적문이 의미하는 내용들은 다음과 같다: 믿음을 통한 중생의 구원("성령의 은혜를 체험하는 가운데 예수 그리스도를 믿음으로 구원에 이르게 하고"), 기독교적 삶의 표준으로서의 성경("하나님의 말씀을 따라"), 신앙생활의 목표로서의 성결("성결하게 살면서"), 몸과 마음을 강건하게 지키는 생활("건강한 몸과 마음으로"), 다시 오실 예수님("다시 오실 예수 그리스도를 기다리며"), 교육의 장으로서의 신앙공동체("신앙 공동체의 주역으로서"), 선교를 지향하는 생명력 넘치는 청지기적 삶("이웃에게 복음을 전하여"), 하나님의 나라 실현을 위한 사회적 책임("하나님 나라를 이루어") 등이다.

이 교육 목적에는 복음주의, 웨슬리 신학, 그리고 사중복음이라는 성결교회의 신학과 교육이 추구하는 전인성이 균형 있게 반영되어 있다. 먼저 복음주의의 강조점인 성경과 관련하여 교육 목적의 내용들을 살펴보자. 무엇보다 교육 목적은 성경을 '기독교적 삶의 표준'으로 보고 있다. 이 성경을 삶의 표준으로 삼아 따르는 이는 중생한 신자이다. 그는 믿음을 통해 중생의 구원을 받은 자로서 성결을 목표로 신앙생활을 하는 자이다. 더 나아가 그는 다시 오실 예수님을 기다리며 하나님의 나라의 실현을 위해 청지기적 삶과 사회적 책임을 지는 자이다.

웨슬리 신학의 성결 역시 마찬가지이다. 성결은 예수 그리스도를 믿음으로 오는 중생 이후의 은혜이다. 이 성결은 하나님의 말씀과 기도를 통해 유지된다. 그리고 우리는 몸과 마음이 강건한, 온전히 치유된 성결의 전인적 형태를 사중복음으로부터 발견할 수 있는 것이다.

사중복음의 성장은, 성결의 가시적인 최종 목표인 다시 오실 예수님에 대한 대망으로, 또 하나님의 말씀인 복음을 전하는 선교적 삶과 성결의 별칭인 이웃을 사랑하는 청지기적인 삶으로, 재림까지의 시간을 채우는 일이다. 이처럼 교육 목적에서 복음주의의 성경과 웨슬리 신학의 성결과 사중복음의 성장은 서로 함께 맞물려 있음을 알 수 있다.


## III. 교육 내용

### 1. 기독교적 삶의 표준으로서의 성경

신자들의 생활 지표는 성경이고, 그 뜻을 이루기 위해서는 하나님의 인도와 그에 대한 순종이 필요하다. 어느 교파이든 성경은 가치의 기준이 되며, 행위의 준거가 된다. 문제는 성경을 어떻게 보느냐이다. 성경은 가톨릭교회에서와는 달리 교회의 권위 이상이며,[121] 자유주의 신학에서처럼 연구해야 할 문헌이 아니며, "살아계신 하나님의 말씀"으로 구원의 길을 알려주는 유일한 경전이다.[122] 하나님의

---

121) Avery Dulles, *Was ist Offenbarung?*, (Herder: Freiburg / Basel / Wien 1970), 48.
122) John Wesley, *Explanatory Notes on the New Testament*(London: Epworth Press, 1954), 8.

말씀으로서의 성경은 인간의 참된 삶을 위한 길잡이가 된다. 성경에서 벗어나는 어떤 것도 잘못된 것이다.

중생한 신자는 하나님의 자녀로서 아버지 하나님의 뜻을 알기 위해 성경으로부터 그 말씀을 들어야 한다. 그러나 성경은 오늘날과는 다른 맥락에서 기록되었기 때문에 해석과 설명이 필요하다. 성경의 해석에는 건전한 신앙이 전제되어야 한다. 그리고 그 내용을 가르치기 위해서는 교육적 내용을 알아야 한다. 성경에 대한 가르침에는 신앙과 학습자에 대한 이해가 모두 필요하다. 이와 같은 조건들이 갖추어져서 성경은 교육적으로 해석되어야 한다. 성경의 본래 뜻은 바뀌지 않으나, 교육적 상황, 즉 학습자와 교사와 환경 등을 고려하여 이해하기 쉽고 받아들이기 쉽도록 내용을 풀어 주어야 한다는 것이다(고전 3:2).

성경 교육에는 본래 의도와는 달리 지식화하여 가르치는 일반교육과 달리 본성적으로 영혼에 호소하는 차원이 있다. 성경은 그 내용이 육화될 때 학습자에게 호소력을 갖는다. 그래서 성경을 가르치는 교사는 성경의 학습자가 되어 자신이 그 말씀대로 살면서 다른 학습자를 가르쳐야 한다. 즉 성경 교육에서 교사는 학습자이면서 교사이다. 학습자로서의 교사는 학습자가 성경을 삶의 기준으로 삼고 따를 수 있도록 모범이 되어야 하기 때문에 매우 중요한 비중이 있다.


## 2. 신앙생활의 목표로서의 성결


신자는 성령의 은혜로 성결하게 되며, 말씀과 기도로 거룩한 인격을 소유한다. 신자는 예수 그리스도를 믿어 거듭나는 것으로 그치는 것이 아니다. 신자에게 중생은 시작에 불과하다. 신자의 목적지는 성결이다. 중생은 성결의 문턱이며 하나님의 완전을 추구하는 도정(道程)이 앞에 있다.

성결은 전적인 성령의 은혜이다. 성결은 사람의 노력으로 이루어지는 것이 아니라 하나님께서 주시는 선물이다. 하나님의 선물인 성결은 믿음을 갖고 그것을 구하는 자에게 주신다. 그런데 성결을 유지하는 것은 인간 편에서의 노력이 필요하다. 신자는 성결하기 위해 하나님의 말씀을 가까이하며 기도를 통해 하나님께 나아가야 한다.

신자유주의의 물결이 교육에서 경쟁심을 강화시키고 있는 현실에서 기독교교육의 목적은 양적 소유가 아닌 질적 삶이어야 한다. 거듭난 신자는 자기 삶의 목적을 온전한 구원에 두어야 한다. 성결만이 그에게 구원과 행복과 의미를 주기 때문이다.

성결을 위한 교육에는 성결을 삶의 목적으로 삼도록 가르치는 것뿐만 아니라, 말씀을 가르치는 것과 기도를 하도록 훈련하는 것이 포함된다. 말씀은 성결의 내용이 무엇인지를 알 수 있도록 하는 자원이고, 기도는 성결의 외적 표현인 사랑의 실천으로 이어지도록 하는 힘의 원천이다.


## 3. 하나님의 나라 실현을 향한 성장

신자에게는 소망 중에 하나님의 나라를 이루어 나가야 하는 책임이 있다. 그 나라는 예수 그리스도께서 보여주신 사랑과 정의가 넘치는 사회이다. 거듭난 신자의 삶은 하나님의 은혜로 성결을 이루어 가는 삶이다. 이 삶은 우리 주님 예수 그리스도께서 오실 때 완성된다. 우리가 예수 그리스도의 재림을 기다리는 것은 그러한 까닭이다. 예수 그리스도의 재림으로 이루어질 하나님의 나라는 종말에 완성되는 하나님의 나라이지만, 하나님의 나라는 예수 그리스도의 초림으로 시작되었으며 지금 여기에 존재한다. 하나님의 나라는 과거와 현재와 미래에 걸쳐 있으며 우리는 그 가운데서 살아간다.

이미 임한 하나님의 나라는 신자가 이루어 나가야 할 과제로서의 하나님의 나라이다. 현재 우리가 노력한다고 해서 하나님의 은혜를 필요로 하지 않는 것은 아니다. 우리는 마치 하나님의 나라를 우리가 이룰 수 없다는 듯이 하나님의 은혜에 의지하며 일하지만, 또 한편으로는 우리가 하나님의 나라를 이룰 수 있다는 자신을 갖고 온갖 노력을 경주하지만, 하나님의 나라는 결국 최종적으로 예수 그리스도의 재림으로 완성된다는 신앙 가운데 있다.[123]

현재와 미래 사이의 하나님의 나라는 신자에게 그 나라를 위한 책임 있는 삶을 요구한다. 하나님의 나라는 온 세계의 구원이 이루어지는 나라이다. 이 나라는 인간뿐만 아니라 자연을 포함한다. 하나님의 나라를 자연을 포함한 전체 피조계로 확장할 경우, 인간과 자연을 공존의 관점에서 보는 새로운 시각이 요청되며, 구원을 인간에게만 제한하는 관점을 넘어서 피조 세계의 구원에 대한 논의도 해야 한다.

하나님의 나라를 위한 교육을 위해서는 먼저 교육의 장을 확장해야 한다. 신앙공동체가 교육을 교회 내의 교육으로 한정했다면 가정, 사회, 국가, 세계, 자연으로 넓혀야 한다. 불완전한 가정, 병든 사회,

---

123) Groome, *Christian Religious Education*, 45.

통일을 이루어야 할 국가, 지구화되어 가는 세계, 황폐해져 역공격을 가하는 자연환경 등은 모두 교육의 장이고 교육적 문맥이다. 특히 통일, 신자유주의, 환경 파괴[124] 등의 문제는 성경적 차원에서 좀 더 심층적으로 다루어져야 할 것이다. 이런 흐름에서 볼 때 교회는 새로운 교육의 주제들을 발 빠르게 찾아내서 신앙적 차원에서 접근해야 할 것이다.

한편, 하나님의 나라를 위한 책임을 다 하기 위해서는 학습자의 발달과 은사들이 고려되어야 한다. 현대 사회의 다양한 사상(事象)들은 다양한 계층의 다양한 재능을 요구할 것이다. 특정한 문제들을 다루어야 할 인재는 교육적 안목에서 발굴되어 훈련되어야 한다.


## Ⅳ. 교육 방법

### 1. 목표와의 일치

우리는 흔히 교육의 목표와 방법을 분리된 것으로 생각한다. 일반적으로는 교육의 목표는 교육의 방법을 규정하며, 교육의 방법은 교육의 목표를 구체화한다. 교육의 목표와 방법의 관계를 이렇게 본다면 거기에서 우리는 그 둘 사이의 관계의 의미를 두 가지로 볼 수 있을 것이다. 하나는 교육의 목표와 방법 사이에는 거리가 있다는

---

124) 윤응진, "생태학적 위기와 기독교교육적 과제", 「신학연구」 34(오산: 한신대학교 신학부, 1993), 177-181 참조.

것, 그리고 다른 하나는 교육의 목표와 방법 사이의 거리를 좁히려 한다는 것이다. 그렇다면 교육의 목표와 방법의 이상적인 관계 양상은 그 둘 사이의 간격이 최대한 좁혀져 하나가 되는 것이다.

우리는 그와 같은 관계를 예수의 교육에서 찾을 수 있다. 예수의 교육 행위가 집중되어 있는 요한복음서의 후반부, 특히 13장 1-17절에 나오는, 예수께서 제자들의 발을 씻기시는 기사를 중심으로 볼 때, 예수의 교육 목표는 섬김이다. 예수는 그것을 제자들에게 교육하기 위해 시범이라는 방법을 사용하셨다. 섬김이라는 교육 목표는 크라스월(David R. Krathwohl) 등의 정의적 영역의 교육 목표 분류에 따르면, 인격화(characterization by a value or value complex) 단계와 상응한다.125) 인격화 단계는 내면화된 가치가126) 외적인 행위로 드

---

125) David R. Krathwohl, Benjamin S. Bloom and Bertram B. Masia, *Taxonomy of Educational Objectives, The Classification of Educational Goals. Handbook 2, Affective Domain.* 임희도 외 3인 공역, 『교육목표 분류학: 교육목표의 분류 및 평가의 실제, (2)정의적 영역』(서울: 교육과학사, 1964), 221-222.

126) 가치를 포함한 태도의 변화 과정을 켈만(H. C. Kelman)은 개인의 태도에 영향을 미치는 사회적인 영향력이라는 관점에서 순응(compliance), 동일화(identification), 내면화(internalization)의 세 가지 과정으로 보았다. 순응은 다른 사람이나 집단의 호의적인 반응을 얻기 위해서, 또는 나쁜 반응을 회피하기 위해서 그들의 영향력을 수용할 때 발생한다. 동일화는 특정한 사람이나 집단과 관계를 맺고 있는 것이 만족스럽고 또 자기의 자아의 일부를 형성한다는 이유로 해서 특정인이나 집단의 태도를 수용할 때 발생한다. 내면화는 유발된 태도나 행위가 내재적으로 보상되며 자신의 가치체계에 부합될 때 가치 체계로 조직되어 가치관으로 발전하는 단계이다. Herbert C. Kelman, "Further thoughts on the processes of compliance, identification, and internalization", Albany Symposium on Power and Influence, 1st, 1971, Perspectives on Social Power(Chicago, 1974), 125-171 참조. 이를 응용한 신앙의 가치체계

러날 뿐만 아니라 내적으로 형성되어 그 사람의 세계관에 일관성을 부여하는 것이다. 섬김은 그 성격상 이러한 인격화의 단계와 유사하다. 예수께서 이 섬김을 교육하시고자 하실 때 사용하신 시범의 교육 방법이 교육 목표와 일치하는 것은 시범의 방법의 내면화적 성격을 통해 알 수 있다. 정의적 영역에서의 내면화 과정은 학습자가 현상에 주의를 기울이고, 거기에 반응하며, 그것을 가치화하고, 이를 개념화하는 것이다. 그리고 나중에는 그것을 자신의 생활양식으로 조직화하는 일련의 과정이다. 예수께서 제자들의 발을 씻기시는 행위를 두고 벌어지는 예수와 베드로의 대화를 통해 볼 때,[127] 시범의 방법이 섬김이라는 교육 목표와 일치하는 적절한 방법이라는 것을 알 수 있다.

성결교회 교육 목표인 성결에 대해서도 동일한 논리가 통한다. 성결이란 교육의 목표를 이루는 최상의 방법은 무엇일까? 그것은 성결 그 자체이다. 성결이란 교육 목표가 동시에 교육의 방법이 된다. 교사는 학습자에게 성결을 말하기보다 스스로 성결하기를 위해 힘써야 한다. 성결이 성결교회 신자 누구나의 목표라면 교사 역시 예외는 아니다. 또한 학습자 역시 마찬가지이다. 교사가 자신의 목표인 성결을 추구할 때 그 자체가 학습자에게 성결을 교육하는 방법이 되는 것이다.

---

형성과 기독교육에 관해서는 이소연, "신앙 성숙 단계에 따른 가치체계의 변화에 관한 일 연구", 「교수논총」 4(부천: 서울신학대학교, 1993), 143-160; 이소연, "가치체계 변화를 위한 교회교육", 「신학과 선교」 22(부천: 서울신학대학교, 1997), 381-409 참조.

127) 이에 대해서는 박종석, 『교회와 기독교교육』(서울: 씨엔씨미디어, 2000), 163-166 참조.

## 2. 내용과의 통합

기독교적 삶의 표준으로서의 성경을 교육하는 적절한 방법 중에 하나는 이야기 방법이다.[128] '이야기하기'가 성경을 교육하는 적절한 방법이 될 수 있는 이유는 첫째, 이야기에서 내용과 방법이 통합되는 사건이 발생하기 때문이다.

> "이야기는……독자를 참여자로서 이야기 속으로 끌어들인다. 독자가 그 속에 있다. ……이야기의 자연스런 기능은 독자들이 이야기를 듣고 행동에 참여하고 이야기 전개에 개입시킨다는 것이다."[129]

이야기 속에 참여하고 관계를 맺는 것 자체를 통해 독자는 이야기의 내용과 그 내용을 통해 일으키고자 하는 변화를 동시에 경험한다. 거기에서는 내용과 방법이 분리되지 않는다. 이야기는 일정한 내용이지만 그것 자체가 방법으로서 기능하기 때문이다. 이야기의 이런 특성은 아마 이야기 안에 내재된 공감적 경험 요소 때문일 것이다. 성경 이야기는 우리 자신과 우리의 경험들에 대한 이야기이기도 하다. 이것이 독자로 하여금 직접 성경 안으로 들어오도록 초청하며, 이 초청에 응하는 사람은 성경의 이야기 안에 참여하는 방식을 통해

---

128) 이야기와 기독교교육의 관계에 대한 전반적인 내용에 대해서는, 박종석, "이야기와 기독교교육: 서사비평의 교육적 응용", 한국기독교교육학회, 「기독교교육논총」 1(서울: 한국장로교출판사, 1996), 77-96; 내러티브 비평(narrative criticism)에 대해서는 윤철원, 『신약성서의 그레꼬-로마적 읽기』(서울: 한들출판사, 2000), 제1장 참조.

129) Norman Perrin, *The New Testament: An Introduction*(New York: Harcourt Brace Jovanovich, 1974), 165.

서 자신을 만나고, 자신과 관계된 것들을 배우게 된다.

둘째, '이야기하기'라는 방법은 전인적 교육을 가능케 한다. 독자가 이야기 안으로 들어갈 때, 그는 이야기를 기억하고, 이해하고, 느낌으로서 반응한다.[130] 그러나 이야기는 그 이상으로 삶을 형성시키는 역할까지 한다. 내러티브 비평에서는 텍스트 안에 내재된 저자와 독자, 그리고 이야기 속에 해설자와 수화자가 숨어 있음을 발견해낸다.[131] 이야기는 그 안에 포함된 여러 층의 의사소통 과정을 거쳐서 독자의 삶에 와 닿으며 삶의 스타일의 변화를 요구하게 된다.

더구나 이야기의 대부분은 어떤 정보를 제공하거나 감정을 순화하는 데 목적이 있지 않다. 이야기의 본질적 주제는 삶이다. 이야기의 소재가 무엇이든 그것은 인간의 문제를 다루기 위한 것이며, 그 인간 문제는 결국 삶의 문제로 귀결된다.

성결교회의 교육은 바로 이 삶의 스타일 형성을 목적으로 한다. 삶의 스타일 형성은 성결교회교육의 목적이면서 성경 이야기의 핵심적 의도이다. 리차즈(Lawrence O. Richards) 역시 성경 이야기 속에서 삶의 스타일 형성의 가능성을 말하며, 어린아이까지라도 성경의 이해하기 어려운 용어에 대해서 이야기와의 만남을 통해 그 이야기의 의도를 몸으로 감지할 수 있다고 하면서, 성경 이야기 교육 방법의 현실성에 점수를 주고 있다.[132]

---

130) Jerry H. Stone, "Narrative Theology", Iris V. Cully & Kendig B. Cully eds., *Harper's Encyclopedia of Religious Education*(San Francisco: Harper & Row, 1990), 441.

131) Mark A. Powell, *What is Narrative Criticism?*, 『서사비평이란 무엇인가?』 이종록 역(서울: 한국장로교출판사, 1993). 56−60.

132) Lawrence O. Richards, "The Teacher as Interpreter of the Bible",

## 3. 삶과의 만남

성결교회 교육의 중요 내용인 성숙은 하나님 나라의 건설과 관련
된다. 따라서 성숙은 추상이 아니며 몸이 역사적 현실과 만나는 삶
자체이다. 환언하면, 성숙은 삶을 통해서, 또는 삶과의 만남을 통해
서 학습이 된다고 할 수 있다.

하나님 나라의 건설을 위한 성숙한 삶을 위한 방법은 무엇일까.
여기서 먼저 가르침 자체에 대해서 생각해 보자. 교사가 학습자를
가르친다고 할 때, 그는 진정 가르칠 수 있는 것인가? 이 같은 주제
를 문제 삼은 이는 폴라니(Michael Polanyi)이다. '묵지(默知 tacit
knowing)'"와 '내주(內住 indwelling)'라는 개념을 통해 폴라니는 가
르치고 배우는 과정이 언어를 통한 상호작용만으로는 이루어질 수
없음을 분명히 하고, 인격적인 관계에 기초한 도제교육을 강조하고
있다.133) 모든 '묵지'를 배우는 과정은 학습자의 적극적인 참여를 요
구하며, 계속적인 체험과 '내주'를 요구한다. 학습자는 결국 교사의
삶의 상황에 들어가서 '내주'함으로써 비로소 그의 세계를 이해할
수 있게 된다는 것이다.134)

성결교회 교육이 목표로 하는 성장 역시 언어와 이성에만 의존해
서는 학습될 수 없다. 그것은 몸 전체로 삶에 참여함으로써 체득되
는 앎이다. 그렇기 때문에 성장을 위한 교육은 삶과 만남의 기회를

---

*Religious Education* 77(September−October, 1982), 515−516.

133) Michael Polanyi, *Personal Knowledge*, 53−55, 207; *Knowing and
Being*(Chicago: The University of Chicago Press, 1969), 219−220.

134) Michael Polanyi and Harry Prosch, *Meaning*, 『지적 자유와 의미』, 김
하자·정승교 역(서울: 범양사 출판부, 1992), 74.

주는 방법을 강구해야 한다. 성장은 비언어적 속성에 의해 구성된 것이라 할 수 있다. 삶 역시 관념으로 짜인 체계도 아니며, 개념에 의해 전개될 수 있는 것도 아니다. 성장은 삶에 의해 보장되며 삶은 성장에의 의무가 있다. 성장은 삶에 대한 분석적, 추론적, 이성적 접근에 의해서가 아니고, 직접적, 즉각적, 통합적, 구체적, 사실적 접근에 의해서만 획득될 수 있는 것이다. 그러므로 성장을 성취하기 위해서는 삶과의 직접적인 만남을 회피할 수 없다.

전체적으로 성장은 삶에 참여함으로써 획득된다. 참여하지 않을 때 진정으로 알 수 없으며 성장의 길은 멀어진다. 성장은 일단은 삶에서 뒤로 한 걸음 물러나 관조하는 자세가 아니라, 삶에 적극적이고 의도적으로 참여함으로써 생기는 결과이다.


## V. 학습자

성결교회 교육의 상황에서 학습자의 성격이 어떠해야 하는지에 대해 최근 기독교대한성결교회와 예수교대한성결교회의 연합 작업에 의해 구성된 새 교육과정인 '성결과 비전'에는 다음과 같이 언급되었다: 성경을 하나님의 말씀으로 믿고 따르는 사람, 예수 그리스도를 믿음으로 거듭나는 사람, 하나님의 은총에 의지하여 성결한 생활에 힘쓰는 사람, 하나님의 나라를 이루기 위해 힘쓰는 사람, 그리스도의 재림을 대망하는 사람.[135] 이 중에서 우리의 논의와 관계가 있는 내

---

135) 박종석, "성결교회의 교육 목적", 31-32.

용들은 '성경을 하나님의 말씀으로 믿고 따르는 사람', '하나님의 은 총에 의지하여 성결한 생활에 힘쓰는 사람', '하나님의 나라를 이루 기 위해 힘쓰는 사람'이다. '예수 그리스도를 믿음으로 거듭나는 사 람'은 '하나님의 은총에 의지하여 성결한 생활에 힘쓰는 사람'에, '그리스도의 재림을 대망하는 사람'은 '하나님의 나라를 이루기 위해 힘쓰는 사람'에 각각 포함된다고 볼 수 있다.

한편, 학습자는 다차원적 유기체적 존재이다. 이 말은 학습자는 하나의 차원으로 파악될 수 없으며 단차원으로 구성되어 있지도 않 다는 뜻이며, 더구나 여러 차원이 서로 얽혀서 서로 영향을 끼치는 유기체적 성격의 존재라는 것이다. 일반적으로 학습자라는 인간 존 재는 지·정·의의 전인적 존재라고 할 수 있다. 그런데 신앙인에게 이 지·정·의는 무엇일까? 우리는 그것을 가치관, 신앙관, 그리고 생활관으로 보려고 한다. 우리가 어느 것에다 가치를 둔다는 것은 그것에 가치를 부여하는 이유를 갖고 있기 때문이다. 이유는 인지 작용의 결과로서 지적인 성격을 띤다고 할 수 있다. 신앙은 어떤가? 기독교교육학자들은 신앙을 지·정·의적 요소의 결합으로 생각한 다.136) 그러나 일반적으로 생각할 때 종교의 전통과 교리를 모르고 그 실천의 부족에도 불구하고 우리가 어떤 종교의 신앙인인 까닭은 신앙의 대상에 대한 신뢰 때문일 것이다. 우리는 완전한 신앙인은 아니더라도 신앙인이 아니지는 않다. 따라서 신앙관은 인간의 정서 적 요소와 긴밀하다고 할 수 있다. 신앙인의 생활 역시 마찬가지이 다. 이것은 당연히 인간의 행위적 요소와 관련이 있음을 의심할 수

---

136) Westerhoff, *Values for Tomorrows Children*, 28; Groome, *Sharing Faith*, 18-21 등.

없다. 따라서 우리는 인간의 전인을 구성하는 지·정·의의 요소가 각각 신앙인의 가치관, 신앙관, 생활관과 상응함을 알 수 있다.

'성경을 하나님의 말씀으로 믿고 따르는 사람'이라는 말은 복음주의의 성경과 밀접한 관계가 있으며, 학습자의 가치관과 관련이 있는 말이라고 할 수 있다. '하나님의 은총에 의지하여 성결한 생활에 힘쓰는 사람'은 웨슬리 신학에서 말하는 성결과 밀접한 관계가 있으며 학습자의 신앙적 태도 곧 신앙관과 관련이 있는 말이라고 할 수 있다. '하나님의 나라를 이루기 위해 힘쓰는 사람'은 사중복음의 성장과 밀접한 관련이 있으며 학습자의 생활관과 관련이 있는 말이라고 할 수 있다. 성결교회 신학의 특성인 성경과 성결과 성장은, 신앙인으로서 학습자의 가치관과 신앙관과 생활관과 상응하여, 인간 지·정·의의 전인을 이루는 교육적 가능성을 갖게 된다.


## VI. 교 사

### 1. 문맥적 해석자

성결교회 교사의 우선적 사명은 학습자에게 성경을 가르치는 일이다. 성경은 하나의 책이지만 하나님의 말씀이고 경전이다. 여기서 성경에 대한 교사의 역할과 관련된 두 가지 차원을 볼 수 있다. 한 차원은 주석(exegesis)의 차원으로 성경이 본래 의미하는 바가 무엇인지를 밝혀내는 것이고, 또 하나의 다른 차원은 그 성경의 의미가 오늘날 무엇을 뜻하느냐 하는 해석(interpretation)이다. 전자에 대해서는 성서학자들의 도움을 받을 수 있을 것이다. 후자는 교사의 몫이 될 것이다. 교사는 성경의 본래 의미가 오늘날 교회의 교육 현장에서 학습자에게 무엇을 의미하는지를 결정해야 한다.[137]

여기서 교사의 전문성이 요구된다. 교사는 학습자의 문맥을 잘 알아야 한다.[138] 그렇지 않으면 성경은 먼 옛날의 따분한 기록에 지나지 않게 될 것이다. 학습자는 학습할 수 있는 자연적 내적 준비 단계들을 거친다. 교사는 이 단계들에 영향을 끼칠 수 없다. 그러나 그와 같은 내적 준비성에 대해 무지하거나 무시한다면 교사의 교육적 노력이 허사가 될 수 있다.

학습자의 문맥, 즉 발달 준비성에 대한 이해가 학습자에게 교육해야 할 내용과 가르치는 방법을 선택하게 한다. 심리학적 준비성에 대하여 아주 조금만 알아도 삼위일체와 같은 주제가 초등학교 1~2학년 또래의 요구나 능력에 걸맞지 않는 것을 알 수 있다. 학습자의 준비성에 대한 지식은 특별한 연령그룹에 가장 잘 맞는 방법에 대한 통찰도 제공해 줄 것이다. 예를 들어, 토의는 사춘기 말에 아주 적절하다. 왜냐하면 이 연령의 학습자들은 진지한 대화를 할 준비가 되어 있고, 신앙에 대해 자기 나름의 생각과 태도를 표현할 수 있는 기회가 필요하기 때문이다.

성경의 적절한 해석자가 되기 위한 조건으로서의 학습자 이해에는

---

137) Jim Wilhoit and Leland Ryken, *Effective Bible Teaching*, 『성경을 효과적으로 가르치는 비결』, 최예자 외역(서울: 프리셉트, 1996), 26.
138) Richard Reichert, *A Learning Process for Religious Education*, 『기독교 교육의 학습과정』 박종석 역(서울: 대한기독교서회, 1997), 21－28.

일반적으로 정서적, 영적, 지적 영역 등 전인이 포함된다. 그러나 각 측면이 성장 단계에서 똑같이 중요한 것은 아니다. 예를 들어 취학 전과 저학년의 기독교교육은 기본적으로 정서발달에 중심을 맞추어야 할 것이다. 학습자의 준비성과 관련하여 교사가 기억해야 할 사실은 학습자의 문화적 환경이다. 전형적인 도시 지역에 사는 학습자는 농어촌 지역에 사는 동년배의 학습자와는 여러 면에서 차이가 날 것이다. 일차적 사명인 성경 교육자로서의 교사가 성경을 보다 적절한 것으로 학습자에게 교육하기 위해서는 학습자의 문맥 안에서 해석할 수 있는 능력이 요구된다.

## 2. 신앙의 순례자

성결교회의 교육은 회심을 통한 중생으로부터 예수 그리스도의 재림으로 이루어질 영화에까지 이어지는 과정에서의 가르침이다. 이런 면에서 성결교회의 교육은 공간의 교육이라기보다 시간의 교육이며, 공시적이기보다 통시적 교육이라고 할 수 있다. 이것은 교육이 한 인간의 발달을 따라가며 그에 적절한 교육적 대처를 하는 것이라는 교육의 본래적 성격에 부합한다.[139]

성결교회의 교육을 과정의 교육으로 이해할 수 있다면, 교사와 학습자의 교육적 관계는 정태적일 수 없다. 교육에 대한 고정적 관점은 교육을 교사가 일정한 내용을 학습자에게 전달하는 것으로 충분하다고 생각한다. 그러나 실제로 그럴까? 일종의 '사회화'라고 일컬

---

139) Gabriel Moran, *Religious Education as a Second Language*(Birmingham, Ala.: Religious Education Press, 1989), 31－36.

어지는 이와 같은 교육관은 마치 사회가 고정 불변한 것처럼 전제한
다. 그러나 사회는 급격히 변하고 있으며 포스트모던과 세계화의 추
세에 따라 그 변화의 정도는 더 크고 빨라졌다. 성결교회는 급진적
회심의 강조로 자칫 교육의 무용화를 주장하는 것처럼 오해되었다.
그러나 성결을 중생으로부터 영화에 이르는 평생의 과정이라고 생각
하면 교육의 가능성과 역할에 대한 기대가 커진다.

성결로 이끄는 교육은 순례의 과정이다.[140] 이 길 위에는 교사와
학습자가 따로 없다. 그들은 모두 성결에 이르는 길을 향해 나아가
는 순례자일 뿐이다. 이 순례의 여정 속에서 교사는 일단은 단독자
로서의 순례자이다. 그러나 그는 학습자와 함께 가야 하는 동반자로
서의 순례자이다.[141] 동반자, 즉 파트너는 지위의 평등성과 역할의
동등성을 의미하는 말이다. 그러기에 동반자로서의 교사는 가르치는
자일 뿐 아니라 배우는 학습자이기도 하다.[142] 또한 동반자로서 교
사는 학습자의 신앙의 순례의 길을 도울 뿐 아니라, 돕는 것을 통해
배운다.

성결에 이르는 순례의 여정에서 지참물은 말씀과 기도이다. 말씀
과 기도는 순례를 가능하게 하는 동력이며, 그 안에서 성결이 성취
되는 장이다. 교사는 말씀과 기도가 어떻게 성결을 이루는지 학습자
를 위해 재연하는 자이다. 그 재연은 값싼 말로 될 수 없다. 말씀과
기도의 무장은 몸을 통해 나타나며, 이 방식을 통해서만 학습자에게

---

140) Groome, *Christian Religious Education*, 14-15.

141) Letty M. Russell, *Growth in Partnership*, 『파트너십과 교육』, 손승희
　　역(서울: 현대사상사, 1981), 90.

142) 일종의 '강학(講學)'이라고 할 수 있다. 교사를 이르는 말로, 가르치면
　　서 배운다는 뜻을 담고 있다.

영향을 주어 동기를 불러일으킨다. 말씀과 기도에의 진력에도 불구하고 성결은 하나님에 의해 성취된다는 하나님에 대한 신뢰는 순례자로서의 교사가 갖추어야 할 근본적인 자세이다. 신앙 순례의 삶 전체는 인간의 일이 아니라 하나님의 섭리라는, 즉 하나님의 은혜의 손 안에서 하나님을 신뢰하는 일이라는 자기 고백이 있어야 한다.

### 3. 겸손한 건설자

하나님의 은혜로 성결을 이루어 가는 삶은 내면적인 차원에 그치지 않는다. 신자에게는 소망 중에 하나님의 나라를 이루기 위한 책임이 있으며, 그 나라는 예수 그리스도께서 보여주신 사랑과 정의가 넘치는 사회이다. 그 나라는 이미 시작되었으나 아직 완성되지 않았으며, 우리는 그 나라의 완성을 위해 부름을 받았다.

하나님의 나라는 우리 마음에 있으며, 역사의 현실 속에 이루어질 나라이다. 우리 마음속의 하나님 나라는 말씀과 기도로 형성되는 거룩한 인격이다.[143) 이 거룩한 인격은 역사 속에 이룰 하나님 나라의 주춧돌이 된다. 거룩한 인격이 없는 하나님의 나라는 거짓이며 지속될 수 없다. 행위나 업적보다 마음이 더 중요하다. 그러나 마음의 완성을 위해서 언제까지나 역사 속에서 하나님 나라 건설에 참여하는 일을 미룰 수는 없다. 여기서 교사는 아직은 미숙하기 때문에 부끄러운 마음을 갖고 하나님 나라 건설의 역사에 참여한다. 이 부끄

---

143) Robert W. Pazmiňo, *By What Authority Do We Teach?: Sources for Empowering Christian Educators*, 『권위 있는 가르침: 가르침의 권위를 세워주는 6가지 기둥』, 김도일·김정훈 역(서울: 디모데, 2002), 78-92.

러운 마음, 자신을 작게 여기고 부족하다고 여기는 마음은 겸손이다. 그런데 사실 이 겸손은 우리 주 예수 그리스도의 마음이다. 그렇다면 거룩한 인격에 도달하기에는 멀다고 여기는 이 겸손의 마음이 바로 성숙한, 우리 안에 이루어야 할 하나님의 나라가 된다는 역설을 보게 된다. 교사가 학습자에게 보여줄 수 있는 성숙의 모습은 지적이거나 외면적인 어떤 것이 아니다. 교사는 자기를 낮춤으로 자신 안에 있는 예수의 모습을 통해 성숙한 모습을 보여주어야 한다.

하나님의 나라는 역사 속에서 건설되어야 한다. 교육적 상황에서 교사는 이 일의 선구자여야 한다. 하나님의 나라 건설을 위한 기본 조건은 바른 시각의 확보이다. 임철규에 의하면, 눈은 일정한 지점만을 봄으로써 다른 지점들을 무시한다.[144] 그래서 결과적으로 사물을 왜곡한다. 하나님 나라의 건설을 위한 우리의 시각 역시 왜곡되어 있지 않나 하는 자기반성이 필요하다. 이제까지 하나님의 나라는 성결이라는 내적인 차원으로 치부되지는 않았는가. 자기 경계를 넘어서기 위해서는 준엄한 자기비판과 더불어 예리하면서도 폭넓은 세계 조망이 필요하다. 그럴 때 그의 시야에는 이제까지 억압되었거나 무시되어 보이지 않았던 세계가 들어온다. 그 세계는 인간뿐만 아니라 자연을 포함한다. 불완전한 가정, 병든 사회, 통일을 이루어야 할 국가, 세계화, 황폐해져서 거꾸로 사람을 공격하는 자연환경 등이 모두 하나님의 나라가 세워져야 할 자리이다.

교사는 하나님 나라의 선구적 건설자로서 학습자들에게 비판력을 길러주며, 하나님 나라의 건설자로 나설 수 있도록 도전하는 자여야

---

144) 임철규, 『눈의 역사 눈의 미학』(서울: 한길사, 2004).

한다. 이를 위해 교사는 학습자와 함께 하나님 나라 건설의 영역을 발굴하고 확장해 나가야 할 것이다. 물론 하나님 나라 건설의 책임을 다 하기 위해서는 학습자의 발달과 은사들이 고려되어야 한다. 하나님 나라의 건설을 요구하는 다양한 영역들은 다양한 계층의 다양한 재능을 요구할 것이다. 이런 면에서 보면 교사 자신은 하나님 나라의 건설자이면서, 동시에 학습자에 대해서는 하나님 나라 건설에 참여하도록 독려하는 자이면서 하나님 나라의 건설에 참여할 일꾼들을 양육하는 자이기도 하다.

## Ⅶ. 환 경

일반적으로 교육 환경은 전통적으로 교육이 벌어지는 공간적 장이라는 개념에서 논의되어 왔다. 그래서 주로 교회, 가정, 그리고 사회라는 장에 대해 언급되었다. 교회는 본질적인 교육의 장으로 "자기를 부르신 예수 그리스도로 말미암아 중생과 성결의 체험이 이루어지는 곳이며 전인적인 신유가 이루어지는 곳이며 재림의 복음을 소망하고 기다리는 현장인 것이다. 교회는 성령이 역사하는 곳으로서 설교와 교육의 밀접한 관계 속에서 회개와 성장이 일어나며 복음에 순복하는 삶으로 변화가 일어나는 교육의 장이다. 가정은 하나님의 언약의 공동체이며 온 가족이 공동으로 참여하는 기본적 신앙의 삶이 이루어지는 곳으로, 신앙과 사랑의 교사인 부모와 공경과 순종의 학습자인 자녀 사이에 이루어지는 영적 유기성 안에서 기본적인 인격 형성이 이루어지며, 그리스도인으로서 갖추어야 할 올바른 삶의 스타일이 확립되는 장이다. 사회는 개인과 집단 사이에 상호작용이 일어나는 곳으로서, 국가를 비롯해서 직장·학교 등 사회 전반에 이르러 복음에 의한 진정한 사회화가 일어날 수 있는 그리스도인의 일터이다.

그러나 이제는 교회, 가정, 그리고 사회라는 기본적이고 전통적인 공간적 교육의 장에 시간적 개념까지 포함시킬 필요가 있다. 이와 같은 장의 개념 변화를 고려하여 여기에서는 특히 최근 대두된 시대를 특징짓는 장인 정보화와 포스트모던과 세계화에 대해서 복음주의와 웨슬리 신학과 사중복음 차원에서 논의하겠다. 장을 위한 구체적 교육방안은 선언적인 방향 제시로 대체된다.


## 1. 새로운 기회인 정보화의 장

인터넷, 정보기술의 특징은 고속도, 광범위, 상호 네트워크화 등으로 요약된다.[145] 정보사회의 모든 변화는 이러한 세 가지 속성에서 기인한다. 개인의 경우, 한 개인은 24시간 전 지구적 정보망에 접속됨으로써 철저한 개인화와 동시에 비실재적 공간에서 유대가 형성된다. 전통적인 대면공동체가 파괴되고 가상의 공동체가 건설된다. 그리하여 성결교회 교육이 표방하는 교육의 내용들을 개인들이 선호하고 그것을 중심으로 모일 수 있는 호감이 가는 형태를 취해야 한다. 그러기 위해서는 시각 문화에 익숙한 정보사회 세대들을 염두에 두고 교육의 내용을 시각화하는 시도가 필요하다. 또한 개인화로 인한

---

145) 강홍렬 외, 『메가트렌드 코리아』(서울: 한길사, 2006) 참조.

은둔형 또는 개인적 신앙 양태를 극복하기 위한 신앙공동체로서의
교회를 가상공간에 세워가는 노력도 필요하다.

이와 같은 상황에서 성결교회 교육은 기본적으로 학습이 온라인상
에서도 전개되어야 한다는 점을 인정할 필요가 있다. 이-러닝(e-
learning)은 정보화시대의 피할 수 없는 교육의 과제이며 그것을 어
떻게 효율적으로 이용하느냐가 관건이다. 온 세계에 복음을 전해야
할 교회의 교육은 이 같은 교육환경의 변화를 기회로 알고, 학습자
의 공간감각의 변화를 잘 읽어 그에 대처해야 한다.[146] 이러한 과정
에서 교사들은 관련정보를 수집하여 제공하는 역할을 한다. 특히 교
사에 의하여 제공되는 정보들은 학습자의 요구와 수준에 맞출 수 있
다는 장점도 있다. 또한 복음주의 교육의 약점으로 지적되는 사회성
차원도 네트워킹을 통해 동일 취향의 사이버공동체 세계에 참여가
가능할 수 있다.

정보사회는 정보우위의 사회이기 때문에 지적인 차원이 정서적이
거나 행위적인 차원에 비해 상대적으로 중시될 수 있다. 따라서 학
습자의 전인성을 어떻게 추구할 수 있느냐 하는 것은 정보사회에서
교육이 감당해야 할 하나의 큰 과제가 된다. 인간 사회 상당 부분의
일들이 정보과학기술에 의해 처리될 것이지만 이것으로 대체할 수
없는 창의력, 감수성, 사색능력 등의 가치가 소중해질 것이므로 이에
대한 함양이 필요하다. 또한 정보사회의 디지털 기술은 로보틱스, 사
이보그, 블루투스(Bluethooth) 기술, 바이오칩의 활용 등으로 이어져,

---

146) Shirley J. Roels, "Global Discipleship and Online Learning: What Does
Blackboard Have to do with Jerusalem?", *Christian Scholar's Review*
33:4(Summer 2004), 464.

인간의 지능과 육체능력을 향상시키고 기계와의 인터페이스를 늘려준다. 이에 따라 인간능력의 상당 부분이 정보기술로 대체된다. 이와 같은 상황에서 인간 생명에 대한 존중감이 상실될 수 있으며 인간 정체성이 문제가 될 수 있다. 성결교회의 교육은 이 같은 상황에서도 인간의 정체성과 생명에 대해 성서적 입장에서 대답할 수 있어야 할 것이다.

## 2. 대화하는 포스트모던의 장

포스트모던의 특성은 그 상대성에 있을 것이다. 전통적으로 권위와 기준으로 인정되었던 것들에 대해 의심의 눈길을 보내며 다름이 존재한다는 것을 인식한다. 그런 면에서 포스트모던은 긍정적으로는 '다름'에 대한 존중이라고 할 수 있다. 문제는 전통을 중시하는 성결교회의 교육이 이 다름과 불일치의 시대에 있어서도 가능한가이다. 포스트모던은 근대와는 여러 면에서 차이를 보인다. 우선 근대가 신뢰하던 이성의 힘에 대해, 그리고 객관적 사고에 대해 의구심을 갖는다. 여기서 교육은 이성의 힘을 무시하지는 않지만 감성이 이성과 양립할 수 있다는 점에 주의를 기울인다. 교육이라고 하면 이성, 사고 등의 도구에 의한 지식과 정보의 획득으로 생각해 왔었다. 그러나 이제는 인간에게 감성 역시 이성만큼이나 중요하다는 것을 깨달아야 한다. 사실 신앙 형성의 지름길은 이성의 길이라기보다는 감성의 길이다. 성결교회는 일찍이 감성을 강조해 왔다. 회심을 중시하거나 성결을 순간적인 불세례로 보는 등이 그렇다. 감정을 강조하는 성결교회 신앙 전통은 대단히 교육적이라 할 수 있으므로 그 전통은 계속되어야 한다.

포스트모던은 그릇된 이분법을 경계한다. 너와 내가 다르지만 그
것은 갈등이나 대결의 요인이 아니라 존경과 대화와 관계의 조건이
된다. 성결교회는 그 보수적 성격 때문에 세계와의 대화를 낯설어
했고 그래서 관계 맺기에 부진했다. 성결교회의 교육은 다름과 낯섦
에 대해 배타가 아닌 친밀과 존경을 통해 대화와 관계 맺기를 할
수 있도록 격려하는 것이어야 한다.

성결교회의 교육은, 외부세계와의 관계에서는 차이와 생소함을 호
의적이고 긍정적으로 보면서 건설적으로 수용하도록 해야 하지만,
내부적으로는 그 차이와 생소함이 자신의 한계를 드러낼 수 있는 날
선 칼로 기능하도록 해야 한다. 근대의 근거 없는 권위, 즉 사태가
'~이고 ~이어야 한다'는 교조적 태도에 대해 마냥 호의적이어서는
안 된다.[147] 조직과 거기서 유출되는 강요하는 권위는 포스트모던
시대에 더 이상 활보할 수 없다.[148] 그러나 성결교회는 성서의 권위
에 의존하며, 이는 절대 양보할 수 없는 내용이기 때문에 교육이 그
갈등을 해결하는 역할을 해야 한다. 성결교회의 교육은 성서와 신앙
의 권위를 위계적, 강제적, 그리고 선언적 방식에 의해서가 아니라
평등한 관계에서 나누는 대화와 설득의 방식, 그리고 서술적 방식에
의해 전개되어야 한다.

차이와 낯섦의 극복을 위한 대화와 관계 맺기의 목적은 공존이다.

---

147) Paul Lakeland, *Postmodernity*(Minneapolis, MN: Fortress, 1997), 912;
Cate Siejk, "Learning to Love the Questions: Religious Education in an
Age of Unbelief", *Religious Education* 94:2(1999), 175−92 참조.
148) Harold D. Horell, "Fostering Hope: Christian Religious Education in a
Postmodern Age", *Religious Education* 99:1(Winter 2004), 10−11.

포스트모던시대의 주요한 교육 목표 중의 하나는 더불어 사는 삶이다.[149] 그런데 이 함께 살 수 있는 공존의 능력은 정작 그것이 필요한 성인에게 부족하다. 아동은 그 형성 배경의 차이에도 불구하고 차이라는 무장을 해제하고 즉시 하나가 된다. 그러나 성인의 경우는 그렇지 않다. 성인들은 아동들과는 다른 방식으로 배운다.[150] 성인들의 학습은 적극적이어서 자신이 배우고 싶은 것을 자신의 방식대로 배우고자 한다. 성인들의 이와 같은 학습방식은 긍정적인 면이 많지만 자신의 경험을 대화와 타협을 통한 공존의 소재로 삼지 않을 경우 오히려 공동체로부터의 고립을 초래할 수 있다.

이와 관련해서 교회에서 성인에 대한 교육이 강조되어야 한다. 일반적으로 교회에서 교육은 아동을 대상으로 해왔다. 그러나 교회의 주요 구성원인 성인을 그리스도의 몸 된 교회의 지체로 양육하고자 하는 목적으로 교육에 관심을 기울이는 흐름이 있는데 이는 권장할 만하다.[151] 기존의 아동교육에 성인교육을 더하여 교회가 교육공동체로 거듭날 수 있는 기회로 삼으면 좋을 것이다.

---

149) Bert Roebben, "The Vulnerability of the Postmodern Educator as Locus Theologicus: A Study in Practical Theology", *Religious Education* 96:2(Spring 2001), 181−182.

150) Malcom Knowles, *The Modern Practice of Adult Education*(New York: Association Press, 1970); Leon McKenzie and R. Michael Harton, *The Religious Education of Adults*(Macon, GA: Smyth & Helwys Publishing, Inc., 2002), 참조.

151) Jane Regan, *Toward an Adult Church: A Vision for Faith Formation* (Chicago: Loyola Press, 2002), 120−121.

## 3. 희망을 꿈꾸는 세계화의 장

정보기술의 발달로 지구가 하나의 마을이 되어 가고 있다. 국가와 민족의 경계를 넘어 인간사회의 여러 영역들이 하나의 세계를 향하여 나아가고 있다. 오늘날 세계화는 주로 경제적 차원에서 사용되고 있다. 세계화가 신자유주의의 색채를 띠면서 국가 간의 경제 전쟁은 사회를 경쟁 체제로 개인의 삶을 경쟁 위주로 재편해 가고 있다. 이에 따라 능력이 인간을 평가하는 잣대가 되었으며, 능력 있는 자와 능력 없는 자가 중산층이 사라지는 자리를 경계로 빈부의 양극화를 형성해 가고 있다. 세계화의 과정에서 부작용으로 나타난 생태환경의 파괴, 빈부격차 등의 문제를 해결하기 위한 비정부기구(NGO) 등의 활동이 부각될 것으로 보인다. 국제사회는 미국 주도의 네트워크가 확산될 전망이다.

세계화를 장으로 하는 교육에서 관심을 기울여야 할 내용은 자본과 그것의 획득을 위한 경쟁과 그로 말미암은 다양한 영향들이다. 성결교회의 교육은 무엇보다 성서적이다. 성서의 정신은 물질주의와 상반된다. 성서는 인간을 육체로 보지만 그 육체를 영혼을 가진 존재로 본다. 세계화는 인간의 정신적인 면을 경시하며 그것을 물질 획득을 위해 이용한다. 교회의 교육에서 자본의 문제는 사각지대이다. 이미 교회 안에 깊숙이 들어와 자리를 잡은 자본주의와의 친근감 때문인지, 자본은 그 정체에 대한 진지한 탐구 없이 자연스런 것으로 수용되고 있는 실정이다. 인간이 살아가는 데 물질이 없을 수는 없다. 그러나 물질의 지배를 받아서는 안 된다. 아이러니한 것은 누구도 자신이 물질의 지배를 받고 있다고는 생각지 않는다는 사실이다. 그러므로 먼저는 물질이 인간 세상을 어떻게 지배하고 있는지에 대한 반성이 필요하다. 성결을 목표로 하는 성결교회의 교육은 물질이 성결을 이루는 데 도움이 된다고 생각하지 않는다. 그러므로 물질의 노예가 아니라 주인이 되어야 한다는 비현실적 주장으로 도피해서는 안 되고 교육과정 안에 한 내용으로 포함시켜 교육을 해야 할 것이다.

세계화는 생존 경쟁에서 살아남기 위해 무한 경쟁을 부추긴다. 인간의 완성을 위해 힘써야 할 교육은 이미 경쟁 능력을 확보하기 위한 경쟁의 장으로 바뀐 지 오래되었다. 이와 같은 교육의 조류에 대항하는 흐름 중의 하나는 대안학교이다. 대안학교들은 경쟁과 효율 중심의 학교 체제에 대한 대안으로서, 즉 도구로서의 교육에 대한 대안으로서, 경쟁 없이 상생할 수 있는 가능성을 제시하고자 한다. 이 대안학교는 인간의 가치를 추구한다는 면에서 성서적이다. 성결교회의 교육은 세속교육에 대해서뿐만 아니라 전통적인 교회의 교육에 대해서도 세계화시대에 적절한지[152] 반성하면서 대안적 교육을 모색해 나가야 할 것이다.

세계화가 진행되면서 삼림과 오존층 등 생태환경이 파괴되고 있다. 자연환경은 인간이 지속적으로 생존하고 성장할 수 있는 터임에도 불구하고 파괴를 통해 인류의 종말을 앞당기고 있다. 이와 같은 상황을 극복하기 위한 교육이 우선은 교육자로부터 시작된다는 점을 감안해서 신학교육 교육과정의 세계화적 검토가 필요하다. 전통적인 교과목들을 포기하라는 것이 아니라 세계화라는 시대적 흐름을 반영

---

152) Greer Anne Wenh-In Ng, "Religious Education in an Age of Globalization: Glimpses of a Conversation", *Religious Education* 97:3(Summer 2002), 202.

해야 한다는 말이다. 예를 들어, "세계화 시대의 영성과 교육"과 같은 과목들을 교육과정에 포함시킬 수 있을 것이다.[153]

세계화가 진행되면서 물자의 교류뿐만 아니라 인적 교류도 활발하게 되었다. 이에 따라 외국의 문화가 유입되면서 다문화 사회로 변화되어 가고 있다. 우리나라만 해도 다양한 외국인들을 보는 것이 낯설지 않게 되었다. 이들을 어떤 시각에서 보아야 하는지, 그리고 그들의 문화의 옷을 입힌 복음 전도와 이웃 사랑의 기회로 삼는 교육은 세계화시대를 맞은 성결교회 교육의 또 다른 과제가 될 것이다.

한편 세계는 미국의 주도로 재편을 겪게 될 것으로 예측되지만, 유럽이 유럽연합으로, 동아시아가 멀티허브형 네트워크로 대응하면서 3극 체제가 형성될 것으로 보인다.[154] 이와 같은 상황에서 자국의 문제를 독자적으로 처리하지 못하는 우리나라는 통일 문제에 대해 진지한 고민과 노력이 필요할 것이다. 특히 성결교회는 통일문제에 대해 소극적이었음을 자성하면서 이 문제에 구체적으로 접근해야 할 것이다.

성결교회의 교육은 정보화, 포스트모던, 그리고 세계화라는 새로운 상황에 직면하고 있다. 이 시대적 흐름들에 끌려가서도 안 되지만 무조건 배격하는 것도 잘못된 자세이다. 우리의 신앙과 전통을 살리면서 그에 대응하고자 하는 진지한 노력이 필요한 때이다.

---

153) *Ibid.*, 206.
154) 강홍렬 외, 『메가트렌드 코리아』 참조.

# Ⅷ. 평 가

　성결교회 교육을 평가하고자 할 때 사용되어야 할 평가의 척도는 신학과 평가의 영역이다. 신학이라 함은 성결교회의 신학을 형성하고 있는 복음주의와 웨슬리 신학과 사중복음이며, 평가의 영역이라 함은 전술한 교육 목적, 내용, 방법, 교사, 학습자, 그리고 뒤에서 다루게 될 교육의 범주인 환경 등이 포함된다.155) 여기에 누가, 무엇을, 어떻게 평가할 것인지 하는 문제도 함께 다루어져야 한다.

　이와 같은 구조를 갖는 평가의 내용은 크게 두 가지 차원에서 이루어질 수 있다. 하나는 교회 교육의 현장에서이다. 즉 교회의 교육이 앞에서 서술한 바와 같은 의도로 수행되느냐를 평가하는 것이다. 즉 교육 목적, 내용 등의 영역들이 성결교회의 신학인 복음주의와 웨슬리 신학과 사중복음의 통제하에 있느냐가 평가의 주안점이 될 것이다. 그럴 경우 앞에서 서술했던 내용들의 동어반복일 가능성이 높아질 수 있겠지만, 그렇더라도 이 평가는 성결교회 교육의 근본적 성격을 묻는 판단이기 때문에 필수적이다. 이 평가의 항목에는 최소한, 평가의 영역들이 성서적인가, 평가의 영역들이 신앙을 양육하는가, 등이 포함되어야 한다. 이와 같은 내용의 평가는 교회 교육의 현장에서 교육지도자들에 의해서 항시, 또는 주별, 월별, 분기별, 연말 등 주기적으로 시행될 수 있을 것이다.

---

155) 평가의 영역은 필요에 따라 다양하다. 예를 들어, 평가 영역은 프로그램, 인사, 그리고 학생일 수 있다. Dennis H. Dirks, "Evaluation", Iris V. Cully and Kendig B. Cully, eds. *Harper's Encyclopedia of Religious Education*(San Francisco: Harper & Row, 1990), 233-234 참조.

다른 하나의 평가 차원은 여기에서의 관심인 성결교회 교육신학에 대한 평가, 즉 이론적 차원에서의 평가이다. 여기에서의 평가의 대상 영역들은 실제로 구체적인 교회의 교육 현장의 경우와 달리 일반적 이고 구체적이지 않다. 그러므로 비교적 구체적 사안을 다루는 평가 의 본질상 여기에서와 같은 평가는 평가 자체의 가능성에 의구심을 갖게 한다. 특히 누가 평가할 것이냐 하는 평가의 주체의 문제에 있 어서는 그 추상성은 더욱 커진다. 그러나 여기에서는 교회 교육현장 과 교육신학의 차원 둘 다에 적용될 수 있는 평가에 대해 생각해 보기로 한다.

## 1. 성경적 가치관 여부

성결교회의 교육을 평가하고자 할 때, 가장 먼저 그리고 우선적으 로 고려해야 할 점은 교육이 성경적이냐 하는 것이다. 무엇을 성경 적이라고 할 수 있느냐 하는 문제는 생각 밖으로 복잡하다. 관점에 따라 같은 사안에 대해서도 성경적이라고 주장하는 바가 다를 수 있 기 때문이다. 그러므로 여기서 성경적이라고 하는 것은 복음주의적 관점에서 말하는 성경관이다.

성결교회의 교육이 성경적이어야 하는 이유는 성경이 모든 사람을 구원하기에 넉넉하기 때문이다. 물론 여기서 구원이라 함은 "십자가 에 죽으신 예수를 믿음으로만 오는"[156) 구원이다. 그러나 이를 교육 적으로 해석할 경우 구원은 성결교회의 교육이념인 성결한 하나님의

---

156) 『헌법』 21조.

사람이 되는 데 있다. 성경은 이 성결한 하나님의 사람을 이루는 데 충분하다. 그래서 "성경에 근거하지 않은 신학설(神學說)이나" 교육에서 지식과 함께 양대 기둥을 이루는 경험도 신빙할 수 없다. 혹 이론이나 경험 등을 "신앙의 조건으로 하거나 구원의 필요로" 제안하는 경우가 있지만 이는 배격되어야 한다고 본다.157)

성서적 가치관의 내용은 세속적 가치관과 상반된다. 세속적 가치관들 내에서도 다른 세속적 가치관에 대한 대안적 가치관들이 있다. 예를 들어 현재의 물질중심의 교육체제, 곧 경쟁과 학벌 중심의 교육체제에 대한 대안으로 나타난 대안학교의 가치관이 그렇다.158) 그러나 이마저도 인간중심적이라는 면에서 성서적 가치관과 질적으로 구별되어야 한다.

이와 같은 점들을 고려하면서 성결교회의 교육을 평가하는 기본적인 잣대인 성서적 가치관의 내용은 다음과 같다. 첫째, 성결교회의 교육은 정신적이어야 한다. 세속교육의 본질이 물질주의적이라는 것은 부인하기 어려운 사실이다. 세속교육은 물질주의로부터 나와 물질주의를 향한다. 그러나 성서는 물질을 하나님의 권위에 도전하며 결국 인간을 하나님으로부터 분리시키며, 인간의 삶의 목적을 왜곡하며, 인간 세상을 존재가 아닌 소유를 위한 세계로 만드는 것으로 본다. 이와 같은 물질주의적 세속적 가치관은 교회교육의 현장에도

---

157) 『헌법』 제5조.

158) 대안교육은 생명, 생태, 소외, 공동체, 공존, 사랑, 돌봄 등 다양한 가치관들을 교육철학으로 삼아 시행하고 있다. 이종태, 『대안교육과 대안학교』(서울: 민들레, 2001);『오래된 미래, 대안교육으로 가는 길: 대안교육 입문과정』 (서울: 한국방송통신대학교 종합교육연수원, 2005) 참조.

은밀히 스며들어 있을 수 있다.

둘째, 성결교회의 교육은 '함께'의 정신을 길러주는 교육이어야 한다. 세속적 교육은 목적을 성취하기 위해 무한 경쟁을 부추긴다. 경쟁은 공동체와 인간성을 파괴한다. 교회 교육의 현장에도 시험이니 대회니 해서 경쟁의 양식이 자연스럽게 도입되어 있는 것을 본다. 교육 평가를 통해 경쟁으로부터 함께 공존하는 방식을 모색할 수 있도록 자극해야 할 것이다. 경쟁은 모두를 파멸로 이끌지만 함께하는 공존의 정신은 모두를 살릴 수 있다. 그렇다고 해서 현실적으로 경쟁을 완전히 무시할 수 없다. 문제는 경쟁에서 뒤지거나 낙오한 사람들에 대한 배려이다. 진정한 경쟁의 문제점은 인간을 순위에 의해 결정한다는 것이 아니라 경쟁에서 낙오한 사람들을 교육의 장으로부터 소외시키며 열등감을 부추겨 실패를 영구화시킬 수 있다는 데 있다.[159] 경쟁이 없을 수는 없으나 그것을 강력한 학습의 기회로 삼을 수 있느냐가 평가되어야 한다. 요약하면 성경적 가치관의 평가 내용은 성결교회의 교육이 물질적이고 경쟁적은 아닌지를 판단하는 것이다.


## 2. 사랑의 능력 함양 여부

또 다른 성결교회 교육의 평가 기준은 사랑이다. 웨슬리 신학에 따르면 성결은 사랑의 다른 이름이다. 성결이 인간의 완전성이라면 그것은 사랑의 완전이다. 성결교회의 교육은 사랑하는 사람의 양육에 그 목적이 있다. 그리스도인의 완전이 무엇이냐는 질문을 받았을 때

---

159) Shauna E. Tonkin, "The Christian Ethos and E-Learning", *Christian Scholar's Review* 33:1 (Summer 2004), 561.

웨슬리는 종종 마태복음 22장 37절 이하를 인용했다. "네 마음을 다하고 목숨을 다하고 뜻을 다하여 주 너의 하나님을 사랑하라. ……네 이웃을 네 자신 같이 사랑하라." "전적인 성화 또는 그리스도인의 완전은 순수한 사랑, 죄를 추방하는, 하나님의 자녀의 마음과 생활을 지배하는 사랑 외에 다른 것이 아니다."[160] 하나님을 사랑하고, 하나님의 사랑받는 자로서 자신을 사랑하고, 이웃을 사랑할 수 있는 사람이야말로 성결교회 교육이 추구하는 인간상이다.

이와 같은 전제로부터 성결교회의 교육 평가는 첫째, 하나님을 사랑하는 교육인가를 물어야 한다. 성서의 지식이 늘어나고 선한 일에 참여하게 되었다고 하더라도 그것이 하나님 사랑에 바탕을 둔 것이 아니라면 형식에 그치기 쉽다. 성서의 지식은 하나님을 더 알고 싶은 데서 출발해야 하고, 선한 행위는 하나님 사랑의 실천이어야 한다. 하나님에 대한 사랑은 기독교 신앙교육의 출발이고 목표이다. 한편 하나님 사랑은 교육의 내용이기도 하지만 교육의 방법으로도 작용한다. 하나님 사랑은 하나님 사랑 그 자체에 의하여 생겨난다. 그것은 인위적인 조작이나 가르침에 의해 생겨나는 것이 아니다. 이런 면에서 성결교회의 교육이 전체적으로 하나님을 더욱 사랑하게 하는 교육인가가 물어지고 평가되어야 한다.

둘째, 하나님 사랑이 사랑 그 자체에 의해 학습될 수 있는 것이라면 그 일차적 관계자는 교사이다. 세속적 교육에서 교사는 일반적으로 지식의 전달자이다. 종교교육의 경우 교사는 신앙의 성장을 돕거나 신앙의 길을 함께 가는 순례자 등의 역할을 한다.[161] 그러나 이

---

160) John Wesley, *The Letters of the Rev. John Wesley* 5, A. M.(Vols. 2-3, 5-8). U. Telford, ed., (London: Epworth Press, 1960), 233.

와 같은 교사의 역할이 학습자에게 하나님에 대한 사랑을 심어주지 못한다면, 교사가 무엇을 위해 존재하느냐 하는 존재 의미를 상실하는 것이라 할 수 있을 것이다. 그러므로 교사는 그 부여된 역할의 다양성에도 불구하고 우선적으로 사랑의 능력이 있는 사람이어야 한다. 교사 그 자체가 사랑의 사람이어야 한다.

성경적 가치관을 지닌 교사라면 그 특성이 미가 6장 8절, 누가복음 10장 27절, 그리고 요한일서와 관련된 사랑으로 나타나야 한다. 교사의 사랑은 단지 그 인격이나 성품에서 끝나는 것이 아니라 교수-학습 전체에 나타나며, 신뢰의 분위기를 형성하며, 학습자의 태도 형성에, 그리고 학습 효과에도 영향을 끼친다.[162] 요약하면 성결교회의 교육 평가는 학습자에게 기독교신앙교육의 근거라고 할 수 있는 사랑의 능력을 길러주느냐를 확인해야 한다. 이와 아울러 하나님 사랑의 매개가 되는 교사가 사랑이란 자질을 소유하고 있느냐 역시 평가되어야 한다.

## 3. 공동체 형성 노력 여부

사랑은 하나님에 대한 것으로 그쳐서는 안 되고 이웃에 대한 사

---

161) Seymour and Miller, *Contemporary Approaches Christian Education*, 44; Jack L. Seymour, *Mapping Christian Education: Approaches to Congregational Learning*, 『기독교교육의 지도 그리기: 회중학습을 위한 접근이론들』, 고용수 역(서울: 한국장로교출판사, 2001), 25.
162) William Timpson and Paul Bendel-Simso, *Concepts and Choices for Teaching: Meeting the Challenges in Higher Education*(Madison, WI: Magna Publications, 1996).

랑으로 완성되어야 한다. 하나님에 대한 사랑은 이웃을 사랑하기 위한 힘이 된다. 하나님을 신뢰하는 사랑은 이웃에 대한 사랑의 행위로 육화되어야 한다. 이웃에 대한 사랑은 범위에서, 그리고 행위에서 확인되고 평가되어야 한다. 이웃은 우선 하나님으로부터 함께 부르심을 받은 신앙공동체인 교회이다. 교회는 하나님의 영이 운행하시는 거룩한 곳이다. 성령은 하나님의 이름으로 모인 무리 위에 임재하신다. 교회의 교육은 이 신앙공동체 안에서 성령과 더불어 이루어지며 성령의 인도를 받아야 한다. 따라서 성결교회의 교육은 공동체적인가라는 질문을 받아야 한다. 기독교신앙 교육은 개인에 의해 개인이 훈련되는 교육이 아니다. 그것은 신앙공동체 안에서 신앙공동체와 더불어 신앙공동체가 행하는 교육이다. 세속적 교육과 기독교신앙 교육의 차이는 공동체를 이루어 가고자 하는 정도의 차이라고 할 수 있다.163) 성령의 지도와 교사의 지도력하에서 공동체를 추구하는 교육은 믿는 자들이 세계와 관계하는 방식을 형성한다.164)

신앙공동체의 교육은 공동체를 형성하는 교육을 포함한다. 신앙공동체의 교육은 구성원들을 위한 자족적인 교육이 아니다. 그것은 세계 안에 새로운 공동체를 형성할 수 있는 역량을 키우는 교육이다. 중생과 성결뿐만 아니라 신유와 재림의 복음을 위임받은 성결교회는

---

163) I. Lambert and A. White, "Parents and Teachers as Partners in Education", I. Lambert and S. Mitchell, eds., *Reclaiming the Future: Australian Perspectives on Christian Schooling*(Sydney, Australia: Centre for the Study of Australian Christianity, 1996), 49.

164) Parker Palmer, *To Know As We Are Known: Education as a Spiritual Journey*, 『기독교교육인식론: 기독교교육의 영성』, 박원호 역(서울: 광나루, 1991); 『가르침과 배움의 영성: 공동체, 사랑, 실천을 회복하는 교육』, 이종태 역(서울: 한국기독학생회출판부, 2000), 88.

세계 안에서 하나님의 나라를 건설하기 위한 광범위한 과제를 수행해야 한다. 이 사명을 진지하게 수용할 경우 세계는 정죄되어야 할 혼탁한 '세상'이 아니라 다가올 하나님의 나라의 모형을 따라 질서 지어지고 형성되어야 할 하나님 나라의 소재이다. 성결교회의 교육 평가는 이 같은 하나님 나라 건설에 대한 관심이 있는지, 그리고 그것을 위해 구체적인 행동을 취하는지를 검토해야 할 것이다. 요약하면 성결교회의 교육 평가는 하나님의 사랑으로부터 나온 이웃 사랑이 교회라는 신앙공동체 안에서 성령의 지도 아래 베풀어지고 있는지, 그리고 범위를 넓혀 신앙공동체 안의 이웃 사랑의 능력이 세계 안에서 하나님 나라라는 공동체 형성의 노력으로 나타나고 있는지를 평가해야 할 것이다.

이상에서 기독교교육적 차원에서 성결교회 신학의 정립을 위한 정초 작업의 일환으로 성결교회의 신학이라고 인정되어 온 복음주의와 웨슬리 신학과 사중복음이 교육적으로 어떤 의미가 있는지를 근거로 성결교회의 교육신학의 기초가 될 내용으로 '성경, 성결, 성장'이라는 세 가지 요소를 정하고, 이에 대해 설명했다. 이어서 이 세 가지 요소가 교육의 요소인 목적, 내용, 학습자, 교사, 방법, 환경, 그리고 평가 등에서 어떻게 해석될 수 있는지에 대해 생각해 보았다.

한편 이와 같은 접근의 교육신학 정립은 기존의 전통적 신학에 의해서 규정되는 방식에 의한 것이기 때문에 신학과 더불어 다른 한 축을 형성하는 실천이라는 문맥이 간과된다는 큰 한계를 지닌다. 그러나 실천을 포함한 균형 잡힌 교육신학의 정립을 위해서는 이 글과 같은 내용적인 차원의 정리가 선행되어야 한다는 점에서, 이 같은 연구는 교육신학의 정립을 위한 하나의 단계로 보아야 할 것이다.

또한 교육신학을 여기에서와 같이 규정하는 것이 무익하지만은 않다. 신학적 관점에서만 보아왔던 성결교회의 신학을 기독교교육학적 관점에서 봄으로써, 간과되었던 내용들이 발굴될 것이며, 이보다 더 중요한 것은, 성결교회라는 현장에 봉사해야 하는 성결교회 신학의 실천적 연결 가능성에 대한 검토의 역할을 할 수 있다는 면에서 적으나마 공헌이 될 것이다.

따라서 이후에 이어질 연구들은 여기에서 이루어진 연구 등을 발판으로 유사한 방향에서 내용을 확장하고 심화할 수 있을 것이며, 이와는 다른 방향, 즉 실천적 문맥을 고려한 교육신학의 구상을 할 수 있을 것이다. 여기에 또 다른 방향에서부터, 즉 다른 학문에 의존하지 않는 내부적으로 자율적 체계를 갖는 기독교교육학적 입장이라든가, 기존의 복음주의와 웨슬리 신학과 사중복음 신학이 말하는 것에서부터, 그것들의 논리로 교육신학을 구상해 보는 시도도 가능할 것이다.

# 제5절 성결교회 교육신학의 미래

성결교회의 교육신학은 실천을 바탕으로 하면서 성결교회 신학의 교육적 재구성에 의해 성립되어야 한다는 전제 아래, 먼저 성결교회의 교육 실천을 역사적으로 살펴보았고, 그것들의 계승 내용들에 대해 생각해 보았다. 이어 성결교회의 신학이라고 할 수 있는 복음주의와 웨슬리 신학과 사중복음에 대한 교육적 함의들을 살펴보았고, 이 내용들을 '성경, 성결, 성장'으로 정리하고 이에 근거해서 교육의 범주라고 할 수 있는 교육의 목적, 내용, 방법, 교사, 학습자 등의 내용을 구성해 보았다. 이와 같은 교육신학의 구성은 보다 구체적이고 정교한 것으로 발전할 수 있도록 개방적이어야 한다. 이 개방성은 우선 성결교회의 교육신학이 일반 기독교교육의 세계에서 논의될 수 있는 보편성을 지녔는지와 반성할 부분들이 없는지를 자성해 보는 일이다. 즉 보충되어야 한다고 생각되는 내용, 현대의 기독교교육 상황에서의 고려, 그리고 한국적 상황에서의 적용 등을 향해 열려 있어야 할 것 등이다.

## Ⅰ. 성결교회 교육신학의 보편성

이제까지 여기서 탐구해 온 성결교회 교육신학은 성결교회의 특성을 지닌 고유한 것이지만 그것이 일반 기독교교육에서 인정받지 못

하는 독단적인 것이 되어서는 안 된다. 아무리 보편성을 띠었다고
해도 다른 성격의 기독교교육과의 교류와 대화를 거부할 때 그 보편
성의 유효기간은 단축될 수밖에 없다. 따라서 일단 여기서 보편성은
동일한 영역을 다루는 상대들과의 대화 또는 교류의 가능성으로 볼
수 있다. 한편 보편성은 다른 것들과 비교를 함으로써 검증할 수 있
는 것이 아니다. 그 자체로서 합목적성이 있으며 그것을 이루기 위
한 논리적 구성 체계를 갖추고 있어야 한다. 자기 완결의 정도가 낮
을 때 다른 대상과의 비교나 대조의 척도 자체가 불완전하기 때문에
그 결과를 신뢰할 수 없을 것이기 때문이다. 그러면 먼저 성결교회
교육신학의 자기 완성도를 검토해 보자.


## 1. 기독교 신앙교육과 성결교회 교육신학


기독교교육의 목적은 무엇인가? 이 근본적 질문이 기독교교육학의
역사를 형성해 온 추동력이라고 할 수 있다. 부쉬넬(Horace Bushnell) 이
후 기독교교육학은 바로 이 문제에 대답을 하기 위한 노력의 과정이
라고 해도 과언은 아닐 것이다. 기독교교육학은 기독교교육의 목적
이 무엇이냐는 물음에 대답하기 위한 다양한 시도를 해 왔다. 그 시
도의 내용들은 기독교교육이 무엇이냐 하는 정체성 탐구에서 알아볼
수 있다. 그 내용들은 그 사용되는 용어에서 알 수 있다. 대각성운
동의 영향으로 교육이 무시되었던 19세기 중반에 기독교교육이 양육
이라고 주장한 부쉬넬 이후, 기독교교육은 개인구원이라는 전통적인
교육의 목적을 '하나님의 민주주의(Democracy of God)'를 목적으로
한 사회재건이라는 보다 폭넓은 목적으로 대치하는 종교교육운동으

로 발전하였다. 제1차세계대전과 경제공황으로 인해 종교교육학파 운동의 낙관적 인간관이 깨진 자리에서 신정통주의 신학의 영향을 받은 기독교교육파 운동이 일어났다. 이 운동은 하나님과 인간 사이의 질적 차이가 있다는 것과, 하나님께 대한 죄와 단절은 하나님의 은총에 의해서만 극복될 수 있다는 신학적 전제 아래 말씀, 하나님과의 만남, 관계 등을 강조했다. 기독교교육은 1960년대 중반 이후 '선교교육(Letty M. Russell)', '종교적 수업(James M. Lee)' 등의 이름으로 불리는 등 다채로운 색깔을 띠게 되었으며, 수정주의신학과 다종교문화를 반영하는 '기독교종교교육(Thomas H. Groome)'이란 용어가 세를 점하게 되었다. 그런 가운데에서 신앙발달(James W. Fowler)의 영향에 의한 '신앙교육'이란 용어가 등장해 설득력을 획득하면서 최근에는 기독교교육을 '기독교신앙교육'이라 부르는 이들도 생겨나고 있다.165) 중요한 것은 기독교교육이 이제야 그의 본질적 사명이라고 할 수 있는 신앙에 주의를 돌리게 되었다는 점이다. 즉 기독교교육은 다른 무엇이 아니라 본질적으로 신앙교육이라는 것이다. 그런데 신앙교육이라고 할 때 그 의미를 보다 분명히 하기 위하여 그 신앙이 무엇이냐에 대해 살펴보아야 할 것이다.

기독교교육에서 신앙은 일반적으로 지·정·의의 차원을 지닌 하나의 실재이다.166) 예컨대, 그룹에게는 "기독교 신앙은 예수 그리스

---

165) 박종석, 『기독교교육의 지형도』(서울: 기독교대한성결교회 출판부, 2005), 30.
166) John H. Westerhoff Ⅲ, *Values for Tomorrows Children*, 256; Richard R. Osmer, *Teaching for Faith: A Guide for Teachers of Adult Classes*, 『신앙교육을 위한 교수방법: 성인교육 교사를 위한 안내서』, 사미자 역(서울: 한국장로교출판사, 1995).

도 안에 있는 하나님의 나라에 대한 응답 속에서 생활하는 삶"이
다.167) 이 신앙은 구원과 연관되어 구원을 이루는 교회의 전통과 교
리에 대한 승복, 구원을 이루시는 분에 대한 충성 사랑 애착과 같은
정서적 신뢰, 그리고 예수 그리스도 안에 있는 하나님 나라에 대한
응답으로 하나님의 뜻을 행하는 것 등으로 전개될 수 있을 것이
다.168) 신앙을 인간적 심리학적 차원에서만 볼 수 있을까. 로더
(James E. Loder)는 신앙은 근본적으로 하나님의 은총의 선물이요,
인간의 능력을 초월하는 힘이라고 말한다.169) 그렇다면 신앙은 지·
정·의의 전인적 차원과 신적인 영적 차원의 결합이라 할 수 있을
것이다. 이제 해야 할 다음 일은 성결교회의 교육이 과연 신앙교육
이냐 하는 것이다.

성결교회의 교육은 아주 단순하게 말하면 사람으로 하여금 거듭나
서(중생) 거룩하여지며(성결) 행복한 삶을 살면서(신유) 하나님 나라
의 건설을 위한 역사에 참여하는(재림) 것이다. 중생은 생명에 대한
인식으로부터 시작된다. 예수 그리스도와 그의 구속적 사역, 그리고
하나님의 구원 계획에 대해 알지 못하면 회심은 일어나지 않을 것이
다. 물론 중생을 성결의 연장선상에서 성결의 시작으로 볼 수 있다.
그럴 경우 중생은 성결의 영적 차원을 지닌다고 할 수 있다. 성결은
전적으로 하나님의 일로서 영적인 차원이다. 신유는 신자가 하나님
을 신뢰하며 세계에서 살아가는 방식이다. 재림은 하나님께서 주관

---

167) Groome, *Christian Religious Education*, 95.

168) Ibid., 94 – 131.

169) James E. Loder, *The Transforming Moment: Understanding Convictional
Experiences*, 『삶이 변형되는 순간: 확신 체험에 관한 이해』, 이기춘·
김성민 공역(서울: 한국신학연구소, 1988).

하시는 역사에 그의 일꾼으로 참여하는 것이다. 이와 같은 내용들은 각각 신앙의 지·정·의·영적 차원과 상응한다(중생－지, 성결－영, 신유－정, 재림－의).

한편, 신앙이 교육에 의해 후천적으로 형성될 수 있는 것인지, 아니면 신앙은 신비에 속한 신적인 차원으로 변형되는 것인지에 대한 갈등이 성결교회의 교육신학에서는 해소될 가능성이 있다. 내재적 은총에 의해서 도덕적 형상이 일부 회복되어 하나님을 인식하고 신뢰할 수 있다고 간주하는 선행은총은 신앙의 형성과 변형 간의 갈등을 해소할 수 있는 적극적인 단서가 되기에 충분하다.[170) 이로써 성결교회의 교육은 기독교교육 일반이 목표로 하는 신앙교육을 통합적으로 추구하는 교육신학 임을 알 수 있다.


## 2. 일반 교육신학과 성결교회 교육신학

성결교회의 교육이 기독교교육 일반의 교육 목표에 부합한다고 해도 그것이 이미 존재하는 성격의 교육이라면 그것을 정립하기 위한 시도는 허사가 될 것이다. 그러므로 성결교회 교육신학은 독창적이어서 무익한 반복을 피하는 것이어야 하며, 나아가 독창적인 것이어서 기독교교육 세계의 발전에 기여하는 바가 있으면 좋을 것이다. 여기서는 성결교회 교육신학의 기여 가능성을 세계와 한국의 영역에

---

170) 조종남, 『요한 웨슬리의 신학』(서울: 대한기독교출판사, 1983), 104－
    105; George C. Cell, *The Rediscovery of John Wesley*, 『존 웨슬리의
    재발견』, 송홍국 역(서울: 대한기독교출판사, 1982), 186－187. 그리고
    교육백서위원회 편, 『새천년 교육백서』, 72 참조.

서 살펴보기로 한다.

## 1) 네트워킹의 주체

1970년대에 접어들면서 기독교교육은 신학적 다원주의 속에서 그 이론적 접근 유형이 다양하게 나타나고 있다.[171] 첫 번째 유형은 리(James M. Lee)로 대표되는 종교적 수업(Religious Instruction) 이론이다. 리는 이제까지 기독교교육이 너무 신학에 의존해 있었기 때문에 이론적이고 과학적이지 못했다고 하면서 기독교교육에 대해 사회과학적 접근을 할 것을 주장했다. 두 번째 유형은 웨스터호프(John H. Westerhoff Ⅲ)와 넬슨(C. Ellis Nelson)으로 대표되는 신앙 공동체(Faith Community) 이론이다. 이 이론은 인간은 사회에 의해 영향받는다는 전제 아래 의도적 교육보다 전세대가 포함된 공동체에서 의식과 경험을 통한 삶의 스타일 형성을 목적으로 하고 있다. 세 번째 유형은 신앙발달(Spiritual Developmental) 이론으로 피아제(Jean Piaget)의 인지발달, 에릭슨(Erik H. Erikson)의 자아발달, 콜버그(Lawrence Kohlberg)의 도덕발달 이론 등의 영향을 받아 파울러(James W. Fowler)와 골드만(Ronald Goldman), 그리고 로더(James E. Loder)에 의해 제기된 이론이다. 인간의 내적 성장의 가능성을 전제로 한 이 이론은 개인의 발달 과정에서 지·정·의의 조화 있는 발달을 강조한다. 네 번째 유형은 해방(Liberation) 이론으로 프레이리(Paulo Freire)와 일리치(Ivan Illich)에게 크게 영향을 받아 윈(Robert Wynn) 등이 주장했다. 이 이론은 인간의 변혁 가능성을 전제로 교

---

171) Seymour and Miller, *Contemporary Approaches Christian Education.*

회와 인간의 해방과 인간화를 위해 변화시킬 것을 말한다. 마지막으로 해석(Interpretation) 이론이다. 가다머(Hans-Georg Gadamer)와 하버마스(Jürgen Habermas) 등의 해석학에 영향을 받아 그룸과 윙기어(Douglas E. Wingeier) 등에 의해 주장되었다. 이 이론의 관심은 기독교적 관심과 현대의 경험과를 연결시키고자 하는 것이었다. 위에서 살펴본 바와 같이 기독교교육은 시대 상황과 같은 관련 속에 발전되어 왔음을 알 수 있다. 특히 당대의 신학에 의존한 경향이 컸으나 현대로 들어오면서부터는 그 이론을 끌어내는 경향이 짙어졌다.

90년대로 접어들면서 기독교교육의 연구 경향은 이전의 경향들을 이어받거나 새로운 경향들이 등장하였다. 시무어에 따르면, 그와 같은 경향들은 변혁(Transformation), 신앙공동체(Faith Community), 영적 발달(Spiritual Development), 그리고 종교교수(Religious Instruction)이다.[172] 변혁은 정의와 사랑의 하나님 나라 건설을 목표로 신실한 시민정신과 사회 변혁을 추구하도록 지원하려는 접근이다. 신앙공동체는 진정한 인간 발달을 증진할 수 있는 공동체를 세우는 것을 목표로 하여 사람들이 공동체로서 살아가도록 돕는 것이다. 영적 발달은 사람들이 내면적 삶을 강화하고, 외적인 행동으로 타인들과 세계를 향해 반응하도록 도우려는 접근이다. 종교교수는 학습자가 성경적인 믿음에 뿌리내리게 하고, 신앙과 삶의 내용 사이에 연결을 짓도록 돕는 것을 목적으로 한다.

21세기에 들어와서는 포스트모던을 방영하듯 기독교교육에서도 다양한 관심들이 표출되고 있다. 대표적인 것으로는 여성, 노동, 환경, 생명,

---

172) Seymour, *Mapping Christian Education.*

종교 등이 있다.173) 이와 같은 현실에 바탕을 둔 주제들의 상대편에는
현대의 인간성 상실을 영성으로 회복하고자 하는 흐름들도 있다.174)

이와 같은 현대 기독교교육의 특징을 구태여 말한다면 다양성이라
고 할 것이다. 다양성의 내용은 예전의 기독교교육들이 신학에 바탕을
두고 총체적인 데 비해 최근의 기독교교육들은 보다 분화되어 구체성
을 띤다는 것이다. 이와 같은 성향은 특정 문제에 대한 해결책에 보다
근접할 수 있다는 장점이 있을 수 있으나 기독교교육 전체를 조망할
수 통전적인 시각을 상실하게 될 우려도 있다. 성결교회 교육신학은
바로 이 지점에서 일반 기독교교육의 세계에 기여할 수 있을 것이다.

그렇다고 해서 기독교교육학이 다시 신학을 근거로 해서 구성되고
전개되어야 한다고 주장하는 것은 아니다. 다만 현대의 다양하게 분
화된 기독교교육들이 보다 효과적으로 이용되기 위해서는 어느 정도
의 중심과 종합이 있어야 한다는 것이다. 즉 중심이 없이는 주변도
없으며, 주변과 주체를 경계 짓는 특성도 있을 수 없다. 포스트모던
의 특징이라고 하는 탈중심 역시 주체 상실이 아닐진대, 다양함을
이용하여 아름다운 모양의 조각보를 이루기 위해서는 주체가 필요하
다는 것이다. 그것은 일종의 네트워킹이라 할 수 있을 것이다. 다양

---

173) James M. Lee, ed., *Forging a Better Religious Education in the Third
Millennium*(Birmingham, Ala.: Religious Education Press, 2000); Maria
Harris and Gabriel Moran, *Reshaping Religious Education: Conversa-
tions on Contemporary Practice*(Louisville, KY: Westminster John Knox
Press, 1998).
174) Maria Harris, *Proclaim Jubilee!: A Spirituality for the Twenty-First
Century*(Louisville, KY.: Westminster John Knox Press, 1996); Craig R.
Dykstra, *Growing in the Life of Faith: Education and Christian
Practices*(Louisville, KY: Geneva Press, 1999).

성들은 개별적으로 인정되면서 그것들이 망으로 묶여지는 네트워크는 어떤 모양을 이루기 위한 일종의 선별과 구성이 필요하다. 예컨대, 하나의 성좌는 여러 개의 별들로 이루어지지만 아무 별이나 성좌에 속하는 것으로 인식되지는 않는다. 오직 일부의 별들이 서로 관계있는 것으로 인식되며 그로써 성좌가 이루어지는 것이다.[175] 성결교회의 교육신학은 바로 이것을 가능하게 해 준다. 역으로 성결교회 교육신학은 현대의 다양한 기독교교육의 양태들을 자신의 신학에 의해 판단할 것이 아니라 교회의 교육현장을 살리기 위한 수혈로 생각해 긍정적으로 그리고 적극적으로 적용하기 위한 논리를 형성하고 구체적 방안을 강구해야 할 것이다.

### 2) 균형적 입장

한국의 주요교단인 대한예수교장로회 통합 측, 대한예수교장로회 합동 측, 한국기독교장로회, 기독교대한감리회 등은 성결교회와 더불어 그 기독교교육적 사명을 다하기 위해 노력하고 있다. 칼빈의 개혁신학에 근거하는 대한 예수교장로회 통합 측의 교육 목적은 "모든 세대들에게 하나님의 은혜로 예수 그리스도를 통해서 이룩하셨고 성령을 통해 지금도 계속 이루시는 구원의 복음을 신앙공동체 안에서 깨달아 알고, 하나님의 말씀과 복음의 빛 안에서 가정과 교회, 이웃 사회와 자연 및 세계와 바른 관계를 이루어서, 예배와 선교의 사명

---

175) 심광현, "전자복제시대의 이미지와 문화정치", 「문화과학」 9(서울: 문화연구소, 1996 봄), 26. 이 성좌를 보는 것은 마치 숨은 그림 찾기와도 같다. 숨은 그림은 그림들 사이에 원래 있었던 것이지만 그것을 인식하는 순간 등장하는 것처럼 보인다. 숨은 그림은 모습을 나타내는 순간 주변의 다른 그림들 혹은 요소들과 함께 하나의 성좌를 형성한다.

을 지닌 하나님의 백성으로서 삶 속에서 하나님 나라와 그 의를 위해 헌신하도록 양육하고 훈련하는 것이다." 이 교육 목적에 반영된 강조점은 삼위일체 하나님의 사역, 그리스도인의 삶, 그리고 예배와 선교이다. 이는 교육과정 안에서 하나님의 부르심과 인간의 응답을 축으로 전개된다. 즉 하나님의 은혜에 기초한 복음과의 만남을 통해 학습자로 하여금 하나님 나라에 속한 백성으로서의 자아 정체감을 인식하게 하고, 심화하도록 하며, 계속 검증하도록 하고, 삶 속에서 실천하도록 인도하는 일이다. 이상의 내용에서 볼 때 통합 측은 교회교육을 목회와 분리된 별개의 활동영역이 아니라 "교회생활의 전 과정", 곧 교회의 목회기능(예배, 전도, 가르침, 친교, 봉사사역 등) 전체를 교육적인 관점에서 재조명하고 통전적인 구조를 갖도록 돕는 역할을 수행하는 것으로 보고 있다.[176)

대한예수교장로회 합동 측은 "성경을 총괄한 개혁주의 신앙고백(웨스트민스터 표준서들: Westminster Standards)을 따라서 살아가는 그리스도인을 양육한다."는 교육 이념을 따라, 다음과 같은 교육 목표를 세우고 있다.

"성경을 가르쳐
- 삼위일체 하나님을 믿고 사랑하며 섬기게 한다.
- 잃어버린 하나님의 형상을 회복케 하므로 이웃을 이해하고 사랑하며 평화와 정의사회를 실현케 한다.
- 자기의 사명을 자각하여 맡은 일에 충성하게 한다. 이러한 그리스도인을 양육하여 하나님께 영광을 돌리게 한다."[177)

---

176) http://www.edupck.net/intro/vision.asp.

합동 측의 교육은 철저히 성경의 내용을 삶에서 문자적으로 구체화하려는 것으로 볼 수 있다. 그렇기 때문에 세계 속에서의 사명 수행은 성서를 교리적으로만 해석할 때 말에 그치기 쉽다.

한국기독교장로회의 교육 목적은 다음과 같다.

> "교회교육의 궁극적 목적은 교인들로 하여금 이미 예수 그리스도를 통해서 이룩하셨고 또 계속 성령을 통해서 이룩하고 계시는 하나님의 재창조의 역사를 깨달아 알게 하고, 이에 믿음과 소망과 사랑으로 응답하게 도와 그리스도를 머리로 한 새 질서창조의 전위대적 백성이 되게 할 뿐만 아니라 저희들에게 맡겨진 사명을 다할 수 있도록 육성하고 훈련하는 일이다."[178]

한국기독교장로회 교육의 골자는 하나님께서 이미 이루신, 또는 이루고 계시는 역사에 참여하는 것이다. 앞으로 이루어야 할 미래의 역사는 없다. 그리하여 구원의 완성으로서의 재림을 외면함으로써 성서적 구원사를 외면한다.

기독교대한감리회의 교육 목적은 "하나님이 모든 자녀로 하여금 교회 공동체 안에서 기독교 신앙의 본질과 감리교회의 유산을 바탕으로 성장하도록 도와줌으로써 하나님 나라가 실현되기까지 세상에서 기독교적인 삶과 그 실천을 구현하는 데 있다."이다. 이 교육 목적은 감리교회가 일반적으로 믿고 있는 웨슬리 신학적 "교리적 틀인

---

177) http://www.gapck.org/.
178) 윤응진, "한국기독교장로회의 기독교교육사", 한국기독교교육학회편, 「기독교교육 논총: 한국교단의 기독교교육사」(서울: 한국장로교출판사, 1999), 162.

냐에 대해서는 부정적인 견해가 있을 수 있으나, 이것이 교회 교육의 현실이었음을 부인할 수 없다. 회심을 강조하는 교육은 자연스럽게 전도에 힘쓰는 교육으로 이어졌다. 할 수만 있다면 가능한 한 많은 사람들에게 복음을 전하고 그들을 회심으로 이끌려는 노력은 아주 자연스러운 것이었다. 그러나 이와 같은 열심으로부터 교육이 선교의 그늘에 가려지는 불균형이 나타나게 되었다. 교육은 그 자체로 의미 있는 것이라기보다는 부흥의 수단으로 전락되고 말았다. 이와 같은 과정 중에서도 주일학교는 크게 부흥하였고, 그 연합회는 개교회뿐만 아니라 교단적으로도 교육에 대한 관심을 환기시켰고 일정한 기여를 하였다. 이와 같은 성결교회 교육의 전통적 성격은 의식적으로든 무의식적으로든 결국 성결교회 교육의 정체성을 수립하고자 하는 몸짓으로 이해되어야 할 것이다.

성결교회 교육의 전통은 그때마다 교회가 처한 시대적, 문화적, 신학적 상황을 나름대로의 관점으로 반영한 것이라고 볼 수 있다. 현대적 상황에서 볼 때, 그것이 어떤 모습으로 보이든 그것이 바로 우리의 모습임을 부인할 수 없다. 따라서 성결교회의 교육신학을 정립하는 바른 자세는 유산으로 전해진 교육적 전통을 새롭게 계승 발전시키려는 것이어야 할 것이다. 교육신학을 이런 시각에서 보았을 때, 자신의 정체성을 찾으려는 노력은 성결한 사람의 양성이라는 교육 목적으로 정착되어야 할 것이다. 이와 같은 교육 목적을 이루기 위한 교육의 내용은 영적 부흥의 전통으로부터 나올 수 있다. 영적 부흥은 결국 신앙의 성숙을 목표로 하는 것이기 때문에 앞으로 펼쳐 나갈 교육에서 신앙은 가장 비중 있는 교육의 내용이 되어야 할 것이다. 신앙을 교육의 내용으로 하는 교육의 방법은 그 내용의 성격을 따라 당연히 전인적이어야 할 것이다. 그러나 전인이라는 말은 그것을 구성하는 지·정·의 요소의 비중 면에서 모호하다. 복음주의를 발판으로 삼고 있는 성결교회는 성경을 중심으로 전달식 교육을 해 왔다. 이와 같은 전통을 살려 전인을 목적으로 하되 주지주의적 교육 방법이 우리의 체질에 맞을 것으로 보인다.

성결교회에서 교육의 실천자는 주로 목회자와 특정 부서의 관계자였다. 그러나 이제 현실은 다양성과 전문성을 요구하게 되면서 교육자의 범위를 전체 교회로 확대하는 것은 피할 수 없는 일이 되었다. 나아가 교육의 장 역시 교회나 가정, 사회로부터 새롭게 등장하는 사이버 세계로까지 확장되어야 할 뿐 아니라, 새로운 교육의 장을 창출하는 데까지 적극적이어야 할 것이다. 요약하면 성결교회의 교육은 확대되어 가는 교육 환경 속에서 교회 전체가 전인적 주지주의적 방식을 통해 신앙을 길러 성결한 사람이 되도록 하는 것이라고 할 수 있다. 성결교회의 교육을 이와 같이 정리하면서 앞으로의 교회 교육의 실천적 과제에 대해 생각해 보자.

첫째, 교단의 교육 목적인 성결한 사람 육성을 위한 구체적 방안 마련이 필요하다. 교육의 완성은 교육 목적의 실현에 의한 것이다. 교육 목적을 어떻게 이루어 가느냐 하는 문제에 대해 실천을 강조하는 입장에서는 교회 교육현장의 자율성에 맡겨야 된다고 말할지 모른다. 그러나 교회 교육의 현장이 과연 그와 같은 역량을 갖고 있느냐는 의문이다. 따라서 그와 같은 역량이 길러지기까지는 교단 주도로 할 수 있는 범위까지 교육 목적의 구체화 작업을 해야 할 것이다. 둘째, 교육 대상의 전환이다. 지금까지 교육하면 주로 아동을 대상으로 한 교육(Pedagogy)을 생각했으나 그 대상을 성인교육(Andragogy)

으로까지 넓혀야 한다는 것이다.[181) 이제까지 성인교육이 관심 밖의 영역이었음을 고려한다면 앞으로는 성인교육에 상당한 정도의 무게를 실어주어야 할 것이다. 성인은 그 학습 방법이 요구와 경험을 중심으로 하기 때문에 기존에 시행하던 교육 방식에도 변화를 줄 필요가 있다. 셋째, 성인을 본격적인 교육의 대상으로 고려한다면 그것은 교육목회의 시작이라고 할 수 있다. 이제까지 목회는 교육과 상이한 것으로 여겨져 왔고, 교육 역시 목회와 무관하다고 생각해 왔다. 목회는 교육의 일부이고 교육은 목회와 무관하다는 이 같은 생각은 목회와 교육을 마치 별개인 것처럼 이원화시켰고, 결국 그 폐해는 교회로 고스란히 돌아갔다. 목회와 교육은 다른 것이 아니라 하나의 양면일 뿐이다. 그래서 최근에 기독교교육은 자신의 정체를 '교육목회'라고 생각하기도 한다.[182) 목회 안에 교육이 있고, 교육 안에 목회적 돌봄이 있다. 목회와 교육은 상호 대화 속에서, 아니면 통합의 시도에서 서로의 내용을 풍성케 하는 기여를 할 수 있을 것이다.[183)

---

181) 기독교 성인교육의 이론과 실천의 특성에 대해서는 다음의 책들을 참조하라. McKenzie and Harton, *The Religious Education of Adults; John L. Elias, The Foundations and Practice of Adult Religious Education*(Malabar: Robert E. Krieger Publishing Co., 1982); John L. Elias and Sharan Merriam, *Philosophical Foundations of Adult Education*, 『성인교육의 철학적 기초』 기영화 역(서울: 학지사, 2002); Linda J. Vogel, *Teaching and Learning in Communities of Faith: Empowering Adults through Religious Education*(San Francisco: Jossey-Bass, 1991); 김재은, 『기독교 성인교육』(서울: 기독한교, 2004); 박봉수, 『교회의 성인교육』(서울: 한국장로교출판사, 2003).
182) Richard R. Osmer, *The Teaching Ministry Of Congregations*(Louisville, KY: Westminster John Knox Press, 2005).
183) Harris, *Fashion Me a People* 참조.

교육목회가 가능하기 위해서는 지도자의 역할이 결정적이다. 지도자가 교육목회가 무엇인지를 이해하고 중요하다고 생각할 수 있어야 한다. 그와 같은 사고의 전환은 교육을 통해서 올 수 있다. 그래서 교육목회의 실천에는 교육지도자 교육이 필히 따라주어야 한다. 넷째, 근본적인 문제로 현행의 기독교교육제도는 변화하는 사회 속에서 지속 가능하며 나아가 발전할 수 있는가? 이 문제는 교육목회와도 연결된 것이다. 교육과 목회를 통합적인 것으로 보는 관점은 자연히 현 교회 형태의 변화 필요성을 느낄 것이다. 그럴 경우 현재의 교육제도 역시 검토되어야 할 것이다. 사실 현행의 교육제도가 급변하는 미래 사회에 적절히 적응할 수 있어 보이지 않기 때문에 교육제도의 개선은 권장할 만하다.

교회 교육현장의 개선을 위한 위와 같은 내용들은 앞으로의 교육신학 정립에 고려되어야 한다. 이제까지의 교육신학은 신학으로부터 시작되며 따라서 그 내용의 대부분은 이론적 내용일 수밖에 없었다. 이와 같은 방식의 교육신학 구상은 전통을 고수하는 입장, 즉 교회가 위치한 사회뿐만 아니라, 교회와 그 공동체에 속한 신자들을 고려하지 않는다는 점에서 대단히 불완전할 수밖에 없다. 문맥이 어떤 상황인지 고려하지 않고 본문만을 고집하는 입장이며, 전통에 안착함으로써 마치 변화가 존재하지 않는 듯 여기는 태도이다. 따라서 본문과 문맥, 전통과 변화에 대한 기본적인 입장 정리를 전제로 한 교육신학의 구상의 필요성은 한계이면서 과제로 남는다.

# 제4장

# 성결교회의 교육과정

# 제1절 성결교회 교회학교교재의 역사[1]

교재는 문화적 가공물과 대리교육과정의 기능을 한다.[2] 교재는 앞선 세대가 나중세대에게 교육해야 할 내용들을 선별하여 조직한 자료라고 할 수 있다. 이 교재는 "교육과정에서 선정하고 배열한 내용에 따라 지식·경험의 체계를 명확하고 간결하게 하고, 학생들의 발달단계나 학습의 소지(素地) 또는 바탕을 기반으로 학생들이 학습의 기본자료로 사용"하는 것이다.[3]

기독교교육 영역에서 교재는 교육현장에서 큰 비중을 차지하고 있다. 교회학교의 교육활동은 일반적으로 예배, 성경공부, 활동 등으로 구성된다. 이 중에서 근본적인 의미에서 교육[4]과 가장 관계있는 것은 성경공부이다. 이 성경공부는 교회학교를 교육기관으로 특징짓는 요소이다. 성경공부는 일반적으로 교재를 매개로 하여 학생과 교사

---

1) 이하의 내용은 박종석, "성결교회 교재의 역사에 대한 비판적 연구", 「교수논총」 13(부천: 서울신학대학교 출판부, 2002), 215–248로부터 온 것임.

2) R. Venezky, "Textbooks in School and Society", P. Jackson ed., *Handbook of Research on Curriculum*(New York: Macmillan, 1992), 436–461 참조.

3) 서울대학교 교육연구소 편, 『교육학용어사전』(서울: 하우, 1994), 18.

4) 교육이 무엇이냐에 대한 문제는 논쟁적이다. 이에 대해서는 이종각, 『교육학논쟁』(서울: 하우, 1994), 67–78을 참조하라. 그러나 장상호에 의한 '교육본위론'은 교육의 구조와 관련지어 교육을 두 가지 상이한 과정, 즉 배움에 해당하는 "상구"[上求, ascending education]와 가르침에 해당하는 "하화"[下化, descending education]으로 구성되어 있다고 본다. 장상호, "교육적 관계의 인식론적 의의", 「교육원리연구」 1:1(서울대학교 교육원리연구회, 1996), 23–25.

사이에서 진행된다. 따라서 교재는 교육을 가능하게 해 주는 교육 내용의 구체화이다. 교재가 없이는 교육은 불완전하다.

이 교재는 많은 학생들이 사용한다. 그런 만큼 양적인 차원에서만 보아도 교재는 교육에서 그 비중이 크다. 더구나 최근 기성, 예성의 연합 교재 작업이 진행되면서 교단의 교재의 새로운 전기를 맞게 되었다.[5] 그럴 경우, 전보다 더 많은 학생들이 교재를 사용하게 되기 때문에 그 중요성이 더욱 커지게 되었다.

창의적인 교재의 주요 기능은 교사의 기능을 확대시키는 것이지만,[6] 잘못된 교재는 교육을 불충분하고 결함 있게 하며 학생과 교사를 그릇된 방향으로 이끌 수 있다.

이와 같은 중요성에도 불구하고 성결교회에서 그간의 교재에 대한 연구는 주로 역사적 사실을 다루거나,[7] 특정한 시대의 특정한 부서에 대해서이거나,[8] 교육과정 차원에서의 연구이거나,[9] 사회학적[10]이

---

5) 기독교대한성결교회(기성)와 예수교대한성결교회(예성)는 2004년부터 동일한 교회학교교재를 사용하기로 하고, 그것을 위해 작업을 하고 있다. 기성과 예성은 최근 한국성결교회연합회를 조직하고 연합과 일치를 위해 노력하던 중에 교육분과위원회는 교회학교에서 사용할 교재를 공동 개발하기로 하고 기성과 예성 두 교단의 신학자 3명씩(서울신대 이정효, 박종석, 남은경 교수, 성결대 김국환, 홍은숙, 임낙형 교수)으로 개발연구팀을 구성했다. ≪조선일보≫(2002년 7월 26일), 19면.

6) Elliot W. Eisner, "Creative curriculum development and practice", *Journal of Curriculum and Supervision* 6(1), Fall 1990, 64.

7) 이종무·송기식·채준환, 『교회학교 50년사』(기독교대한성결교회 교회학교전국연합회, 2001), 62−66, 86−91, 170−174, 197−209, 239−244, 260−261.

8) 박재규. "타일러 교육과정 이론에 의한 교회학교 계단 공과 분석", 석사학위논문. 서울신학대학교 대학원, 1986; 황선혜. "교육과정 기초를 토대로 한 성결교단 유년부 교재분석: 학습자 중심", 석사학위논문. 서울신학

었다.[11] 이와 같은 연구들의 한계는 특정한 시기와 내용에 치우쳐

대학교 대학원, 1994.

9) 이순덕. "기독교대한성결교회의 교육과정에 관한 한 연구: Living the Word 교육과정에 비추어 본 개선방안", 석사학위논문. 이화여자대학교 대학원, 1987; 박수한. "교회 교육과정에 대한 연구: 기독교대한성결교회 교육과정을 중심으로", 석사학위논문. 고신대학교 대학원, 1989; 임창복, "성결교회, 기독교장로교회, 그리고 감리교회의 교육과정 분석", 「교회와 신학」 제21집, 1989. 5; 이형로, "교단교육과정 이해", 기독교대한성결교회 총회본부 교육국 편, 『교사대학』 III(서울: 기독교대한성결교회 출판부, 1992), 69-87; 박동순. "계단공과 중심으로 한 성결교회 교육과정 이해", 석사학위논문. 서울신학대학교 대학원, 1993; 김현준. "성결교회 중등부 교육과정 분석: Henry A. Giroux의 이론을 중심으로", 석사학위 논문. 연세대학교 교육대학원, 1999; 남은경, "성결교회 교육과정 평가와 새 교육과정 모델 작성", 교육백서편찬위원회 편, 『새천년 교육백서』(서울: 기독교대한성결교회출판부, 2001), 450-456; 고상희. "재개념주의 이론에 근거한 초등부 교육과정 연구: 역촌교회를 중심으로", 석사학위논문. 서울신학대학교 대학원, 2001; 한미영, 「기독교대한성결교회의 교육과정에 대한 연구」, 연세대학교 연합신학대학원 석사학위논문(2002).

10) 박종석, "교회학교교재에 대한 사회학적 연구", 「기독교사상 논단」 2(서울: 대한기독교서회, 2000), 471-487.

11) 베네즈키(R. Venezky)에 따르면, 일반교육에서 교과서(textbook)에 대한 연구는 크게 세 가지로 나뉜다. 첫째, 교과서의 준비와 채택에 대한 연구이다. 여기에는 G. Whipple ed., *The Textbook in America Education: The Thirtieth Yearbook of the National Society for the Study of Education Part II*(Bloomingtoon, IL: Public School Co, 1931)과 R. Venezky, "Textbooks in School and Society", 436-461 등이 있다. 둘째, 교과서 자료에 대한 연구이다. 여기에는 L. Cronbach, *Text Materials in Modern Education*(Champaign, IL: University of Illinois Press, 1955) 등이 있다. 셋째, 교과서와 학교교육의 관계에 대한 연구이다. 여기에는 D. Elliott & A. Woodward, *Textbooks and Schooling in the United States, Eighty-Ninth Yearbook of the National Society for the Study of Education Part I*(Chicago, IL: National Society for the Study of Education, 1990) 등이 있다. "Textbooks in School and Society", P. Jackson

있기 때문에 전체적인 조망을 상실하기 쉽다는 것이다.

더구나 "교재의 개발은 한국의 교회가 앞으로 계속하여 관심을 가지고 심혈을 기울여야 힐 큰 과제들 가운데 하나이다. 사회가 전문화되어 가고 산업화가 되어 갈 뿐만 아니라 산업후기 사회적 징후까지 나타나게 되면, 교육의 성패는 지금보다 더욱더 심하게 보다 전문화되고 세분화된 교재의 개발여부에 좌우될 것이다."12)

이런 차제에 교회학교 교재에 대한 역사를 검토하는 것은 의미있는 작업이 될 수 있을 것이다. 앞으로 개발될 교재를 위해서도 간텍스트성(intertextuality)을 배제될 수 없기 때문이다. '간텍스트성'이란 어떤 교재와 이전 교재와의 관계를 말한다.13) 즉 이 용어 속에는 이전 교재에 대한 비판적 검토가 필요하다는 의미가 담겨 있다. 과거에 대한 비판적 검토를 통해 미래의 발전을 도모하는 것은 유익하다.

이와 같은 생각을 갖고 여기서는 기독교대한성결교회에서 출판된 교재들을 대상으로 그 역사를 살펴보려고 한다. 교재에 대한 검토의 기준은 성격, 형태, 내용 등 교재의 최소 구비조건이다. 교재에 대한 본격적 연구 주제라고 할 수 있는 개발의 원리와 절차, 그리고 출판, 인쇄, 문장, 그리고 디자인 등의 기술적 측면 등은14) 최근의 교재에만 해당되는 사항이기 때문에 여기서는 생략한다.

---

ed., *Handbook of Research on Curriculum*(New York: Macmillan, 1992), 436-461 참조.

12) 오인탁, "한국교회와 교회교육", 한국교회문제연구소 편, 『2000년대를 향한 한국교회의 전망과 과제』(서울: 한국로고스 연구원, 1991), 165.

13) R. Venezky, "Textbooks in School and Society", 436-461 참조.

14) 이와 같은 문제에 대해서는 한종하 외, 『교과서 개발의 원리』(서울: 한국교육개발원, 1982), 16-44, 87-100 참조.

## Ⅰ. 성경적 교재 시작기(1923~1961)

성결교회 교재의 역사는 교재의 명칭과 그 성격을 참고로 하여
그 시기를 구분할 수 있을 것이다. 그럴 때, 우리는 성결교회 교재
의 역사를 성경적 교재 시작기-교재형식 구비기-교육적 교재 편집
기 등의 3기로 나눌 수 있다.

성경적 교재 시작기는 이명직 목사에 의한 성경적 교재가 출간된
시기이다. 여기서는 이 시기를 '만국주일학과'와 '주일학교독본'을
중심으로 살펴본다.

### 1. 「활천」의 '만국주일학과'

성결교회의 교재의 시작은 1923년으로 거슬러 올라간다. 1922년
12월호를 창간호로 발행한 「활천」은 그다음 해인 1923년 1월호부터
"각 주일학교를 인도하는 반 교사, 또한 성경을 공부하는 이에게도
유익"을 주기 위해 "유년주일학교 학과를 게재"하게 된다.[15] 그것은
'일요학과'라는 제목으로 시작하였으나 다음 호부터는 '만국주일학
과'라는 이름으로[16] 그 명칭과 필자가 바뀌면서도 계속된다. '만국주
일학과'는 1924년 한 해 동안 게재되지 않고, 그 뒤로는 계속 이어

---

15) 「활천」 1:1 (1922 · 12), 2.
16) '만국주일학과'에서 왜 '만국'이라는 용어를 사용했는지는 분명치 않다.
　　다만 만국성결연맹에서 사용하던 교과과정을 따라 1, 2년 지난 후에 사
　　용하여 집필하였기 때문이 아닌가 하는 추측이 있다. 이종무 · 송기식 ·
　　채준환, 『교회학교 50년사』, 62, 주 8.

진다. 1934년부터는 집필자가 이건으로 바뀌고 1934년부터는 '만국주일공과'로 이름이 바뀌면서 필자도 한영환으로 바뀐다.[17] 그리고 1960년 9월부터는 황경찬으로 바뀐다.[18] 1963년 9월부터는 '생명의 양식'이라고 이름이 바뀌고 필자도 김석규로 바뀐다.[19] 그리고 그해 12월을 끝으로 '만국주일학과'의 명맥은 끊긴다.[20]

성결교회의 기관지인 「활천」이 창간을 하자마자 교회학교를 위한 교재를 싣게 된 가장 큰 이유는 주간이면서 서울신학교 교장이던 이명직 목사의 관심 때문으로 보인다. 이명직 목사는 어린이부흥회를 열고 그 소감을 「활천」에 게재하였고, 아마 그런 영향으로 성서학원의 수양생(학생)들이 어린이부흥회 사역에 뛰어든 것 같다. 소아부흥회는 전도와 회심을 목적으로 한 집회였다.[21] 그러면서도 회심과 교육의 균형을 유지할 필요성을 느끼고 교재를 싣게 된 것 같다.

'만국주일학과'는 교사와 성경 공부를 하는 사람을 위해 「활천」에 게재되었다.[22] '만국주일학과'는 "각 주일학교를 인도하는 반 교사"가 학생들을 지도하는 데 사용할 수 있도록 한다는 데 있다. 그런데 여기서 우리의 관심은 교재가 가진 기본적 관점이 무엇이냐는 것이다. 교사가 학생들을 가르치기 위해 사용하는 교재의 내용은 바꾸어 말하면 학생들이 배워야 하는 내용이다. 즉 교재의 내용은 교재의

---


17) 「활천」 239, 42.
18) 「활천」 312(1960 · 9), 8.
19) 「활천」 321(1963 · 9), 78.
20) 「활천」 324(1963 · 12).
21) 특별히 전도를 목표로 할 때는 '소아전도집회'라고도 했다. 이응호, 『한국성결교회의 역사4: (1921−1929) 매년회 시기 하』(서울: 성결문화사, 1992), 435.
22) 「활천」 1:1(1922 · 12), 2.

작성자가 학생들이 배워야 한다고 생각하는 의도를 담고 있다는 것이다. 교재를 이런 관점에서 보면 '만국주일학과'의 의도는 "성경을 공부하는 이에게도 유익"을 주기 위해서라는 말에서 찾을 수 있다. 즉 '만국주일학과'는 성경을 가르치기 위한 것이라는 것이다. 다시 말해 '만국주일학과'의 작성자는 학생이 무엇보다 성경을 공부해야 한다고 생각하고 그렇게 할 수 있도록 이 교재를 집필했다고 볼 수 있다. 물론 모든 교회학교의 교재는 성경을 배우는 것을 목적으로 한다. 그러나 성경의 내용을 배우는 것과 성경의 의도나 정신을 배우는 것은 다르다. '만국주일학과'는 성경의 내용, 즉 '사실(fact)'을 가르치기 위한 교재였다.

그러기 위해 '만국주일학과'가 취한 방식은 두 가지이다. 첫째, 내용 면에서 교재는 5년을 단위로 성경의 주요내용을 가르치도록 되어 있다. 곧 구약의 창세에서 만물의 창조, 하나님의 존재와 위엄, 그리고 역사서들과 예언서, 그리고 신약의 마태복음을 비롯한 예수님의 행적과 사도행전을 바탕한 바울의 전도여행 이야기와 그와 관련된 이야기를 한 차례 공부할 수 있도록 꾸몄다.[23]

둘째, 방법 면에서 전달식과 문답식의 방법을 사용하고 있다. '만국주일학과'의 교수-학습진행은 먼저 성경본문을 주해하고 그것을 해석하여 의미를 끌어내는 교훈이 있으며, 본문의 주해와 교훈을 확인하는 복습문제로 구성되어 있다. 이 같은 교수 방식은 그 뒤로도 기본적으로 이어진다.

---

[23] 물론 성경 전체를 가르친다는 기본틀 위에 교회의 절기와 민족에 관한 내용, 성결교회의 중심교리, 그리고 실생활의 문제 등도 다루고 있다. 이종무·송기식·채준환, 『교회학교 50년사』, 62-63.

‘만국주일학과’ 교재의 이와 같은 성경 내용중심적이고, 이를 효과적으로 교수하기 위한 방식으로 전달식과 문답식의 방법을 취했다는 것은 그 자체로 볼 때는 목적과 방법의 일치라는 면에서 비판의 내상이 될 수 없다. 그러나 비판은 다른 면에서 가능하다.

네 가지 비판이 가능하다. 첫째, 외형적인 교재의 형태 체제를 갖추지 못했다는 것이다. 다만 잡지 한 코너에 고정적으로 게재했다는 것, 따라서 교육현장에서 활용하기에 불편했을 것이다.

둘째, 학생용 교재가 없었다는 것이다. ‘만국주일학과’는 “유년주일학교를 인도하는 반 교사”를 위한 교재, 즉 교사용 교재였다. 교재는 최소한 학생용 교재와 교사용 교재로 구성되어야 한다. 둘 중에 한 가지만 택해야 한다면 교사용 교재는 없어도 학생용 교재가 있어야 한다. 교육의 대상이 학생이기 때문이다.

셋째, 학습자의 발달단계가 고려되지 않았다는 것이다.24) 유년주일학교 학생 전체를 염두에 둔 교재이기 때문에 발달 단계가 충분히 고려되지 않았다는 것이다. 더구나 그 내용 수준은 장년부에서 사용할 수 있을 정도로 수준이 높았다. 그것은 1929년 이명직 목사의 ‘주일학교독본’이 나온 이후 ‘만국주일학과’가 장년부주일 성경공부의 교재로 사용되었다는 데서 알 수 있다.25)

---

24) 교재는 크게 그 형태에 따라 통일공과와 계단공과로 편찬된다. 통일공과는 전체 연령이 함께 사용하는 것이며, 계단공과는 일반적으로 유치부, 유년부, 아동부, 소년부, 중등부, 고등부, 청년부, 장년부로 구성된다. 최근에는 유치부의 하급단계로 영아부를, 장년부의 상급단계로 노년부가 구성된다. 초등학생들을 계단으로 나눔에 있어서 1~3학년을 유년부로 묶고 4~6학년을 초등부로 묶는 경우와, 1, 2학년을 유년부, 3, 4학년을 초등부, 5, 6학년을 소년부로 묶는 것으로 대별된다.

25) 이응호, 『한국성결교회의 역사』4, 532. 당시의 교회들은 대개 주일 대예

넷째, 교재의 구성 방식이 합리적이지 않다. 기본적으로 도입-전개-정리의 순서를 갖추어야 하는데 그렇지 않다. 예를 들어, 1928년 11월 4일 제45학과 '술의 해독'이란 제목의 교재 내용은 주의 집중과 주제로 인도하는 역할을 하는 도입 부분이 없고, 곧바로 다음과 같은 소제목을 갖는 내용의 전개 부분이 나온다.

"제1 개인과 사회에 미치는 해독
 제2 금주의 필요
 제3 술의 결과"

그리고 정리 부분에 해당된다고 할 수 있는 '복습문제'가 이어진다. 그러나 생활에 적용하는 내용은 찾아볼 수 없다. 주어진 문제에 대해 성경적 설명의 타당성은 무시하고서라도[26] 성경을 근거로 설명을 시도한 것까지는 좋으나 성경교재의 본래 목적인 성경적 삶으로 연결시키지 못하고 있다.

「활천」에 연재되었던 '만국주일학과'가 성결교회의 최초의 교재라는 역사적 의미가 있지만 교육적 교재의 차원에서는 위와 같은 단점들을 지니고 있다. 무엇보다 '만국주일학과'가 교재로서의 최소한의 기본 요건인 단행본 체제를 갖추고 있지 못하다는 점, 그리고 주일학교 교사들을 위한 교재이지 학생들을 위한 교재가 아니었다는 점에서 '만국주일학과'를 본격적 교재라 하기에는 부족했다. 이와 같은

---

배 직전에 장년부 성경공부가 있었다. 이종무 · 송기식 · 채준환, 『교회학교 50년사』, 91.
26) 예를 들어, 이 과의 본문으로 사용된 잠 23:29-35은 모두 금주에 대한 것인가?

아쉬움은 1929년 이명직 목사에 의한 '주일학교 독본'의 발간으로 부분적으로 채워진다.


## 2. 이명직의 '주일학교 독본'


선교 초기부터 성장한 주일학교운동은 1922년에는 조선 주일학교 연합회를 조직하여 면모를 갖추고 학교와는 다른 차원에서 백성을 개조하고 교회를 확장해서 한국을 낙원으로 만들려고 하였다.[27] 주일학교 운동은 점차 강조점을 장년에서 어린이에게로 옮겨감으로써 기독교교육이 아동 상대로 위축되는 계기가 되었다. 주일학교에서의 교육 내용은 주로 미국의 통일 공과를 번역, 수정하여 사용하였다. 그리고 교육내용은 철저히 성서중심으로 그 내용을 어린이들이 알아들을 수 있게 쉽고 흥미 있게 이야기해 주고 요절을 외우게 하는 것이었다. 이와 같은 역사적 흐름에 따라 성결교회에서도 주일학교를 위한 교재의 필요성을 느끼게 되었다.

1928년 연회 안에 설치된 주일학교위원회의 계획에 따라 집필 위촉을 받은 이명직 목사는 사중복음을 바탕으로[28] 유년주일학교용 교재 『주일학교독본 권1』을 1929년에 발행한다.[29] 이 교재는 이전의 「

---

27) 문동환, "한국의 교회교육사: 주일학교운동을 중심으로", 대한기독교교육협회 편, 『한국 기독교교육사』(서울: 대한기독교교육협회, 1973), 45.
28) 류재하 편저, 『성결교회 기독교교육』(서울: 청파, 1993), 255.
29) 역사편찬위원회 편, 『한국성결교회사』(서울: 기독교대한성결교회출판부, 1992), 305에는 "1922년에 이명직 목사는 '주일학교 독본'이라는 5단계의 계단공과를 출간하였다"라고 했으나 이는 잘못이다. 이것은 안수훈, 『한국성결교회성장사』(Los Angeles: 기독교미주성결교회출판부, 1981),

활천」에 연재된 '만국주일학과'와는 달리 단행본의 형태를 갖춘 것이었다. 이 교재는 성결교회 최초의 교재이며, 모든 교파를 초월해서 한국인에 의해 집필 편찬된 최초의 교재이다.[30] 『주일학교독본』의 발간은 당시 조선주일학교 연합회가 계단공과를 출판한 것보다 무려 5년이나 앞선 일이었다.[31]

이 교재는 본래 8권으로 구상되었으나,[32] 1권에서 5권까지와 새신자를 위한 교재 등 총 여섯 권으로 발행되었다.[33]

또한 '만국주일학과'가 교사용 교재였던데 대하여 『주일학교독본』은 학생용 교재였다는 것이다.

"……각 주일학교 교사는 물론이거니와 초등반 학생은 다 일제히 사도록 하시고…….''[34]

교사는 학생과 교재를 같이 사용하되 지면의 상단에 참고할 내용들을 실어 도움을 받도록 하였다.[35] 내용은 주로 교재의 내용이 일

---

218의 잘못을 그대로 인용한 데서 비롯된 듯하다.
30) 이종무·송기식·채준환, 『교회학교 50년사』, 86, 197. 당시 한국 교회의 주일학교에서 사용되던 교재는 주로 만국주일학교연합회가 편찬한 만국 통일 공과(International Uniformed Lessons)를 번역, 수정하여 사용하였다. 류재하 편저, 『성결교회 기독교교육』, 255.
31) 유재덕, "교육의 역사", 교육백서편찬위원회 편, 『새천년 교육백서』(서울: 기독교대한성결교회출판부, 2001), 87. 본서에는 집필자의 이름이 나오지 않는다. 그러나 필자는 이 책의 간행에 관여했기에 그 이름을 알 수 있기 때문에 밝힌다. 이하에서도 이와 같은 경우에는 동일하다.
32) 「활천」(1930·12), 60.
33) 이응호, 『한국성결교회의 역사』 4, 536.
34) 「활천」 6:3(1929·3).

어난 연대와 장소 등이었다.

더구나 이 『주일학교독본』은 학습자의 발달단계를 고려한 교재이다. 이 『주일학교독본』의 수준은 다음과 깉다. 1권은 "초등반 세1년급", 2권은 "초등반 갑반",[36] 3권은 "중등반",[37] 5권은 "고등반"[38] 등으로 수준차를 두었다.

교재는 구성에서 발달을 고려하고자 하는 의도가 있었으나 내용이 부응하지 못했다. 교재는 각 권마다 차등을 두고 있으나, 각권은 한 권 전체를 기독교의 근간(신입교재), 실제적인 신앙생활(2권), 구약(3, 5권), 그리고 신약(4권)의 주요 내용들에 할애하고 있다.

각 과는 한 페이지 정도의 짧은 분량으로 과 제목, 성경본문, 간략한 강화, 그리고 복습문제와 교사가 참고할 내용으로 구성되어 있다. 주일학교독본 2권의 한 과를 보자.

> "제一과 지식의 근본
> 여호와를 경외하는 것이 지식의 근본이로되(잠 一○七)
> 하늘과 땅과 그 가운데 있는 만물은 하나님께서 만드셨나니
> 그르므로 사람이 모든 학문을 다 알아도 하나님을 공경하여야
> 참지식을 가진 자니라

---

35) 이명직, 『주일학교독본』 범례 5.
36) 이명직, 『주일학교독본』 2(서울: 기독교대한성결교회 출판부, 단기 4284), 범례.
37) 이명직, 『주일학교독본』 3(서울: 기독교대한성결교회 출판부, 단기 4284), 범례.
38) 이명직, 『주일학교독본』 5(서울: 기독교대한성결교회 출판부, 단기 4284), 범례.

　　복 습 문 제

　一 천지와 만물은 누가 지였나뇨

　二 사람이 학문만 알면 넉넉하뇨

　三 무엇이 지식의 근본이뇨"[39]

　이 교재는 1943년 일제에 의해 우리 교단이 해산될 때까지, 그리고 1945년 해방과 함께 재건된 교단이 채택하여 1950년 한국전쟁 때까지 사용하였다.[40]

　이 교재는 앞서 '만국주일학과'에 대해 미비점으로 지적했던 내용들인 교재의 형태, 학생용 교재의 부재, 학습자의 발달단계 고려, 교재의 불완전한 구성 방식에 대해 원칙적으로 개선된 교재라고 할 수 있다.

　그럼에도 불구하고 몇 가지 비판이 가능하다. 첫째, 아직도 학생용과 교사용이라는 교재의 기본 체제를 갖추지 못했다는 점이다. 물론 학생용 교재를 기본으로 하고 교사가 이용하도록 교사가 참고할 성구를 싣기는 했지만 불완전한 것은 마찬가지이다. 이것은 『주일학교 신입문답』의 경우도 마찬가지이다. 물음에 대한 답만 간략하게 나와 있을 뿐 그 답에 대해 교사가 설명할 내용은 전혀 나와 있지 않다. 이와 같은 형식은 교사가 간략한 답에 대한 설명을 할 수 있는 역량이 있을 경우에 가능할 것이다. 과연 당시의 교사가 그와 같은 역량이 있었는지는 의문스럽다.

　교재는 신앙생활, 구약, 신약 등의 주요 내용들로 특정발달단계의 학생들을 위한 교재 한 권을 채우고 있다. 그런데 이와 같은 내용들

---

39) 이명직, 『주일학교독본』 2, 1.

40) 류재하 편저, 『성결교회 기독교교육』, 255.

은 특정 발달단계에서만 학습할 수 있는 것은 아니다. 그리고 그와 같은 내용들은 모든 발달단계를 위한 것이기도 하다. 그러나 무엇보다 특정 발달단계에 맞는 신앙생활, 구약, 그리고 신약 등의 특정 내용들이 있을 것이고, 그것들을 균형 있게 배열하는 것이 발달을 고려한 진정한 학생용 교재일 것이다. 결국 이 교재는 계획으로서의 또는 논리적 구성으로서의, 또는 학생들의 발달을 고려한 교육적 배려가 결여되어 있다는 의미에서 커리큘럼 개념이 희박하다.

둘째, 이 교재는 이명직 일인에 의한 저작이라는 점이다. 베네즈키는 교과서의 내용을 통제하는 세력을 연방정부와 주정부, 출판업자, 사회라고 말한다.41) 이것은 교회학교 교재의 영역에서는 교단, 출판부, 그리고 교회가 될 것이다. 이들의 교재 내용에 대한 압력을 아무리 부정적으로 본다고 하더라도 거기에는 다양한 통로의 압력 과정 속에서 타협이 빚어내는 조화와 균형이라는 열매가 있다. 그런데 이명직은 '주일학교독본'을 통해 교단, 출판부, 그리고 교회가 끼쳐야 할 영향들을 개인이 혼자 행사하고 있다. 그래서 '주일학교 독본'의 내용이 전적으로 성서적이라고 하더라도 성서와 함께, 개인의 편견을 함께 배우게 될 소지가 충분하다.

이 시기는 교재의 형태를 미흡하나마 갖추기는 했어도 그 성격 면에서 성경공부의 한계를 넘지 못한다. 한마디로 성경공부교재시대이다. 그리고 교육내용은 철저히 성서중심으로 그 내용을 어린이들이 알아들을 수 있게 쉽고 흥미 있게 이야기해 주고 요절을 외우게 하는 것이었다. 교재가 실천적 성격을 띤 것을 알 수 있다.

---

41) R. Venezky, "Textbooks in School and Society", 444.

다음 교재의 시기로 넘어가는 사이에 "1935년에 이르러서, 윤판석 장로를 비롯한 주일학교 교육에 뜻을 가진 유지들이 서울에서 모여, 어린이들에게 필요한 교재를 만들어 냈다. 처음에는 등사하여 각 교회 주교 교사들에게 분배하였다. 그것이 더 발전하여 주교 교재를 인쇄하기에 이르렀다."[42)

이 교재가 무엇인지 불분명하다. 교단적 차원에서의 작업이 아니고 윤판석 개인 차원에서의 발행이었기에 교재의 명칭과 내용 등 그 성격을 알 수 없으며 공적으로 인정하기 어렵다.


## Ⅱ. 교재 형식 구비기(1962~1987)

이 시기는 교재로서의 형식을 갖춘 시기이다. 여기서는 이 시기에 대하여 '성경공과'와 '성경공부' 교재를 통해서 알아보기로 한다.

### 1. 주일학교연합회의 '성경공과'(1962)

1961년 교단이 분열되면서 대한기독교교육협회 등의 연합기관에서의 탈피 등으로 대한기독교교육협회가 발행하던 통일공과를 쓰던 우리 교단은 당장 주일학교 교재의 부재로 문제가 생겨나게 되었다.[43) 그래서 주일학교전국연합회가 주도적으로 나서 발행하게 된

---

42) 안수훈, 『한국성결교회성장사』, 219.
43) 이종무 · 송기식 · 채준환, 『교회학교 50년사』, 170.

교재가 1962년에 발행된 '성경공과'였다.[44]

이 교재는 세계주일학교연합회가 제공한 '세계통일주일공과'의 커리큘럼을 따라 우리 실정에 맞게 편집한 교재였다.[45]

이 교재는 유년부와 유치부를 한 책으로 묶어 편집한 책이었다. 각 과의 첫 부분은 유년부를 위한 것이고 후반부는 같은 주제로 유치부를 위한 내용을 실었다. 그리고 마지막 부분에 성경공부 내용에 대해 '묻는말'을 실었다.[46]

이 교재에서 특기할 사항은 지도 목표가 새롭게 등장한다는 점이다. 그리고 성경 내용으로 이루어진 학습내용을 요약한 '전개'란 항이 도입된다.

발행 간격은 3개월(1~3월, 4~6월, 7~9월, 10~12월)을 한 학기로 하여 연 4회 발행하였으나 1962년 한 해에 그치고 말았다.[47]

이때 우리 교단 처음으로[48] 등사 형태이기는 하지만, 어린이 여름성경학교를 위한 『좋은 친구』란 교재가 발행되었다. 이 교재의 내용은 성경에 나타난 여러 인물들을 통해 어린이들의 생활무대를 '가정', '이웃', '교회', '학교', '국가'로 확대시키고 마침내 '천국' 시민으로 결론짓게 한 것이다. 이에 이르기까지에는 그리스도의 사랑의

---

44) 안수훈, 『한국성결교회성장사』, 219.
45) 이종무 · 송기식 · 채준환, 『교회학교 50년사』, 171.
46) 기독교대한성결교회종교교육부, 『성경공과』유년부 · 유치부 3학기(서울: 기독교대한성결교회 출판부, 1962) 참조.
47) 교재발행이 중단된 이유는 재정형편 때문이었다. "각 교회의 공과 대금의 미수금이 많아 인쇄비와 공과발행을 위한 차입금을 변제하기에도 벅찼다." 이종무 · 송기식 · 채준환, 『교회학교 50년사』, 171－172.
48) 기독교대한성결교회 종교교육부 편, 여름성경학교교본 『좋은 친구』 (1962), 3.

원리에 의한 우정과 협동의 요소로서 건설되고 성장되어 나가고 있음을 알려주어 성장하는 학생들로 하여금 좋은 친구로 자라도록 하려는 것이다.[49]

교재는 7과로 구성되어 있다. 당시 여름성경학교는 오늘날과 달리 일주일 동안 했는데, 이에 맞추기 위해서였다.[50] 각과는 같은 주제를 다루고 있지만 다시 A반, B반, 그리고 C반 등으로 차등을 두었다. 여기서 A반은 유치, 유년(초등학교 1~2학년), B반은 초등학교 3~4학년, 그리고 C반은 초등학교 5학년과 중학교 1학년을 위한 것이었다.[51] 예를 들어 "제1과 다정한 식구들"이란 제하에 A반은 '고마운 어머니'를, B반은 '고마운 누님'을, 그리고 C반은 '착한 아버지'를 다루고 있다.[52]

'성경공과' 교재는 외국의 것을 따른 것일지라도 커리큘럼 개념을 도입했다는 점에서, 그리고 일 년치 교재를 나누어 발행한 점, 휴대를 용이하게 하는 등 실용성을 고려했다는 점에서 장점을 지닌다. 또한 여름성경학교를 위한 교재를 별도로 발행한 점도 높이 살 만하다.

그럼에도 불구하고 아직도 기본적인 교재의 체제를 갖추지 못했다. 별개의 부서를 하나의 교재로 묶어 부서 교육에 충분한 교재가 될 수 없었다. 그리고 아직도 이 시기에 학생용교재가 없었다는 점이 아쉬움으로 남는다. 커리큘럼 면에서도 우리에게 맞는, 또는 우리 스스로 작성한 커리큘럼이 필요하다.

---

49) *Ibid.*
50) *Ibid.*, 1.
51) *Ibid.*, 19.
52) *Ibid.*, 23 − 25.

## 2. 총회교육부의 '성경공부'(1970)

1969년 **총**회교육부 산하에 '교육과정위원회'가 결성되어 보다 체계적인 교재의 발행을 계획하게 되었다.[53] '만국주일학과'—『주일학교독본』—'성경공과'로 이어지는 교재 발행에도 불구하고 교육과정을 위한 위원회가 정식으로 조직된 것은 이번이 처음이었다.[54] 이 위원회는 '성경공부'라는 교육과정을 마련하였다. 이 교육과정에 의해 1970년에 유년부 교재1, 초등부 교재1이 각각 교사용과 학생용으로 편찬된 후 해마다 계속하여 여섯 권의 교재가 발간되었고,[55] 1976년에는 유치부 교재가, 1978년에는 중·고등부 교재가 발간되었다.[56] 처음에는 공통으로 발행하다가 1981년부터 분리 발행하게 되었다.[57]

유치부 1년, 유년부, 초등부 3년 주기의 교재였다. 단계로 치자면

---

53) 기독교대한성결교회 총회본부 교육국, 『교사대학 Ⅲ』(서울: 기독교대한성결교회 출판부, 1989), 17.

54) 이종무·송기식·채준환, 『교회학교 50년사』, 197.

55) 류재하 편저, 『성결교회 기독교교육』(서울: 청파, 1993), 256. 역사편찬위원회 편, 『한국성결교회사』, 453에는 "각 연령별교재는 1970년부터 발간되었"다고 했으나 부별교재의 착오인 듯하다. 연령별을 의미하는 학년별 교재는 1993년부터 발간되었다. 기독교대한성결교회 총회본부 교육국, 『성결한 삶』초등학교 1학년 1학기(서울: 기독교대한성결교회출판부, 1993), 참조.

56) 류재하 편저, 『성결교회 기독교교육』, 256.

57) 기독교대한성결교회 총회본부 교육국 편, 『성경공부: 고등부』(서울: 기독교대한성결교회 출판부, 1981) 참조. 중·고등부 교재의 분리 발행이 1984년이라는 교사대학의 기록은 오류인 듯하다. 이형로, "교단교육과정 이해", 기독교대한성결교회 총회본부 교육국 편, 『교사대학』Ⅲ(서울: 기독교대한성결교회 출판부, 1992), 71.

취학 전의 유치부 1단계로부터 초등학교 1학년부터 3학년까지 유년부 3단계, 그리고 초등학교 4학년부터 6학년까지 초등부 3단계 등 모두 7단계로 구성된 계단공과였다.[58]

교재의 내용은 유년부의 경우, 하나님, 예수 그리스도, 성서, 교회, 사회, 인성으로, 초등부는 구약과 신약을 50% 정도씩 배열하되, 매년 예수 그리스도에 관한 단원을 3개월 정도 배열했다.[59] 단원의 구성은 일 년을 네 개의 단원으로, 그리고 한 단원은 13과로 해서 모두 52주로 구성되었다.[60]

교재는 학생용과 교사용으로 구성되어 있었다. 이때 발행된 교재는 학습자 중심의 교재로서 학생들이 활용할 수 있도록 꾸며져 있었다. 당시 교회학교에서의 교재 교수-학습 방식은 "교사는 집필자 개인의 스타일로 쓰인 공과를 소화해서 피교육자에게 전달해 주기가 벅찼고, 학생들은 교사가 읽는 것을 듣기만 하는 지루한 교수를 받고 있었다. ……'교회학교 어린이 성경공부'는 학생이 읽고 스스로 학습하며 이해할 수 있게 하고 교사는 학생들에게 공과의 이해를 넓히도록 도와주자는 방향으로 하자는 원칙에서……제작했다."[61] 학생용교재는 과 제목, 성경본문, 외울 말씀, 학습내용, 그리고 학습활동으로 구성되어 있다.

"교사용 교재는 기본적으로[62] 단원 이해, 과 제목, 목적, 성경본문,

---

58) 이종무·송기식·채준환, 『교회학교 50년사』, 197, 206.
59) *Ibid.*, 198.
60) *Ibid.*, 206.
61) *Ibid.*, 200-201. 교사용 교재에 의한 주입식 전달방식에 익숙했던 당시 상황에서 이 학생용 교재에 대한 거부 반응도 적지 않았다고 한다. *Ibid.*, 201.

참고성경, 외울 말씀, 준비할 것, 목표, 지도요령(도입 - 전개 - 정리)의 순서로 되어 있다. 그리고 이야기와 학습활동지도가 나오며, 해설이라는 난이 있어 '중요한 사상'과 '어휘 실명'을 실었다. 목석 진술은 "……를 알게 하고, ……를 깨닫게 하고, ……를 하게 하도록 돕는다."로 되어 있다.

편집체제는 3개월분씩 포장된 낱장 형태였다. 3개월치씩 발행한 이유는 일 년치를 발행할 만한 인적, 물적 역량의 부족 때문이었다. 낱장 형태를 취하게 된 것은 학습자들이 뒷면의 여백을 활용하여 간단한 학습활동(기도문, 노래, 그리기, 쓰기, 글짓기 등)으로 활용할 계획에서였지만 비용관계로 약 5㎝ 정도의 여백을 남기는 것으로 아쉬움을 달래고 뒷면에도 인쇄를 해야 했다.[63]

이 교재에는 처음으로 그림을 넣어 편집했다.[64] 그림은 『聖書の物語(성서 이야기)』와 영문 성서 등으로부터 나온 삽화였다. 몇 년 뒤에는 우리나라 사람이 교재의 내용에 맞추어 그린 삽화를 일부 사용하였다.[65] 그림의 성격은 상징적이라는 주장과는 달리 대체로 사실적이었다.[66] "삽화는 본문의 보충적 위치에서 떠나 훌륭한 자료의 기능

---

62) '기본적'이라고 한 이유는 집필자에 따라 새로운 항목을 추가하거나 삭제하기도 하기 때문이다. 예를 들어 『유년부Ⅰ』에서는 '학습활동지도' 항목이 보이지 않고, 『유년부 Ⅱ』에서는 '이야기'라는 항목이 보인다.

63) 이종무·송기식·채준환, 『교회학교 50년사』, 201. 교사용교재에는 그 자리에 학생 지도를 위한 '목적', '성경', '지도요령', '해설' 등을 실었다. *Ibid.*

64) *Ibid.*, 198.

65) *Ibid.*, 205 - 206.

66) "매 과마다 내용과 관련된 상징적인 성화나 삽화를 넣"었다. "그 그림을 눈으로 보아 종교적인 느낌을 갖게 하고 성경내용을 인상적으로 기

과 내용의 기능을 제시하는 학습의 요소이다. 비록 학습 개념을 구체
적으로 표현하지는 않지만 삽화는 개념을 내포하는 것이어야 한다."[67]

그리고 글자의 크기에까지 신경을 썼다. 유년부의 경우에는 현재
컴퓨터의 한글을 기준으로 20포인트, 초등부는 14포인트였다.[68] 중
요한 것은 글자의 크기가 아니라 가독성이다. 가독성은 행간과 자간
의 문제이다.[69]

교과서술은 전체적으로 대화 형식을 취하였다.[70] 산문체, 운문체,
드라마 등의 형식을 사용하여,[71] 서술의 대화적 형식을 넘어 그 결
과를 불문한다면, 교재 자체가 대화적 성격, 즉 교사와 학생이 주고
받는 방식의 교재가 되고자 한 의도가 보인다.

내용의 양은 현장의 교회학교 상황을 고려하여 20분 정도의 분량
으로 하였다.[72]

활판 인쇄가 주종을 이루고 있던 당시, 선명한 오프셋 인쇄로 제

---

억할 수 있도록" 하기 위해서이다(Ibid., 201). 은준관은 당시의 성결교
단의 교재를 그림을 평하기를 "'상징'을 통한 커뮤니케이션을 모색하고
있다"고 했으나 교재를 보고 한 말인지 의심스럽다. 은준관, "1970년도
교회학교 교재비판", 「크리스챤신문」(1970년 1월 3일).

67) 전영균, "교과서 개발의 기술적 측면", 한종하 외, 『교과서 개발의 원리』
(서울: 한국교육개발원, 1982), 39-40.

68) *Ibid.*, 198. 그러나 사실과 다르다. 필자가 확인한 바에 따르면 유년부의
경우 10-11급 정도였다.

69) 이에 대해서는 이종우, "교과서의 체제와 품질", 「교과서 개선 연구」(서
울: 한국2종교과서협회 · 대한출판문화협회, 1981), 123-126와 岡田明,
『讀書心理學』(東京: 日本文化科學社, 1973), 159-161을 참조.

70) 은준관, "1970년도 교회학교 교재비판".

71) 이종무 · 송기식 · 채준환, 『교회학교 50년사』, 201.

72) *Ibid.*, 201.

작되었다.[73]

'성경공부' 교재는 여러 장점들에도 불구하고 지적되어야 할 점들이 있다. 첫째, 책의 체제에 있어서 교사용과 학생용의 구분을 본격적으로 시도한 것은 좋다. 그러나 그 구분이 실질적으로 이루어지지 않고 있다. 교사용 교재는 책의 앞부분에 학생용교재의 내용이 그대로 실려 있고, 뒷부분에 그에 대한 해설을 싣고 있다. 실질적으로 교사용 교재라고 할 수 있는 부분은 이 후반부이다. 교사용 교재는 학생용 교재를 해설의 대상으로 보고 거리를 떼어놓고 설명하고 있다. 그래서 외형적으로는 교사용 교재와 학생용 교재의 분리가 분명한 듯하다. 그러나 교사용 교재와 학생용교재의 실제적 분리는 교사용 교재의 적합한 구성방식을 통해 확보된다. 즉 교사용 교재는 '성경공부' 교재에서와 같이 학생용 교재의 내용을 교사용에서 배제하여 거리를 둠으로써 형성되는 것이 아니고, 오히려 학생용 교재의 내용을 교사용 교재 안으로 유입시킴으로써 완성된다.

교사용 교재가 학생용 교재를 포함하는 부분집합의 조건을 갖추기 위해서는 교사용 교재가 학생용 교재와 같거나 (즉 학생용 교재의 내용을 되풀이하거나), 학생용 교재와 구성상 일치하지 않거나 (즉 학생용 교재의 내용을 충실히 설명하지 않거나, 그 내용과 관계된 설명이나 자료 등을 교사에게 떠넘기거나) 하는 경우이다. 이와 같은 경우, 교사는 교수-학습 활동에서 학생을 지도하기에 불충분한 교재로 인해 교육의 효과를 보기가 어렵다.

둘째, 내용 수준이 균등하지 않다. 예를 들어 초등학교 1~3학년을

---

73) *Ibid.*

대상으로 하는 유년부 교재에서, 교회의 특성을 구별성, 친밀성 등으로 설명하는 데 비해,[74] "교회에서 (장난) (기도)하니 참 좋다."는 등의 문제가 나온다.[75]

셋째, 체계적인 커리큘럼에 의한 교육과정이 필요하다. 자율적인 독자적인 내용을 갖춘 교육과정의 필요성이다. 주일학교 '성경공부'는 세계주일학교연합회가 제공한 '세계통일주일공과'의 커리큘럼을 따라한 것이다. 이와 같은 커리큘럼의 비전문성은 커리큘럼의 성격에서 잘 나타난다. 유년부는 생활중심, 초등부는 내용중심으로 커리큘럼의 성격을 구별하였다.[76] 전체적으로 일관적 성격을 갖추지 못한 커리큘럼이 되었다.

그리고 당시 관계자들은 교재 편찬을 처음 해 보는 일이었고 전문가도 없는 상황에서,[77] 역부족을 느껴 이명직의 『주일학교독본』을 토대로 기존의 교재들을 수집하여 참고하는[78] 선에서 작성되었다.[79] 베끼기 교육과정이었다. 더구나 1970년에 사용할 교재를 1969년 10월 말이 되어서도 원고를 받지 못할 정도로 충분한 연구의 과정이

---

74) 기독교대한성결교회총회본부 교육국, 『교회학교 어린이 성경공부』 유년부 Ⅱ 교사용(서울: 기독교대한성결교회 출판부, 1979), 110.
75) *Ibid.*, 11.
76) 이종무·송기식·채준환, 『교회학교 50년사』, 198.
77) 류재하는 이를 다음과 같이 비판한다. "'성경공부'교재가 사명의식에 투철한 몇 사람의 목회자들 중심으로 긴급 편찬된 것이었으므로, 신학과, 교육학 전문가들의 충분한 검토를 하지 못하여 많은 문제점이 드러났고, 무엇보다도 변화가 심한 시대적 가치관에 민감하게 반응치 못하는 약점이 있었다." 류재하 편저, 『성결교회 기독교교육』, 256.
78) 당시 수집된 교재는 대한기독교교육협회, 복음의 빛출판사, 그리고 어린이문화관에서 발행한 교재 등 3종이었다. *Ibid.*, 197.
79) *Ibid.*

없이 급조된 교재였다.[80] 기독교교육을 전공한 사람도 없는 교단의 실정에서 오직 사명감으로 교제를 제작한 것이다.[81]

넷째, 현장의 요구를 충분히 반영하지 못했다. 특히 책의 체제에서 낱장형으로 했다는 이유 때문에 교재를 반송하기도 하고, 계속 낱장으로 발행하면 사용하지 않겠다고 겁을 주는 교회까지 있었다.[82] 또한 책의 크기(사이즈)도 4·6배판(27㎝×19㎝)이었지만, 두 쪽을 펼친 지면에 내용을 실은 까닭에 펼치면 38㎝×27㎝가 되어 활용하기가 어려웠다. 이후 이 교재의 특색이라 할 수 있는 어린이교재에서는 활동을 위한 여백을 잘라내고, 교사용은 지도 내용을 뒤로 몰아 편집하여 크기를 줄이게 된다.[83]

이 시기에 총회교육부는 장기적인 교육계획(1978~1997)을 발표했는데, 이 중에 1970년부터 사용되어 온 '성경공부' 교육과정을 1987년까지 개정하는 계획이 포함되었다.


## Ⅲ. 교육적 교재 편집기(1988~2003)[84]

성결교회의 교재는 이 시기에 들어와서 비로소 교재개발의 절차와 원리를 따르게 된다. 이 시기에 대해 "성결한 삶"과 성결한 삶을 개

---

80) 이에 대한 일화는 Ibid., 199-200을 참조.
81) *Ibid.*, 200.
82) *Ibid.*, 202-203.
83) *Ibid.*, 204.
84) 여기서 '편집기'라는 용어를 사용한 것은 교재편찬에 필요한 기술적 측면들이 고려된 시기라는 의미이다.

편한 학년별 교재를 통해 살펴보자.


## 1. "성결한 삶"


"성결한 삶" 교재의 특성은 다음과 같다. 첫째, 처음으로 절차를 밟아 만든 교재라는 것이다. 교단 총회교육부에서는 교육목적, 곧 성결한 그리스도인상의 구현과 방향을 같이하는 새로운 교육과정을 개발할 필요를 인식하고, 1985년 제39회 총회에서 새 교육과정의 개발을 결의하였다.[85] 기독교교육학자, 신학자, 그리고 목회자가 함께 참여하여 교육과정 개발을 착수하기에 이르렀다. 그리하여 1988년부터 연차적으로 「성결한 삶」이란 이름으로 새로운 교재가 발간되기 시작하였다.[86]

둘째, 전후반기로 나뉘어 발행되었다. 교사용 교재는 책의 크기를 4·6배판으로 키워 학생용교재를 축소하여 중상부에 실어 교사들의 이용의 편의를 도모하고 있다. 그러나 다음 해(1989년)부터는 교사들이 휴대에 불편하다는 불평 때문에 학생용 교재와 같은 크기의 신국판으로 바뀌었다.

셋째, 단계의 체계화가 이루어졌다는 것이다. 이 교육과정에 따른 교재는 유치부가 2단계, 유년부(초등 1~3년), 초등부(초등 4~6년), 중등부, 고등부가 각각 3단계로, 청년대학부가 4단계로 구성되어 있다.[87] 비로소 유치부–청년부에 이르는 단계별 교재가 출간되게 된

---

85) 이형로, "교단교육과정 이해", 71.
86) *Ibid.*, 75.
87) *Ibid.*, 82.

것이다.

넷째, 내용이다. 이 교재는 성결한 그리스도인상의 구현과 교회의 질적 성장에 관심을 두면서, 또 이 시대에 하나님이 찾으시는 성결인 육성에 그 의도를 가지고 교육과정 속에 성경 66권을 고루 체계화시켜 넣었다.[88] 이 교재는 성경 전체의 내용을 발달이론에 맞추어 초등부 과정에서 한 번, 중·고등부 과정에서 한 번 다루고 있다. 그리고 교육과정의 구조는 그리스도에게 인도하여 중생하고 구원받게 하는 '그리스도에게로(to Christ)', 구원받은 신자가 그리스도의 인격과 생활을 훈련하는 '그리스도 안에서(in Christ)', 그리고 훈련된 신자가 하나님을 위해 사명을 감당하는 '그리스도를 위해서(for Christ)'라는 구조를 지니고 있다.

다섯째, 교재의 구성은 '성경공부' 교재의 틀을 따르되 심화시키고 있다. 학생용교재는 과, 날짜, 제목, 성경본문, 외울 말씀, 학습내용, 학습활동, 그리고 매일성경읽기표로 되어 있다. 여기서 학습내용을 원칙적으로 도입, 전개, 정리의 순서를 따랐다. '원칙적'으로라는 말은 교수−학습 진행의 순서를 따르지 않은 부분도 있으나, 본래는 그 순서를 따르도록 한 것 같다는 뜻이다. 학습활동은 알아보기, 더 생각해 보기, 그리고 해 보기로 세분하였다. '알아보기'는 주로 학습한 내용을 확인하는 것이며, '더 생각해 보기'는 학습한 내용 중 심화시킬 내용에 대해 재고하는 것이며, '해 보기'는 학습한 내용을 생활 가운데서 실천해 보도록 제안하는 내용이다. 세계성서공회의 읽기표를 따른[89] '매일성경읽기표'는 주일을 시작으로 토요일까지 읽

---

88) *Ibid.*, 71.

89) 기독교대한성결교회 총회본부 교육국 편, 『성결한 삶: 초등부』 교사용

을 성경의 본문과 제목을 적고 확인하도록 되어 있다.

교사용교재가 '성경공부' 교재와 구성상 다른 점은 '교사연구' 난을 신설했다는 것이다. 이 난은 학습지도방향, 본문에 대한 연구, 용어해설, 학습자 이해로 구성되어 있다. '학습지도방향'은 교수-학습이 나아가야 할 전체적인 방향성을 가리킨다. '본문에 대한 연구'는 성경말씀을 학습자에게 적용시키기 위한 전 단계로서의 성경 본문에 대한 주석적 이해를 꾀하는 내용이다. '교사연구'난에서 괄목할 만한 항목은 '학습자 이해'이다. 이것은 학습자를 학습할 주제와 연관시켜 이해하고자 하는 노력이라고 할 수 있다.

"성결한 삶" 교재가 이전의 교재들과 비교하여 상대적으로 적절한 절차와 방식에 의해 편찬되었다고 하더라도 아쉬운 점이 있다. 이것을 본래 교재가 의도했던 점에서 평가해 보자. "성결한 삶" 교재의 의도는 크게 다섯 가지이다.[90] 즉 성경 전체를 다루며, 신앙과 삶의 일치를 꾀하며, 시대적 상황에 부응하며, 사역을 훈련하며, 교단의 전통을 이어간다는 것이다. 이 중에서 첫 번째 것은 의도대로 이루어진 것 같으나, 나머지 네 가지는 미흡해 보인다. 신앙과 삶의 일치는 교육의 현장이 '삶의 실험실'이거나, 그 이상의 '삶 자체'여야 가능할 것이다. 즉 교육이 신앙적 삶과 긴밀한 관계를 맺어야 한다는 말이다. 리(James M. Lee)가 종교적 수업을 '기독교적 삶을 위한 실험실(Laboratory for a Christian living)'이라고 부른 것은 바로 이런 의미에서이다. '기독교적 삶을 위한 실험실'은 학습자의 신앙과 삶을 연결시켜 보려는 노력이다.[91] 리가 기독교적 삶을 위한 실험실

---

(서울: 대한기독교성결교회 출판부, 1988), 5.
90) 이형로, "교단교육과정 이해", 71-73.

244

을 말하는 이유는, 종교는 인격적이고 상호작용적인 환경 속에서 효과적으로 학습될 수 있기 때문에 학습자가 구체적인 경험을 기독교적 삶을 살아볼 수 있는 장소를 제공하자는 것이다.[92] 종교적 교수-학습은 교사와 학생이 학습내용을 중개요소로 상호작용하면서, 삶의 의미를 서로 일깨워 나누어 갖는 사회적 기회이다. 교사의 경우, 가르침은 곧 그의 삶이며, 학생의 경우, 배움은 그 자체가 곧 그의 삶이어야 한다. 가르치는 사람과 배우는 사람은 어떠한 일시적인 목적을 위해서 잠시 함께 지내는 것이 아니다. 가르침과 배움을 통한 자체를 함께 사는 것이다. 그러기 위해서는 학급은 작은 삶의 터전이 되어야 한다.[93]

 "성결한 삶" 교재는 시대적 상황을 세속적 인본주의, 상대주의, 감각적 쾌락주의, 물질만능주의, 그리고 신앙의 세속화, 고도의 산업사회, 첨단 과학기술의 문명 등으로 규정하고 이것의 부정적 성격을 극복하고자 하였다.[94] 현대의 문제들은 그에 대한 신학적 대응을 교육적으로 수용함으로써 교재 내용으로 유입될 수 있다. 그러나 교재는 전체적으로 성경의 내용을 다루는 데 관심을 두고 있기 때문에 상

---

91) James Michael Lee, The Shape of Religious Instruction: Social Science approach(Mishawaka, Indiana: Religious Education Press, 1971), 82.
92) 리는 '기독교적 삶을 위한 실험실'의 조건을 다음과 같이 말한다. ① 구체적인 '여기 그리고 지금'(here and now)에서의 수행, ② 직접적 경험 제공, ③ 인격의 모든 차원의 통합 시도, ④ 통제 가능한 조건, ⑤ 실험, ⑥ 기독교 행동의 타당성, ⑦ 이론과 실험의 연결. James M. Lee, The Content of Religious Instruction: Social Science Approach(Birmingham, Alabama: Religious Education Press, 1985), 618-626.
93) 이성호, 『교육과정과 평가』(서울: 양서원, 1985), 243.
94) 이형로, "교단교육과정 이해", 72.

대적으로 이와 같은 현대의 문제들을 다루는 데 소홀했다.[95] 다만 이와 같은 문제들은 여름성경학교(수련회) 교재를 통해서 다루어졌다.[96]

"성결한 삶" 교재가 "구원받은 사람이 하나님을 위해서, 교회를 위해서, 그리고 세상을 위해서 해야 할 일이 무엇인가를 교육할 뿐

---

95) 기독교대한성결교회 총회본부 교육국 편, "일러두기", 『성결한 삶』 유년부, 초등부, 중등부, 고등부 교사용(서울: 대한기독교성결교회 출판부, 1988), 9 참조.

96) 이와 같은 신학적 내용들에는 정의·평화·창조질서의 회복을 주장하는 JPIC(Justice, Peace, and the Integrity of Creation)신학, 생명신학, 영성신학 등이 있다. 이 중에서 JPIC는 기독교대한감리회, 기독교대한성결교회, 기독교장로회 등 주요교단이 연합하여, 여름성경학교(수련회) '공동교재'에서 이 문제들을 다루었다. 1990년, 창조질서의 보전을 시작으로 정의, 평화의 문제를 연차적으로 다루었다(대한기독교교육협회 편, 『아름다운 세상』[서울: 대한기독교교육협회, 1990]; 대한기독교교육협회 편, 『깨끗한 마음 바른 삶』[서울: 대한기독교교육협회, 1991]; 대한기독교교육협회 편, 『그리스도의 평화가 이 땅에』[서울: 대한기독교교육협회, 1992] 참조). 최근 기독교대한성결교회와 예수교대한성결교회는 연합으로 이 주제들을 성결교회적으로 해석하여 여름성경학교 연합교재에서 이 문제들을 다시 다룰 계획이다. 2002년에 중생과의 관련에서 평화의 문제를 다루었고(기독교대한성결교회 총회본부 교육국 편, 『하나님 나라와 평화』[서울: 기독교대한성결교회 출판부, 2002] 참조), 2003년에 성결과 관련지어 정의의 문제를, 그리고 2004년에는 신유와 관련지어 생명의 문제를 다룰 예정이다. 기독교대한성결교회 총회본부 교육국, "한국성결교회연합회 공동교재 기획안"(2002), 미간행 참조.
변화하는 세계에 대한 교재적 대응 역시 여름교재를 통해 행해졌다. 1999년부터 3년간 변화하는 세계에 대해 성경, 기독교인, 그리고 교회적 차원에서 다루고 있다. 기독교대한성결교회 총회본부 교육국 편, 『변화하는 세계와 영원한 말씀』(서울: 기독교대한성결교회 출판부, 1999); 기독교대한성결교회 총회본부 교육국 편, 『변화하는 세계와 그리스도인』(서울: 기독교대한성결교회 출판부, 2000); 기독교대한성결교회 총회본부 교육국 편, 『변화하는 세계와 교회공동체』(서울: 기독교대한성결교회 출판부, 2001) 참조.

만 아니라, 구체적으로 그 일을 어떻게 하면 효율적으로 할 수 있는지 그 방법까지도 훈련"하는 내용까지[97] 담으려 한 것은 잘못된 의도로 보인다. 왜냐하면 교회학교의 교재로서는 많은 시간과 물자가 소요되는, 그래서 별도의 과정과 교재가 필요한 사역의 훈련 내용을 모두 담을 수 없기 때문이다.

"성결한 삶" 교재는 교단의 전통을 담고자 하였다. 성결교회는 복음주의와 웨슬리의 신학적 입장과 사중복음의 정신을 따르고 있다.[98] "기독교대한성결교회에서 믿는 교리와 신조는 기독교 개신교파가 일반으로 믿는 복음주의"이다.[99] 성결교회의 교리는 요한 웨슬리의 신학적 입장을 따르고 있다. 한국성결교회는 그 교리에 있어서나 실천에 있어서 성결을 매우 강조하고 있으며 교단의 명칭으로까지 채택하고 있다. "곧 '요한 웨슬리'가 주장하던 '성결'의 도리를 그대로 전하려는 사명"을 갖고 있다.[100] 또한 성결교회는 "창립 당시로부터 중생, 성결, 신유, 재림의 4대 표제를 들어 강조(强調)하여 왔"다.[101] "성결한 삶" 교재는 성결교회의 이와 같은 교단적 특성을 담고자 하였으나 교재의 어디에서도 이 주제를 본격적으로 다루지 않고 있다. 다만 여름 교재를 통해서, 그것도 최근에 다루었을 뿐이다.[102]

---

97) 이형로, "교단교육과정 이해", 72.
98) 박종석, "교육의 본질", 교육백서편찬위원회 편, 『새천년 교육백서』(서울: 기독교대한성결교회 출판부, 2001), 16.
99) 헌법 제13조. "성결교회의 기본교리는 기독교 개신파가 일반으로 믿는 복음주의니"(헌법 제6조).
100) 헌법 제8조 후반.
101) 헌법 제6조.
102) 1994년부터 사중복음을 차례로 다루었다. 기독교대한성결교회 총회본부 교육국 편, 『거듭난 삶』(서울: 기독교대한성결교회 출판부, 1994); 기

아직도 주입식과 대화식의 혼합 형태이다. 학습내용은 성경의 내용을 교사가 가르치도록 되어 있고 학습활동은 '더 생각해 보기', '해 보기' 등의 항목을 통해 학습자의 생각이나 계획을 나누도록 하는 방식을 취하고 있다.

## 2. 학년별 교재

1992년부터는 시대의 변화로 말미암은 교재의 칼라화의 요구와 발달 단계를 더 세분화할 필요성이 제기되어, "성결한 삶" 부별 교재를 학년별 교재로 정밀화하여 발간하게 되었다. 이 학년별 교재는 한국 기독교 최초의 교재발행 전통을 가지고 있는 성결교회가 또다시 최초로 시도한 것이다. 이 후 한국의 대표적 교단인 장로교(통합)와 감리교에 의해 학년별교재의 흐름이 이어졌다.

학년별 교재는 전체 구성 면에서 "성결한 삶" 교재와 동일하나 내용은 완전히 새로 쓰였다. 단원이 너무 세분되어 길거나 현실에 맞지 않는 내용들은 줄이거나 새로운 단원을 집어넣었다. 예를 들어, 초등부 1학년 5단원 '기도의 일꾼'이란 단원은 아홉 과를 다섯 과로 줄였으며,[103] 중등부 1학년 1학기 Ⅱ단원 '하나님의 백성의 삶'은 열

---

독교대한성결교회 총회본부 교육국 편, 『성결한 삶』(서울: 기독교대한성결교회 출판부, 1995); 기독교대한성결교회 총회본부 교육국 편, 『건강한 삶』(서울: 기독교대한성결교회 출판부, 1996); 기독교대한성결교회 총회본부 교육국 편, 『다시 오실 예수님』(서울: 기독교대한성결교회 출판부, 1997) 참조.

103) 기독교대한성결교회 총회본부 교육국 편, 『성결한 삶』 초1-2 교사지침서(서울: 기독교대한성결교회 출판부, 1993), 79-107.

세 과를 여덟 과로 줄였으며,[104] 2학년 교재의 Ⅳ단원은 중학생들의 현실과 밀접한 관련이 있는 공부, 외모, 우정, 사이버, 음악 등의 문제들을 다룬 '우리의 문제와 성경'이란 단원을 추가했으며,[105] 고등부 3학년 Ⅱ단원 '성결교회의 정신'을 새로 추가하였다.[106]

학년별 교재의 특성은 다음과 같다. 첫째, 교재 구성 항목을 새롭게 했다는 것이다. 종전의 성경본문→배울말씀, 외울말씀(요절)→새길말씀으로, 교사용 교재의 교수-학습 진행 부분의 도입→우리의 문제, 전개→하나님의 말씀, 그리고 전개→생활에의 적용 등으로 그 의도를 분명하게 했다. 또한 '성경공부(연구)를 마치고'라는 평가 항목을 신설했다.

둘째, 전문적 삽화가 들어갔다는 것이다. 종전의 교재들에서는 삽화들을 다른 책에서 가져와 사용했기 때문에 교재의 내용과 삽화 사이에 거리가 있었다. 그러나 학년별 교재에서는 삽화 전체를 내용에 맞추어 그렸기 때문에 내용과 삽화가 밀착되게 되었다.[107]

---

104) 기독교대한성결교회 총회본부 교육국 편, 『성결한 삶』 중1-1 교사지침서(서울: 기독교대한성결교회 출판부, 1994), 115-159.

105) 기독교대한성결교회 총회본부 교육국 편, 『성결한 삶』 중2-2 교사지침서(서울: 기독교대한성결교회 출판부, 1999), 89-179.

106) 기독교대한성결교회 총회본부 교육국 편, 『성결한 삶』 고3-1 교사지침서(서울: 기독교대한성결교회 출판부, 2000), 45-87.

107) 삽화에 대한 평가는 다음과 같은 기준에서 살필 수 있다. 신세호 외, 「교과서구조 개선에 관한 연구」 부록(서울: 한국교육개발원, 1979), 45-46. ① 삽화의 표현 방법(만화, 그림, 사진, 도표, 통계, 도안 등)의 선택이 적절한 것인가? ② 본문을 보충하는 입장에서 벗어나 자주적인 내용을 담은 삽화인가? ③ 표현한 내용이 명료하고 구체적인가? ④ 교과전문가와 협의를 거친 것인가? ⑤ 근거가 확실한 내용인가? ⑥ 표현방법이 그릇되어 다른 그림으로 오해받을 염려는 없는가?

셋째, 학생용교재의 활동성이다. 학생용교재는 워크북 형태로 제작됨으로써, 학생들이 쓰고, 그리고 만들 수 있도록 제작되었다. 따라서 학생용의 책 크기를 4·6배판으로 하였다. 종전에 교사용을 크게 했던 것과는 반대이다.

넷째, 학년별교재가 이처럼 새로운 성격을 띨 수 있었던 것은 기독교교육을 전공한 집필자들이 워크숍 등을 통한 집필훈련을 받았기 때문에 가능했다. 종전의 교재가 기독교교육을 전공하지 않은 집필자들에 의해 집필된 것과는 크게 차이가 난다.[108]

다섯째, 학년별 교재 중에서 특히 초등학교 1학년 교재는 글자 크기에까지 신경을 쓰면서, 무엇보다 출판하기 전에 먼저 몇 교회에서 사용하고 피드백(feedback)을 하였다는 점에서 교재개발의 절차를 중시하였다는 점이다.[109]

그러나 학년별 교재는 교회의 교육현장에서 사용상의 난점이 발견되었다. 주일학교 학생 수의 감소로 학년별 교재의 효용성이 반감되었기 때문이다. 물론 학년별 교재를 부별 교재로 활용할 수 있으나, 부별 교재도 사용할 수 없는 열악한 현장을 위해서 부별 교재나 통합 교재를 병행해 발간해야 할 필요성이 생겼다.

---

108) 예를 들어, 1988년부터 발행된 부별 "성결한 삶" 교재는 기독교교교육을 전공한 집필자는 5명 정도였으며, 나머지 수십 명의 집필자는 비기독교교교육전공자들이었다.

109) 일반적으로 교재개발의 절차는 교재편찬정책 수립 → 교재편찬계획 확정 → 현행 교재의 검토·분석 → 학생용 교재·교사용 지침서 시안작성 → 현장교회 실험 → 수정 보완 → 종합 심의 → 인쇄 → 공급이다. 한종하 외, "교과서 개발원리와 절차", 한종하 외, 『교과서 개발의 원리』 (서울: 한국교육개발원, 1982), 22-23.

## Ⅳ. 연합교재 발행기(2004~현재)

2003년 성결교회는 교육과정에 새로운 전기를 맞게 되었다. 기독교대한성결교회(이하 기성)와 예수교대한성결교회(이하 예성)가 공동으로 교육과정을 개발하게 된 것이었다.[110] 예성-기성 교류협력위원회와 한국성결교회연합회의 결의를 거쳐 연합교재의 개발이 추진되었다.

위에서 살펴본 바에 의하면 성결교회의 교회학교 교재는 그 형식과 형태, 내용 면에 있어서 큰 발전을 해 왔다. 성결교회 교회학교의 교재는 교사용 교재 → 학생용 교재로, 통일공과 → 계단공과로, 계단공과는 다시 부별공과 → 학년별공과로 발전되어왔다. 교재의 효시라고 할 수 있는 '만국주일학과'가 독립적인 체제를 갖추지 못하고「활천」에 게재되면서 시작된 교재는 '주일학교독본'을 통해 교재의 형식을 갖추게 되었으며, '성경공과'는 학생용과 교사용이 갖추어진 부별교재였다. '성경공부'는 좀 더 발전된 부별교재로 그 영역을 중·고등부까지 넓혔다. 그리고 '성결한 삶' 교재에 이르러 체계적인 부별계단공과의 완성을 보게 되었다. 이것은 나중에 학년별교재로 개편되었다. 내용 면에서 성결교회의 교회학교 교재는 근본적으로는 성경의 내용을 가르치려는 교재라고 할 수 있다. '만국주일학과'와 『주일학교 독본』은 성서의 사실적 내용으로 가득했다. 그러나 '성경공

---

110) 기독교대한성결교회와 예수교대한성결교회의 공동 교재 개발은 2002년 여름공동교재부터였다. 한국성결교회연합회 편, 『성결과 비전』, 6.

과'와 '성경공부'는 학습자의 발달단계를 고려하려는 노력을 보이기 시작했으며, '성결한 삶'에서는 학생들의 삶에 관한 내용들도 교재에 넣어 성경과 생활의 조화를 꾀하려고 했다. 이와 같은 노력은 학년별 교재로 개편된 교재에서 눈에 띈다.

그럼에도 불구하고 성결교회의 교회학교 교재들은 교육과정의 지원을 받지 않고 있다는 면에서 근본적으로 문제가 있다. 이는 교육과정과 교재가 일치해야 한다는 정당성(validation)을 상실한 것으로, 개선되어야 할 사항이다.[111]

성결교회의 교육과정은 교단의 독특성을 살린 것이어야 한다. 성결교회의 교재는 교단의 고유한 성격을 충분히 반영하지 못함으로써 교회 전체의 성격과 유리된 면이 있었다. "교재가 교단중심으로 계단적으로 출판되면서, ……교단의 신앙고백의 색깔과 전통이 그대로 교재에 반영……됐다. 보수적인 교단들은 여전히 성경의 지식을 연역적으로 가르치는 전통적 교재를 개발하였다. 장로회 통합 측 같은……중도를 걷는다는 교단은 비판적 수용을 표방하면서, 다양한 신앙의 관심들과 문제들을 말씀과 삶의 연결선상에서 폭넓게 풀어 가는 접근형식을 취하였다. ……그러나 기장과 같은 자유롭고 진보적인 성격의 교단에서는 사회적 부조리에 도전하고 인간을 사회구조의 분석 아래에서 이해하고 삶의 문제를 극복하는 의식과 능력의 배양을 꾀하는 교재를 만들었다."[112] 이와 같은 맥락에서 우리 성결교회의 정체성,[113] 즉 복음주의, 웨슬리 신학, 그리고 사중복음의 내용을 살

---

111) R. Venezky, "Textbooks in School and Society", 436-461 참조.
112) 오인탁, "한국교회와 교회교육", 441-442.
113) 성결교회 정체성과 그 교육적 의미에 대해서는 교육백서편찬위원회

릴 수 있는 교육과정의 개발이 필요하다.114)

또한 교재의 발전단계의 끝이라고 할 수 있는 학년별 교재의 수준에까지 이르렀으나, 여기서 비롯되는 문제는 두 가지이다. 첫째, 계단별 교재가 유치－청년·대학부까지 발간되었으나 아직도 개발되지 않고 남아있는 부서, 곧 장년부가 있다는 것이다. 구역교재는 이보다 앞서 1972년부터 연차적으로 발행되었다. 그러나 구역교재가 장년부 교재는 아니기 때문에, 여전히 장년부 교재의 개발 필요성이 있다. 이와 함께 모든 부서에 속하면서도 단지 그 사용규모나 무관심 때문에 그다지 필요성을 느끼지 못했던 신입반 교재의 개발 역시 필요하다. 둘째, 학년별 교재를 사용할 수 없는 소규모 교회학교를 위하여서는 전 학년이 함께 배울 수 있는 통합교재의 개발이 필요하다는 것이다.

또한 앞으로의 교재는 성결교회의 교육목적과 교육목표를 달성하기 위한 교단 차원의 교재이면서 동시에 지 교회의 교회학교에서 편성, 운영하여야 할 교재여야 한다. 교재의 이러한 면을 크게 고려해야 할 지역은 특히 농어촌 지역이다.

교재의 형태 면에서 지금까지는 학생용과 교사용 교재로 단출했던 교재를 학생용과 교사용 활동 자료, 가정(부모)용 자료 등으로 다양

---

편, 『새천년 교육백서』(서울: 기독교대한성결교회 출판부, 2001), 제1부 제1장을 참조할 것.

114) 물론 어떤 교단의 자료들도 하나의 신학적, 성경적 기초를 가지고는 그 교단 전체의 구성원에게 "설득력 있는 매력을 줄 수는 없다"는 반론도 있을 수 있다. Iris V. Cully, *Planning and Selecting Curriculum for Christian Education*, 고용수 역, 『커리큘럼의 계획과 선택』(서울: 한국장로교출판사, 1993), 35.

화시킬 필요가 있다. 또한 다중매체의 시대를 맞아 그 교재들과 활
동자료들을 CD, 인터넷 등과 연결시켜 개발해야 할 것이다.

# 제2절 성결교회의 교육과정의 방향

## Ⅰ. 교육 과정의 성격[115]

이 교육 과정은 기독교대한성결교회의 교육 목적과 교육 목표를 달성하기 위한 교단 수준의 교육 과정이며, 지교회의 교회학교에서 편성, 운영하여야 할 교육 과정의 공통적, 일반적인 기준을 제시한 것이다.

이 교육 과정의 성격은 다음과 같다.

1. 교단 수준의 공통성과 지교회와 개인 수준의 다양성을 동시에 추구하는 교육 과정이다. 지교회의 다양성을 고려하기 위한 농어촌 지역을 위한 교재와 소규모 주일학교를 위한 통합교재를 염두에 둔다.

2. 교단이 추구하는 신앙 유산의 전달을 위한 내용중심과 학습자의 신앙생활을 신장하기 위한 학생 중심의 교육 과정이다.

3. 교단과 교회, 목회자, 교사, 학생, 학부모가 함께 실현해 가는 교육 과정이다.

4. 교회의 목회를 교육목회 체제로 개선하기 위한 교육 과정이다.

5. 교육의 과정과 결과의 질적 수준을 유지, 관리하기 위한 교육 과정이다.

---

115) 이하의 내용은 박종석, "성결교회의 새 교육과정(안)", 『새천년 교육백서』, 457-460으로부터 온 것임.

# Ⅱ. 교육 과정 구성의 방향

## 1. 추구하는 인간상

우리 교회의 교육은 성결한 신자 양성이라는 이념 아래 모든 신자로 하여금 예수 그리스도를 믿음으로 구원을 얻고, 하나님의 말씀과 성령의 인도를 받아 거룩해지고자 하며, 하나님을 사랑하고 이웃을 위해 봉사하는 사람이 되도록 하는 데 있다.

이러한 교육 정신을 바탕으로, 이 교육 과정이 추구하는 인간상은 다음과 같다.

가. 성경에 바탕을 두고 가치를 추구하는 사람

나. 웨슬리 신학을 따라 성결을 이루어 살고자 노력하는 사람

다. 사중복음의 정신을 따라 복음을 전파하기 위해 힘쓰는 사람

## 2. 교육 과정의 구성 방침

이 교육과정이 추구하는 인간상을 구현하기 위한 구성 방침은 다음과 같다.

가. 성경의 기본적 내용을 통해 생활에서 기독교적 가치관을 분별할 수 있는 능력을 길러 줄 수 있도록 교육과정을 구성한다.

나. 교육 내용의 양과 수준을 적정화하고, 심도 있는 학습이 이루어지도록 수준별 교육과정을 도입한다.

다. 학생의 능력, 적성 등을 고려하여 교육 내용과 방법을 다양화

한다.

라. 교육 과정 편성과 운영에 있어서 현장의 자율성을 확대한다.


## Ⅲ. 부별 교육 목표

이 교육 과정이 추구하는 인간상을 구현하기 위하여 다음과 같이 부별 교육 목표를 둔다.

### 1. 유치부

유치부의 교육은 미래의 신앙생활에 필요한 기본 성품과 생활 습관을 형성하는 데 중점을 둔다.

가. 몸과 마음이 균형 있게 자랄 수 있는 다양한 경험을 가진다.
나. 하나님에 대한 신뢰의 기초를 닦는다.
다. 다른 사람들과의 관계의 기초를 닦을 수 있는 경험을 가진다.
라. 교회가 좋은 곳이라는 경험을 가진다.
마. 성경에 대해 호기심을 가진다.

### 2. 초등부

초등부의 교육은 학생의 신앙생활에 필요한 기초 능력 배양과 기본 생활 습관을 형성하는 데 중점을 둔다.

가. 예수 그리스도를 구주로 인정하고 영접하는 경험을 가진다.

나. 다른 사람들과의 관계에서 사랑과 책임감을 갖는다.

다. 주일을 지키는 습관을 가진다.

라. 예배를 공손히 드리는 경험을 가진다.

마. 간단한 기도를 드리는 경험을 가진다.

바. 성경을 읽는 경험을 가진다.

## 3. 중등부

중등부 교육은 초등부 교육의 성과를 바탕으로, 학생의 신앙생활에 필요한 기본 능력과 교회 신자로서의 자질을 함양하는 데 중점을 둔다.

가. 자기 정체성을 발견할 수 있는 경험을 가진다.

나. 권위에 대한 순종을 배울 기회를 가진다.

다. 하나님을 찬양하는 경험을 가진다.

라. 봉사를 통해 보람을 느낄 수 있는 기회를 가진다.

## 4. 고등부

고등부 교육은 중등부 교육의 성과를 바탕으로, 학생의 적성과 소질에 맞는 진로 개척 능력과 세계 시민으로서의 자질을 함양하는 데 중점을 둔다.

가. 하나님을 인격적으로 만나는 경험을 가진다.

나. 봉사를 위한 자신의 은사를 발견할 수 있는 기회를 가진다.

다. 책임을 성실하게 감당할 수 있는 경험을 가진다.
라. 이성과 친구와 신앙적 교류를 할 수 있는 기회를 가진다.

## 5. 청년부

청년부 교육은 고등부 교육의 성과를 바탕으로, 성결한 삶에 대해 진지하게 탐구하며 분명한 가치관을 갖고 개인과 세계에 대한 전망을 획득하는 데 중점을 둔다.
가. 신앙적 통일을 이루는 기독교적 가치관을 정립한다.
나. 지도력을 기를 수 있는 기회를 가진다.
다. 동역자로서의 배우자 관을 가진다.
라. 직업적 전망을 가진다.

## 6. 장년부

장년부 교육은 청년부 교육의 성과를 바탕으로, 성결한 삶을 살아가며 맡겨진 삶을 소명으로 살아가며 지도력을 발휘하는 데 중점을 둔다.
가. 기독교적 양육을 할 수 있는 기회를 가진다.
나. 직업을 통해 하나님께 영광을 돌린다.
다. 성서적 가치관을 가져 성숙한 모습을 가진다.
라. 교회에서 봉사를 할 수 있는 기회를 가진다.
마. 성서적 지도력을 갖고 교회와 세계에 참여한다.
바. 건강한 가정을 유지한다.

## 7. 노년부

노년부 교육은 장년부 교육의 성과를 바탕으로, 건강한 심신 보전을 하면서 신앙의 지혜를 후손들에게 전달하며 죽음을 준비하는 데 중점을 둔다.

가. 심신을 건강하게 유지한다.

나. 가족적 리더십을 함양할 수 있는 기회를 가진다.

다. 변화에 적응할 수 있는 능력을 키운다.

라. 여유 있는 여가 생활을 누릴 수 있다.

마. 인생의 지혜를 전달할 수 있는 기회를 가진다.

## IV. 교육내용

새 교육과정의 전체적 내용은 성결한 사람으로서 걸어가야 할 길을 성경으로부터 배운다는 입장에서 구성한다. 이것은 크게 성결에 이르는 길과 성결한 사람의 삶에 대한 내용으로 구성된다. 성결에 이르는 길은 주로 교리적·교단적인 차원에서 다룬다. 성결한 삶에 대한 내용은 성경적 차원에서 다룬다.

교리적 내용은 신학의 기본적 주제들인 하나님, 예수 그리스도, 성령, 은총, 세계, 섭리, 인간, 구원, 성서, 교회, 종말 등에 대해 다룬다. 성경적 내용은 창조, 언약, 그리스도, 교회와 종말 등에 대해 다룬다. 결국 새 교육과정은 신앙을 가진 사람으로서 세계에서 어떻게 살아가느냐는 다루게 되는 것이다. 여기서 신앙은 인생의 주기에 있어서 나타나는 일반적 특성으로 볼 수 있고, 세계는 그가 주로 신앙의 생활을 펼치는 영역이라 할 수 있다. 삶은 그에게 요구되는 이상적인 신앙의 삶이라 할 수 있다. 이 신앙－세계－삶이 학습자와의 연관 가운데서 구체적인 교육의 내용이 구성될 것이다. 이를 도표로 표현하면 아래와 같다. 이와 같은 내용들은 "성결"과 "성경"이라는 큰 축을 중심으로 해서 구성되어야 한다.

### [표1] 부서별 교육의 장과 발달 과제

| 장 ＼ 부서 | 유아 | 유치 | 유년 | 초등 | 소년 | 중등 | 고등 |
|---|---|---|---|---|---|---|---|
| 신앙 | 신뢰 | 기쁨 | 신비 | 배려 | 능동 | 정체성 | 만남 |
| 세계 | 부모 | 가정 | 학교 | 공동체 | 교회 | 권위 | 우정 |
| 삶 | 습관 | 모범 | 경험 | 독립 | 참여 | 성실 | 발견 |

# 제3절 중등부 교육과정[116]

## Ⅰ. 중등부 교육 목표

중등부 학생들이 예수 그리스도를 믿음으로 거듭나서 하나님의 자녀가 되어 교회의 가르침을 받아 몸과 마음을 건강하고 깨끗하게 살아가면서 다가올 하나님의 나라를 위하여 하나님께서 주신 은사를 살려 이웃을 섬기게 하려는 데 있다.

1. 자신을 거듭난 하나님의 자녀로 알 수 있다.
2. 교회의 권위에 대한 순종을 배울 기회를 가질 수 있다.
3. 하나님의 자녀로서 몸과 마음을 거룩하게 간직할 수 있다.
4. 감사한 마음을 갖고 하나님을 찬양하며 기쁘게 살아갈 수 있다.
5. 자신의 은사와 능력에 맞게 친구와 세상을 섬길 수 있다.
6. 하나님의 나라를 위해 큰 꿈을 품을 수 있다.

---

116) 이하의 내용은 박종석, "중등부 교육과정", 한국성결교회연합회, 『'성결과 비전' 교육과정』(서울: 기독교대한성결교회 출판부, 2003), 96-98로부터 나온 것임.

## Ⅱ. 부서별 학습자 이해

### 1. 일반적 이해

중학생 시기는 발달 면에서 큰 변화를 겪는 기간이다. 중학생들은 빠른 신체적 성장, 심리적 변화, 그리고 지식의 증가 등에 의해 새롭고 다양한 경험을 한다. 중학생의 신체 발달은 여자가 남자보다 2년 정도 앞선다. 신체가 발달하면서 에너지가 넘쳐 자신감을 갖고 일을 추진하지만 의도대로 되지 않아 속상해하기도 한다.

중학생은 자신의 내면세계에 주의를 기울이지만 여전히 다른 사람들의 반응에 민감하다. 그런 모습은 몸을 가꾸거나 외모를 꾸미는 것으로 나타난다. 자기 정체성을 추구하지만 확신이 없기 때문에 또래들에게서 안정을 찾으려고 한다. 중학생은 인간관계를 중시하며 관계 파괴의 책임을 자신에게 돌린다. 여학생의 경우 사물에 관심을 갖는 남학생보다 사람에 더 흥미를 갖기 때문에, 우정과 인간관계에 신경을 쓴다.

중학생은 자신의 개성을 발견하게 되면서 자기 나름의 일련의 가치를 형성하기 시작하지만 주위의 삶에 대해서는 부정적일 수 있다. 성인들의 행위가 도덕적 원칙에 맞지 않기 때문에 권위에 대해 반항을 할 수 있다.

중학생은 귀납적 연역적 논리의 사용을 배운다. 이를 사용하여 삶, 종교 등의 새로운 문제를 자기 나름대로 탐구하되 기존의 내용을 부정하는 방식으로 문제를 풀어나가려고 한다.

학생들은 사회적이지만 묻혀 있을 수 있도록 배려해야 하지만, 독자적으로 계획하고, 문제를 풀고, 발견할 수 있는 기회가 필요하다. 그리고 실수에 대해서는 관용해야 한다.

## 2. 신앙적 이해

중학생은 영적으로 갈등을 겪는다. 권위에 대한 반항 때문에 종교적 가르침을 거부하게 된다. 아동기 때의 하나님 개념을 거부하게 되기 때문에 하나님을 있는 그대로 보여주어야 한다. 예수님은 인간적으로 제시될 때 호소력을 가질 수 있을 것이다. 풍부한 감정을 통로로 성령과 접촉할 수 있다. 하나님은 사랑의 아버지시며, 우리 모두를 창조하셨고 그래서 우리는 참으로 형제들이며 서로 관심을 갖고 돌보는 것이 우리 삶의 기초라는 사실 등은 중학생의 자기 정체성 정립에 도움이 된다.

중학생 연령층은 이제 본격적으로 하나님과 개인적 관계를 갖게 되는 시기이다. 그래서 회심이 일어나기 쉬운 시기이기도 하다. 그러나 그들의 회심은 다분히 감정적이다. 그래서 내면적인 확신으로 이어지지 못할 수도 있다. 중생은 사람의 감정에 의존되는 것이 아니라 우리 주 예수 그리스도의 공로에 전적으로 의존한다. 따라서 중학생들의 감정은 예수님께서 이루신 사역에 대한 분명한 인식과 인정을 통해 진정될 필요가 있다. 회개-용서-의인에 이르는 중생의 과정 중에서 회개의 단계는 중학생들의 풍부한 감정 때문에 들어서기 쉬운 단계가 될 것이다. 예수님께서 십자가에서 이루신 보혈의 공로에 근거한 사죄의 사실 단계에서는 상상력과 감정이 연결되도록 도와줌으로써 예수님의 용서의 은혜에 대한 감사로 이어질 수 있도록 지도할 수 있다.

죄의 고백과 용서로 시작한 중생은 의롭게 여김을 받는 단계를 거쳐 하나님의 자녀로 인정받는 양자의 단계로 이어진다. 양자 됨은 하나님의 자녀로서 살아야 하는 새로운 탄생의 순간이라고 할 수 있다. 중학생들은 마음으로는 기독 학생으로 살아가기 원하지만, 그들을 둘러싼 주위 환경은 그들이 싸워나가기에는 너무 강력하다. 더구나 신앙의 삶을 위협하는 요소는 외부에만 있는 것이 아니다. 발달적으로 볼 때, 중학생은 급격한 신체적 변화를 겪으면서, 그것이 심리적 변화를 일으키는 등 폭풍의 시기를 지내고 있다. 특히 부모로부터의 심리·정신적 독립이 새로운 권위를 찾게 되면서 일시적일 수 있지만 연예인 등을 따르기 쉽다. 이와 같은 새로운 권위 탐색이 하나님께로 인도된다면 신앙생활과 정체성 정립에도 큰 도움이 될 것이다.

중학생들은 가정, 학교, 그리고 사회에서 생활하면서 여러 가지로 상처를 받고 있다. 어린이도 아니고 그러나 아직은 성인이 아닌 학생은 어떻게 처신을 해야 할지 몰라 괴로워한다. 부모에게 반항을 하면서 자신도 상처를 입는다. 학교는 입시 준비 기관이 되어 가고 있으며, 거기서 학생들은 성적으로만 평가받는다. 학교에 적응하지 못하는 학생들은 비행청소년이 되어 음주, 흡연, 마약 등으로 심신을 망치고 있다. 정보화 사회는 학생들의 가치관에 급격한 변화를 일으키고 있다. 특히 폭력과 음란이 난무하는 인터넷은 학생들에게 인간과 성에 대한 그릇된 견해를 조장하고 있다. 학생들이 여러 차원에서 받는 상처에 대한 온전한 치료는 신앙적인 것이다. 예수님은 인간의 영에 관여하실 뿐만 아니라 정신을 바로 잡으시며 병든 육체를 싸매신다. 중학생들에게 예수님은 친구이며 아버지, 그리고 의사로서 소개될 수 있을 것이다.

재림은 종종 그릇된 신학에 의해 신화적인 것으로 여겨진다. 그러나 재림은 일본강점기에 교단 폐쇄의 대가를 치르고도 사수할 만큼 확신을 갖게 하는 역사적 사실이다. 당면한 문제에 비중을 두는 중학생들에게 재림은 너무 먼 미래의 사건으로 생각될 수 있다. 따라서 재림은 미래의 것으로가 아닌 지금 여기서의 재림, 즉 종말론적인 삶의 태도가 중요함을 가르쳐야 할 것이다. 한편, 사이버 세계와 판타지 세계에 익숙한 중학생들에게 재림은 성인들에게 보다 훨씬 더 실감이 나는 새로운 세계의 사실적인 사건으로 여겨질 수 있다. 보다 적극적으로는 중학생 시기를 미래를 위해 꿈을 꾸는 시기라고 한다면, 예수님께서 다시 오셔서 세우실 나라를 꿈꾸며 그 나라를 먼저 건설해가는 일꾼들로 기를 수도 있을 것이다.

## [표1] 중등부 교육과정

| 분기 | 1년차<br>분기주제 | 1년차<br>단원(월)주제 | | 2년차<br>분기주제 | 2년차<br>단원(월)주제 | 3년차<br>분기주제 | 3년차<br>단원(월)주제 |
|---|---|---|---|---|---|---|---|
| I<br>중생 | 나는<br>누구인가 | 1 | 창조 | 이신득의 | 세상과 구별된<br>삶 | 심판과<br>구원의<br>하나님 | 하나님의<br>심판 |
| | | 2 | 자기 정체성 | | 믿음의 대상 | | 이스라엘의<br>회개 |
| | | 3 | 죄 | | 믿음의 대가 | | 하나님의<br>구원 |
| II<br>성결 | 믿음으로<br>산다는<br>것 | 4 | 주일성수 | 구원받은<br>삶 | 믿음의 내용 | 성령과<br>거룩한 삶 | 거룩케<br>하시는 성령 |
| | | 5 | 부모께 순종 | | 하나님께<br>드려진 삶 | | 인도하시는<br>성령 |
| | | 6 | 순결 | | 하나님과<br>교제하는 삶 | | 사랑하시는<br>성령 |
| III<br>신유 | 예수께서<br>세상에서<br>하신일 | 7 | 복음 선포 | 온전한<br>세계 | 병든 세계 | 건강한 삶 | 찬양의 삶 |
| | | 8 | 교육 | | 만남의 세계 | | 지혜의 삶 |
| | | 9 | 치유 | | 온전한 세계 | | 전인적 삶 |
| IV<br>재림 | 주여,<br>여기에 | 10 | 신자의 자격 | 재림을<br>기다리는<br>교회 | 땅 끝까지<br>뻗어가는 교회 | 하나님<br>나라를<br>위하여 | 하나님께 더<br>가까이 |
| | | 11 | 구세주 대망 | | 칭찬받는 교회 | | 비전과 도전 |
| | | 12 | 구주 찬양 | | 섬기는 교회 | | 그의 나라를<br>선포하라 |

# 제4절 재림과 소망: 기독교대한성결교회 여름성경학교 교과과정을 위해[117]

　기독교대한성결교회는 최근 3년 동안 사중복음을 중심으로 여름성경학교 교과과정을 실시해 왔다.[118] 이 교과과정은 2002년 중생을 시작으로 2003년 성결, 그리고 올해 신유에 이어 내년 2005년 재림으로 이어질 것이다. 이 사중복음은 교회 교육의 현장에서 나타날 수 있는 문자적 내용의 난해함에 대한 우려와 다원주의 사회에서의 현대적 해석의 필요성 등에 의해 중생, 성결, 신유가 각각 정의, 평화, 그리고 생명과 연결 지어 다루어졌다. 동일한 맥락에서 2005년에는 재림이 비전과 연계되어 다루어질 것이다.

　내년도에 다루어질 여름성경학교 주제로서의 재림이 갖는 의미는 전년도에 이어 다루어야 되는 순차적 당위성, 그리하여 교육과정의 체계성이라는 논리를 내세우지 않더라도 적어도 두 가지 의미가 있다. 하나는 재림이라는 주제가 사중복음의 나머지 세 복음, 즉 중생, 성결, 그리고 신유가 지향해야 하는 복음이라는 것이다. 헌법에 따르

---

117) 이하의 내용은 박종석, "재림과 소망: 기독교대한성결교회 여름성경학교 교과과정을 위해", 「기독교와 교육」 12(부천: 서울신학대학교 기독교교육연구소, 2004), 4 – 16.

118) 사중복음을 여름성경학교의 주제로 처음 잡은 때는 1994~1997년이었다. 교단을 창립한 지 87년 동안 교회의 지도원리 중의 첫째가는 사중복음이(헌법 제4조 1항) 교회 교육의 현장에서 이처럼 외면당하고 있었다는 것은 차라리 경이로운 일이다.

면 성결교회의 두 가지 목적 중의 하나는 "재림의 주를 대망하도록"[119] 하는 것이다. 거룩한 교회가 할 일은 영혼 구원과 윤리의 실천, 그리고 복음과 성경의 권위를 지기며 재림의 주를 대망히는 것이다. 재림이라는 주제가 갖는 다른 하나의 의미는 이 주제가 중생, 성결, 신유 등 앞서 다루어진 주제들을 종합적으로 정리해 줄 수 있다는 데 있다. 중생 등 세 가지 복음과 함께 다루어진 정의, 평화, 생명 등의 주제들은 재림을 기다리는 신자들의 사명이 되어야 하기 때문에 재림이라는 관점에서 해석되고 이해되어야 한다. 재림 주제의 여름성경학교 교과과정의 주제 채택에 대한 이와 같은 필요성으로부터 이하에서는 재림의 내용과 그것의 기독교교육적 함의들을 살펴볼 것이다.

재림에 대한 신학적 내용들은 대체로 성결교회의 입장을 반영한다고 여겨지는 자료들을 이용하여 살펴볼 것이다. 재림에 대한 기독교교육적 함의들은 기독교교육적 관점과 내용들을 반영하게 될 것이다. 기독교교육적 관점이란 기독교교육적 해석으로, 여기에는 일반적인 교육의 범주인 목적, 내용, 방법, 교사, 학습자 등을 고려한 이해의 추구가 포함될 것이다. 이와 같은 신학적, 기독교교육적 내용들은 재림에 앞서 배운 내용들인 중생-정의, 성결-평화, 신유-생명 등의 주제들을 염두에 두고 정리될 것이다.

먼저 기독교대한성결교회의 『헌법』에 나타난 재림의 내용에 대한 신학자들의 해석에 대해 살펴봄으로써 성결교회의 재림이 무엇을 의미하는지 이해할 것이다. 이와 같은 내용을 바탕으로 재림이 기독교

---

119) 헌법 제1조. 다른 하나의 목적은 교회의 거룩이다.

교육적으로 어떤 함의들을 지니는지 생각해 볼 것이다. 마지막으로
재림을 기독교교육적으로 해석하고 교육적 상황에 맞추어 번역할 것
이다. 이것은 구체적으로 교회학교의 각 부서에서 강조해야 할 재림
의 내용과 방법에 대한 제시로 나타날 것이다.

## Ⅰ. 재림의 신학적 내용

여기서는 재림에 대한 성결교회 신학자들의 견해들을 바탕으로 재
림이 신학적으로 어떤 의미를 지니는지 살펴볼 것이다. 성결교회의
헌법에서 재림의 내용은 다음과 같다.

> "4. 재림(再臨)
> 구약성경의 예언의 중심이 그리스도의 수육탄생(受肉誕生)이라면 신
> 약 성경의 중심은 그리스도의 재림이라 할 수 있나니 우리는 공중재림
> (살전 4:16-18)과 지상재림(행 1:11)을 믿는다. 요한계시록은 재림을
> 전적으로 계시한 성경으로 마지막에 [내가 속히 오리라] 한 말씀이 세
> 번이나 거듭 기록되었다(계 22:7, 12, 20). 재림은 신앙생활의 요소이며
> (살전 3:13) 소망이요(살전 2:19-20) 경성이 된다(마 24:44, 25:13)."[120]

이 재림에 대해 성서신학, 조직신학, 역사신학, 실천신학 등에서
말하는 내용을 정리해 본다. 첫째, 재림은 성경 해석의 원리가 된다.
노세영은 사중복음이 그 교리를 해석하거나 증명하거나 의미를 부여

---

120) 헌법 제6조.

하기 위해 성경을 증빙자료로 사용했음을 지적한다.121) "성서신학 내지는 구약신학의 입장에서 사중복음을 어떻게 해석해야 하는가라는 질문보다는 주로 사중복음이 먼저 전제되고 그 전제기 옳다는 것을 성서 본문으로 증명하고자 하였다는 말이다." 성경을 교리적 증명을 위한 책으로 이용할 경우, 성경의 역사성이 소홀히 될 수밖에 없을 것이다.

둘째, 재림은 복음의 수직적인 면을 강조한다. 『성결교회 헌법 해설집』은 이와 관련하여 다음과 같이 말한다.

> "재림 신앙은, 새 하늘과 새 땅으로 나타날 하나님의 나라에 대한 간절한 소망이다. 성결교회는 전천년설(Pre-Millenialism)을 지지하고 있다. 천년왕국이전에 주님께서 재림하셔서 성도들과 함께 천 년 동안 왕 노릇 하시다가 그 후에 영원한 하나님의 나라가 이루어진다는 것이다. 이는 오늘을 살아가는 성도의 희망의 원천이며 선교의 원동력이 된다. 또한 재림의 신앙은 내세에서의 보상에 대한 기대와 함께 현세에서의 성결한 삶에 대한 하나의 동기가 된다. 그리고 이 땅에서는 '불완전한 성결'이 인간의 성결이 궁극적으로 완성되는 때도 주의 재림의 날이다."122)

재림은 이 눈물골짜기와도 같은 세상을 "지나는 그리스도인들에게 그들의 삶이 결코 무위로 끝나지 않는다는 확신을 준다." "예수 그리스도를 따름으로 말미암아 당하는 현재의 고난과 불이익은 그날에

---

121) 노세영, "성결교회의 구약신학", 「신학과 선교」 29 성결교회 신학연구회 특집호(부천: 서울신학대학교 출판부, 2004), 106-109.

122) 기독교대한성결교회 헌법해설집 발간편집위원회, 『헌법해설집』(서울: 기독교대한성결교회총회 출판부, 1993), 8-9.

모두 보상을 받게 될 것이다."123) 사중복음은 "자신과 그리스도 혹은 하나님과의 관계에 대한 관심은 불러일으"킨다.124) "일제하의 어려웠던 시절 재림 교리는 주로 차안과 피안을 이분법적으로 나누어 차안의 세계를 가치 없는 것으로 피안의 세계를 대망의 세계로 가르침으로 자칫 이 세상을 염세주의적 시각으로 바라보게 하는 경향이 없지 않았다."125) 물론 이와 같은 언급의 배후에는 재림의 타계성에 대한 부정적인 의미를 내포하고 있지만 재림이 소망 없는 현실에 대한 저 세상에 대한 소망을 주어 온 것은 사실이다.

셋째, 재림은 성결교회 신학의 규범이다. 최인식은 "성결교회 신학은 과거와 현재와 미래의 모든 일들을 진리로써 심판하시려고 다시 오시는 예수 그리스도에 대한 믿음 안에서 이해한다."고 보았다.126) 성결교회는 재림 사상을 신약성경의 중심 사상으로 보면서, 교회의 목적이며, 교리적 전통이며,127) 신앙의 동기이며 나가야 할 방향으로

---

123) 김한옥, "성결교회의 실천신학", 「신학과 선교」 29(서울신학대학교 출판부, 2004), 25.

124) 김희성, "성결교회의 성서신학: 신약성서를 중심으로", 「신학과 선교」 29(2004), 58.

125) 정인교, "실천신학 분과 발표(1): 성결교회의 실천신학", 「신학과 선교」 29(2004), 306.

126) 최인식, "성결교회의 교리신학: 성삼위 하나님·원죄·자유의지·성결을 중심으로", 「신학과 선교」 29(2004), 406.

127) 사중복음이 이 전도표제인가, 아니면 교리인가 하는 성격 문제는 성결교회 학자들 사이에서 합의되지 않고 있다. 전자는 사중복음이 기독교 신학이나 교리를 전부 포함할 수 없기 때문에 교리라기보다는 전도표제로 간주해야 한다는 것이다. ……반면, 후자는 성결교회의 중요한 교리는 사중복음이며, 그 속에 모든 신학이 포함되어 있다고 주장한다. 사중복음은 "구원론의 체험과 함께 초월론과 이적 이해와 역사 이해를 동반하는 그 원숙한 포괄성 때문에" 충분히 성결교단의 교리가 될

본다. 그래서일까. 목창균은 사중복음 중에서 유독 재림에 대하여 관심을 표명한다.[128] 그에 따르면 성결교회 재림론의 근간은 전천년기적 재림과 환난 전 휴거이다. 특히 전천년설은 당시 자유주의 신학에 반대하는 의도가 담긴 교리로서 주장된 것이다.[129] 이와 같은 배경하에 한영태는 사중복음이 기독론, 구원론, 성결론 등 조직신학적으로 이해될 수 있음을 보여줌으로써,[130] 성결교회가 재림의 사상을 신학적 규범으로 사용할 수 있는 가능성을 열어놓는다. 한편, 그 내용 이상으로 주의를 끄는 것은 재림의 현실이다. 재림은 하나의 이상이나 신화가 아니다. 그것은 "주께서 호령과 천사장의 소리와 하나님의 나팔 소리로 친히 하늘로부터 강림하시"(살전 4:16)는 살과 피를 지닌 생생한 역사적 현실이다. 그 무엇보다 절실한 현실이기 때문에 성결교회는 재림을 떠나서 바른 판단을 내릴 수 없으며, 재

---

수 있다는 것이다(이상훈, "사중복음의 이해", 「화해」 5(부천: 서울신학대학교, 1987), 28 – 29). 그러나 목창균은 성결교회의 헌법이 사중복음을 전도표제와 교리 둘 다로 언급하고 있기 때문에, 사중복음을 전도표제와 교리 가운데 양자택일적으로 볼 것이 아니라, 전도표제로서 사중복음에 대한 신학적 해석을 해야 할 것이라고 제안한다(목창균, "성결교회 교리의 신학적 토대", 「신학과 선교」 29(2004), 129 – 130). 그러나 한영태는 "분명한 것은 사중복음은 전도표제이다. 그러나 성결교회의 교리 중의 중요 부분이다. 그러나 성결교회 교리나 신학의 전부는 아니다"고 한다(한영태, "웨슬리 신학의 방법론과 사중복음의 조직신학적 이해", 「신학과 선교」 29(2004), 504). 그러므로 여기서는 사중복음을 구태여 전도표제와 교리로 구별하지 않고 필요에 따라 둘 다를 사용한다.
128) 목창균, "성결교회 교리의 신학적 토대", 130 – 135.
129) 한영태, "웨슬리 신학의 방법론과 사중복음의 조직신학적 이해", 498.
130) *Ibid.*, 499 – 502. 기독교대한성결교회 헌법해설집 발간편집위원회, 『헌법해설집』(서울: 기독교대한성결교회총회 출판부, 1993), 9 – 11 참조.

림 없이는 성결교회일 수 없다.

넷째 재림은 실천적 사상이다. 재림은 "자신과 이웃에 대한 관심은 전혀 불러일으킬 수 없"는 사상으로 이해될 수 있다.[131] 그러나 "엄밀한 의미에서 재림의 교리 안에는 이 세계에 대한 적극적 긍정적 삶에 대한 강조가 담겨져 있다고 보아야 한다. 왜냐하면 온전한 삶이야말로 재림의 준비이기 때문이다."[132] 성결교회가 재림의 사상을 처음부터 수직적으로만 이해한 것은 아니다. 박영환에 따르면, "일본의 학대를 받았던 사람들에게는 재림의 복음을……전했다. 이것은 재림 운동으로 전국에 확산될 정도였다. 그 후 재림운동은 이단 시비가 나타나면서 재림을 준비하기 위한 성결한 삶의 운동으로 바뀌었다."[133] 결국 교단은 이 재림 사상으로 인하여 폐쇄되는 아픔을 겪었다. 그러니까 결과적으로는 당시 이 재림 사상은 본래 의도와는 상관없이 현실에 대한 강한 비판과 개혁정신을 담은 반골적 사상으로 여겨진 것이다. 이와 같은 의미에서의 재림 사상은 오늘에 다시 부활될 필요가 있다. 재림 사상은 "한국의 역사와 사회의 문제에 적극적으로 의견을 제시할 뿐 아니라 나아가 역사를 선도하는 신앙 공동체로 나서"는 일에 정신적 초석이 되어야 한다.[134] 재림의 구체적 실천은 선교적 차원에서 발휘될 수 있을 것이다.[135]

---

131) 김희성, "성결교회의 성서신학: 신약성서를 중심으로", 58.

132) 정인교, "실천신학 분과 발표(1): 성결교회의 실천신학", 306.

133) 박영환, "성결교 선교신학과 사중복음의 관계성에서 나타난 과제와 방향에 관한 고찰", 「신학과 선교」 29(2004), 226.

134) 윤철원, "성결교회에서 성서신학의 자리: 신약신학을 중심으로", 「신학과 선교」 29(2004), 255-256.

135) 이에 대해서는, 박영환, "성결교 선교신학과 사중복음의 관계성에서 나타난 과제와 방향에 관한 고찰", 225-226 참조.

## Ⅱ. 재림 교육의 내용과 방법

### 1. 선인적 차원의 내용

여기서는 앞에서 살펴본 재림에 대한 신학적 이해들이 기독교교육적으로 어떤 의미들이 있는지 생각해 보기로 한다. 재림에 대해 기독교교육적 의미를 이끌어 내는 기준은 일반적인 교육의 범주인 교육의 목적, 내용, 방법, 교사, 그리고 학습자의 영역 등이 될 것이다. 그러나 여기서는 교육과정의 구성을 염두에 두기 때문에 교육의 내용과 방법만 다루기로 한다. 먼저 기독교교육의 내용으로서의 재림에 대해 생각해 보자. 성결교회에서는 재림을 성경의 핵심적 내용으로 본다. 그래서 자연스레 재림은 성결교회의 삶의 목표요, 삶의 방향성이고, 판단의 준거가 된다. 재림 사상의 이와 같은 비중을 인정하면서 기독교교육은 그것이 무엇이냐 하는 그 내용에 관심을 가질 수밖에 없다.

여기서 우리는 내용의 선정이 관점에 의해 좌우된다는 상식적이면서도 중요한 사실을 간과해서는 안 된다.

이것은 재림에 관해 있다고 여겨지는 내용들 중에서 어떤 것들을 선정해야 하느냐는 문제이다. 일반적으로 내용 선정의 원리는 ① 지식의 분야에서 가장 중요하다고 판단되는 것을 선정하는 중요성의 원리, ② 역사의 과정을 통과한 것을 정하는 생존의 원리, ③ 학습자에게 유용성이 있는가에 기준을 두고 결정하는 유용성의 원리, ④ 사회의 성장과 발전에 공헌도가 높은 것을 우선하는 사회 발전의 원리, ⑤ 학습자의 흥미, 필요 등의 내적 요구와 합치되느냐 하는 동기 유발의 원리, ⑥ 교육 목표가 시사하는 바로 그러한 학습 경험을 학습자에게 실제로 경험해 볼 수 있도록 기회가 제공될 수 있어야 한다는 기회의 원리(교육 목표와의 일관성), ⑦ 지도 가능성 및 학습자의 현재 발달 수준, 능력, 경험적 배경에 적합하여 학습자가 학습할 수 있는 것이어야 한다는 가능성의 원리(지도 가능성 및 학습 가능성의 검토), ⑧ 전이의 효과를 최대화할 수 있도록 교육 내용(예를 들어 지식의 구조에 충실한)이 선정되어야 한다는 전이의 원리(파급 효과의 원리), 그리고 ⑨ 한 가지 학습 경험(동시 학습)으로 여러 가지 교육 목적을 동시에 달성할 수 있는 경험이 선정되어야 한다는 일경험 다목적 달성의 원리이다.[136]

그러나 기독교교육에서는 이와 같은 일반적 교육 내용의 선정 원리 이상으로 중요하게 간주해야 할 원리가 있는데 그것은 신앙의 원리이다. 즉 신앙에 도움이 되는 내용이 선정되어야 한다는 것이다. 그룸(Thomas H. Groome)은 신앙을 차원적으로 설명한다.[137] 신앙의

---

136) 김인식 · 최호성, 『최신 교육과정 및 평가』(서울: 교육과학사, 1996, 2003), 308-312 참조.

137) 신앙에 대한 그룸의 관점은 개신교의 덜레스(Avery Robert Dulles, "The Meaning of Faith", *The Survival of Dogma* [Garden City, N.Y.: Doubleday, 1971])가 말하는 신앙의 세 가지 요소, 즉 지적 확신, 위탁, 신뢰와 유대교의 램(Norman Lamm, *Faith and Doubt: Studies in Traditional Jewish Thought* [New York: Ktav Pub. House, 1971])이 말하는 신앙의 요소, 즉 인식적, 감정적, 기능적 요소들의 영향을 받았다. Thomas H. Groome, *Christian Religious Education: Sharing Our Story and Vision*, 이기문 역, 『기독교적 종교교육』(서울: 대한예수교장로회총회교육부, 1980), 425.

차원은 세 가지이다. 첫째, 지적인 차원이다. 이것은 지적으로 믿는 것으로서의 신앙이다. 이것은 일반적으로 공식적으로 언급된 교리들에 대한 지적 승인으로 생각된다. 덜레스(Avery Robert Dulles)는 이에 대해 다음과 같이 말한다. "반동 종교개혁으로부터 현세대에 이르기까지 가톨릭교도들은 전반적으로 신앙을 교회의 가르침에 대한 마음의 승복으로 간주해 왔다."[138] 확신과 결단이 반영된 신념 또는 믿음의 활동인 이 인지적·정신적 차원의 교육을 위해서는 공동체의 표현된 신앙을 비판적 성찰을 통해 자기 것이 되도록 해야 한다.[139]

둘째, 정적인 차원이다. 이것은 정서적으로 신뢰하는 것으로서의 신앙이다. 신뢰는 충성, 사랑, 애착과 같은 감정이다. 가톨릭적 전통이 지적으로 믿는 것으로서의 신앙이라면, 신앙의 신뢰적 차원은 개신교회에서 주로 발견된다. 마틴 루터(Martin Luther)는 "스콜라 신학자들의 부당한 주지주의적 강조와 그들의 '선행'에 의한 칭의의 교리에 대한 반작용으로 오직 믿음에 의한 칭의를 주장하였고 신앙을 그리스도의 구속사업에 대한 신뢰적인 의존으로 이해하였다."[140] 사실 신앙에로의 부름은 "하나님의 신실하심과 하나님의 구원하시는 은총의 능력에 대한 무제약적인 신뢰의 관계에로의 초대이다."[141] 예수 안에 계신 하나님과 우리의 관계에 있어서 신뢰인 이 정의적·관계적 차원의 교육을 위해서는 영성훈련에 주의를 기울여야 한다.[142]

---

138) Dulles, *The Survival of Dogma*, 153.

139) Thomas H. Groome, *Sharing Faith: A Comprehensive Approach to Religious Education and Pastoral Ministry*(San Francisco: Harper Collins, 1991), 18−20.

140) Groome, *Christian Religious Education*, 103.

141) *Ibid.*, 104.

셋째, 행위적 차원이다. "행함이라는 것은 아가페의 삶을 체현하는
것, 즉 자기 이웃을 자기처럼 사랑하므로 하나님을 사랑하는 것이
다."143) "그리스도 안에 있는 하나님 나라에 대한 응답으로서의 기
독교신앙은 하나님의 뜻을 행하는 것을 포함해야만 한다."144) 이 세
계 속에서 하나님의 뜻을 행하는 활동인 이 행동적·순종적 차원의
교육을 위해서는 사람들을 역사적 프락시스(praxis)에 참여하도록 해
야 한다.145)

생동감 있는 기독교신앙은 이상의 세 가지 차원들, 즉 믿는 것,
신뢰하는 것, 그리고 행하는 것을 포함한다. 기독교신앙을 목적으로
하는 기독교교육은 이 삼차원적인 신앙을 의도적으로 향상시킬 수
있도록 설계되어야 한다. 그러면 하나님 나라에 대한 응답 속에서
생명을 지니는 기독교신앙의 삶은 무엇인가. 즉 기독교신앙의 삶을
통해 무엇을 이루고자 하느냐이다. 그것은 또 하나의 기독교교육의
목적이어야 할 것이다.

신앙의 이와 같은 차원으로부터 재림은 첫째, 지적인 차원에서 그
근간을 이루는 전천년기적 재림과 환난 전 휴거이다. 성결교회는 전
통적으로 이 같은 재림의 내용을 교리에 상응하는 것으로 승인해 왔
다. 교의는 성경의 가르침에 근거하지만 직접적으로 성경에서 발견
되는 것은 아니지만, 교회가 공적 권위로써 인정하는 것이다. 형식적
으로는 교회의 승인에 의해 확립되지만, 내용적으로는 하느님의 말

---

142) Groome, *Sharing Faith*, 20.
143) Groome, *Christian Religious Education*, 106.
144) *Ibid.*, 106.
145) Groome, *Sharing Faith*, 20-21.

씀인 성경에 입각한다. 또한 교리는 신앙생활을 통하여 산출된 경험들을 교회가 지적으로 체계화한 것이라고 볼 수 있다. 교리를 이렇게 본다면 교리는 단순한 지적 사실의 수집이 아니라 이미 그 안에 정제된 신앙의 생활을 담지하고 있다고 할 수 있다. 따라서 성결교회에서 주장하는 교리로서의 재림은 성장하는 세대들에게 신앙 성숙을 위해 가르칠 만하며 가르쳐야 한다.

둘째, 재림은 정적인 차원에서 역사의 주관자이신 하나님과 구원의 완성자이신 예수님과의 관계로의 초대라고 할 수 있다. 재림의 정적인 차원은 재림의 사건이 아니라 그 사건 배후에서 그 사건을 주관하시는 하나님을 바라보게 한다. 역사의 종말이며, 새로운 역사의 시작인 재림은 역사의 주인이고 저자인 하나님의 전능을 나타내는 유일회적 사건이다. 재림의 사건은 불신자에게는 공포와 고통의 사건이 될 것이지만, 하나님을 아버지로 믿고 따르는 신자들에게는 두려움과 떨림으로 맞는 위로부터의 선물이 될 것이다. 한편 구원을 완성하시는 예수님은 그를 따르는 제자들에게 심판주가 아니라 신앙의 상급을 수여하는 보상자로 오실 것이다. 신앙 때문에 겪어야 했던 신자들의 고통을 외면하지 않았음을 입증하는 사건이 될 것이다. 인간의 상상을 초월하는 역사적 사건인 재림의 주관자이신 하나님과 그 사건의 주인공이신 예수님은 우리가 유일하게 기대야 할 신뢰의 대상이시며, 그리하여 소망하는 분이시다.

셋째, 재림의 행위적 차원이다. 재림은 이루어질 하나님의 나라를 소망하는 소극적 차원을 넘어서 신앙의 삶 속에서 하나님 나라의 실현을 바라보며, 하나님 나라의 의를 실천하는 적극적 차원을 가져야 한다. 재림은 선교적 소망의 동기를 불어넣는다. 이를 선교적 삶이라

고 할 수 있을 것이다.[146]

선교적 삶의 하나는 복음을 전파하는 전도의 삶이다.[147] 신자는 자기를 구원해 주신 예수님께서 타인의 생명도 구원해 주신다는 기쁜 소식을 알려야 한다. 복음 전파는 말로만 하는 것은 아니다. 신자의 삶 자체가 복음의 표현이 될 때, 그것은 선포가 될 수 있다. 학습자가 무슨 일을 하든 그것을 통해 예수 그리스도로 말미암는 구원의 복음을 전할 수 있는 계기가 되어야 한다. 그와 같은 선교적 삶의 기본 성격은 섬기는 삶이다. 예수님의 대속적 사역 역시 섬김의 삶의 전형이다. 예수님은 우리를 구원하는 데 만족하지 않고 우리가 신자로서의 의무를 다하기 원하신다. 그 삶은 본질적으로 섬기는 삶으로 신자의 구체적 삶의 현장에서 행해져야 하는 삶이다. 삶의 현장에는 가정, 이웃, 교회, 학교, 사회, 사이버 공간, 국가, 민족, 환경 등이 있다.[148]

---

146) 이는 제자직과 시민직의 문제라고 할 수도 있다. 세상의 시민권과 하늘나라의 시민권을 동시에 소유하고 있는 그리스도인들에게 예수 그리스도를 따르는 참 제자이면서 세상에서 바른 시민일 수 있느냐는 진지한 문제이다. 그리스도인은 그 둘 사이의 긴장 가운데 살아가는 자들이라고 할 수 있다. 이 주제에 대한 교육적 접근은 Mary C. Boys, *Education for Citizenship and Discipleship*, 김도일 역, 『제자직과 시민직을 위한 교육』(서울: 한국장로교출판사, 1999) 참조.

147) 박종석, "성결교회의 교육목적", 한국성결교회연합회 교육분과 편, 『성결과 비전 교육과정』(서울: 기독교대한성결교회 출판부, 2003), 28.

148) 김국환, "'성결과 비전' 교육과정의 성격과 특징", 한국성결교회연합회 교육분과 편, 『'성결과 비전' 교육과정』(서울: 기독교대한성결교회 출판부, 2003), 23.

## 2. 내용 상응의 대화적 방법

성결교회의 "성결과 비전" 교육과정은 사중복음의 문맥에서 학습자에게 필요하다고 여겨지는 내용들을 교육과정의 논리에 따라 구성하고 있다. 이 교육과정의 특성 중의 하나는 월별 학습을 주 단위로 각기 다른 방식으로 진행할 수 있도록 한 시도이다. 첫째 주는 주제에 대해 성경 이야기를 통해, 둘째 주는 교리적으로, 셋째 주는 삶의 상황을 중심으로, 그리고 넷째 주는 활동 중심으로 접근하고 있다.[149] 이와 같은 접근들은 그에 상응하는 교육의 방법을 요구하게 되는데,[150] 이는 앞에서 언급한 전인적 차원의 내용과 조화를 이룬다고 할 수 있다. 특히 여기서의 방법은 그 본성상 대화의 방법이라고 할 수 있을 것이다.

첫째, 지적 차원의 내용을 위한 방법은 해석학이다. 교리로서의 재림은 성경 내용을 통해서 교수될 텐데, 여기서 해석이 필요하다. 성경이나 교리는 해석에 의해 삶에서 살아난다. 기본적으로 해석은 본문과 해석자의 상황과의 대화이다. 이 대화의 단계와 기능 설정에

---

149) 남은경, "'성결과 비전' 교육과정 디자인과 교육방법", (서울: 기독교대한성결교회 출판부, 2003), 53-61.

150) 교육과정에서 방법의 문제를 다루느냐에 대한 질문이 있을 수 있다. 교육과정을 교육의 과정 전체를 포함하는 것으로 넓게 볼 경우, 분명히 교육의 방법은 교육과정에 포함된다. 대표적인 예는 G. H. Bantock, *Studies in the History of Educational Theory*, Ⅰ, Artifice and Nature, Ⅱ, The Minds and the Masses(George Allen & Unwin, 1980, 1984); R. E. Proctor, *Education's Great Amnesia*(Bloomington: Indiana University, 1988); D. Wagner, ed., *The Seven Liberal Arts in the Middle Ages*(Bloomington: Indiana University, 1983)가 될 것이다.

따라 다양한 해석학이 가능하다.[151] 기독교교육은 과거의 신앙의 전통을 오늘날 우리들의 삶과 연결시키는 과제를 갖는다. 재림과 연관된 해석학은 윙크(Walter Wink)의 해석학을 비판하는 프리버그(Elizabeth A. Fryberg)에게 빚질 수 있다. 그녀의 해석학은 성서에 대한 비평적 물음으로부터 시작하여 상상력을 동원하여 성서의 본문을 확대시켜서 획득된 통찰력을 갖고 독자의 삶으로 돌아오는 전반부의 내용은 윙크의 단계와 유사하다.[152] 프리버그의 독특성은 그녀의 해석학의 후반부에서 드러난다. 그녀는 바르트(Karl Barth)의 신학을 적용하여 그리스도를 만나려는 욕망을 지닌 독자가 성서 본문에서 그리스도를

---

151) 이에 대해서는 Robert L. Conrad, "A Hermeneutic for Christian Educa-tion", *Religious Education* 81(1986): 395; Walter Wink, *Transforming Bible Study*(Nashville: Abingdon Press, 1980); Elizabeth A. Fryberg, "Tra-nsforming Bible Study Transformed", *Religious Education* 88(1993): 178 − 189; Ernest Hess, "Practical Biblical Interpretation", *Religious Education* 88(1993): 190 − 210; John D. Vogelsang, "A Hermeneutics of Reconstruction", *Religious Education* 88(1993): 167 − 177; Alex Sinclair, "A Dialogical Approach to Critical Bible Study: The Use of Schwabian Deliberation to Integrate the Work of Bible Scholars with Educational Philosophy", Religious Education 199:2(2004), 107 − 124 참조. 각각의 해석학에 대한 간략한 설명은 박종석, "기독교교육철학 연구의 반성과 방향", 「기독교교육정보」 4(한국기독교교육정보학회, 2002), 321 − 349 참조.

152) 윙크의 변증법적 해석학은 두 가지 방향으로 진행된다. 하나는 성서에 대한 문학적·역사적 비평이다. 처음 단계는 성서를 있는 그대로 객관적으로 보지 못하게 하는 선입견을 부정하면서 본문에 대해 비평적 물음을 제기하는 단계이다. 이 단계는 동시에 성서로부터 듣는 행위를 포함하는데, 이 뒤에 자신의 삶을 본문과의 대화를 통해 형성된 안목으로 바라볼 수 있는 단계가 이어진다. Walter Wink, *Transforming Bible Study*(Nashville: Abingdon Press, 1980).

만나 자신의 세계를 부정하고 재건하여 그리스도와의 지속적인 만남을 유지한다는 '변형된 변증법적 해석학(Transformed Dialectical Hermeneutic)'을 제안한다.[153]

이와 같은 해석학을 응용하여, 재림에 대한 해석학은 성경에 나타난 재림의 내용을 먼저 상상력과 성실성을 바탕으로 꼼꼼히 살펴본 후, 그것들이 해석자인 학습자들의 세계와 어떻게 다른지를 함께 나누고, 그와 같은 내용들을 어떻게 수용할 수 있는지를 토의할 수 있겠다. 여기서 성서에 나타난 재림의 기사가 매우 다양하며 은유적임에 유의하여야 한다. 따라서 우리가 재림에 대한 본문을 대할 때, 정리가 필요하며, 상징의 의미들을 바르게 해석할 수 있어야 한다.[154] 즉 본문과의 대화를 통해 본문을 해석자의 입장에서 소화해 낼 수 있어야 한다.

둘째, 정의적 차원의 내용을 위한 방법은 실존적이다. 여기서 실존이란 말은 성경에 대한 앞에서 말한 인지적 성격의 연구와 정서적 차원의 연결을 모색하는 방법의 성격을 말한다. 또한 실존주의 교육철학에서 말하는 인간의 자아 상실이 만남으로 이어지는 인격적 성격의 교육을 말한다.[155] 실존주의에서의 만남은 타자와의 만남이 아니라 자신과의 만남이다. 기독교교육에서의 만남은 이 지점에서 일반교육과 이별한다. 기독교교육은 자아를 거짓되다고 여긴다. 그러므

---

153) *Ibid.*, 182-189.

154) James D G. Dunn, "He will Come Again", *Interpretation* 51:1(1997), 42. 기독교교육에서 상징에 대한 논의는 Lewis J. Sherrill, The Gift of Power(New York: Macmillan Co., 1955), 126-144 참조.

155) Otto Friedrich Bollnow, *Existenzphilosophie und Pädagogik*, 이규호 역, 『실존철학과 교육학』(서울: 배영사, 1967) 참조.

로 자신과의 만남이 인간의 진정한 자아 회복에 기여하지 않는다고 본다. 오히려 진정한 자아의 회복은 하나님과의 만남으로 가능해진다. 성서적으로 볼 때, 인간의 진정한 형상은 하나님의 형상이다. 따라서 인간은 하나님과의 만남을 통해 진정한 자아인 하나님의 형상을 회복하게 되는 것이다.

이와 같은 관점에서 재림과 관련된 정의적 교육 방식은 재림 사건의 주관자이며 주인공인 하나님과 예수님을 만나는 것이다. 사건의 외양이나 전개가 아니라 그것을 주관하는 분이 누구냐 하는 것이다. 여기서 학습자는 사건이 아니라 사람을 만난다. 아트마이어(Elizabeth Achtemeier)는 누가복음 21:25-36의 해석을 통해, 재림과 세계의 종말은 믿기가 어렵다고 말한다. 그 이유는 하나님께서 그와 같은 일을 하시리라고 상상할 수 없기 때문이다.[156] 역사의 끝에 오시는 인자는 지각변동을 일으키시는 두려운 분이시지만, 신실한 신자들에게 기쁨과 축하의 때가 될 것이다. 믿는 자들에게 재림이 그와 같은 기회가 될 수 있는 것은 자기의 때문이 아니라, 오히려 죄를 고백하고 자비를 구하는 세리와 같은(눅 18:13) 태도를 가질 때이다. 예수님은 두려운 모습으로 오실지 모르지만 그분은 여전히 회개하고 하나님의 자비에만 의지하는 우리 죄인들을 기뻐하시는 분이며, 오랜 동안 집을 떠나 방황하던 탕자를(눅 15:11-24) 반기시는 분이시다.

셋째, 행위적 차원의 내용을 위한 방법은 경험적이다. 교육에서 경험에 대한 강조는 듀이(John Dewey)로부터 비롯된다. 이상주의를 따라 교육이 내용에 치중됨에 따라, 교육은 지식을 주입하는 지리한

---

156) Elizabeth Achtemeier, "Between Text and Sermon: Luke 21:25-36", *Interpretation* 48:4(1994), 401-404.

행위로 전락되었다. 이에 듀이 등은 '아동에게 내용을 가르칠 것이
아니라 아동을 자체를 가르쳐야 한다'는 주장을 하면서 아동의 경험
을 중시하게 되었다. 아동은 경험에 의하여 배우게 된다는 것이다
(learning by doing). 이와 같은 주장에 동조한 기독교교육학자 코
(George Albert Coe)는 '교육에 의한 구원(salvation by education)'을
주장하게 되는데, 여기서 '교육'은 경험과 다른 말이 아니다. 여기서
듀이의 경험과 코의 경험의 차이를 일별할 필요가 있다. 종종 간과
되는 사실이지만 듀이가 경험을 강조했다고 해서 내용을 무시하는
것은 아니다. 듀이의 본래 뜻은 내용을 경험화하자는 것이다. 사실
듀이 당시까지 주도적 세력이었던 내용중심 교육에서 교과로 구성된
그 내용은 인류 사회의 소중한 유산이라고 할 수 있다. 이 내용은
무시될 수 없고 무시되어서도 안 된다. 듀이 역시 이 점을 인정해서
"아동에게 교과를 경험시킨다."라고 했던 것이다.[157] 그런데 이와 같
은 경험의 의미가 코에게서는 민주주의 사회 건설을 위한 능력이나
기독교적 인격 형성을 위한 것으로 변질되어 성서의 내용이 간과되
어 버렸다는 것이다.[158] 따라서 이 면에서 재림의 행위적 차원을 위
한 방법은 경험적이기는 하지만 성서적이어야 한다. 그것은 코보다
는 차라리 듀이에 가깝다고 할 수 있다. 재림의 내용을 어떻게 경험
화할 수 있느냐, 즉 경험으로 나타나야 하는 대화가 바로 방법의 요
체라고 할 수 있다. 이것은 기독교인의 소망과 관련된 문제이다.

---

157) John Dewey, *Democracy and Education*(Free Press, 1916); John Dewey,
   *Experience and Education*(New York: Collier Books, 1938).
158) George Albert Coe, *A Social Theory of Religious Education*(New York:
   Charles Scribner's Sons, 1921).

## Ⅲ. 재림의 소망

### 1. 하나님 나라의 소망

재림은 우리의 소망을 증가시키는가? 아니면 당혹스러움을 증가시키는가? 재림을 소망의 차원에서 생각할 때 우리는 이 같은 질문을 피할 수 없다. 재림은 초대교회에서 중심적인 내용이었다. 초대교회의 문헌들과, 신조, 교리적 진술들, 그리고 의식 등에 재림이 남아 있다. "마라나타, 우리 주여 오시옵소서"(고전 16:22)로부터, 성만찬에서의 "그리스도께서 죽으시고, 부활하시고, 부활하시고, 다시 오실 것이다"는 선언에 이르기까지 재림에 대한 소망은 계속되고 반복적으로 확언된다.

던(James D. G. Dunn)은 성서적 소망의 중요한 특성을 두 가지로 본다.[159] 하나는 성서적 소망은 확신적 소망이다. 성서적 소망이 헬라적 소망과 다른 내용이다. 헬라적 용법에서 미래는 항시 불확실하다. 그러나 성서에서 소망은 신뢰, 참된 소망, 하나님께 확신을 두는 소망과 밀접하게 결합되어 있다. 그 대표적인 예를 아브라함에게서 볼 수 있다(롬 4장). 다른 하나는, 성서적 소망은 계속해서 재정의된 소망이라는 점이다. 그것은 '이미'와 '아직 아니' 사이의 균형이 결코 최종적으로 해결될 수 없는 소망이다.

성서에 나오는 대표적 소망의 내용은 약속의 땅에 들어가기와 포로 생활로부터의 귀환이다. 예를 들어, 히브리서는 약속된 땅에서의 예약된 안식이란 생각을 사용한다. 기독교인은 광야에서 방황하는

---

159) Dunn, "He will Come Again", 42 이하.

순례자와 같다. 그러나 히브리서 4장 9절에 따르면, 믿는 자들이 여전히 들어가야 할 "안식할 때가 하나님의 백성에게 남아있도다"라고 한다. 그리니까 약속의 땅이린 목적지는 불완전하며 여진히 다가올 것의 그림자일 뿐이다. 마찬가지로 포로생활은 유대인들에게는 불순종에서 비롯된 하나님의 저주 아래 있는 상태를 나타내는 인상이다. 포로생활로부터의 귀환은 간절히 바라는 것이지만 하나님의 호의를 입을 때까지 참고 기다려야 하는 경우가 되었다.

이들 경우에서 보듯이 성취된 소망은 표현된 소망에 미치지 못한다. 그래서 소망의 실현은 오직 부분적인 성취로만 이해된다. 하지만 부분적 성취가 이루어질 소망을 훼손하거나 왜곡하는 것은 아니다. 오히려 새로운 소망에 대해 언급하는 발판이 된다. '이미'가 전적으로 소망의 성취를 나타내는 것은 아니다. 그리고 실현되지 않은 '아직 아니'가 다시 발설되는 소망의 바탕이 된다. 그래서 '이미'와 '아직 아니'는 여전히 소망의 조건이 된다.

이와 같은 성서적 소망은 기독교인이 소망을 형성하는데, 그리고 전통적 의미에서의 종말론인 "마지막 일들"에 대한 안내가 되어야 한다. 종말론적 소망의 중심은 그리스도의 재림이며, 그 소망에 대한 우리의 언설은 전체적으로 성서적 소망의 본성과 일치되어야 한다. 이것이 의미하는 바는 소망은 확신을 갖고 재단언하는 것이지만, 소망하는 것은 여전히 "불확정성의 원리(principle of indeterminacy)"[160]

---

160) 하이젠베르크(W. Heisenberg)가 주장한 원리로, 다음과 같이 설명될 수 있다. 소립자를 보려고 한다고 하자. 그러기 위해서는 빛을 매체로 하지 않으면 안 된다. 따라서 광자가 소립자에 부딪친다. 그 결과 보려고 하는 소립자 그 자체가 변화한다. 다시 말해서 보고자 하는 소립자의 진정한 상태는 파악할 수 없게 된다. 즉 "소립자의 위치와 속도

에 속한다는 것이다. 우리는 성서적 소망의 재진술 속에 포함된 반복된 재정의에 대해 선택의 여지가 없다. '이미'와 '아직 아니'의 긴장이 의미하는 바는, '아직 아니'의 형태는, 그것이 '이미'와 일치하기 때문에, 부분적으로 명확해지며, 만물이 '아직 아니'에 속해 불명확하게 남아 있기 때문에 부분적으로 모호하다. 그러므로 '이미' 소망 중에 있는 우리는 여전히 '아직 아니'를 소망한다.

'이미'와 '아직 아니'의 긴장 사이에 있는 재림은 교육에서 전통적 교실과 삶의 실험실(Laboratory for a Christian living) 형태 둘 다를 추구하는 것이어야 한다. 재림을 '이미'로 취할 경우, 그것은 현재와 관계되면서 재림의 내용을 다루는 전통에 머물게 되며, 교실 형태의 교육을 하게 된다. 그러나 재림을 '아직 아니'로 취할 경우, 그것은 다가올 재림을 향한 준비의 차원을 넘어서 재림을 살아보는 실험실 형태의 교육을 하는 것이 가능하게 된다.[161] 성결교회의 재림교육은 이 교실과 실험실 둘 다 필요하다. 전자만 강조할 경우 삶이 따르지 않는 교리적 지식만 남을 것이며, 후자만 강조할 경우 뿌리 없는 삶

---

는 동시에 확정되지 않는다." 이 원리를 따르면 소망의 확신이 그 성취를 보장하지 않는다.

161) 삶을 위한 실험실의 학습자는 현재를 배우지 않고 산다. 삶은 삶을 통해서 배우며, 그것은 시행착오의 조건을 거치는 탐구가 필요하다. 행동과 반성을 통한 경험을 통해서 삶의 스타일이 체득된다. 여기서 교회는 구체적으로 어떻게 변화를 위한 행동에 참여하는가를 배우도록 돕는 실험실과 훈련장으로 나타나야 한다. *The Shape of Religious Instruction: Social Approach*(Mishawaka, Indiana: Religious Education Press, 1971), 81-82; John H. Westerhoff III, ed., *A Colloquy on Christian Education*, 김재은 역, 『기독교교육 논총』(서울: 대한기독교출판사, 1978), 103.

만 남아 정체성이 문제가 될 것이다.[162] 소망 없는 전통은 내용만 있고, 전통 없는 소망은 방법만 있을 것이다.

'이미'와 '아직 아니' 사이에 하나님의 나라가 있다.[163] 현재와 미래 사이의 하나님의 나라는 신자에게 그 나라를 위한 책임적 삶을 요구한다. 하나님의 나라는 온 세계의 구원이 이루어지는 나라이다. 이 나라는 인간뿐만 아니라 자연을 포함한다. 하나님의 나라를 자연을 포함한 전체 피조계로 확장할 경우, 인간과 자연을 공존의 관점에서 보는 새로운 시각이 요청되며, 구원을 인간에게만 제한하는 관점에서 피조물의 세계에 대한 구원에 대한 논의가 필요하다.

하나님의 나라를 위한 교육을 위해서는 먼저 교육의 장을 확장해야 한다. 신앙공동체가 교육을 교회 내의 교육으로 한정했다면 가정, 사회, 국가, 세계, 자연으로 넓혀야 한다. 불완전한 가정, 병든 사회, 통일을 이루어야 할 국가, 지구화되어 가는 세계, 황폐해져 역공격을 가하는 자연환경 등은 모두 교육의 장이고 문맥이다. 특히 통일, 신자유주의, 환경 파괴 등의 문제는 성경적 차원에서 좀 더 심층적으로 다루어져야 할 것이다. 이런 흐름에서 볼 때 교회는 새로운 교육의 주제들을 발 빠르게 발굴하여 신앙적 차원에서 접근해야 할 것이다.

한편, 하나님의 나라를 위한 책임을 다 하기 위해서는 학습자의 발달과 은사들이 고려되어야 한다. 현대 사회의 다양한 사상(事象)들은 다양한 계층의 다양한 재능을 요구할 것이다. 특정한 문제들을 다루어야 할 인재는 교육적 안목에서 발굴되어 훈련되어야 한다.

---

162) 박종석, "성결교회 신학의 기독교교육적 함의", 「신학과 선교」 29(2004), 203.

163) 박종석, "성결교회의 교육목적", 30.

## 2. 재림과 소망의 교과과정

재림과 소망의 내용을 담는 교과과정은 일단은 여름성경학교를 위한 것이다. 그렇지만 그것은 좁게는 그동안의 여름성경학교 교과과정과, 넓게는 성결교회 전체 교육과정과 일관성을 유지할 수 있도록 짜여야 할 것이다.

먼저 재림과 소망의 교과과정은 지난 3년간의 여름성경학교 교과과정과 조화를 이루어야 한다. 현재 여름성경학교 교과과정은 4년 단일 주기로 알고 있다. 그렇다면 중생, 성결, 신유의 배경을 평화, 정의, 그리고 생명으로 풀어낸 그동안의 여름성경학교 교과과정은 재림을 내용으로 하는 교과과정에서 종합되고 정리되어야 한다. 종합의 방식은 재림을 선교의 동기와 실천으로 볼 때 가능하다. '이미'와 '아직 아니' 사이에 있는, 예수 그리스도의 재림으로 완성될 하나님의 나라는 우리에게 과제를 부과한다. 그 과제가 평화와 정의와 생명이다. 이와 같은 과제의 교과과정화는 자연히 성결교회의 교육과정의 성격에 부합되어야 한다.

성결교회의 교육과정의 틀은 사중복음이다. 이 사중복음을 중심으로 성경의 내용이 학습자의 발달을 고려하여 분배된다. 여기서 학습자의 발달을 어떻게 이해하느냐가 중요하다. 즉 발달의 목적과 과제 등 발달의 주안점을 어디에 두느냐 하는 것이다. 이에 대해 성결교회의 교육과정인 <성결과 비전>은 어린이의 경우, 학교, 친구, 가족, 자연, 교회와의 관계성을. 청소년의 경우 가족, 친구, 문화, 미디어, 우상, 이성관계, 클럽활동, 생태계 등의 사회·문화적 내용들을 다루어야 할 것으로 보고 있다. 한편, 성결교회의 『새천년 교육백서』는 부서

별 교육의 장과 발달 과제를 다음의 도표와 같이 이해하고 있다.[164]

[표1] 부서별 교육의 장과 발달 과제

| 장 \ 부서 | 유아 | 유치 | 유년 | 초등 | 소년 | 중등 | 고등 |
|---|---|---|---|---|---|---|---|
| 신앙 | 신뢰 | 기쁨 | 신비 | 배려 | 능동 | 정체성 | 만남 |
| 세계 | 부모 | 가정 | 학교 | 공동체 | 교회 | 권위 | 우정 |
| 삶 | 습관 | 모범 | 경험 | 독립 | 참여 | 성실 | 발견 |

이와 같은 내용들을 종합할 때, 다음과 같은 재림과 소망의 교과 과정 구성의 지침이 가능할 것이다.

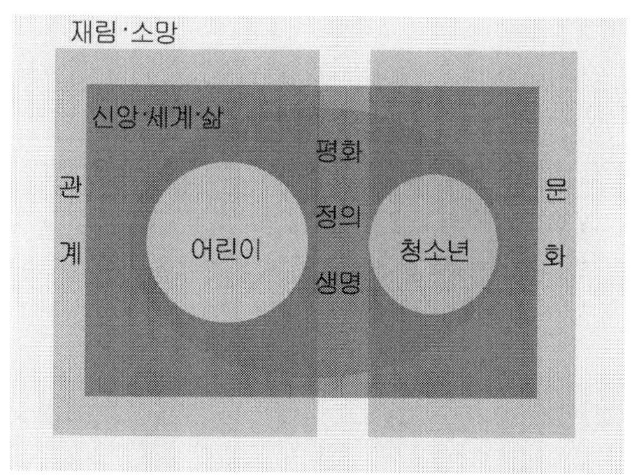


〈그림1〉 여름성경학교 교과과정의 틀

164) 교육백서위원회, 『새천년 교육백서』(서울: 기독교대한성결교회 출판부, 2001), 460.

사중복음을 주제로 하는 여름성경학교 교과과정의 마지막 주제로서의 재림은 성결교회에서 성서의 핵심적 주제이면서 교단적으로 실천되어야 할 주제로 강조되어 왔다. 이 재림은 하나의 교리로 주입식으로 무미건조하게 교육될 가능성이 크지만, 이를 통해 신앙을 길러주기 위해서는 지정의의 전인적 차원에서 내용이 구성되어야 하고, 그에 상응하는 대화적 방법을 사용해야 할 것이다. 성경에서 재림은 소망과 긴밀하게 연관되어 있으며, 이 소망은 '이미'와 '아직 아니' 사이의 긴장 관계에 있어서 믿는 자들에게 청지기적 선교의 사명을 요구한다. 이 사명은 다름이 아니라 하나님의 나라를 위한 일로서 그것은 그동안 여름성경학교 교과과정에서 다루었던 평화, 정의, 생명의 과제이다. 이 과제는 발달에 맞추어 논리적으로 구성되어 학습자에게 제시될 때, 소망의 씨가 될 것이다.

끝으로, 이 여름성경학교 교과과정과 관련해서 두 가지를 말하고 싶다. 하나는 이번의 여름성경학교의 주제를 "재림과 비전"으로 정할 것이라는 말을 총회본부 교육국 실무자로부터 들었다. 성결교회의 교육과정이 "성결과 비전"이어서 일관성을 유지한다는 면에서는 이해할 수도 있는 문제이지만, 이 글을 쓰다 보니 '비전'이라는 말보다 '소망'이라는 말이 더 낫겠다는 생각이 들었다. 그 이유는 물론 교회에서도 많이 사용되기는 하지만, 일반 사회에서도 사용되는 '비전'이란 말보다 우리나라 기독교 공동체 내에서 고유하게 사용되는 것 같은 '소망'이라는 말이 더 기독교적이고 성경의 뜻을 담아낼 수 있다고 여겨지기 때문이다. 교과과정의 용어 문제 외에 제안하고 싶은 다른 한 가지는 여름성경학교 교과과정의 주제와 관련된 문제이다. 사실 금번의 여름성경학교 주제인 평화, 정의, 생명은 사중복음을 구체화한 주제라고 하지만, 이미 90년대 초 한국 교회가 다루었던 주제이기도 하다. 이 주제를 굳이 다루어야 할 교단의 필요성이 있었다고 하더라도 주제를 시대의 흐름에 맞추어 더욱 정교화하거나 영성 등 최근의 세계교회의 흐름을 반영하는 주제를 다루었더라면 하는 아쉬움이 있다.

# 제5절 하나님의 말씀을 배우는 성결교회:
## 여름성경학교 · 수련회 교육과정

성결교회는 개신교 복음주의의 전통 위에 서 있다. 복음주의의 가장 큰 특징은 성서의 권위를 중시한다는 것이다. 우리 교회 100년의 전통을 계승 발전시키기 위한 여름성경학교 교육주제를 작년의 "전도로 부흥하는 성결교회"에 이어 2007년에는 "하나님의 말씀을 배우는 성결교회"로 정했다. 이는 성결교회의 복음주의 정신을 재확인하는 귀한 계기가 될 것이다. 여기서는 이 주제를 교육적인 차원에서 교사들이 참고할 수 있는 자료가 될 수 있도록 풀어놓기로 한다.


## Ⅰ. 교육의 목적

겐겔(Elizabeth Gangel)에 따르면, 아동 성서교육의 목적은 다음과 같다.[165]

1) 성경에 대한 점진적인 사랑을 나타낸다.

2) 성경은 기독교 신앙의 기초요, 신앙과 행위의 최종적인 권위가 됨을 이해한다.

---

165) Elizabeth Gangel, "아동과 성경", Robert Clark, Roy Zuck, and Joanne Brubaker, eds., *Childhood Education in the Church*, 신청기 역, 『교회의 아동교육』(서울: 생명의말씀사, 1997), 311.

3) 성경 진리가 일상생활에 어떻게 적용되는가를 이해한다.

4) 성경의 준비 및 보존을 포함한 성경의 기원을 이해한다.

5) 성성의 내용, 관습, 역사, 그리고 지리를 이해한다.

6) 성구를 암기한다.


그러나 이 목적은 주로 인지적 차원에 치중되어 있어서, 교육 일반이 지향하는 내용들을 구비하고 있지 못하다. 일반적으로 교육은 전인성을 지향하는데, 성경교육 역시 이에서 예외는 아니다.

성경교육은 지·정·의의 차원을 포함해야 한다. 성경은 오래전에 기록된 하나님의 말씀이다. 그것은 그런 면에서 고대의 책이다. 그럼에도 불구하고 성경은 현재의 책이다. 성경에서 말씀하시는 하나님은 오늘날 우리 교회에도 말씀하신다. 그러므로 우리는 기록된 성경의 내용을 경청해야 한다. 그러나 성경의 내용을 안다고 해서 자동적으로 인간 내면에 변화가 일어나는 것은 아니다. 변화가 일어나기 위해서는 성경에서 예수님을 만나야 한다. 성경은 예수 그리스도에 대한 증언이다. 성경이 통일성을 지니는 것은 구약이 예수에 대한 예언이고, 신약이 그 성취이기 때문이다. 성경 안에 예수님이 계시다. 그래서 요한은 말씀이 육신이 되었다고 증언한다(요일 1:1−2). 우리가 성경을 하나의 내용이 아니라 그 안에 있는 예수님을 인격적으로 만날 때 마음의 변화가 일어날 것이다. 그러나 성경교육은 개인적 차원에 머물러서는 안 된다. 성경을 통해 변화된 사람은 세계의 변화를 위해 헌신해야 한다. 하나님은 예수의 제자들을 교회로 불렀을 뿐만 아니라 세상을 향해 보내신다. 그런데 세계의 변화는 저절로 이루어지지 않는다. 그것은 빛과 소금의 역할을 감당할 수 있는 사람들에 의해 이루어진다. 그 힘은 어디서 오는가. 그것 역시 성경으로부터 온다. 말씀은 불같아서 바위라도 쳐서 부스러뜨리는 방망이 같다(렘 23:29). 이처럼 성경교육은 현재에도 말씀하시는 내용으로서의 지적 차원, 예수님과의 만남을 통한 변화로서의 정서적 차원, 그리고 세계를 변화시키는 힘으로서의 행위적 차원을 지녀야한다. 말씀을 듣고 변화받아 세상을 재건하는 교육이 되어야 한다는 말이다.


## Ⅱ. 교육의 내용

성서내용 전체가 학습자에게 교육 가능한 것이라고 하더라도 그 적확성 면에서 발달단계에 따라 차이가 날 수 있다. 학습자의 발달에 맞는 내용의 예를 일부 살펴보자. 웨버에 따르면 학습자의 발달을 고려한 성서의 내용들은 다음과 같다.[166)

### 1) 아 동
성서에 나오는 개념 중에는 아동이 파악하기 어려운 한자어와 종교적 용어 등이 있다. 또한 신약성서의 경우에는 단어는 현대적 어휘라 하더라도 비유나 상징적 표현, 심지어 추상적 개념은 이해하기 힘들 것이다. 예를 들면, 성경에 등장하는 한자어(창공, 형상, 인자,

---

166) Hans—Ruedi Weber, "The Bible in Religious Education", Iris V. Cully and Kendig B. Cully, eds., *Harper's Encyclopedia of Religious Education*(San Francisco: Harper & Row, 1990), 63.

반식, 서원, 경솔히, 증거, 수난 등), 종교적 언어(안식일, 랍비, 신지
자, 번제, 구원, 속죄, 성령, 은혜, 영생, 은혜의 해, 임마누엘, 할렐루
야, 아멘 등), 추상적 개념(천국, 천부, 사랑, 용서, 하늘 등), 은유적
개념(겨자씨, 소금, 빛, 길 등), 문화적 개념(달란트, 발 씻기기, 어부
등) 등이다.167) 이와 같은 성서내용의 난해성으로부터 아동의 발달에
필요한 성서내용의 선정이 요구된다.


① 취학 전
하나님의 사랑과 돌봄에 대한 이야기(예를 들어, 창 1장의 이야기,
막 10:13-16의 예수와 어린이 이야기, 확신과 감사 구절[예를 들어,
시 56:3; 145:10]).

한편 로우랜드(Beth Rowland) 등은 취학 전 아동이 배워야 할 내
용을, 하나님이 멋지게 만드심(창 1:1-2:3); 비가 내리고 홍수가 남
(창 6:9-9:17); 들은 것을 행한 모세(출 3:1-12:51); 소년과 거인(삼
상 17:1-52); 자기 백성을 섬긴 왕비(에 1:1-8:17); 용감한 세 남자
와 악한 왕(단 3:1-30); 하나님이 우리와 함께 하심(눅 2:1-20); 거칠
고 무서운 승선(막 4:35-41); 결코 작지 않은(막 10:13-16); 선한 이
웃(눅 10:25-37); 잃고 찾기(눅 15:1-7); 위대하고 큰 소풍(요 6:1-
14); 다시 사심!(막 15:12; 막 16:1-13).168)
그리고 자렐(Jane C. Jarrell) 등은 하나님이 동물들을 만드심(창

---

167) 손삼권, "성경 읽기의 차원에서 본 어린이 성경 번역", 『성경원문연구
　』6(서울: 대한성서공회, 2000), 100.
168) Beth Rowland Wolf and Bonnie Temple, *First & Favorite Bible
　Lessons for Preschoolers*(Group Publishing, 1996).

1), 하나님이 사람을 만드심(창 2), 노아와 방주(창 6−8), 바벨탑(창
11), 아브람과 사래가 하나님을 따름(창 16), 요셉과 그의 옷.[169]

② 학령기
- 유년부 / 사람들 이야기(예를 들어, 창 37장의 요셉, 삼상 16:1−
  23의 다윗, 막 1:16−20의 제자들의 부름, 행 1:16−20의 루디
  아); 확신과 감사의 구절들(예를 들어, 시 100; 121).
- 초등부 / 이어지는 이야기들(예를 들어, 모세의 사람들과 이스라
  엘 백성, 또는 예수 생애의 이야기들); 시편에서 더(예를 들어,
  시 136, 150).

2) 청소년

① 중 등
예언서 일부(예를 들어, 사 6; 렘 36); 복음서와 사도행전 전체; 시
편 전체.

② 고 등
고등부 / 성서의 주제와 사상과 관련된 구절들(예를 들어, 신 5−6
장에 나타난 언약 주제, 누가복음에서 복음의 개념, 그리고 빌립보서
와 빌레몬서에서 교회의 개념).

---

169) Jane C. Jarrell and Deborah Saathoff, *Incredible Edible Bible Story
Fun for Preschoolers*(Group Publishing, 1999).

## III. 교육의 진행

싱경교육은 위에서 말한 바와 같이 지적인 차원과 행위적 차원이 조화를 이루어야 한다. 그러나 이제까지의 대부분의 성경공부는 내용과 경험, 즉 성경의 내용이 신앙생활과 연결되지 못하고 성경이나 삶 중 어느 하나를 부분적으로 강조하는 형태를 취해 왔다. 퍼니쉬(Dorothy J. Furnish)는 이를 보다 크게 성경 중심과 삶 중심으로 나누고 각각에 네 가지씩 모두 여덟 가지의 성경공부 방식에 대해 말한다.170) 성경중심 공부는 성경의 내용만을 가르치고 학습장에게 그 내용을 숙지시키거나, 성경내용과 삶과의 연관성을 지적하거나, 홍미 유발을 위해 삶의 문제를 다루거나, 성경내용을 삶의 경험과 비교하는 식으로 하는 방식이다. 이에 비해 삶 중심 성경공부는 삶의 문제만을 다루거나, 성경을 삶의 경험 논의를 위한 자료로 사용하거나, 성경을 삶의 경험의 타당성을 위한 입중 자료로 이용하거나, 삶의 경험을 성경에서 찾는 방식이다. 이와 같은 방법들은 어느 것이나 성경의 내용과 삶의 경험이 연결되지 못하고 있어서 성경공부의 목적을 달성하지 못하고 있다. 이에 성경의 내용과 삶의 경험을 이어주면서 발달을 고려한 성경 공부 방식이 요구된다 할 것이다.

성경과 경험을 이어주면서 발달을 고려한 방법으로 여기서는 세 가지를 들어 보겠다. 첫째, 베리만(Jerome W. Berryman)의 방식이다.171) 베리만은 "신앙놀이(Godly Play)"의 창시자이다. 신앙놀이는

---

170) Dorothy J. Furnish, *Exploring the Bible with Children*, 손삼권 역, 『어린이 성서 교수법』(서울: 대한기독교출판사, 1987).

171) Jerome W. Berryman, *Godly Play: An Imaginative Approach to Reli-*

몬테소리(M. Montessori) 종교교육전통의 몇 가지 변형 중의 하나라고 할 수 있다. 신앙놀이는 주로 2~12세까지 아동을 위한 기독교교육과 영적 지도 방법이다. 신앙놀이의 목적은 아동에게 종교 언어, 비유, 성서 이야기, 침묵, 그리고 의식적 행위(세례, 절기 등)를 가르쳐서 그들이 그들 주위에서 그리고 그들의 생활 속에서 하나님의 신비를 더 충분히 알도록 도와주는 데 있다. 이것은 학습자를 이야기나 비유, 또는 의식 안으로 초청하고 거기서 기다리는 풍요함의 이야기와 개인적 경험을 연결 짓도록 하는 방법이다. 신앙 놀이는, 놀랄 만한 질문들과 끝이 열린 반응 시간을 통해, 아동이 좀 더 큰 신념과 신앙의 차원으로 옮아가도록 돕는 활동이다.

신앙놀이는 신앙 이야기를 하고, 함께 경이감을 느끼고, 그리고 아동의 개방된 기회를 허용하는 거룩한 공간을 만든다. 이야기는 아주 단순하게 몇 가지 소도구를 사용해서 해석이나 도덕적 가르침 없이 말한다. 이야기를 한 다음에는 아이와 이야기한 사람이 그들의 흥미를 끄는 이야기의 내용들에 대해 함께 놀라워한다. 예를 들어, 선한 목자 비유에서 그들은 양들이 목자를 따를 때 어떻게 느꼈을지 함께 경이를 느낄 수 있다. 또는 양들이 이름을 가졌는지, 양우리에 있을 때 어떤 느낌이었을지 등에 대해 경이감을 느끼도록 한다. 놀라움을 갖고 이야기를 탐구한 후에, 이야기에서 가장 중요하거나 가장 흥미 있다고 여겨지는 것에 대해 반응하는 시간이 주어진다. 보통은 아동들은 자신들이 이용해서 작업하고 싶은 미술 도구를 이용해서 그 이야기를 자기 말로 표현하도록 한다. 이 방식은 교사 생각

---

*gious Education*(Minneapolis: Augsburg Fortress Publishers, 1995).

에 아이들이 알아야 할 것을 가르치는 것이 아니라 아이들과 함께 하나님을 만나는 것이다.

둘째, 퍼니쉬의 방식이다. 퍼니쉬는 윙크(Walter Wink)의 방식을 아동에게 응용하고 있다. 이 방법은 지적인 좌뇌보다 정서적인 우뇌를 이용해 성경의 내용을 좀 더 마음 가슴 깊이 느껴보자는 데 중점이 있는 방식이다. 이 방식은 3단계로 진행된다. 1단계는 "실체를 느껴보는(fell into)" 단계로 본문 속으로 들어가는 단계라고 할 수 있다. 요셉과 그 형제들의 재결합에 대한 이야기(창 44-45)의 경우를 예로 든다면, 1단계에서 교사는 학습자들에게 어떤 잘못된 일이 일어났을 때를 이야기해 보도록 하면서 시작할 수 있다. 그들이 어떻게 느꼈는지, 그들이 무엇을 했는지, 요셉이 그의 형제들에게 당했던 일을 상기해 보라는 식이다. 2단계는 "만나보는(meet with)" 단계이다. 이 단계는 본문과 대면하는 단계이고, 본문 속에서 우리 자신을 바라보는 단계이다. 요셉과 형제의 이야기에서 음식을 구하러 애굽에 가고 요셉이 그들의 동생임이 드러난 이야기를 들려주고, 요셉과 같은 마음을 느꼈는지, 내가 요셉이라면 그처럼 행동했겠는지, 형제들 중 누구와 동일시하는지, 결말에 대해 어떻게 생각하는지 등을 물을 수 있다. 3단계는 "응답하는(respond out)" 단계이다. 이 단계는 본문이 학습자에게 어떤 행위를 하라고 부르는 단계이다. 구체적으로 그림을 그리거나 시를 지음으로써, 또는 봉사활동 등을 통해 본문에 반응을 할 수 있다. 요셉과 형제들의 재회 이야기에서 학습자로 하여금 성경적인 용어로 또는 그들 자신의 경험에서 어떤 반응을 하든지 그것을 그려볼 수 있도록 하는 식이다.

셋째, 그룸(Thomas H. Groome)의 방식이다.[172] 그룸은 "나누는 신앙(Sharing Faith)"이라 하여 그 과정을 5단계(Movement)로 나누고 있다. 0단계라고 할 수 있는 단계는 초점을 맞추는 활동(Focusing Activity)으로 시작된다. 이 처음 단계에서는 그날의 성경공부 주제가 정해진다. 예를 들어, 그 주제를 성경으로 정했다고 하자. 첫 단계인 제1무브먼트인 '현재 프락시스(praxis)'를 이름 붙이고 표현하기 (Naming / Expressing 'Present Praxis')에서는 성경에 대한 자신의 행위를 드러내는 단계이다. 즉 매일 성경을 보는지, 성경은 어느 번역을 갖고 있는지 등, 성경과 관련된 현실을 있는 그대로 표현하는 단계이다. 제2무브먼트는 현재 행위에 대한 비판적 성찰(Critical Reflection on Present Action)의 단계로 1무브먼트에서의 현실에 대한 이유를 대는 단계이다. 왜 성경을 안 읽는지, 왜 그 번역을 사용하는지 등이다. 3무브먼트인 기독교 이야기와 비전(성서와 전통)에 접근하기(Making Accessible Christian Story and Vision) 단계는 성경에 나온 성경과 관련된 내용을 탐구하는 단계이다. 어떤 면에서 전통적인 성경공부가 전개되는 단계이다. 예를 들어서 성경에서는 성경에 대해 뭐라고 말하는지, 예수님은 성경을 어떻게 대하셨는지 등이다. 제4무브먼트인 변증법적 해석으로 기독교 이야기와 비전을 참여자의 이야기와 비전으로 삼기(Dialectical Hermeneutics to Appropriate Christian Story / Vision to Participants' Stories and Visions) 단계는 3무브먼트에서의 성경의 내용을 알고 난 후에 1, 2무브먼트에서 나온 자신의 현실과 비교하는 단계이다. 여기에서 변증법적인 갈등이 일어

---

172) Thomas H. Groome, *Christian Religious Education: Sharing Our Story and Vision*, 이기문 역, 『기독교적 종교교육』(서울: 대한예수교장로회총회교육부, 1980).

날 수 있다. 예를 들어 나는 성경을 안 읽는데, 성경에서는 날마다 읽을 것을 권하고 있다면 자연히 갈등이 일고 생각하게 될 것이다. 마지막으로 제5무브먼트인 실천적 신앙을 위한 결단 / 응답(Decision / Response for Lived Christian Faith) 단계이다. 여기서는 4무브먼트의 갈등을 겪고 난 후에 행동을 결정하는 단계이다.

이상의 베리만, 퍼니쉬, 그룹의 성경공부 방식은 성경의 내용과 삶의 경험을 이어주면서 전인적 교육을 추구한다. 한편 구태여 이 교육 방식을 학습자의 발달 단계와 연결시킨다면 아이의 자연적 본성을 강조하는 베리만의 방식은 영·유아부, 우뇌적 감정을 강조하는 퍼니쉬의 방식은 유·초등부와 비판적 반성을 근거로 하는 그룹의 방식은 청소년부와 더 관련이 있다고 할 수 있다.

성경교육은 성경 지식을 확장하는 교육이 아니다. 그것은 그야말로 살아 있는 하나님과의 만남을 통해 학습자가 변화되고 그 변화의 감격에 젖어 궁극적으로는 사회를 변화시키려는 힘으로까지 이어져야 하는 하나의 운동이라고 할 수 있다. 복음주의 정신의 성결교회는 설립 초기부터 성서를 강조해왔다. 이번 여름 성경학교·수련회가 교단 창립 100주년을 맞아 다시 한번 성경으로 돌아가 복음이 회복되며 복음의 능력을 맛보는 계기가 되도록 성경을 집중적으로 공부하는 시간이 되어야 할 것이다.

# 제6절 성결교회 새신자 교육과정[173]

    성결교회는 설립 초기에 새신자교육에 관심을 갖지 않았다. 주지하다시피 교회를 세우는 일보다 복음을 전해서 영혼을 구원시키는 일이 더 중요하다고 생각했기 때문이다. 그러다 보니 교육에 대해서 생각해 볼 필요성을 못 느꼈던 것이다. 이와 같은 흐름은 꽤 오래 지속되어서 1980년대까지 계속되었다. 교회는 새신자에 대해서 신경 쓰지 않아도 신자들이 늘어났기 때문이다. 그러나 1980년대 후반부터 시작하여 한국 교회에 불어 닥친 교세의 정체라는 찬바람은 그동안 풍요를 누리고 있던 교회들에게 불안감을 안겨주었다. 교회들이 교세 정체라는 위기를 극복하기 위해 맨 처음 눈을 돌린 곳은 청년들이었다. 교회의 신자들이 노화되면서 자연적으로 맞게 된 교회의 노령화를 청년 신자들로 채워보자는 의도였다. 이것과 연관되어 찬양에 대한 관심이 크게 일어나기도 했다. 교세감소의 위기를 극복하기 위해 교회가 다음으로 눈을 돌린 곳은 새신자들이었다. 교세 확장을 하려는 교회에게 새신자는 그야말로 소중한 존재들이었다. 새신자들이 교회에 찾아와 정착만 잘 한다면 교회의 부흥이 이루어질 것이라는 기대 때문이었다. 교회가 새신자의 정착을 위한 전략으로 세운 방안은 교육이었다. 소위 '새신자교육'이라는 것이었다. 새로 교회에 나온 사람들에게 어떤 내용을 어떻게 가르치느냐 하는 문제

---

173) 이 연구는 「복음과 교육」 2(한국복음주의기독교교육학회, 2005), 211 – 244에 실렸던 것을 보완한 것이다.

는 생각보다 쉽지 않았다. 그리하어 교회는 새신자교육을 위한 적당한 교재들을 찾게 되었고, 교회의 이와 같은 요구에 맞추어 새신자교육을 위한 교재가 다양하게 그리고 상당수 시중에 쏟아져 나오게 되었다. 그러니까 대부분의 교회에서 새신자교육이라는 것이 교세 확장을 위한 동기에서 시작되었으며, 이와 같은 욕구에 맞추어 시장은 발 빠르게 새신자교육을 위한 교재를 공급하고 있다는 것이다.

새신자교육은 그 말 그대로 일종의 교육이지 다른 목적을 위한 수단이 되어서는 안 된다. 새신자교육을 순수한 교육 차원에서 생각할 때 과연 현재의 새신자교육이 교육적인가 묻지 않을 수 없다. 그 랬을 때 새신자교육은 우선 교육의 성격이라고 할 수 있는 의도성과 계획성이 있느냐이다. 먼저 교육의 의도성으로부터 새신자교육을 무슨 목적으로 하느냐는 것을 물을 수 있다. 앞에서 말한 것처럼 새신자교육은 교세 성장을 위한 것이거나 그 밖의 다른 목적에서 이루어지면 안 되고 교육 그 자체를 위해 이루어져야 한다.

물론 모든 교회가 새신자교육을 교회성장의 수단으로 이용하는 것은 아니다. 신자들의 신앙교육을 위해서 새신자교육의 중요성을 충분히 인정하는 교회들이 훨씬 더 많을지도 모른다. 그러나 그런 교회일지라도 중요성에 비견될 만큼 새신자교육을 체계적으로 하고 있는가는 확인할 수 없다. 예컨대, 성결교회의 경우 독자적인 새신자교육교재를 지닌 교회는 신촌교회, 장충단교회, 서초교회 정도가 확인되었다. 이 교재들의 공통적인 약점은 성인교육의 특성을 충분히 반영하고 있지 못하다는 것이다. 또한 현실적 조건 때문에 정확한 실태는 파악할 수 없지만 대부분의 교회가 새신자교육은 하고 있지만 나름대로의 교재를 작성하고 있지 못해 시중에서 판매되는 교재들에 의존할 것으로 추측된다. 그와 같은 교재들의 대부분은 교육적 고려가 되어 있지 않으며 집필자의 주관과 교단의 신학이 반영되어 있어 새신자교육의 교재로 사용하기에 부적절하다.

그럴 때 어떤 교육을 하느냐 하는 것이 바로 의도성이다. 새신자교육에서 해야 할 교육은 무엇보다 먼저 새신자가 교회에서 신앙생활과 교회생활을 잘하도록 하기 위한 것이다. 교육이 교육이기 위해서는 계획성도 있어야 한다. 작금의 새신자교육은 그것 나름대로 독립적으로 행해지는데, 이는 교육의 연속성 면에서 적절하지 않다. 여기에 새신자교육이 주로 성인에 대해 일컬어지는 것을 고려할 때 교육대상에 대한 고려가 충분해야 한다는 점이다.

따라서 이상의 내용들을 고려해서 여기서는 새신자교육의 계획성을 고려해서 새신자교육을 세례교육과정－양육과정－사역과정에 이어지는 처음 단계로 보도록 한다. 의도성을 고려하여 새신자교육은 새신자들이 신앙생활과 교회생활을 해 나가는 데 필요한 기본적 내용을 가르치는 것으로 본다. 또한 새신자교육은 주로 성인들을 대상으로 하기 때문에 성인교육 이론에 근거해서 설명하겠다. 마지막으로 여기서의 새신자교육은 성결교회 안에서의 교육이기 때문에 최소한의 정도에서 성결교회적 성격을 가미할 것이다.

# Ⅰ. 새신자는 누구인가

## 1. 새신자의 정의

새신자교육을 위해서는 먼저 교육을 받을 새신자가 누구인지 그 정체성이 규정되어야 한다. 첫째, 여기에서 새신자는 전도받아 결신했거나 아직 예수를 구주로 영접하지는 않았으나 그럴 수 있는 가능성을 지니고 교회에 처음 출석하는 사람을 말한다. 때로 일부 교회에서 타 교회에서 전입해 온 신자들도 자신들이 구축하고 있는 고유한 교육체제에서 새신자교육을 받게 하는데, 이 경우의 새신자는 해당되지 않는다. 그러니까 예수 그리스도를 처음 믿어 영접했거나 믿고자 하는 마음을 가지고 있고 결신의 가능성이 있는 자로서 교회에 출석하고 있거나 출석을 전제로 한 사람이다. 둘째, 여기에서의 새신자는 일반적으로 교회학교라고 불리는 교육기관의 연령에 해당하는 아동이나 청소년 연령층의 새신자들은 제외된다. 통상적으로 교회에서 장년부라고 하는 부서에 속할 수 있는 성인들을 가리킨다. 셋째, 여기에서의 새신자는 교회 신앙훈련의 면에서 세례를 받기 전까지의 신자를 말한다. 이와 같은 의미에서의 새신자를 교회 앞에서 신앙고백을 하고 세례를 받은 실질적 의미에서의 신자와는 어떤 관계인지 등이 문제 될 수 있을 것이다.[174] 그래서 가톨릭 등에서는 이를 구별하기 위해 '예비신자'라는 용어를 사용한다. 이러한 용어상의 혼동

---

174) 이호형, "새신자 교육의 뿌리 찾기", 「교육목회」 봄(서울: 대한예수교 장로회총회교육부, 2000), 23.

은 교회에 출석하는 것과 신앙의 출발이 동일시될 수 없기 때문에
더 심화된다고 할 수 있다.[175] 그러나 여기에서는 성결교회에서 통
상 사용하는 의미에서 새신자라는 용어를 사용하기로 한다.


## 2. 성인으로서의 새신자

성인을 대상으로 한 새신자교육은 그 타당성을 위해 성인교육을
고려해야 한다.[176] 성인교육은 아동을 대상으로 하는 일반교육인 페
다고지(Pedagogy)와 비교하여 안드라고지(Andragogy)라는 말로 표현
된다. 안드라고지는 성인의 학습 특성이 다른 세대와 다르다는 데
착안한 교육 개념이다.[177] 아동교육과 비교하여 성인교육의 주요 특

---

175) 박상진, 「새신자를 위한 교회교육과정 연구」(장로회신학대학 대학원,
1992), 석사논문, 6.

176) 기독교 성인교육의 이론과 실천의 특성에 대해서는, Leon McKenzie
and R. Michael Harton, *The Religious Education of Adults*(Macon, GA:
Smyth & Helwys Publishing, Inc., 2002), 12−13 참조.

177) 안드라고지(Andragogy)는 희랍어의 '소년이 아닌 성인 남자, 혹은 성인'
의 의미를 지닌 안드라(andra)와 '이끌다'의 의미를 지니고 있는 아고구
스(agogus)의 합성어이다. 말콤 노올즈(Malcom Knowles)는 성인교육이
그동안 전통적인 아동교육학의 개념과 방법론에 의해 지배받아 왔다는
것에 대하여 문제를 제기하고 성인교육론을 제시했다(The Modern
Practice of Adult Education [New York: Association Press, 1970]). 안드
라고지라는 말은 크게 세 가지 용법으로 사용되고 있다. 하나는 성인
평생교육을 이해하고 지원하는 학문이고, 다른 하나는 특히 미국에서
노올즈의 전통을 따라 자기주도적 자율적 학습자와 학습 촉진자로서의
교사 개념에 바탕을 둔 구체적 이론적 실천적 접근이며, 마지막으로 폭
넓게 사용되는 것으로 단순한 성인교육 이상의 것을 주장하면서 아동
교육과는 반대되는 교육으로서의 의미이다(http://www.andragogy.net).
기독교교육에서 안드라고지에 대한 연구는 대표적으로 존 엘리아스

징은 다음과 같다.

### [표1] 페다고지와 안드라고지의 비교

| 가설항목 | 교사중심학습(페다고지) | 자율학습(안드라고지) |
|---|---|---|
| 1. 학습자의 개념 | 의존자 | 자율학습자 |
| 2. 학습자의 경험의 역할 | 경험이 많지 않음으로 학습자료가 충분치 않음 | 많은 경험이 풍부한 학습의 자료가 됨 |
| 3. 학습자의 발달과제 | 성숙단계에 맞는 과제 | 삶의 문제 및 역할에 따른 과업 |
| 4. 학습내용 | 주제중심 | 과업 또는 문제 중심 |
| 5. 학습동기부여 | 외적 보상 또는 벌 | 욕구에 따른 내적 자극과 호기심 |
| 6. 학습결과 적용시기 | 미래 적용 | 현실적 적용 |

한편 여기에서의 성인은 성결교회 신자로서의 성인이다. 그러므로 여기에서의 새신자교육은 성결교회의 차원에 관심을 갖는다. 그 차원의 성격은 신학적인 것으로 복음주의, 웨슬리 신학, 그리고 사중복

---

(John Elias), 린다 보겔(Linda J. Vogel) 등에 의해 수행되었고, 한국에서는 김재은과 박봉수 등에 의해 연구됐다. John L. Elias, *The Foundations and Practice of Adult Religious Education*(Malabar: Robert E. Krieger Publishing Co., 1982); John L. Elias and Sharan Merriam, *Philosophical Foundations of Adult Education*, 기영화 역, 『성인교육의 철학적 기초』(서울: 학지사, 2002); Linda J. Vogel, *The Religious Education of Older Adults*(Birmingham, AL: Religious Education Press, 1984); Linda J. Vogel, *Teaching and Learning in Communities of Faith: Empowering Adults through Religious Education*(San Francisco: Jossey-Bass, 1991); 김재은, 『기독교 성인교육』(서울: 기독한교, 2004); 박봉수, 『교회의 성인교육』(서울: 한국장로교출판사, 2003).

음을 고려한다.[178] 따라서 이 글에서 새신자교육이란 결신 또는 결신의 가능성을 갖고 성결교회에 처음으로 출석하기 시작하는 성인에 대한 세례 이전까지의 일정 기간 동안의 교육을 이른다. 여기에서는 이런 의미의 새신자교육에 대한 구상을 용이성과 일반성을 위해서 일반적인 교육의 범주인 교육의 목적, 내용, 방법, 교사, 학습자의 영역에서 시도할 것이고, 여기에 교회의 현실적인 필요를 감안하여 운영 방안을, 그리고 평가에 대해 생각해 볼 것이다. 이와 같은 범주들의 내용은 전술한 새신자의 범위, 성인교육으로서의 안드라고지, 성결교회의 신학 등을 충분히 반영할 수 있어야 할 것이다.

## II. 새신자교육의 실천

성결교회는 신자들에 대한 교육을 일련의 새신자교육–세례교육–양육교육–사역교육의 과정으로 보고 있다.[179] 새신자교육은 세례자교육의 바로 앞에 위치하는 교육으로 이후의 다른 교육들의 기반을 형성하게 된다. 새신자교육이라는 이 기반을 제대로 형성시키지 못하

---

178) 교육백서편찬위원회 편, 『새천년 교육백서』(서울: 기독교대한성결교회 출판부, 2001), 34–68.

179) 성결교회 100주년기념사업위원회 교육분과의 평신도 교육과정연구 역시 이와 같은 흐름을 따른다. 이는 Hrbert W. Byrne, *A Christian Approach to Education*, 신현광 역, 『기독교교육학총론』(서울: 민영사, 1990)에서 볼 수 있는 '그리스도 안으로(to Christ; 새신자 교육, 세례 교육과정)' → '그리스도 안에서(in Christ; 양육과정)' → '그리스도를 위해서(for Christ; 사역교육과정)'와 일치한다.

는 경우 이후의 교육은 근거를 상실하며 그 실효성도 보장할 수 없을 것이다. 이와 같은 새신자교육을 어떻게 하여야 하는지 그것들을 교육의 범주에서 생각해 보자.

## 1. 교육의 목적: 신앙적 의미 추구

성결교회 새신자교육의 목적은 성결교회에 처음 출석하기 시작한 사람들이 예수를 구주로 영접하여 신앙생활과 교회생활을 원만히 할 수 있는 기초를 형성하도록 돕는 데 있다.

발달과제는 목적과 긴밀한 관계가 있다. 발달과제를 이루는 것을 바로 목적으로 볼 수 있기 때문이다. 성인교육으로서의 안드라고지에서 성인의 발달과제는 삶의 문제 및 역할에 따른 과업이다. 이것을 바탕으로 교회의 새신자교육의 목적을 정립하기 위해 고려해야 할 요소들은 전술한 바와 같이 새신자, 성인교육, 그리고 성결교회 신학이다. 딱히 새신자가 아니더라도 모든 교회교육의 목적 중의 하나는 신앙 양육이다. 존 웨스터호프(John H. Westerhoff Ⅲ)에 따르면 신앙은 사람이 소유하는 삶의 지각 방식으로 본다.[180] 제임스 파울러(James W. Fowler)에게 신앙은 인간에게 보편적인 것이며, 의미를 찾고 관계를 맺고자 하는 행위로서 사물을 초월적인 차원에서 이해하고자 하는 상상적 이미지이다.[181] 신앙에 대한 이와 같은 진술

---

180) John H. Westerhoff Ⅲ, *Will Our Children Have Faith?*, 정웅섭 역, 『교회의 신앙교육』(서울: 대한기독교교육협회, 1983), 52−54; John H. Westerhoff Ⅲ, *Values for Tomorrows Children: An Alternative Future for Education in the Church*(Philadelphia: Pilgrim Press, 1971), 26.
181) James W. Fowler, *Stages of Faith: The Psychology of Human Develo-*

의 배후에 스며있는 내용은 의미라고 볼 수 있을 것이다. 즉 성인들에게 신앙은 하나의 의미 추구행위라고 할 수 있을 것이다. 인간이 진정으로 원하는 것은 권력으로 볼 수도 있겠으나[182] 그 마저도 의미를 정위하려는 유치한 노력으로 볼 수 있다. 저서의 대부분을 성인종교교육에 집중하고 있는 레온 맥켄지(Leon McKenzie)는 빅터 프랭클(Viktor Frankl)을 따라[183] 의미야말로 성인종교교육의 목적이 되어야 한다고 본다. 그에게 의미는 세계 내 존재와 실재를 향한 실존적 입장을 정의하는 해석적 구조 또는 준거틀이다. 성인종교교육은 이 의미를 획득하고 의미구조를 탐구하고 확장하며 그 의미들을 효과적으로 표현하도록 돕는 것이다.[184]

새신자교육의 목적으로서의 이 의미 탐구가 보다 온전한 것으로서 기능하기 위해서는 성결교회의 신학인 복음주의, 웨슬리 신학, 사중복음의 기초적 내용과 결합되어 새로운 실재로 태어나야 한다. 주지하다시피 복음주의의 두드러진 특성은 성경에 대한 강조이며, 웨슬리 신학은 성결을, 사중복음은 온전한 삶을 중시하고 있다. 이 같은 내용들을 의도적으로 교육을 염두에 두고 포괄적으로 이해할 경우 복음주의의 성경 강조는 삶을 해석하는 척도로서의 규범이, 웨슬리

---

*pment and The Quest for Meaning*, 사미자 역, 『신앙의 발달단계』(서울: 한국장로교출판사, 1987), 4−23.

182) Alfred Adler, *Understanding Human Nature*(New York: Fawcett Publications, 1954), 65−80.

183) Viktor Frankl, *Man's Search for Meaning*(New York: Washington Square Press, 1967).

184) Leon McKenzie, "The Purposes and Scope of Adult Religious Education", Nancy T. Foltz, ed., *Handbook of Adult Religious Education* (Birmingham, AL: Religious Education Press, 1986), 10−13.

신학의 성결, 곧 거룩은 신앙의 내적인 차원을, 그리고 사중복음은 구원의 외적인 차원에서의 삶이라고 할 수 있을 것이다. 성인교육의 복적으로서의 의미탐구와 성결교회의 신학이 갖는 함의들을 송합할 경우 그 목적은 성경적 관점에서 신앙의 눈으로 삶에서 의미를 찾아가도록 하는 교육이라 할 수 있을 것이다. 여기서 의미의 탐구를 성경적 관점에 제한하는 것은 첫째, 신앙의 눈이라는 가치관이 모든 사람의 것일 수 있다는 앞에서의 언급을 보다 기독교적인 언급으로 제한하고자 하는 의도이고, 둘째, 의미 탐구에 대한 기독교적 접근의 다양한 가능성 때문에 성경을 강조함으로써 그 복음주의적 성격, 나아가서는 성결교회의 특성을 강조하기 위해서이다. 이와 같은 점들을 고려하여 새신자교육의 목표를 설정하면 다음과 같다.

1) 성경과 교회의 핵심적인 내용의 학습

새신자교육의 목적을 새신자로 하여금 성경적 관점에서 신앙의 눈으로 삶에서 의미를 찾아가도록 돕는 교육이라고 할 때, 그에 따른 목표들을 생각해 보기로 하자. 목표는 새신자교육이 본질적으로 신앙교육이라는 면에서 성인교육과 성결교회 신학의 기초적 내용들이 신앙의 차원에서 정리되어야 할 것이다. 신앙적 차원은 두 가지를 고려해야 할 것이다. 하나는 새신자의 신앙을 어느 단계로 생각해야 하느냐는 문제이다.[185] 새신자의 신앙을 성인연령대에 나타나는 신

---

185) 성인의 신앙에 대한 다양한 접근에 대해서는 Kenneth Stokes, ed., *Faith Development in the Adult Life Cycle*(New York: William H. Sadlier, 1983) 참조.

앙의 양태로 볼 것인지, 아니면 교육이라는 차원에서 형성시켜야 할 신앙의 단계로 보아야 할 것인지이다. 새신자의 신앙을 일반적으로 그 연령대에 나타나는 신앙으로 보기는 어렵다. 신앙을 하나의 가치관이나 세계관으로 본다 할지라도 새신자교육에서 신앙은 그 내용이 기독교적인 것이어야 하기 때문이다. 신앙의 내용보다 구조를 중시하는 제임스 파울러(James Fowler)의 신앙개념은 여기서는 적절하지 않다.186) 그러나 신앙을 교육적으로 고려하여 형성할 것으로 볼 경우 파울러의 신앙발달의 단계는 여전히 유효하다. 신앙발달의 단계는 교육의 목표가 될 수 있기 때문이다. 새신자교육의 한 목표를 새신자의 신앙 형성으로 볼 경우 형성해야 할 신앙을 신앙발달의 특정단계로 정할 경우가 그것이다. 새신자교육에서 새신자의 신앙형성을 신앙발달단계의 어느 단계에 맞추는 것이 적절한가 하는 문제는 신앙의 전인적 차원을 고려해서 정해야 할 것이다. 신앙 형성은 신앙의 지·정·의적 차원의 조화와 균형을 목표로 하기 때문이다.187)

---

186) 파울러에게 신앙은 인간에게 보편적인 것이며, 의미를 찾고 관계를 맺고자 하는 행위로서 사물을 초월적인 차원에서 이해하고자 하는 상상적 이미지이다(Fowler, Stages of Faith, 4-23). 한편, 파울러는 신앙의 내용보다는 구조에 관심을 갖는다. 신앙의 구조는 크게 나누어서 이성적 확실성의 논리와 확신의 논리라는 두 부분으로 구성되어 있다. 전자는 신앙의 객관성, 논리성 등을 담당하는 부분이며, 후자는 신앙의 감정성, 상징성, 초월성, 전체성 등을 담당하는 부분이다(James W. Fowler, "Faith and the Structuring of Meaning", J. Fowler and A. Vergote. eds., *Toward Moral and Religious Maturity* [Morristown, NJ: SilverBurdett, 1980], 32-33).

187) 기독교교육에서 신앙은 일반적으로 지·정·의의 차원을 지닌 하나의 실재이다. 예컨대, 그룸(Thomas H. Groome)에게 "기독교 신앙은 예수 그리스도 안에 있는 하나님의 나라에 대한 응답 속에서 생활하는 삶

먼저 신앙의 지적인 차원에서 새신자교육의 목표는 성경과 교회의 핵심적인 내용의 학습이다. 이 내용들은 삶에서의 의미 탐구를 위한 도구로서 기능할 수 있는 것들이다. 그 내용들은 성경의 주요 내용들이 체계화되어 있는 교리와 성결교회의 특성이 될 것이다. 새신자는 이 학습된 내용을 자원으로 삼아 삶에서 의미를 탐구해 나가도록 도움을 받아야 한다. 이와 같은 성격의 신앙은 파울러의 신앙발달 단계에서 종합적－인습적 신앙에 해당된다. 이 단계에서는 타인과 그룹들의 관점을 취하는 능력이 크게 발달한다. 의미 있는 타인들과 그들이 동일시하는 그룹의 기준들에 대해 민감해지며 거기에 대해 내적으로 보조를 맞추게 된다. 이 단계는 중요한 타인들과 그룹들이 주장하는 인생의 의미와 목적에 대한 인습적 개념들과 일치하는 특징이 있고 이 인습들은 암묵적으로, 즉 명시적, 비평적 검토 없이 내면화된다. 그러므로 이단계의 사람은 그들이 동일시하는 인습적 에토스의 가치와 신념들에 고도로 의지하는 신앙스타일을 채용한다.[188] 청소년기에 두드러진 이 신앙 양태가 성인기의 발달과제로 적절하느냐 하는 문제를 제기할 수 있다. 그러나 여기에서는 성인교육이기는 하지만 기독교를 처음 대하는 새신자라는 사실을 크게 고려해야 할 것이다. 따라서 새신자교육은 새신자가 성경과 교회의 전

---

이다."[1] 이 신앙은 구원과 연관되어 구원을 이루는 교회의 전통과 교리에 대한 승복, 구원을 이루시는 분에 대한 충성, 사랑, 그리고 애착과 같은 정서적 신뢰, 그리고 예수 그리스도 안에 있는 하나님 나라에 대한 응답으로서의 하나님의 뜻을 행하는 것으로 전개될 수 있을 것이다. Thomas H. Groome, *Christian Religious Education: Sharing Our Story and Vision*, 이기문 역, 『기독교적 종교교육』(서울: 대한예수교장로회총회교육부, 1980), 94－131.

188) Fowler, *Stages of Faith*, 243－279.

통을 가치관으로 채택할 수 있도록 그 내용들을 선명하게 제시해야
할 것이다.

2) 하나님 사랑의 체험

신앙의 정서적인 차원에서 신자는 하나님의 사랑을 중심으로 그
사랑을 체험하고 사랑을 베푸시는 분에게 신실해야 한다.[189] 그러나
새신자에게는 하나님을 사랑하는 신실함은 시간이 필요하기 때문에
하나님의 사랑을 체험하는 일이 우선된다. 보이지 않는 하나님의 사
랑은 보이는 인간의 사랑을 통하여 체험될 수 있다. 여기서 보이는
인간의 사랑은 새신자교육의 상황에서 주로 교사와 새신자 사이의
관계 양상에서 나타난다. 이 양상은 분위기와 같은 모호한 상태일
수 있다. 이는 파울러의 신앙 발달 단계에서 직관적-투사적 신앙
단계와 상응한다. 초등학교 이전의 아동들에게서 주로 볼 수 있는
이 신앙발달 단계는 이성을 사용한 경험 구성보다는 이미지 차원에
서 가치와 의미의 중심들, 모호한, 내적 표상들(representations)을 구
성한다. 이 심상들은 후기 단계들에 지속적인 영향을 끼친다.[190] 이
신앙 발달의 단계가 아동 초기 연령대에 해당되지만 교육적 상황에

---

189) 성서의 하나님을 사랑하시는 분 외에 달리 정의할 수도 있을 것이다.
　　예컨대 웨버의 경우, 기독교교육에서 성경의 핵심 내용을 하나님으로
　　보고, 그를 창조자(Creator), 구원자(Savior), 그리고 완성자(perfecter)로
　　말한다. Hans-Ruedi Weber, "The Bible in Religious Education", Iris
　　V. Cully and Kendig B. Cully, ed., *Harper's Encyclopedia of Religious
　　Education*(San Francisco: Harper & Row, 1990), 62-66.
190) *Ibid.*, 200-218.

서 새신자가 처음 접하게 되는 분위기 역시 신앙 이미지 형성에 결정적이라는 데서 이 단계의 신앙에 유의할 필요가 있다.

3) 성경 읽기와 기도를 통한 하나님의 뜻 세우기

신앙의 행위적 차원에 대해서는 새신자가 예수 그리스도의 구원에 대한 응답으로서의 하나님의 뜻을 행하도록 도와야 할 것이다. 새신자에게 일반 신자들에게 요구되는 의미에서의 하나님의 뜻을 요구하는 것은 무리일 것이다. 새신자에게 하나님의 뜻은 하나님의 나라를 위해서보다는 하나님의 나라 안에 있는 것이다. 그가 하나님을 위해 무엇을 하기보다는 하나님께서 그에게 무엇을 요구하시는지에 더 비중이 두어져야 할 것이다. 우선은 하나님의 나라 안에 있을 때 그는 하나님의 나라를 위한 일꾼이 될 수 있다. 새신자에게 하나님의 뜻을 행한다는 것은 하나님의 나라를 위한 일꾼으로서의 준비이다. 그러나 새신자 수준에서 하나님의 나라를 위한 준비와 하나님의 나라를 위한 사역의 공통부분을 찾을 수 있다면 신앙의 행위적 차원을 충분히 반영하는 형태가 될 것이다. 그와 같은 내용들에는 성경 읽기와 기도가 있을 것이다. 성경을 읽음으로써 새신자는 하나님의 일꾼으로서 정립되어 가며 미래에 하나님의 일꾼으로서의 관점을 획득하게 된다. 또한 기도함으로써 새신자는 자기를 비우고 하나님의 뜻으로 채워가게 되며, 미래에 하나님의 일을 위한 능력을 수여받게 된다. 정리하면, 새신자교육의 목적은 새신자로 하여금 성경적 관점에서 신앙의 눈으로 삶에서 의미를 찾아가도록 돕는 교육이고, 이는 신앙의 전인적 차원에서 성경과 교회의 전통에 대한 지식, 그리고

하나님의 사랑 체험, 그리고 하나님의 뜻을 정립하는 것으로 구체화
되어야 한다.


## 2. 교육의 내용: 예수를 머리로 하는 교회 이루기


### 1) 예수, 사도신경, 그리고 교회의 정체

앞에서 새신자교육의 목적은 새신자로 하여금 성경적 관점에서 신
앙의 눈으로 삶에서 의미를 찾아가도록 돕는 교육이라고 했으며, 이
에 따르는 목표들을 신앙의 전인적 차원에서 성경과 교회의 핵심적
인 내용의 학습, 하나님 사랑의 체험, 그리고 성경 읽기와 기도를
통한 하나님의 뜻 세우기로 보았다. 새신자교육의 내용은 이와 같은
목표들을 좀 더 구체화하는 데서 나타난다. 물론 새신자도 성인인
이상 그 교육 내용이 제한적으로 종교적 주제들에 국한될 수는 없을
것이다. 성인교육의 내용은 기본적으로 종교적인 내용을 포함한 삶
의 전체 영역과 관련되어야 한다.[191] 그러나 여기서는 의도적으로
신앙적 차원에서 접근할 것이다. 먼저 성경과 교회의 핵심적인 내용
학습이라는 목표의 내용에 대해 생각해 보자. 성경은 구원의 책이다.
성경은 구원에 이르는 지혜를 주는 책이며(딤후 3:15), 구원의 도리
와 구원받은 자의 삶과 미래 등 구원을 중심으로 하나님과 인간과
세계에 대해 말하고 있다. 새신자에게 성경은 무엇보다 구원의 책으
로 소개되어야 한다. 구원은 예수 그리스도를 중심으로 소개되어야

---

191) McKenzie, "The Purposes and Scope of Adult Religious Education",
Foltz, *Handbook of Adult Religious Education*, 18−21; McKenzie and
Harton, *The Religious Education of Adults*, 6−7.

할 것이다. 죄와 생명 사이의 있는 인간의 구원자로서의 예수, 구원을 이루기 위한 그 분 삶의 주요 내용이 소개되어야 한다. 다음으로 기독교의 주요 내용이 교리적 자원에서 고백적으로 전해져야 한다. 교리는 기독교의 주요 신학을 정리해 놓은 체계이다. 그런데 교리는 고백될 때 생명을 얻는다. 교리적 고백적 기독교의 내용은 사도신경으로 잘 정리되어 있다. 사도신경은 기도의 모범이라 할 수 있는 주기도문과 달리 기독교가 무엇인지를 간단하게 전하고 있는 고백이라 할 수 있다. 로흐만(Jan M. Lochman)에 따르면 사도신경은 "전 기독교를 위한 신학적 건축의 초석"이다.[192] 그러나 그것은 단지 정통교리(Ortho-doxie)가 아니라 정통실천(Ortho-praxie), 곧 올바른 실천, 신앙의 실천을 지시한다.[193] 사도신경은 머리의 지식으로부터 가슴으로 내려와 고백이 되며 실천의 행위가 된다.

새신자의 신앙의 지적인 차원에서 소개되어야 할 다른 하나의 내용은 교회와 관련된 것이다. 교회의 본질에 대한 개념은 크게 셋으로 나눌 수 있다. 그것들은 그리스도의 몸(Corpus Christi), 선택된 사람들의 무리(Coetus Electorum), 그리고 성도의 교제(Communio Sanctorum, Communio Fidelium)이다. '그리스도의 몸'이란 개념은 중세 로마 가톨릭의 교회론으로서 교회의 근거를 "신비적인 비전이나 추상적 사상"에 두는 것이 아니라, "갈릴리 어부"를 불러내어 (ekklesia) 그들을 제자와 사도로 삼으신 "예수 그리스도의 사역"에 그 근거를 두고 있다. '선택된 사람들의 무리'라는 개념은 존 칼빈

---

192) Jan M. Lochman, Das Glaubensbekenntnis, 오영석 역, 『사도신경 해설』(서울: 대한기독교출판사, 1984), 5.
193) *Ibid.*, 27.

(John Calvin)의 교회론으로서 교회는 "영원하신 하나님의 선택과 의지"(롬 8:28, 엡 1:9-11)에 존재의 근거를 둔다. 교회란 "하나님의 선택된 사람들", "구원받은 작은 무리", "하나님 나라의 전위"라고 한다. '성도의 교제'로서의 교회 개념은 루터(Martin Luther)의 교회론으로서 교회는 "신자 한 사람 한 사람의 신앙"에 그 근거를 둔다. 오순절에 제자들의 그룹이 자라면서 새로운 신자들이 계속 늘어나고 또 첨가된 것과 같은 원리에 근거를 둔다. 교류(Communicatio)를 통하여 교제(Communio)에 이른다. '선택'에 기초한 교회론과 '몸'에 기초한 교회론을 연결하고 종합하는 제3의 차원이다.[194] 새신자의 신앙의 지적인 차원과 관련이 있는 내용은 '선택된 사람들의 무리'라는 개념이다. 새신자야말로 하나님의 특별한 뜻에 의하여 선택된 사람들이다. 신앙의 정서적 차원을 고려한다면 하나님에 의해 선택된 자들은 '그리스도의 몸'을 이루며, 신앙의 행위적 차원에서 '성도의 교제'를 이룬다. 교회의 본질에 대한 내용은 신앙의 지적인 차원뿐만 아니라 정서적, 행위적 차원과도 관계됨을 알 수 있다.

한편 현실적 교회들은 이와 같은 보편적 교회를 향하여 구성된다. 현실적 교회들은 각각 특정신학과 전통을 통해 나름대로 보편적 교회라는 이상을 꿈꾸며 노력한다. 여기에 성결교회가 있다. 성결교회는 복음주의, 웨슬리 신학, 그리고 사중복음 신학의 소유를 통해 다른 교회들과 구별된다. 복음주의, 웨슬리 신학, 그리고 사중복음은 각각 성경, 성결, 그리고 성숙을 강조한다. 성결교회의 새신자교육은 이와 같은 내용들을 반영해야 한다. 그 내용들은 1) 기독교적 삶의

---

194) 은준관, 『신학적 교회론: Basileia와 Ecclesia의 관계를 중심으로』(서울: 연세대학교출판부, 1995) 참조.

표준으로서의 성경, 2) 신앙생활의 목표로서의 성결, 3) 하나님의 나라 실현을 위한 책임으로서의 성숙이다.[195] 여기에 성결교회의 전통을 간략한 역사를 통해 알려줄 수 있을 것이다.

### 2) 하나님의 돌보시는 사랑

새신자 신앙의 정서적 차원과 관계된 내용은 하나님 사랑의 체험이다. 새신자교육에서 하나님에 대한 가르침은 중요하다. 신앙의 핵심은 하나님이기 때문이다. 하나님에 대한 가르침은 여러 차원에서 가능할 것이다. 특히 인간발달을 고려할 때 하나님에 대한 다양한 내용의 가르침이 있을 수 있다. 예컨대, 학령기 아동들에게는 하나님의 사랑을 보여줄 책임이 있는데 이 책임은 이웃에 대한 사랑으로 나타나야 함을 배워야 할 것이다. 청소년기에는 하나님을 철학적으로 탐구하고, 성인기에는 삶과의 연계 속에서 하나님에 대한 이해를 심화시키도록 해야 한다.[196] 그러나 새신자의 경우에는 신앙 면에서는 어린 아이와 같다고 할 수 있다. 따라서 하나님에 관한 내용도 학령전 아동기에 해당되는 내용들을 먼저 학습할 필요가 있다. 그같은 내용들이 이후의 하나님 개념의 기초를 형성하기 때문이다.

학령전 아동의 하나님에 관한 가르침에서 중요한 내용은 하나님의 사랑이다. 하나님은 사람을 들으시고 돌보시고 사랑하신다. 새신자

---

195) 이에 대해서는, 박종석, "성결교회 신학의 기독교교육적 함의", 「신학과 선교」 29(부천: 서울신학대학교, 2004), 183–204; "성결교회 교육신학의 기초적 구상", 「신학과 선교」 30(2004), 129–154 참조.
196) Gabriel Fackre, "Understandings of God", Iris V. Cully and Kendig B. Cully, ed., *Harper's Encyclopedia of Religious Education*(San Francisco: Harper & Row, 1990), 273.

신앙의 정서적 차원에서도 이 하나님의 사랑 개념은 중요하다. 여기서 하나님의 사랑과 그 체험은 각각 다른 성격의 내용으로 나타난다. 하나님의 사랑은 성격적으로 보다 내용적이고, 그 체험은 내용이면서도 보다 방법적이다.[197] 하나님의 사랑의 경우, 그 초점은 하나님의 어떤 사랑인가가 내용이 될 것이다. 하나님의 사랑은 여기서 우리의 말을 들어주시고 우리를 돌보시는 사랑이다. 즉 그 사랑은 배려하는 사랑이다. 사랑에 사랑을 하고 사랑을 받는 양면이 있다면 이 경우의 사랑은 받는 사랑을 말한다. 주는 사랑은 새신자가 나중에 학습할 내용이다. 하나님 사랑의 체험은 일종의 교육 환경의 분위기에 의해 형성될 수 있는 것으로, 구체적으로는 교사와 새신자와의 관계에서 드러날 것으로 예상된다. 따라서 하나님 사랑의 체험이라는 내용은 텍스트에 의해 학습될 수 없는 숨겨진 교육과정(hidden curriculum)으로 볼 수 있다. 그 내용과 형태를 규정할 수 없어 모호하기는 하지만 새신자에게 끼치는 영향은 확연할 것이다. 하나님의 사랑을 체험한다고 했을 때, 교육의 내용은 교사를 통해서 느낄 수 있는 감정적인 것이다. 그러나 하나님의 사랑은 무력함, 그리고 새신자들 사이의 우정, 그리고 개인적 위기 등을 통해서도 드러나기 때문에 교육 외적 상황도 고려해야 한다.[198]

---

197) 내용과 방법의 긴밀한 관계는 수레와 짐 사이의 관계에 대한 유비로 설명될 수 있을 것이다. 수레와 짐은 별개의 실재이지만 수레에 짐을 싣는다고 할 때 수레와 짐은 서로에게 적합한 것이 되어야 하는 면에서 하나의 실재를 이룬다. 내용과 방법도 마찬가지이다. 내용과 방법은 서로에게 적합할 때 그 본래의 역할을 성취할 수 있다. 최성욱, "교과교육학 논의의 반성적 이해와 대안적 접근", 서울대학교 교육원리연구회, 「교육원리연구」 1:1(1996), 63-64 참조.

198) Caryl Green, "Questions of Life: Questions of Faith", Marie A. Gillen

322

## 3) 친근한 성경 내용 읽기와 정규적 기도

새신자 신앙의 행위적 차원의 내용은 성경 읽기와 기도를 통한 하나님의 뜻 세우기라는 목표로부터 나온다. 이와 같은 내용들은 외형적으로 볼 경우 정태적이어서 행위적 차원과 무관해 보인다. 행위가 반드시 행동적이어야 하느냐는 문제이지만 여기에서의 성경 읽기와 기도는 장차 하나님의 나라를 이루는 일꾼이 되기 위한 자원을 형성한다는 면에서 넓게 보아 행위적 차원에 포함시킬 수 있을 것이다. 성경 읽기의 경우, 신앙의 정서적 차원의 내용인 하나님의 사랑과 배려에 대한 이야기, 예컨대 창세기 1장의 창조 이야기, 예수 일화, 시편에 나오는 확신과 감사의 내용(56:3; 100; 121; 136; 145:10; 150)과 같은 것들을 권할 수 있다. 나아가 모세, 요셉(창 37), 다윗(삼상 16:1-23), 제자들의 부르심(막 1:16-20), 루디아(행 16:11-15) 등의 인물 이야기가 적절하다. 처음부터 성경전서의 각 권이라 해도 책 전체를 읽는 일은 낯선 내용과 용어 때문에 부담스러울 수 있기 때문이다.

기도의 경우, 기도의 때와 기도의 내용에 대해 가르쳐야 한다. 우선은 가정과 교회에서 정규적으로 기도하기를 가르쳐야 할 것이다. 식사기도, 취침기도, 예배시, 그리고 특별한 일이 있을 경우 기도할 것을 가르쳐야 한다. 기도의 내용은 구성과도 관계되는데 일반적으로 감사와 용서, 그리고 간구의 내용이 담겨야 함을 가르쳐야 한다. 더불어 주기도문을 외워서 개인적으로 공적으로 사용할 수 있도록 해야 한다. 정리하면 새신자교육의 내용은 구원을 중심으로 예수의

---

and Maurice C. Taylor, ed., *Adult Religious Education: A Journey of Faith Development*(Mahwah, NJ: Paulist Press, 1995), 50-54.

신분과 사역, 기독교교리 체계의 총화로서의 사도신경을, 그리고 교회를 '그리스도의 몸', '선택된 사람들의 무리', 그리고 '성도의 교제'로서, 그리고 하나님의 사랑과 성경 읽기와 기도 등이다.

## 3. 과정 구성

전술한 바와 같은 내용들을 바탕으로 새신자교육의 내용은 다음과 같이 크게 신앙생활과 교회 생활 과정으로 구성될 수 있을 것이다. 이는 앞서 말한 교육의 내용으로부터 온 것이다. 앞에서 교육의 내용을 "예수를 머리로 하는 교회 이루기"라고 했는데, 여기서 전반부는 예수를 중심으로 하는 신앙에 대해서, 그리고 후반부는 교회에 대해 말하는 것이다. 이것을 좀 더 구체화하면 예수에 대해서는 구원, 그리고 구원의 인간적 측면이라고 할 수 있는 신앙과 관련된 내용으로 성경 읽기와 기도하기를 정할 수 있을 것이다. 교회에 대해서는 교회의 본질이 무엇인지, 그리고 내가 속한 교회인 성결교회가 무엇인지를 우선 다루고, 이어서 그와 같은 교회의 일원이 되어 어떻게 주님의 몸 된 교회를 이루어 나갈 것인지를 내용으로 가장 기초적인 수준에서 구성할 수 있을 것이다.

### 1) 신앙생활

① 신앙이란 무엇인가?(구원의 도리)
a. 예수는 누구인가?(구원자)
b. 예수를 어떻게 신앙할 것인가?(사도신경)

② 신앙생활은 무엇인가?('선택된 사람들의 무리', 구원받은 자의 삶)

a. 성경을 어떻게 읽을까?

b. 기도를 어떻게 할까?


2) 교회 생활


① 교회는 무엇인가?

a. 신앙공동체('그리스도의 몸', 양육)

b. 성결교회는 무엇인가?(역사와 신학[사중복음])


② 교회생활은 무엇인가?

a. 예배

b. 친교('성도의 교제')


이와 같은 내용으로 새신자교육 교재의 과를 설계한다면 다음과 같이 할 수 있을 것이다.[199] 신앙생활과 교회생활을 내용으로 하면

---

199) 여기서 새신자교육 교재의 구성을 네 과로 한 이유는 들어가는 글에서 언급했던 새신자교육교재를 소유한 신촌교회 5과(초급반 교재 『환영합니다』는 1과 성경, 2과 예수 그리스도, 3과 구원, 4과 그리스도인의 삶, 5과 교회생활 등으로 구성되어 있고, 마지막에 주기도문과 사도신경을 다루고 있다), 장충단교회 7과(새신자 교재는 『사랑이 있는 만남』은 1과 사랑의 편지, 2과 아버지 하나님의 사랑, 3과 사랑받기 위해 태어난 사람, 4과 외아들 예수님의 사랑, 5과 사랑을 받아들인 사람, 6과 사랑으로 성장하는 우리, 7과 성장하여 사랑하는 우리 등으로 되어 있고, 부록으로 장충단 교회 안내, 성결교회 소개, 찬양모음, 양육표(새가족 간증문, 양육후기) 등으로 구성되어 있다), 그리고 서초

서 능동적인 성인교육의 성격을 고려할 때 우사체의 내용을 강조하면서 다음과 같은 본문을 가진 제목으로 각 과를 구성할 수 있을 것이다. 우사체의 내용은 각 과에서 의도하는 학습자 편에서의 행동어(active verb)적인 목표라고 할 수 있다. 1과의 경우 구원에 대한 소개가 대체로 그 내용, 즉 구원의 교리에 초점이 맞추어져왔지만, 여기에서의 새신자교육이 경험과 필요를 중시하는 성인에 대한 교육이라는 것을 상기할 때 구원의 내용도 중요하지만 구원이 내개 구체적으로 어떻게 체험되는지에 관심을 가져야 한다는 것을 말한다. 2과의 경우, 새신자가 성경을 읽고 기도를 하는 것이 본인뿐만 아니라 주위 사람들에게 낯설게 느껴질 수 있다. 그래서 부끄럽다고 생각할 수도 있는데, 그럴 경우 무엇보다 지속적인 실천이 필요한 성경 읽기와 기도하기가 곧 중단될 수도 있다. 이와 같은 사태를 미연에 방지하기 위해 성경 읽기와 기도가 낯설지만 부끄러운 것은 아니며 힘들지만 지속할 때 삶에 큰 유익을 줄 수 있는 힘이 된다는 점을 일러주고 자부심을 갖도록 해야 한다는 점을 말하고 있다. 3과의 경우, 자칫 새신자는 신앙생활의 연륜이 짧고 교회에서 낯선 신자들과의 대면 때문에 자신을 교회의 구성원으로 생각하는 데 어려움을

---

교회가 4과로(입문과정으로 새가족, 초보신자, 교회 멤버십을 발견하는 과정으로 교회와 신앙생활에 대한 안내 및 세례를 위한 기초 교리 학습 과정의 성격을 띠고 있다. 매주 1권씩 4주간으로 운영된다. 1주 만남(Cool-Feelimg, 신선한 느낌), 2주 관심(Hot-Issue, 중요한 문제), 3주 행복(Well-Being, 존재의 잘됨), 4주 비전(New-Dream, 새로운 꿈)으로 진행되며, 행복으로의 초대라는 소책자가 선물로 주어진다) 구성되어 있는 점을 참고했고, 기독교대한성결교회 100주년 기념사업위원회 교육분과의 평신도교육과정 연구위원인 이형로, 허상봉 목사, 김한옥, 남은경 교수와의 토의에 의한 것이다.

느낀다. 이 짧음과 낯섦이 나와 교회는 별 상관이 없다는 생각을 하게 할 수 있다. 새신자가 이런 생각을 갖지 않고 바로 교회는 그런 새신사들이 이루어 가는 것임을 알려주어야 한다. 이 이룸은 내가 교회에 소속감을 갖든 갖지 않든 이미 그리스도의 몸을 이루고 있다는 선언이며, 그 안에서 자라가는 과정을 포함한다. 그러니까 이룸은 선언이고 과정이라고 할 수 있다. 4과는 이 이룸의 내용에 대해서 말하고 있는데, 그것은 예배와 친교이다. 교회에는 이 외에 케리그마(말씀), 디다케(가르침), 디아코니아(섬김) 등의 사명이 있다. 그러나 새신자의 수준에서는 기본적인 예배와 사귐 정도가 적절하다. 새신자에게 다른 사명들까지 권하는 것은 벅차다. 나머지 사명에 대해서는 세례교육, 양육교육, 그리고 사역교육에서 다루어질 것이다. 새신자는 예배와 다른 신자들과의 사귐을 통해 신앙생활과 교회 생활이 개인적인 것이 아니라 공동체적이라는 것을 알게 될 것이다.

그리고 각 과에 제시된 성구는 새신자 교육교재가 성경공부의 일환이어야 한다는 점을 암시한다. 일반적으로 새신자 교재들은 교육 내용이 성서로부터 시작되지 않고 해당 주제에 대한 직접적인 설명으로 구성되어 있다. 그럴 경우 자칫하면 새신자교육이 인간적이고 주관적인 의견으로 떨어지기 쉽다. 새신자교육의 내용은 성서로부터 나와야 하고 새신자들 역시 자신들이 성경의 내용을 공부하고 있는 것으로 인식해야 한다.


1. 구원의 기쁨

　요 3:1 － 21(14:6)

2. 신앙인으로 사는 자부심

롬 5:1 — 11

3. 교회를 이루는 지체

   고전 12:12 — 27

4. 함께 하는 신앙생활

   엡 4:11 — 16


앞의 내용을 정리하고 교재 집필을 염두에 두고 보다 확장하면 다음과 같다.


1. 구원의 기쁨

   배울말씀 요 3:1 — 21(14:6)

   이룰목표

   1) 구원의 도리를 말할 수 있다.

   2) 구원자로서의 예수에 대해 설명할 수 있다.

   3) 구원을 통한 하나님의 사랑을 느낄 수 있다.

   주요내용

   1) 죄인인 인간 구원자로서의 예수.

   2) 구원의 축복으로서 하나님의 사랑받는 자녀.

   3) 기독교 교리의 요체인 사도신경.


2. 신앙인으로 사는 자부심

   배울말씀 롬 5:1 — 11

   이룰목표

   1) 성경의 기본적 내용을 주의를 기울여 읽을 수 있다.

2) 정해진 기도를 규칙적으로 할 수 있다.

3) 성경 읽기와 기도 하면서 선택된 신자가 된 것을 기쁘게 여길 수 있다.

주요내용

1) 성경 읽기 안내와 성경의 줄거리와 인물 등의 기본적 내용.

2) 사도신경, 주기도 암송.

3) 기도의 때와 내용.


3. 교회를 이루는 지체

배울말씀 고전 12:12 - 27

이룰목표

1) 교회가 그리스도를 머리로 하고 신자들을 지체로 하는 몸임을 알 수 있다.

2) 성결교회의 특성을 알 수 있다.

3) 교회 생활에 익숙해지려는 마음을 가질 수 있다.

주요내용

1) 그리스도의 몸으로서의 교회.

2) 선택된 사람들의 무리로서의 교회.

3) 성결교회의 간략한 역사와 사중복음.


4. 함께 하는 신앙생활

배울말씀 엡 4:11 - 16

이룰목표

1) 신앙생활이 사회적 행위임을 알 수 있다.

2) 공예배에 규칙적으로 참여할 수 있다.

3) 다른 신자들과의 사귐을 통해 신앙생활을 체험할 수 있다.

주요내용

1) 예배공동체로서의 교회.

2) 성도의 교제로서의 교회.

3) 예배와 친교의 유익.


## 4. 교육 방법론과 교육과정 구성

### 1) 인간적 현상학적 방법론

① 성인교육 방법

새신자교육에서 방법은 두 가지 차원에서 생각해 볼 수 있다. 하나는 새신자교육 전체를 아우르는 차원에서의 방법이고, 다른 하나는 전술한 내용과 관련된 것으로서의 방법이다. 새신자교육 전체를 포괄하는 교육의 방법에는 성인으로서의 새신자를 고려한 기본적인 방법 등이 포함된다.[200] 사용할 수 있는 방법의 첫 번째 원리는 요구에 상응할 수 있는 관계성이다. 성인들은 부모 됨, 일, 질병 등의 일상생활의 과제와 직장이나 사회에서의 윤리적 딜렘마, 그리고 영적 갈망 등의 문제에 포위되어 있다. 새신자교육은 이와 같은 상황의 성인들에 대한 교육이라는 사실을 염두에 두면서 그 상황들과 관

---

200) Leonel L. Mitchell, "Adult Education", Iris V. Cully and Kendig B. Cully, ed., *Harper's Encyclopedia of Religious Education*(San Francisco: Harper & Row, 1990), 17.

계를 지을 수 있는 방법들을 사용해야 할 것이다. 둘째, 성인교육 방법의 원리는 자유이다. 교육환경과 관련된 내용이기도 하지만[201) 성인교육은 성해진 내용을 습득하는 공부가 아니기 때문에, 그리고 교육 내용에 대한 경험적 검토가 필요하기 때문에 강압적이거나 경직된 분위기는 학습 효과를 가져올 수 없다. 자유롭고 융통성 있는 교육분위기를 위해서는 학급의 좌석 배치와 조명, 실내 온도 등에 신경을 써야 한다.[202) 셋째, 새신자교육 방법의 원리는 대화이다. 성인교육에서 교사와 학습자는 따로 존재하는 것이 아니다. 교사가 학습자이며 학습자가 교사이다. 교사와 학습자는 하나의 다른 측면일 뿐이다. 교사와 학습자의 평등한 관계에서의 교육은 대화에서 전개된다. 토론, 생각의 나눔, 질문 등을 포함하는 대화는 교사의 제시와 학습자의 반응이라는 상호작용을 극대화시키는 윤활유이다. 넷째, 새신자교육 방법의 원리는 교제이다. 성인들은 지식 획득을 위해서이기도 하지만 사회적 교류와 상호 교제를 위해서도 교육에 참여한다. 교육 시간 전후에 있을 수 있는 새신자들 사이의 교제가 중요한 것은 말할 것도 없거니와 이 교제의 성격은 새신자 교육 전체를 지배하는 분위기여야 한다.

---

201) 성인교육의 환경을 교회로만 생각해서는 안 된다. 가정이나 그 밖의 장소에서도 얼마든지 모임이 가능할 것이다. 또한 환경을 공간으로만 생각해서도 안 된다. 성인들이 활동하고 접하는 시·공간을 포함해서 책, 신문, 잡지, 텔레비전 등도 환경의 영역에 포함된다. 그것들 모두 학급의 기능을 할 수 있기 때문이다. Mitchell, "Adult Education", 17.

202) 그 밖의 학급 분위기와 관련된 조건들에 대해서는, McKenzie and Harton, *The Religious Education of Adults*, 204−210 참조.

② 이름 붙이기와 학습자 중심

한편 새신자교육을 포함한 성인교육 전체를 아우르는 방법론은 성인교육의 특성인 학습자 중심과 경험을 고려할 때 크게 두 가지로 볼 수 있다.[203] 하나는 현상학적 방법론이고, 다른 하나는 인본주의적 방법론이다. 현상학적 방법론이란 삶 안에서 의미에 이름을 붙이고 해석하도록 격려하는 방법을 말한다. 이 방법의 핵심은 자신과 타인을 살피고 듣고 타인들과의 대화 속에서 자신의 인식(perceptions)을 나누는 것이다.[204] 그러므로 그것은 간주관적이다. 사람들은 종종 다른 사람들과 자신의 이야기와 경험들을 나누며, 그 경험들의 깊은 의미를 스스로 해석한다. 그 목적은 자아 인식과 자신과 하나님과 다른 사람들과의 관계를 심화시키는 것이다.

새신자교육을 포함한 성인교육 전체를 아우르는 다른 하나의 방법론은 인본주의 심리학에 영향을 받은 인본주의적 방법론이다. 이것은 자기-성장에 초점을 맞춘다. 이 방법론은 학습자에 대한 신뢰에 바탕하고 있기 때문에 학습자 중심적이다. 학습자는 자신의 학습 목표와 환경을 만든다. 교사의 역할은 학습자의 목표를 수용하고 촉진하는 것이다. 이 방법론은 보통 정서적 차원에 특별한 주의를 기울이면서 인간 전인의 여러 차원들에 관심을 기울인다.

---

203) Mary E. Moore, "Methodology", Iris V. Cully and Kendig Brubaker Cully, ed., *Harper's Encyclopedia of Religious Education*(San Francisco: Harper & Row, 1990), 412.

204) 이에 대해서는 Mary E. M. Moore, *Teaching from the Heart: Theology and Educational Method*, 정대현 역, 『심장으로 하는 신학과 교육』(서울: 한국신학연구소, 1998), 137-189 참조.

③ 신앙교육 방법

기독교교육학자들은 신앙의 차원들에 어울리는 교육방법들에 대해서 관심이 많다. 그룸에 따르면, 믿기(believing), 신뢰하기(trusting), 그리고 행하기(doing)로서의 신앙의 형성을 위한 방법은 각각 다음과 같다. 1) 확신과 결단이 반영된 신념 또는 믿음의 활동인 인지적·정신적 차원의 교육을 위해서는 공동체의 표현된 신앙을 비판적 성찰을 통해 자기 것이 되도록 해야 한다. 2) 예수 안에 계신 하나님과 우리의 관계에 있어서 신뢰인 정의적·관계적 차원의 교육을 위해서는 영성훈련에 주의를 기울여야 한다. 3) 이 세계 속에서 하나님의 뜻을 행하는 활동인 행동적·순종적 차원의 교육을 위해서는 사람들을 역사적 프락시스에 참여하도록 해야 한다.205) 리처드 오스머(Richard R. Osmer)에 따르면, 신앙은 신념, 관계, 헌신, 그리고 신비의 차원을 갖는다. 그는 이와 같은 신앙의 차원들을 돕는 대표적인 방법들에 대해 말하고 있는데, 신념의 차원을 지원하는 방법으로 강의법을, 관계의 차원을 지원하는 방법으로 토의법을, 헌신의 차원을 지원하는 방법으로 삶의 이야기의 재해석을, 신비의 차원을 지원하는 방법으로 역설을 들고 있다.206) 존 웨스터호프(John H. Westerhoff Ⅲ)에 따르면, 신앙은 공동체에서 발생한다. 사람이 기독교인으로 형성되는 것은 신앙공동체에 참여함으로써 되는 것이다. 웨스터호프가 말하는 신앙인이 되기 위해서는 말만이 아니라 복음을 지·정·의의 통합적인 자신의 행위로 행동화(act out)해야만 복음을 이해했다고

---

205) Groome, *Christian Religious Education*, 124−131.
206) Richard R. Osmer, *Teaching for Faith: A Guide for Teachers of Adult Classes*(Louisville, KY: Westminster / John Knox Press, 1992).

할 수 있으며, 비로소 신앙이라고 부를 수 있는 것이다. 이 삶의 양식으로서의 신앙을 익히고 형성하기 위해서는 학습의 장(context for learning)이 필요하다. 웨스터호프는 자신의 철학적 가설과 교육적 경험, 그리고 인류학과 신학의 영향 아래서 삶의 양식으로서의 신앙을 익히기 위한 세 가지 문맥을 언급한다.[207] 그것들은 기억(과거)과 소망(미래)에 대한 의미 있는 축하연으로서의 종교의식(ritual), 공동체 안에서 반사된 경험(experience), 그리고 사회문제를 둘러싸고 그것들을 위해 계획된 행동(action)이다. 사라 리틀(Sara P. Little)은 브루스 조이스(Bruce R. Joyce)와 마샤 웨일(Marsha Weil)의 교수 모델들로부터[208] 다섯 가지 범주를 재구성해 제시하고 있다. 그것들은 정보처리과정(Information Processing), 집단상호작용, 간접적 의사소통(Indirect Communication), 인격발달 및 행동과 반성이다. 신앙의 지적인 차원과 관련된다고 여겨지는 범주는 정보처리과정 교수 형태로, 이를 위해서는 생각하기의 방법이 적절하며, 정서적 차원과 관련된 범주는 그룹상호작용(Group Interaction) 교수 형태, 간접적 의사소통 교수형태, 그리고 인격발달 교수형태로서 각각 참여하기와 만나기, 그리고 깨닫기의 방법을 제안하고 있으며, 행위적 차원과 관련해서는 행동과 반성(Action / Reflection) 교수 형태로서 행하기 방법을 말하고 있다.[209]

이상의 그룹, 오스머, 웨스터호프, 그리고 리틀의 신앙의 차원을

---

207) John H. Westerhoff Ⅲ, ed., *A Colloquy on Christian Education*, 김재은역, 『기독교교육 논총』(서울: 대한기독교출판사, 1978), 98-102.
208) Bruce R. Joyce and Marsha Weil, *Models of Teaching*, 3rd ed., 김종석·김언주·백욱련 공역, 『교수·학습의 이론과 실제』(서울: 성원사, 1989).
209) Sara Little, *To Set One's Heart*, 사미자 역, 『기독교교육 교수방법론』(서울: 대한예수교장로회총회출판국, 1988).

334

향한 교육의 방법들을 정리하면 신앙의 시적인 차원인 신념을 위해서는 비판적 성찰, 강의법, 의식, 그리고 정보처리과정이, 정서적·관계적 차원을 위해서는 영성훈련, 토의법, 경험, 그리고 그룹 상호작용과 간접적 의사소통이, 그리고 행동적·순종적 헌신적 차원을 위해서는 프락시스적 실천, 삶의 이야기의 재해석, 행동, 그리고 행동/반성과 같은 방법들을 사용할 수 있다.

전술한 바와 같은 교육의 방법들을 위에 나온 교육내용에 적용하면 다음과 같다.

1. 구원의 기쁨: 비판적 성찰, 강의법, 의식, 그리고 정보처리과정; 영성훈련, 토의법, 경험, 그리고 그룹 상호작용과 간접적 의사소통.
2. 신앙인으로 사는 자부심: 프락시스적 실천, 삶의 이야기의 재해석, 행동, 그리고 행동/반성.[210]
3. 교회를 이루는 지체: 비판적 성찰, 강의법, 의식, 그리고 정보처리과정.
4. 함께하는 신앙생활: 프락시스적 실천, 삶의 이야기의 재해석, 행동, 그리고 행동/반성.

물론 용이성 면에서 각 과별로 단일한 방법들을 사용했으면 하는 바람이 있을 수 있다. 그와 같은 방식의 제시를 할 수는 있을 것이다. 그

---

210) 이 과에 속하는 성경 읽기와 기도하기의 방법으로 사용할 수 있는 방법에 자기-지향적 학습(self-directed learning) 방법이 있다. 이에 대해서는 René Bédard, "Self-directed Learning as a New Approach", Gillen and Taylor, *Adult Religious Education*, 222-240 참조.

렇다고 해서 그 제안이 교육의 현장에서 현실적합성을 가질 수 있을지
는 의문이다. 왜냐하면 현장은 다양하며 더구나 새신자교육의 자원이면
서 조건이 되는 성인들의 경험은 그 종류와 수준에서 다양할 것이기 때
문이다. 따라서 위에서 제안한 방식이 창의적으로만 이용된다면 오히
려 현장의 융통성을 배려한 교육의 방법으로 작용할 수 있을 것이다.

  2) 교육과정의 진행

  ① 전체의 교수 진행

  새신자 교육과정의 진행 또는 단계는 크게 두 차원에서 이루어진
다. 하나는 새신자교육 전체이고 다른 하나는 과별 진행이다. 새신자
교육과정의 전체진행은 이론과 실천이 반복되는 식이다. 즉 구원이
무엇인지(이론, 1과) – 구원받은 사람은 어떻게 해야 하는지(실천, 2
과) – 교회는 무엇인지(이론, 3과) – 교회생활은 어떻게 해야 하는지
(실천, 4과) 식이다. 여기서 이론은 기본적 학습내용이지만 주입식으
로 전달되지 않도록 주의를 기울여야 한다. 실천은 기독교의 기본적
내용이 무시되고 성인 새신자의 경험만 주장되는 일이 없도록 주의
를 기울여야 할 것이다. 그러니까 이론은 그 내용이 변질되지 않는
한에서 성인으로서 새신자의 경험으로 설명이 되어야 하고, 실천은
그 경험적 내용에서 이론을 확인할 수 있어야 한다. 전체적 과정에
서 성인으로서 새신자의 경험 등이 발휘되도록 이론과 실천의 변증
법이 일어날 수 있도록 염두에 두며 진행될 수 있도록 해야 한다.
그런 과정 속에서 개인주의에 빠질 수 있는 가능성을 지닌 새신자
교육이 성인들을 둘러싸고 있는 사회와 역사에 대한 관심을 어느 정

도 환기시킬 수 있을 것이다.

② 한 과의 진행

새신자 교육과정에 대한 전체적 단계에 대한 논의에 이어 새신자 교육의 각 과의 진행 단계를 성인교육 이론인 안드라고지를 근거로 해서 생각해 보자. 먼저 1단계를 보자. 새신자교육 각 과의 처음은 새신자에게는 낯선 생경한 내용의 소개로 시작된다. 문제가 될 수 있는 것은 그 내용이 낯설고 생경하다는 점이 아니라 새신자가 그 내용에 대해 관심과 호감을 갖느냐이다. 학습 과제로 주어진 내용은 새신자의 반응이 어떻든 상관없이 반드시 전달되어야 한다. 필히 전달해야 할 내용과 그에 대한 무관심 사이라는 이 갈등 상황을 벗어나는 방도는 규정된 기본적 내용에 대해 새신자가 학습동기를 갖도록 하는 것이다. 여기에서 동기는 학습자 스스로 알고자 하는 지적 호기심, 해결하고자 하는 내적 욕구 등 내적 동기로서, 교사주도 학습에서 볼 수 있는 상이나 벌 등의 외적 동기와는 질적으로 다르다.

학습동기 부여의 요령은 새신자의 욕구와 호기심의 자극이다. 새신자들의 욕구는 다양하며 호기심의 정도는 차이가 날 것이다. 개별적인 욕구를 모두 충족시키거나 호기심을 자극할 수는 없을 것이다. 그렇기 때문에 우선은 새신자 교육을 위한 학급의 일반적 성향에 맞추되 그 범위 안에서 개별적 배려를 위한 시도가 필요하다. 학습의 동기를 부여하기 위한 방법에는 우선 호기심을 불러일으킬 수 있어야 하며 학습주제에 대한 실제적 효과에 대한 사례 등을 담을 수 있는 방법이 있다. 이와 같은 접근을 통해 새신자교육의 처음 부분이 이론이지만 주입식으로 전달되는 것을 방지할 수 있을 것이다.

　학습동기 부여인 1단계에 이어지는 2단계는 삶의 문제와 연관 짓기 단계이다. 이 단계에서는 주어진 학습 주제(내용)에서 새신자의 삶의 문제와 관련 있는 것들 찾거나 또는 관련짓는 일을 한다. 일단 1단계에서 등장한 주제에 대해 새신자들이 욕구와 호기심을 갖게 되더라도 여전히 그 주제가 새신자의 삶과 관련이 있는가 하는 문제가 검토되어야 한다. 성인으로서의 새신자에게 비중을 차지하는 중요한 문제는 삶이기 때문이다. 그런데 교사가 새신자들의 구체적이고 실존적인 삶의 문제를 다 파악하고 있을 수는 없다. 그렇기 때문에 그 과제는 학습자인 새신자들에게로 넘겨진다. 이때 새신자는 자신의 삶의 문제를 주어진 내용 이후로 돌려야 한다. 즉 주어진 내용이 있고 새신자의 삶의 문제가 나와야 하며, 그럼으로써 새신자는 자신의 삶의 문제를 주어진 내용 안에서 반성할 수 있는 기회를 가질 수 있다. 그러니까 여기서 새신자의 삶의 문제는 어디까지나 주어진 내용과 관련이 있어야 한다는 말이다. 새신자의 삶의 문제에는 두 가지 유형이 있다. 하나는 주어진 내용과 관련된다고 보이는 것이고, 다른 하나는 주어진 내용 안에서 자신의 삶과 관련된 문제를 찾아내는 것이다. 주어진 내용과 관련된다고 여겨지는 삶의 내용이나 주어진 내용 안에 이미 있는 내용을 자신의 문제로 지각하는 행위는 결국 내용과 삶과의 연결이며 연관 짓기이다. 성인으로서의 새신자는 이와 같은 내용과 삶의 관련이 없을 경우 배움에 들어설 수 없으며 들어선다 해도 그 학습효과는 매우 낮다. 삶의 문제와 연관 짓기 단계에서의 교육방법은 주어진 내용이 무엇인지 새신자 안에서 지적으로 설명이 되어야 하고, 사실에 바탕을 둔 그와 같은 설명으로부터 해석으로 나아가야 한다. 그러니까 먼저는 주어진 내용이라는 정보처리를 통해 사실을 이해하며, 나중은 그 내용에서 삶의 주제를 발견해 내는 방식을 취해야 한다는 말이다.

2단계인 삶의 문제와 연관 짓기 단계에 이어지는 3단계는 자원과 경험과의 대화 단계이다.

여기서 자원이란 새신자교육에서 주어진 학습할 내용을 말한다. 그것은 성경으로부터 나온 것이고 전통과 교리일 수도 있다. '자원'이라는 말을 쓴 것은 그것이 소재와 같이 그것을 통해 다른 형태로 구성될 수는 있으나 그것을 무시하고 다른 것을 사용해서는 안 된다는 의미에서이다. 한편 학습자의 경험 역시 자원의 기능을 한다. 아동교육과 달리 성인교육에서 학습자 경험은 학습에 활용되어야 할 중요한 학습 자원이다. 이것은 앞서 말한 자원이 교사주도의 아동교육에서 중요하게 여겨 학습자의 경험을 활용하는 것에 그다지 비중을 두지 않는 것과는 대조된다. 기능 면에서 동일한 이 두 종류의 자원이 어떻게 건설적인 대화를 하느냐가 이 단계의 중요한 내용이다. 이것은 비판적 반성에 의해 가능하다.

비판적 반성은 일반적으로 사실로 나타나 있거나, 혹은 사실로 언급된 것들이 실제로 그러한가 여부를 신중하고 방법론적이며 합리적인 방법으로 결정하는 과정이다. 그러나 비판적 반성을 위해서는 정당화라는 잣대가 있어야 하는데, 이는 전통철학에서 불가능한 것으로 인식되어 왔다. 여기에 등장한 것이 합리성을 비판성 또는 비판가능성으로 파악하는 입장이다. 이는 합리성이 정당화에서 오는 것이 아니라 비판성으로부터 온다고 주장한다. 여기서 합리성에 대한 이와 같은 입장을 수용할 경우 새신자교육에서 비판적 반성(critical reflection) 자체가 의미가 있다. 스테판 브룩필드(Stephen Brookfield)

에 의하면, 성인교육의 특성으로서의 자기주도적 학습(Self-Directed Learning)의 특성은 비판적 반성이다. 즉 성인의 특성이라 할 수 있는 풍부한 경험에 대해 자기 반성할 수 있는 능력이 있을 때 진정한 성인교육이 이루어진다는 것이다.

비판적 반성은 일정한 틀에 의해 이루어지는 것은 아닐 것이다. 그러나 다음의 단계들은 비판적 반성을 이해하는 데 도움이 될 것이다. 첫째는 각성(Awakening)의 단계로 여기에서의 주된 학습 목표는 내가 소유한 지식이나 경험에 내재된 오해, 편견 등에 대해 인지를 하는 단계이다. 둘째는 이해(Understanding)의 단계로 여기서는 객관적 사실에 근거한 이해와 자신의 삶의 관점에서 문제를 보면서 이해의 폭을 넓히는 단계이다. 셋째 단계에서는, 앞의 두 단계를 통한 자신과 대상에 대한 이해를 기초로 하여 탄생된 새로운 관점을 소유하는 단계이다. 넷째 단계는 그 새로운 관점을 실천하겠다는 의지적 결단을 구체적인 행동으로 옮기는 단계이다. 여기서 의도하는 비판적 반성 단계에서는 넷째 단계가 해당되지 않는다. 이와 같은 방법은 자원에 대해 주어진 설명이나 해석을 무비판적으로 수용하는 것이 아니라, 새신자의 삶의 경험을 이용해 소화할 수 있도록 도와준다.

새신자교육의 교수-학습 진행 단계의 마지막 단계인 4단계는 현재적 적용이다. 여기서 적용은 미래를 위한 준비가 아니라 현재에 대한 것이다. 성인 새신자의 관심은 추상적이고 모호할 수 있는 미래보다는 구체적이고 분명한 현재적 현실에 관심이 있다. 현재를 위한 적용은 첫째, 분명한 내용, 둘째, 그 안에서의 역할이 분명해야 한다. 그것이 성인으로서의 새신자의 특성에 맞기도 한다. 전술한 바와 같은 교육과정의 구성과 관련된 내용들을 도표로 정리하면 다음과 같다.

## [표2] 교육과정구성 관련 내용표

| 과 / 제목 | 배울 말씀 | 이룰목표 | 주요내용 | 전체 흐름 | 교수－학습 진행단계 | 교육 방법 |
|---|---|---|---|---|---|---|
| 1 / 구원의 기쁨 | 요 3:1－21 (14:6) | 1) 구원의 도리를 말할 수 있다.<br>2) 구원자로서의 예수에 대해 설명할 수 있다.<br>3) 구원을 통한 하나님의 사랑을 느낄 수 있다. | 1) 죄인인 인간 구원자로 서의 예수.<br>2) 구원의 축복으로서 하나님의 사랑받는 자녀.<br>3) 기독교 교리의 요체인 사도신경. | | | 간증, 사례, 경험 등의 이야기 (도서), 영화 |
| 2 / 신앙인 으로 사는 자부심 | 롬 5:1－11 | 1) 성경의 기본적 내용을 주의를 기울여 읽을 수 있다.<br>2) 정해진 기도를 규칙적으로 할 수 있다.<br>3) 성경 읽기와 기도 하면서 선택된 신자가 된 것을 기쁘게 여길 수 있다. | 1) 성경 읽기 안내와 성경의 줄거리와 인물 등의 기본적 내용.<br>2) 사도신경, 주기도 암송.<br>3) 기도의 때와 내용. | 이론<br>↓<br><br>실천<br>↓ | 학습동기 부여<br>↓<br>삶의 문제와 연관 짓기↓ | 정보처 리과정, 삶의 이야기 의 재해석 |
| 3 / 교회를 이루는 지체 | 고전 12:12－27 | 1) 교회가 그리스도를 머리로 하고 신자들을 지체로 하는 몸임을 알 수 있다.<br>2) 성결교회의 특성을 알 수 있다.<br>3) 교회 생활에 익숙해지려는 마음을 가질 수 있다. | 1) 그리스도의 몸으로서의 교회.<br>2) 선택된 사람들의 무리로서의 교회.<br>3) 성결교회의 간략한 역사와 사중복음 | 이론<br>↓<br><br>실천 | 자원과 경험과의 대화<br>↓<br>현재적 적용 | 비판적 반성 |
| 4 / 함께 하는 신앙 생활 | 엡 4:11－16 | 1) 신앙생활이 사회적 행위임을 알 수 있다.<br>2) 공예배에 규칙적으로 참여할 수 있다.<br>3) 다른 신자들과의 사귐을 통해 신앙생활을 체험할 수 있다 | 1) 예배공동체로서의 교회.<br>2) 성도의 교제로서의 교회.<br>3) 예배와 친교의 유익. | | | 프락시 스적 실천 |

## 5. 배려자로서의 교사

전체적으로 새신자교육에서의 교사의 역할은 배려자이다.[211] 일반적으로 교사의 역할은 학습자에게 가르치고, 학습자로부터 배우며, 학습자를 배려하는 것이다. 성인교육의 특성을 고려할 때 새신자교육에서 가장 두드러져야 할 교사의 역할은 배려이다. 리자 그랜트(Lisa D. Grant)에 따르면, 배려는 심리적으로, 현실적으로, 효과 면에서 권장되어야 할 교사의 역할이다. 학습자들은 교사가 진정으로 자신과 접촉하는지 느낌으로 안다. 그 표현이 바로 배려이다. 교사와 학습자의 접촉 여부의 척도인 배려는 교육의 전제이며 가능성이다. 현실적으로 성인교육의 현장에는 여성들이 남성에 비해 다수이다. 따라서 남성에 비해 정서적 차원을 중시하는 여성들에게 연관, 관계, 그리고 감정의 역할은 중요한데, 이것을 전체적으로 배려라 할 수 있을 것이다. 배려는 직접적으로 학습의 효율성에 영향을 미친다. 긍정적 강화가 바람직한 변화를 낳는다는 것은 잘 알려진 사실이다. 특히 배려는 새신자들이 교회라는 하나의 공동체를 이루도록 하는 데 중요한 기능을 한다.[212]

교육의 내용과 방법을 통해 볼 때, 교사는 전달자와 대화자이다. 새신자교육의 내용들은 말 그대로 경험이 풍부한 성인이라 하더라도

---

211) 조력자로서의 교사의 일반적 역할에 대해서는, Arthur Combs, Donald Avila, and William Purkey, *Helping Relationships: Basic Concepts for the Helping Professions*(Boston: Allyn and Bacon, 1974), 10−17.

212) Lisa D. Grant, "Connection and Caring: The Role of Educational Leadership in Adult Jewish Learning", *Religious Education* 99:2(Spring 2004), 177.

새로 접하게 되는 내용들이다. 그러므로 내용을 강요할 수는 없지만 교사는 내용들을 처음으로 소개하는, 즉 전달하는 역할을 하게 된다. 전달지로서의 교사의 역할은 구체적으로는 설명자이다. 교사는 자상하고 친절하게 알기 쉽게 교육내용을 설명해야 할 것이다. 새신자교육에서 교육 내용은 대체로 객관적인 것이 아니기 때문에 설명을 통해 학습자들을 이해시키려고 해서는 안 된다. 그러므로 여기에서의 설명은 교육 내용을 이해시키는 것이라기보다는 그 교육 내용을 수용한 기신자들의 확신을 나누는 것이라고 할 수 있다. 교사의 역할로서 대화를 강조하는 입장의 전제는 문제의 해결은 다양한 자원(입장 등)으로부터 올 수 있다는 철학으로부터이다. 또한 대화의 상대는 그들의 관심을 이해받아야 할 만한 자격이 있다고 생각해야 한다. 또한 상대를 비하하기 위한 약점이 아니라 강점을 인정하면서 다른 입장에 대한 가장 가능한 건설적인 안을 제시해야 한다.213)

성인교육에서 교육의 내용은 권위에 의해 강요될 수 없다. 이는 낯선 내용을 소개받게 되는 새신자교육의 경우에서도 예외는 아니다. 새신자교육의 내용은 어디까지나 성인교육의 특성을 살려야 하는데, 이때 성인교육의 가장 큰 특성인 자발성을 염두에 둘 때, 교사는 그들의 대화 상대자가 되어 그들 스스로 결단에 이를 수 있도록 이끄는 인도자의 역할을 해야 한다. 결단은 권위나 강요에 의해 이루어져서는 안 된다. 그것은 기껏해야 권고(면) 정도에 그쳐야 할 것이다. 결단은 학습자 스스로에 의해 자발적으로 이루어져야 한다.

교사가 전술한 바와 같은 역할을 원만하게 수행하기 위해서는 기

---

213) Neil A. Parent, "Effective Dialogue Aids Learning……and Lots More!", *Catechist* 34:1(Sep 2000), 16.

본적으로 성인교육(Andragogy)에 대한 이해를 갖추고 있어야 한다. 따라서 교회는 새신자교육에서 교사로 활동할 신자들의 수급을 원활하게 하기위한 양성 프로그램을 운영해야 할 것이다.[214]

## 6. 반성자로서의 학습자

새신자교육에서 학습자는 자기경험에 대한 비판적 반성자, 교회의 가르침과 자신의 가치관 사이의 갈등에서 빚어진 문제에 대한 질문자, 그리고 삶의 회심(전환)자이다. 이것들은 대체로 순차적인 단계를 지닌 역할이라고 할 수 있다. 새신자교육의 장 안에 들어온 학습자는 우선 자신이 살아온 삶과 그 삶을 지탱케 해 준 세계관에 대해 재고를 하게 될 것이다. 나의 세계관과 다른 가치관이, 그것도 상당한 세력을 기반으로 한 세계관에 접하게 될 때 자신의 세계관에 대한 반성을 하게 될 것이다. 교사는 학습자의 반성 행위에 대해 충분한 시간과 기회를 부여해야 한다. 섣부른 과거와의 단절은 오히려 과거에 대한 연연함으로 남아 다시 그리로 회귀할 수 있는 가능성이 있기 때문이다.

이와 같은 반성은 새신자교육이 진행됨에 따라 새로 접하게 된 가치관과 충돌을 일으키게 된다는 것을 알게 된다. 아직 전폭적으로 기독교를 수용하지 않은 상태의 새신자일 경우 자연스럽게 갈등이

---

214) 성인교육 교사의 자질과 역할, 그리고 그에 대한 장·단기 훈련프로그램에 대해서는 Marge Denis and Brenda Peddigrew, "Preparing to Facilitate Adult Religious Education", Gillen and Taylor, *Adult Religious Education*, 175－202 참조.

발생하게 될 것이다. 이 단계에서 교사는 학습자들에게 갈등으로로부터 나오는 다양한 내용과 수준의 질문들을 주저함 없이 솔직하게 할수 있도록 격려해야 한다. 그렇게 되기 위한 소건들 중의 하나는 라포(rapport)의 형성이다. 라포는 의사의 소통성으로 학습자와 교사 사이의 신뢰감을 말한다. 즉 서로 마음이 통하고, 무슨 일이라도 털어놓고 말할 수 있을 것 같고, 말한 것이 충분히 이해될 것 같은 분위기를 말한다. 이와 같은 분위기의 형성 자체가 신자의 사랑일 수 있어 그 자체로 교육의 내용이 될 수 있다. 질문이 없다는 것은 교육내용에 대해 잘 이해하지 못하거나 관심이 없는 경우일 수 있으므로 학습자가 질문을 하지 않을 경우 교사가 그동안의 교육적 정황 등을 상기하면서 학습자에게 필요하다고 생각되는 질문을 던질 수 있다.

질문자로서의 학습자는 이제 교회의 가치관 선택 여부를 결정해야 하는 단계로 나아간다.[215] 교회에서 새신자교육에 어느 정도의 비중을 두느냐에 따라 이 단계의 유효성이 결정된다. 새신자교육에 큰비중을 두지 않고 그저 기독교 소개 정도로 생각할 경우, 이 새로운가치관을 선택하는 이 단계는 그렇게 큰 의미가 없을 것이다. 그렇지 않고 새신자교육을 신앙생활과 교회생활을 위한 근본적인 가치관형성 교육으로 볼 경우 이 단계는 성패를 가르는 시점이 될 수 있다. 삶의 회심자로서 학습자는 후자의 경우에 유효한 개념이다. 확신이 없을 경우 선택은 어렵다. 확신이 분명하지 않을 때 선택은 불안

---

215) 질문의 성격에 대한 이해를 도울 수 있는 교사 편에서의 질문에 대해서는, Karen Purnell. "How to Ask an Adult an Adult Question", Catechist 34:1(Sep 2000), 78－79; Mary L. Brosseau, "Improving Your Question－and－Answer Techniques", *Catechist* 33:3(Nov / Dec 1999), 6－7 참조.

정하다. 분명한 선택으로 나아가게 하는 확신은 이전 단계에서 이루어진다. 이 단계에서는 반성과 갈등이라는 심적으로 비교적 길게 느껴질 수도 있는 시간을 경과한 후에 한순간의 의사표현이 있을 뿐이다. 결정 행위에서 표현은 중요하다. 표현되지 않은 의사는 변명의 여지를 남기기 때문에 교사는 분명한 의사표현을 할 수 있도록 격려해야 한다. 또한 교사는 짧은 선택에는 긴 책임이 따른다는 사실을 알려주어야 한다. 그래서 학습자가 자기 결정에 대한 책임을 질 수 있는 성숙한 자세를 갖도록 도와주어야 할 것이다.

## 7. 교육의 성격에 대한 평가

일반적으로 성인교육에서 평가는 무시되는 영역이다. 그 이유는 신앙은 평가될 수 없다는 신비적 입장, 교육 결과에 대한 두려움, 즉 알고 싶지 않는 결과를 대하고 싶지 않아서 일 수 있고, 교회가 그 필요성을 느끼지 못하거나, 평가의 가치를 모르기 때문일 것이다.[216] 성인교육에 관한 책들도 평가에 대해 비중을 두지 않는다.[217] 하지만 교육이 보다 효과적이고자 한다면 평가는 필수적이다. 여기에서는 새신자교육의 범위에서 평가를 생각해 볼 것이다.[218]

---

216) McKenzie and Harton, *The Religious Education of Adults*, 213; Nancy L. DeMott and Jerome W. Blank, "Evaluation in Adult Religious Education", *Religious Education* 93(Fall 1998), 479−480.

217) Gilbert Peterson, ed., *The Christian Education of Adults*(Chicago: Moody Press, 1984); Kenneth Gangel and James Wilhoit, *The Christian Educator's Handbook on Adult Education*(Wheaton, IL: Victor Books, 1993).

전체적으로 새신자교육에 대한 평가는 선언적인 규범적 내용보다
는 그 내용이 어떤 방식으로 취급되었는지에 대한 차원에서, 교사와
학습자의 영역에 대한 것이어야 할 것이다. 교육내용을 둘러싼 교사
와 학습자의 관계야말로 교육내용의 이해와 수용 여부의 관건이기
때문이다. 교사는 새신자교육 진행에서 민주적이었는지, 즉 학습자와
철저하게 대화적 관계였는지, 더 나아가 학습자의 편에서 교육내용
을 이해하고 설명하려고 했는지 평가해야 할 것이다. 역으로 학습자
는 교육에 얼마나 자발적으로 참여했는지 평가되어야 할 것이다.

그렇다고 교사와 학습자의 대화적 관계가 교육의 목적은 아니기
때문에 그 교육의 결과는 목적의 차원에서 평가되어야 할 것이다.
우선 교육이 구원에 이르도록 하는 것이었는지 확인되어야 할 것이
다. 수많은 대화와 신뢰감 형성 등의 긍정적인 결과가 나왔을지라도
학습자가 구원에 접근하지 않은 교육이었다면 성공으로 보기 어려울
것이다. 좀 더 구체적으로 이 구원에 이르는 교육은 신앙의 전인적
성격에서 평가되어야 할 것이다. 즉 지적인 차원에서 학습자들이 구
원이 무엇인지, 그것은 어떻게 일어나는지, 예수는 누구인지, 교회는
무엇이며, 교회생활의 성격은 무엇인지를 알았는지 확인해야 할 것
이다. 정서적 차원에서는 이 같은 지적인 내용들의 정서적 차원, 즉
구원에 대한 감사, 하나님께 대한 신뢰, 교회 지체들과의 나눔 등이
엿보이는지 살펴야 할 것이다. 행위적인 차원에서는 정기적 예배 참

---

218) 평가의 과정, 실제적 기술, 평가 문항, 시행 등에 대해서는 McKenzie
and Harton, *The Religious Education of Adults*, 218-240 참조, 또한
CIPP(context, input, process, product) 모델과 관련지어 누가, 언제, 무
엇을, 어떻게 할 것인가에 대해서는 DeMott and Blank, "Evaluation in
Adult Religious Education", 482-487 참조.

여, 식사 기도, 취침 기도, 성경 읽기, 간단하고 쉬운 교회 봉사 등을 하는지 살펴야 할 것이다.

평가는 교육의 최종 단계이지만 교육의 향상을 위한 처음 단계이기도 하다. 새신자교육의 경우에도 마찬가지이다. 비록 평가 결과 부정적이라 할지라도 바로 그 부정적인 면이나 내용들을 채워주기 위한 구체적인 후속적 교육 행위가 뒤따를 때 평가는 좋은 기회가 될 수 있다. 물론 평가 이후의 학습자에 대한 후속적 조치들이 정규적인 교육의 형태를 띨 수는 없겠지만 평가 행위가 교육을 완결 짓는다는 차원에서 반드시 있어야 할 사후관리로 생각된다.


## 8. 운영 방안

교회에서 신자에 대한 교육을 한다고 할 때, 종종 교회 내에서만 교역자에 의해서 하는 것으로 생각하는 경향이 있다. 즉 새신자교육의 형식을 너무 고정적으로 생각한다는 것이다. 그러나 앞에서 언급한 새신자교육의 목적을 이룰 수 있다면 교회의 형편에 맞추어 그 형식에 융통성을 주는 것은 권장할 만하다. 우선 교육 시간을 교회에서 일방적으로 정할 것이 아니라 새신자교육에 참여해야 하는 사람들의 사정을 고려하면서 교회의 행사나 목회 계획 등을 참조하여 정해야 할 것이다. 그러나 약속된 시간에 모일 수 없는 경우에는 약속 주기를 넘기지 않는 한도 내에서 가급적 빠른 시간 내에 모이도록 해야 한다. 그러기 위해서는 약속 시간 이전에 모임 시간의 확인이 필요하다. 모임 시간에 대해서는 가능한 한 충분한 시간을 갖고 모이는 것이 좋다. 새신자들은 신앙과 교회에 대해 궁금한 점들이 많으며, 새신자교육이 성인교육이기 때문에 새신자교육의 내용뿐만 아니라 그들의 삶과 연결된 상담을 할 가능성이 높기 때문이다.

모이는 장소에 대해서는 반드시 교회여야 한다는 생각은 버리고 새신자교육에 참여하는 사람들이 올 수 있는 장소를 택하면 좋을 것이다. 가정집도 좋고, 조용한 커피숍을 이용할 수도 있겠다. 새신자교육을 오프라인에서 한다고 해도 온라인상에서 보충이 되면 좋을 것이다. 교회에 홈페이지를 개설하거나 블로그나 싸이 등을 이용해 새신자들을 돌볼 경우 오프라인상에서 행한 새신자교육의 효과를 증대시킬 수 있을 것이다. 오프라인상에서의 교육 시간이 부족할 경우 온라인에 관계된 내용을 탑재할 경우 새신자들이 편한 시간에 이용할 수 있을 것이다.

이와 같은 새신자교육은 일정 인원이 될 때까지 모아서 하는 경우도 있겠으나 인원수에 상관없이 새신자가 있을 경우 그때그때 실시하는 것이 좋다. 이 경우에 문제가 될 수 있는 것은 교사이다. 새신자교육의 교사를 교역자로 소수의 한정할 경우 새신자교육의 진도가 맞지 않을 수 있으므로 최소한 4명의 교사가 확보되어야 한다. 여기에 말하는 새신자교육은 4회로 구성되어 있기 때문이다. 그러나 이상적인 것은 일대일 양육이라고 보아야 한다.

이 4회에 대해서는 일주일에 4회를 모두 할 수 있고 매주 1회씩 한 달에 걸쳐 할 수도 있을 것이다. 그러나 새신자교육 과정이 4회로 짜여 있다고 해서 반드시 4회만 모인다고 생각할 필요는 없다. 한 과의 교육 내용이 많다고 생각할 경우 나누어서 할 수도 있기 때문에 교회의 형편을 따라 융통성 있게 변화를 줄 수 있을 것이다. 필요할 경우 새신자교육을 진행하는 중간 또는 이후에 함께 나누기 위한 시간을 원할 경우 시간을 마련할 수 있다. 이런 기회를 늘릴 경우 새신자교육이 하나의 세포 형태를 띠어 신앙생활과 교회 생활을 해나가는 데 서로 도움을 주고받는 소그룹으로 성장할 수도 있을 것이다.

새신자교육의 교사를 교역자나 평신도가 담당할 수 있을 것이다. 일반적으로 교회에는 새신자부가 있으나 교육은 대부분 교역자가 하는데, 평신도의 역할을 교육으로까지 확대할 경우, 새신자들이 같은 평신도라는 동질감을 느낄 수 있어 좋을 것이다.

새신자교육을 마쳤을 경우에는 그때마다 (또는 교회의 형편상 할 달에 한 번 정도 할 수 있겠다) 대예배 시간 등을 이용해 새신자를 양육자와 함께 세워 교회의 지체로 환영하는 시간을 갖도록 해서 신앙공동체에 소속감을 주도록 한다. 이 시간에는 새신자를 회중에게 소개하고 수료증과 축하의 선물을 전달할 수 있다.

결신하거나 결신의 가능성을 갖고 교회에 처음 출석하는 성인 새신자에 대한 교육은 교회의 성장 정체와 맞물려 관심의 영역이 되었다. 그러나 그 의도가 교인 만들기 식 등이 되어 목적이 왜곡되었고, 그나마 성인교육의 특성을 고려하지 않아 비교육적이었고, 이후에 이어지는 세례교육 등의 바탕을 이루는 체계적인 교육이 되지 못했다. 정당한 새신자교육은 이와 같은 결점들을 보완할 수 있는 형태와 성격을 지녀야 한다. 또한 기독교교육의 부분집합이라 할 수 있는 새신자교육은 결국 신앙교육이기 때문에 신앙의 전인적 요소들이 고려되어야 한다. 여기에 성결교회라는 전통과 신학이 반영될 때에야 새신자교육으로서의 조건을 구비하게 되는 것이다. 이와 같은 현실적, 교육적, 신학적 특성들을 반영할 때 새신자교육은 구원의 기쁨, 신앙인으로 사는 자부심, 교회를 이루는 지체, 그리고 함께하는 신앙생활로 모아진다.

이 글에서 성결교회 새신자교육에 대해 종합적 접근을 시도했지만, 교육적 범주에 의한 검토, 주제의 확산 우려 등을 고려하여 교육 환경, 교육운영 방안, 그리고 교수－학습 진행 등에 대한 내용은 누락되었다.[219] 또한 새신자교육과 관련지어서 성인들의 변화된 사회·문화적 환경,[220] 상담[221] 등에 대한 내용도 다루지 않았다. 이 같은 내용들이 보충될 때 교회의 새신자교육은 보다 더 적절하게 수행될 수 있을 것이다.

---

219) 새신자교육에서 교수－학습 진행의 일례는 다음과 같다.

$$\text{The Story(성서와 전통)} \rightarrow \text{our story(경험)} \rightarrow \begin{array}{c} \text{The Story} \\ \updownarrow \\ \text{our story} \end{array} \rightarrow \text{life(헌신, 행동)}$$

이 교수－학습은 학습자가 새신자라는 점을 고려하여 먼저 지적 차원의 성격인 성서와 전통 등이 교사에 의해 소개 또는 전달되고, 그에 대해 다양하고 풍부한 삶의 경험을 소유한 성인 학습자들이 응답하며, '그 이야기'와 성인 학습자의 경험인 '우리 이야기' 사이의 변증법적인 대화를 통해 정서적 신뢰를 형성하며, 삶 가운데서 하나님의 뜻에 대한 자발적인 순종의 행위로 이어지도록 진행된다.

220) J. Gregory Dunwoody, "Listening to the Voices of the People: A Case Study of Cultural Factors in Native Communities", Gillen and Taylor, *Adult Religious Education*, 127－153 참조.

221) Ruth L. Wright, "Pastoral Counseling in the Community", Gillen and Taylor, *Adult Religious Education*, 154－171 참조.

# 제7절 교육과정의 실천: 청소년부를 중심으로

## Ⅰ. 중등부[222]

교회학교의 여러 부서들과 비교할 때, 중등부는 교육하기가 가장 어려운 부서이다. 중학생들은 급격한 변화를 겪고 있는데, 그 변화마저도 학년마다 다르기 때문이다. 1학년은 초등학교학생과 별반 다를 것이 없다. 그리고 본격적으로 성에 눈을 떠간다. 2학년부터는 열심히 공부를 해야 한다. 그렇기 때문에 중등부의 교육은 다른 부서의 경우처럼, 전체적이고 일반적인 접근이 허락되지 않는다. 중등부 안에 세 개의 부서가 공존한다고 생각할 수 있다.

이런 점을 염두에 둘 때, 중등부의 교육은 중학생들의 현실에 밀착된 접근이 되어야 한다.

### 1. 교육 목표

1) 하나님과 개인적 관계를 형성할 수 있다.
2) 회심의 경험을 할 수 있다.
3) 성경을 자발적으로 읽을 수 있다.
4) 신앙의 친구를 사귈 수 있다.

---

222) 이하의 내용은 박종석, "중등부", 『새천년 교육백서』(서울: 기독교대한 성결교회 출판부, 2001), 309-318로부터 나온 것임.

## 2. 학생 이해

### 1) 신체적 발달

중학생 때는 신체적으로 큰 변화를 보인다. 첫째, 신체가 급격하게 발달한다. 여학생의 신체 발달은 남학생보다 2년 정도 앞선다. 그런 까닭에 여학생이 남학생을 완력으로 통제할 수 있다. 둘째, 신체가 성에 따라 서로 다르게 발달한다. 성호르몬에 왕성한 분비에 의해 이차성징 곧 남녀의 차이가 두드러지게 나타난다. 이 같은 성적 변화는 성장의 일면으로 수용되면서 이성에 대한 혐오감이 없어지고 애착을 갖기 시작한다. 이성의 대상은 인기 연예인, 운동선수, 상급생, 학교 선생님 등일 수 있다.

### 2) 정서적 발달

정서적 변화는 신체적 변화와 밀접한 관계가 있다. 성적 변화를 어떻게 받아들이느냐가 성격 형성에 영향을 준다. 중학생은 정서적으로 안정되지 않아 변덕스러워 보인다. 그렇기 때문에 겉으로 보기와는 다른 행동을 할 수도 있다.

중학생의 감정은 격렬하다. 그들이 겪는 사건과 문제들은 최고냐 최악이냐이지, 그 중간은 없다. 최고일 경우에는 굉장히 행복해하지만, 최악일 경우에는 분노, 반항, 또는 두려움으로 나타나고 자살까지 할 수 있다.

중학생은 감정이 풍부하기 때문에 신앙을 감정에 의존할 수 있다. 그런데 감정은 신앙의 결과이지 원천이 아니다. 중학생의 감정은 변하지만, 신앙의 내용인 하나님, 예수님은 변치 않는다.

중학생은 자아가 형성되기 시작하면서 자주성을 추구한다. 그래서 혼자 할 수 있다는 자신감이 넘치지만 현실과 이상의 차이를 발견하게 되어 반항하기도 하고 좌절하기도 한다.

### 3) 사회적 발달

부모와 가족의 권위(보호와 간섭)로부터 벗어나 자율과 독립을 구한다. 아직은 미성년인 중학생들이 성인으로서 독립을 획득하는 그 중간에 놓여 있는 것이 또래 집단이다. 그래서 또래 집단에의 소속은 예속이 아니라 과도기적 독립 행위로 보아야 한다. 또래집단은 거기 소속된 구성원들에게 생활 전반에 영향을 미친다.

중학생들은 다른 사람의 시선이나 의견에 신경을 쓴다. 그들은 자신이 아닌 타인의 판단을 통해 자신을 본다. 복장이나 두발의 모양, 좋아하는 음악, 이성교제에 대한 태도 등에서 남의 인정이나 평가에 신경을 쓰는 까닭은 바로 이런 이유에서이다.

남학생은 여학생 앞에서 불안해하고 부끄러움을 타 어색해 한다. 여학생은 남학생과 달리 사물보다 우정과 인간관계에 더 관심이 많다.

### 4) 정신적 발달

이 시기는 지능 발달 과정의 마지막 단계인 추상적 사고가 발달하는 시기이다. 그래서 어떤 일에 대해 논리적으로 생각하려고 한다. 그렇기 때문에 이제까지 배워왔던 것들에 대해서 의심을 품고 질문을 한다. 중학생들이 하는 전형적인 질문은 하나님과 세상에 대한 것이다. "하나님은 세상을 사랑하신다. → 세상에는 불행한 사람이 많다. → 하나님께서 세상을 사랑하신다면, 왜 이렇게 많은 사람들이 불행한가?" 이와 같은 질문들은 주변에서 일어나는 일들이 불합리하다는 생각을 갖게 한다.

그러나 이런 사고방식은 기존의 사실이나 가치체계를 재고케 함으로써 자신의 새로운 가치나 신념을 형성케 한다.

### 5) 신앙적 발달

중학생은 권위에 동의하지 않으려는 기본적인 욕구와 추상적 사고의 발달 때문에 어려서 배운 종교적 내용들에 대해 거부하는 경향이 있다. 그것은 주로 하나님에 관한 것이다.

예수님에 대해서는 인간적인 차원에 관심이 많다. 교사에 대해 관심이 있는 것과 같은 차원이라 볼 수 있다. 성령에 대해서는 아직 모호한 생각을 갖고 있다. 그래서 성령 충만한 삶이 무엇인지 알기 어렵다.

종교적 내용을 자신과 연관 지어 생각하기 시작한다. 나는 누구인가? 나는 어디서 왔는가? 나는 무엇을 해야 하는가? 하나님은 존재하시는가? 나는 그에게 어떻게 도달할 수 있는가? 나는 언제 확실해질 수 있는가? 등의 질문을 하게 된다.

### 6) 도덕적 발달

그는 성인들의 행동과 말이 다른 것을 알고 권위에 반항한다. 그래서 그들의 도덕까지 경원시할 수 있다. 양심이 발달하지만 신체적인 성적 발달과 갈등을 일으키게 된다. 그래서 성과 관련된 문제에 대해 양심의 가책을 느낄 수 있다.

도덕과 연관 지어 중학생은 책임지는 것을 배워야 한다. 그러기 위해서는 독자적인 선택을 할 수 있는 기회가 주어져야 한다.

또한 잘못과 실수에 대해서는 자신뿐만 아니라 타인에 대해서도 인정하고 용서할 수 있도록 배워야 한다. 중학생은 실제의 행위를 통해 사실을 깨닫기 때문에 현실과 원리의 차이에서 갈등을 느낀다. 그러면서 자신이 정신적인 면에서 독특하다는 것을 발견해간다. 그것이 타인에 대한 부정적인 태도로 나타날 수도 있다.


### 3. 교육 내용

#### 1) 예 배

중학생은 본격적으로 예배를 드릴 준비가 갖추어졌다고 볼 수 있다. 그렇기 때문에 그들이 예배를 드리는 것을 잘 돕도록 하기 위해 예배 교육을 정식으로 시킬 필요가 있다. 특강을 통해서라든가, 성경 연구 시간을 통해서 예배가 무엇인지를 구체적으로 가르칠 필요가 있다. 그 내용들에는 예배의 순서에 나오는 사항들을 구체적으로 자세히 가르칠 필요가 있다. 묵도가 무엇인지, 대중기도의 의미가 무엇인지, 설교의 중요성과 감사와 헌신으로서의 헌금, 친교로서 광고의 의미와 축도의 의미가 무엇인지 분명하게 가르쳐야 한다.

또한 절기 예배(성탄절, 사순절, 부활절, 추수감사절)와 특별주일(교회창립주일, 종교개혁주일, 어린이 주일, 어버이 주일 등)의 특성도 예배드리기 전에 교육이 되어 있어야 한다. 또한 학생들의 삶의 주기에 맞는 입학 예배, 졸업 예배, 생일축하 예배와 같은 예배도 새롭게 창의적으로 구성하여서 드릴 수 있다.

그러나 무엇보다 이와 같은 예배교육과 특별한 예배드림을 통하여 예배를 경건하게 드리는 태도가 개발되어야 할 것이다. 중등부는 초등학생과 구별되지 않는 신입생들과 그보다 훨씬 점잖은 상급생들로 구성되어 있기 때문에 예배의 분위기가 자칫하면 혼란스러워지기 쉽다. 교사와 상급생의 잘 어우러지는 협조가 경건한 예배 분위기로 나타날 수 있어야 한다.

예배에서 설교는 중학교 3년을 염두에 두고 하나의 교과과정이 되도록 구성할 수 있다. 그래서 설교 자체가 하나의 잘 짜인 교육과정이 되도록 한다. 그 내용은 성경공부 시간에 다루기에 적절하지 않거나 다룰 수 없는 주제들을 선정한다.


2) 성경공부

교단의 교재는 중학생들에게 필요한 성경 내용과 삶의 경험들을 균형 있게 다루려고 노력했다. 성경 내용은 유년주일학교에서 배운 내용들과 연관을 지으면서 한 단계 높은 수준의 내용을 다루고 있다. 삶의 경험과 관련된 내용들은 중학생들이 현실 안에서 겪을 수 있는 문제들을 다루었다. 예를 들어, 중학교 2학년의 경우, 공부, 외모, 우정, 약물중독, 유행, 성, 사이버, 폭력, 따돌림, 음악 등의 문제들을 본격적으로 다루고 있다.

이와 같은 삶의 문제들은 성경에서 다루어지고 있지 않은 문제들이다. 그러나 그것들을 성경의 정신을 따라서 다룰 수는 있다. 이와 같은 내용의 성경 공부를 할 때 교사는 전통적인 성경 해석으로부터 조금은 자유로울 필요가 있다. 일반적으로 성경 해석은 성서신학적으로 행해진다. 그러나 성경을 어떤 차원에서 해석하느냐에 따라 그 의미는 다양하게 해석될 수 있으며, 그러한 다양한 해석들은 성서신학의 독점적 해석으로 인한 성경의미의 단일성을 극복할 수 있으면서 보다 다의적인 성경 해석의 지평을 열어놓을 수 있다.

이런 차원에서 성경은 교육적으로 해석될 수 있으며 그것은 교육적 성서해석이라 할 수 있을 것이다. 이와 같은 접근은 성서해석학적으로 접근할 경우 삶과의 관련성을 찾아낼 수 없는 본문에서 새로운 의미를 발견해 내는 것을 가능하게 한다. 그럴 경우 교육적 성서해석은 성서해석학에 도움을 주게 된다. 이와 같은 훈련을 통하여 교사들은 중학생들의 삶의 경험들을 성경적으로 해석해 내는 능력을 기를 수 있게 될 것이다.


### 3) 활 동

활동을 통해서는 소속감을 심어주어야 한다. 중학생들은 자신이 특정 그룹의 일원이라는 것을 좋아한다. 자신이 어디엔가 소속되어 있고 그 그룹에 의해 받아들여지고 있다는 느낌은 대부분의 중학생들에게 큰 관심거리이다. 소속감을 심어주기 위해 그룹을 만들도록 격려할 수 있다. 그룹의 이름도 "클릭회(Christ Living in Christian Kids)"와 같이 영어문지를 따서 재미있게 지을 수 있다.

또한 자기수용 욕구뿐만 아니라 하나님과의 보다 나은 관계를 갖고자 하는 욕구, 그리고 다른 사람을 사랑하고 수용하는 법을 배우려는 욕구, 성인의 지도를 받고자하는 욕구, 자기가 누구인지 알고자 하는 욕구, 진지한 의사소통과 대답에 대한 욕구, 재미와 레크리에이션에 대한 욕구가 충족될 수 있어야 한다.

## 4. 교육 방법

### 1) 예 배

중학생이 되면서 크게 겪는 변화 중의 하나는 예배 형태이다. 예배 형태가 기본적으로는 초등부에서와 같으나 그 성격에서는 큰 차이가 있다. 그 차이는 무엇보다 먼저 설교에서 볼 수 있다. 초등학교 때에는 일단 설교를 어린이들에게 한다는 전제를 가지고 하기 때문에 어떻게 해서든 쉽게 전하려고 한다. 그러나 중등부의 설교는 형식, 주제, 그리고 수준에서 아동부의 설교와 큰 차이가 날 수 있다. 우선 중등부의 설교는 아동부의 이야기 중심에서 본격적인 논리성을 띤 설교의 형식을 띠게 된다는 것이다. 그리고 중학생들은 어린이들과 그 활동의 장이 바뀌기 때문에 주제 면에서 아동부의 설교와 차별성을 띤다. 공부라든가, 친구 등의 현실적인 주제뿐만 아니라 기독교의 주요 교리에 대한 내용도 본격적으로 다루어지게 된다. 따라서 말이 그렇지 실제로는 장년부의 설교와 수준면에서 큰 차이가 없다.

설교에서의 이와 같은 성격의 급격한 변화는 중학생들, 특히 신입생에게는 당혹스러운 것이다. 설교가 고리타분한 말 그대로의 설교라는 인상을 주어 설교를 거부하게 되는 상황이 벌어져서는 안 된다. 설교자는 적어도 신입생들이 올라와서 적응이 될 때까지 아동부의 설교 성격을 염두에 두고 준비해야 할 것이다.

예배에서 큰 비중을 차지하는 요소 중의 하나는 음악이다. 중등부의 예배에서의 음악은 주로 성인들의 찬송가를 사용한다는 면에서 초등학교의 예배와 다르다. 음악의 분위기, 빠르기, 가사 등에서 차이를 보인다. 어린이 찬송가의 경우 밝고 순수한 음악들이 사용되었지만 일반 찬송가의 경우에는 여러 가지 색조의 음악이 담겨있다. 학생들은 대중가요의 영향으로 빠른 음악에 익숙해 있다. 그래서 어린이 대중가수들의 빠른 가사를 따라잡을 수 없듯이 중학생들은 찬송가의 느린 속도 때문에 가사를 파악할 수 없다. 또한 가사 자체가 중학생들에게 생소한 용어들도 적지 않기 때문에 필요할 경우 설명이 필요하다. 그러므로 어린이 찬송가로부터 어른 찬송가로 옮겨가는 과정에 무리가 없이 자연스럽게 옮겨가도록 지도가 필요하다.

### 2) 성경공부

교수에 있어서 최악의 방법은 강의 방식에만 매달리는 것이다. 좋은 학습방식은 단지 앉아서 듣기만 하는 것이 아니라 학습과정에 능동적으로 참여하는 것이다. 그런 면에서 천방지축이라고까지 할 수 있는 중학생들의 교육방식은 경험적인 방법이 좋을 것이다.

경험교육의 주요 전략 중의 하나는 시뮬레이션 게임이다. 시뮬레이션은 본래 현실 세계의 어떤 면을 단순화시킨 모델로 정의된다. 그리고 게임은 어떤 목적을 위해 일정한 조건 아래에서 겨루는 상대방과의 경연이라고 할 수 있다.

또 다른 효과적인 교육방식은 그룹 게임이다. 이것은 어떤 특정한 주제에 관해 학습하는 시합이라고 할 수 있다. 학생들이 어떤 구조화된 활동에 참여하게 되는데 거기서 그들은 거의 자기 스스로 지식을 발견해 내게 된다는 데서 이 게임 방식은 가치가 있다.

이와 같은 게임 방식에는 일정한 형태가 있는 것이 아니다. 성경공부 전체를 이런 방식으로 진행할 수 있고, 부분적으로 사용될 수도 있다. 중요한 것은 이와 같은 방식을 취할 때 학생들이 흥미를 느껴 학습에의 참여도가 높아진다는 것이다.

이와 같은 방법들에는 구체적으로 무엇을 알아맞힌다는가, 몸짓으로 표현한다든가, 어떤 일을 가정하고 처리해 보라든가, 실제로 그 입장이 되어 본다든가. 특정 주제에 대한 의견을 내게 한다든가 등 다양한 방법들이 가능할 것이다. 중요한 상기 사항은 목적(의도)가 분명하면 그에 맞는 창의적인 방법의 구안이 용이하다는 것이다.

### 3) 활 동

#### ① 욕 구

중등부에서 가장 많이 하는 활동은 예배, 성경공부, 친교의 시간, 부별모임, 농구, 레크리에이션, 임원회, 성가 연습, 간식 먹기 등이다. 그런데 중학생들이 가장 좋아하는 활동들은 레크리에이션, 함께 먹기, 운동경기, 자기 생각을 말할 수 있는 기회, 음악 등이다. 그런데 이 같은 활동 등을 통해 위에서 언급한 여러 욕구들(4. 3)이 충족되도록 해야 한다. 이를 위한 일반적 방법들은 다음과 같다.

자기수용 욕구에 대해: 활동을 계획하고 수행하는 데 학생들을 참여시킨다; 학생들의 말을 들어주고 행동으로 그들을 사랑하고 있음을 보여준다; 학생들에게 그들이 중요하다고 말해준다. 그들이 멋있게 보이거나 어떤 좋은 일을 했을 때 칭찬한다. 자기 확신을 형성시키는 게임이나 활동을 사용한다; 모두 웃고 자유로울 수 있는, 열등감이나 거부감으로 움츠러들지 않는 신나는 시간을 갖는다; 자기 정체성에 대한 질문의 기회와 정체성 탐구에 대한 격려, 그리고 타인과의 차이에 대한 건강한 관점을 지니도록 격려한다.

하나님과의 친밀한 관계의 욕구에 대해: 솔직한 대화 속에서 그것이 시간이 걸리는 문제임을 알게 한다; 학생들을 위하여 기도하며 예의 주시한다; 행위를 결정할 때 하나님의 말씀의 원칙을 강조한다.

또래 그룹의 인정과 수용 욕구에 대해: 모두 참여할 수 있는 프로그램적 상황을 만든다; 가족처럼 느낄 수 있도록 하는 데 도움이 되는 야외프로그램을 자주 갖는다; 학생 하나하나에 대해 사랑과 관심을 보인다; 학생들의 이름을 안다. 학생들과 개인적 대화를 나눈다. 교회 밖의 활동에 대해서도 관심을 가져준다. 자기 생각을 놀림받지 않고 말할 수 있는 분위기를 조성한다.

다른 사람을 사랑하고 수용하는 법을 배우려는 욕구에 대해: 서로 알도록 그룹 토론이나 함께 협동하며 하는 게임을 통해 서로가 얼마나 필요한가를 알도록 해 준다; 사랑을 가르치는 유일한 방법은 본이 되는 것이다. 시간과 힘이 들더라도 그러한 노력을 지속해야 한다; 퇴수회 등의 방법이 효과적이다.

성인의 지도를 받고자 하는 욕구에 대해: 교사는 학생 한 사람 한 사람에게 기꺼이 시간을 내주고 그들을 생각해 주고 사랑해야 한다; 학생들의 눈높이에 맞추어 자신의 경험을 나누어준다; 학생들에게 좋은 모델이 되는 성인을 일러준다; 부모가 지도 역할을 할 수 있다는 것을 알려준다.

자신의 정체성에 대한 욕구에 대해: 자신의 능력을 사용할 수 있는 기회를 통해 자신의 가치를 알도록 한다; 스스로 하도록 한다. 실패하더라도 비난하지 않는다; 힘과 열성을 다해하도록 한다; 임원의 경우 교회 전체와 연관된 일에 참여시킬 수 있다.

진지한 의사소통 욕구에 대해: 이를 위해 교사는 학생에 대한 이해뿐만 아니라 성경 지식도 잘 알고 있어야 한다; 바라는 이상적 방식이 아니라 있는 그대로의 현실적 방식으로 한다.

② 수련회

수련회는 학생들을 전인적으로 지도할 수 있는 좋은 기회이다. 그러나 영적인 문제만은 오직 교회에서만 다루어진다고 생각할 때, 수련회는 학생들의 영적인 차원을 다룰 수 있는 소중한 기회이다. 특히 청소년 시기는 회심이 빈번하게 일어나는 시기라는 연구가 있다. 그리고 회심의 평균 연령이 점차 낮아져 가고 있다는 점을 고려해서 수련회가 중학생들의 회심을 위한 호기가 되도록 하면 좋을 것이다.

청소년들의 회심은 기도 중에, 성경을 읽는 중에, 설교를 듣는 중에, 명상을 하는 중에, 부흥회 참석 중에 일어났다는 보고가 있다. 수련회는 이런 활동들이 모두 포함되어 있으므로 회심을 위한 프로그램으로는 더할 나위가 없다.

수련회는 또한 학생들을 전인적으로 치료할 수 있는 기회가 되기도 한다. 교사들은 학생들과 많은 접촉을 통하여 그들의 문제점을 알고 그것을 치유하기 위해 노력을 기울여야 할 것이다.

수련회에 대해서는 '계절교육'을 참고로 할 것

그리고 수련회는 반드시 교회 밖에서 하는 것이라고 생각할 필요가 없다. 교회 건물 안에서 하는 주말 캠핑 같은 활동은 학생들이 좋아한다.

③ 게 임

중학생들은 유머 감각이 발달하면서 함께 좋은 시간을 보내면서 웃고 떠드는 것을 즐긴다. 물론 중학생들의 유머가 그렇게 절묘한 것은 아니다. 왁자지껄한 광대놀이라고 하는 편이 더 나을 것이다. 그들은 우스꽝스러운, 실제적인 농담식의 접근을 좋아한다. 그러므로 서로 마음을 터놓고 이야기할 수 있고 잠깐이라도 미친 것 같을 수 있어야 한다.

온갖 종류의 패거리 놀이는 웃음이나 유쾌한 시간을 갖기 위한 목적으로는 좋다. 이런 것들은 중학생들을 대상으로 한 어느 모임에서든 처음 시작할 때 주의를 끌거나 약간 활기차게 모임을 시작하려고 할 때 사용하면 좋을 것이다.

이와 같은 활동들은 단체로 하는 것을 전제로 한다. 그러나 학생들에게 보다 깊은 인상과 의미를 남기는 것은 단체 속에서 개인적으로 관심을 가졌을 때이다.


## 5. 교 사

중학생들은 관계적이다. 그래서 중등부에서 교사는 중요하다. 중학생들은 배우는 내용보다 그것을 가르치는 교사를 더 중시한다.

중등부 교사로서 요구되는 자격은 다음과 같다. 첫째, 중학생들을 이해할 수 있어야 한다. 그들의 문제, 욕구, 그리고 감정을 자기 것으로 느낄 수 있어야 한다는 것이다.

중학생들은 어른들이 이해하기 어렵다. 그들은 감정의 기복이 심하고, 시끄럽고, 불합리하고, 예의도 없고, 게으르고, 대부분의 시간을 미친 것처럼 보낸다. 저때는 그렇다고 인정은 하면서도 참으로 그들을 이해하기는 어렵다. 그래서 그들은 이해받지 못하는 가장 고통받는 시기를 지나고 있는 것이다.

중학생들은 자주 자신의 괴로움을 과장하고 극대화시키는 것처럼 보인다. 그래서 우리들은 어느 선까지가 사실인가 의구심을 갖고 지켜보게 된다. 그러면서 그들을 분석하고 비판하고 충고하려 한다. 그러나 이 같은 처사는 제일 나중에 와야 할 것들이다.

중학생들의 고통은 그 표현 방식이 과장되어 액면 그대로 받아들이기가 어려울지 몰라도 사실은 대단히 진실하다. 그러므로 우선은 그들을 이해하는 입장에서 어깨를 감싸주며 들어주고 격려해 주어야 한다. 어른들이 보기에 사소한 일 같아도 중학생들에게는 큰일이기 때문이다.

둘째, 중등부 교사는 중학생을 좋아해야 한다. 중학생들에게 가장 중요한 문제는 자신들이 사랑받고 수용되고 있느냐 하는 것이다. 중학생들의 최고의 현실적인 문제는 "나 괜찮아? 너, 나 좋아하니?"이다. 중등부 교사에게 이것이 의미하는 바는 분명하다. 좋은 중등부 교사는 중학생을 좋아하는 사람이다.

중학생들은 자기를 받아들여주는 사람에게 충성을 바친다. 그들은 사랑받기 위해 사랑한다. 그러므로 그들과 함께 일하기 위해서는 그들을 좋아해야 한다.

중학생을 좋아한다는 말은 추상적인 것이 아니다. 그들 하나하나를 개인적으로 좋아해야 한다는 뜻이다. 그들이 좋아하는 것과 싫어하는 것, 관심, 흥미, 그리고 그들의 가족 사항을 알아야 한다.

중학생을 좋아한다는 의미는 내게는 필요가 없고, 관심이 없는 것이고, 나의 자유 시간을 포기해야 하는 것들을 함께하는 것을 말한다. 그럼에도 불구하고 그런 것들을 그들이 좋아서 하는 것을 말한다.

셋째, 중등부 교사는 자발적이어야 하고 필요할 때 시간을 낼 수 있어야 한다. 좋은 중등부 교사가 되기 위해서는 시간을 많이 내야 한다. 시간을 내는 것이 그처럼 중요한 이유는 중학생들은 어떤 사실을 흑백 논리로 본다는 데서 기인한다. 즉 그들은 '교사가 자신들의 친구냐, 아니냐'로 구분한다. 교사들이 중학생들에게 잘못 보이는 이유 중의 하나는 약속을 하고 지키지 않는 것이다. 그런데 교사들이 약속을 지키지 못한다는 말은 결국 시간을 내지 못했다는 뜻이다.

위의 내용들과 연관 지어 구체적인 내용에 대해 생각해 보자. 첫째, 교사가 지도하는 반의 크기는 교사 한 명에 학생 8명이 적당하다. 그 이상의 경우에는 관계 형성이 어렵기 때문이다. 이 정도의 학생에게라도 시간을 내주기에 벅찰 수 있다. 둘째, 남녀 학생의 비율이다. 남녀 어느 한쪽으로 치우칠 경우, 적은 쪽에 동성의 보조교사를 두어서 관계가 맺어지도록 해야 한다. 셋째, 중등부 교사는 최소한 3년을 봉사해야 한다. 이 말은 중학교 1학년 반을 맡으면 그 아이들이 중학교 3학년이 될 때까지 맡는다는 뜻이다. 그래서 학생들을 잘 알고 그들의 문제와 성장을 지켜볼 수 있어야 한다. 중등부 교사로서는 20~30대의 청년이 좋다. 그보다 나이가 든 사람은 조건이 갖추어졌다면 교사로서 가능하지만 어려서는 곤란하다. 미숙하여 자신도 주체하지 못하기 때문이다. 부모 중에 교사를 하고 싶어 하는 사람도 있으나, 중학생은 부모로부터 독립하려는 시기이기 때문에 적절치 못하다.

중등부 교사들은 위와 같은 내용들의 수행을 통해서 결국 학생들의 모델 역할을 하게 된다. 중학생들은 어른이 되어 가는 시기이기 때문에 어른들의 본이 필요한데, 그 모델의 역할을 자연스럽게 교사가 하게 되는 것이다. 그런 까닭에 숭능부 교사는 중학생들과 어울리지만 중학생 같아서는 안 되는 이유이다. 성인으로서 교사는 학생들의 삶을 형성하는 데 도움이 되는 성인됨의 모델을 보여주어야 한다.

## 6. 교육 환경

환경은 학생들의 전인과 연관되어야 하며 그래서 전인적이어야 한다. 중학생들은 신체가 급속히 자라는 시기이기 때문에 활동할 수 있는 공간이 필요하다. 운동을 할 수 있는 작은 마당이라도 있으면 좋을 것이다. 그렇지 못할 경우 근처의 작은 공터나 학교운동장 등을 미리 말을 해두어 학생들이 자유롭게 이용할 수 있도록 배려한다.

학생들에게는 먹고 마시고 노래하고 이야기를 나눌 공간이 필요하다. 교회의 현실상 이런 공간들을 개별적으로 마련하기는 어려울 것이다. 그렇다면 이 모든 내용들을 모두 할 수 있는 하나의 종합적인 공간을 마련할 수 있을 것이다. 악기가 있어서 연주하며 찬양을 할 수 있고, 간단한 다과가 제공되며, 이야기를 나눌 수 있는 의자가 몇 개 있다면 학생들에게는 자신들만의 공간으로 여기게 될 것이다.

공부할 수 있는 독서실도 있어서 선배들의 지도를 곁들인다면, 공부할 수 있는 공간이 없는 빈곤층 가정의 학생들에게 이중의 도움이 될 것이다. 이 시설을 지역 사회에 개방할 경우 선교와 봉사의 기능을 할 수 있을 것이다.

학생들을 위한 기도실을 따로 마련할 필요는 없겠지만 기도실 이용은 가르쳐야 할 것이다. 일반적으로 교회에서는 예배실이 있기 때문에 따로 기도실이 필요 없다고 생각하기 쉬우나 기도가 나올 수 있는 특별한 공간이 필요하다.

환경을 반드시 교회가 갖추어야 할 시설로만 생각할 필요는 없다. 이미 있는 환경 등을 이용할 수 있다. 예를 들어, 중학생들이 좋아하는 시설들(놀이 시설 등)을 이용할 수 있다. 자연 환경도 그중에 하나가 될 것이다. 반 학생들과 풍광이 좋은 곳으로의 소풍은 잊지 못할 추억거리가 될 수 있다.

## 7. 평가: 척도와 방법의 면에서

중학생들의 변화는 급격하기 때문에 평가는 전체적으로보다는 학년별로 하는 것이 적합하다. 1학년의 경우, 초등부로부터 중등부로의 성공적인 진입이 이루어졌느냐가 중요한 내용이다. 2학년의 경우, 권위에 대한 반항이 시작되므로 신앙적 권위에 대한 순종의 여부가 중요한 문제가 된다. 3학년의 경우, 하급생들을 돌볼 수 있는 지도력이 함양되어야 하며, 고등부로의 성공적인 진급이 중요하다.

평가는 반드시 내용들에 대한 이유까지 발견함으로써 개선에 도움이 되도록 해야 한다. 특히 학생들의 현재의 상황은 교사들의 지도의 영향이 크다고 할 수 있다. 그러므로 교사의 지도력에 대한 평가가 병행될 수 있겠다.

부서의 교육에 대한 평가는 전체 교회의 문맥에서도 이루어져야 한다. 즉 교회라는 문맥과 동떨어진 부서의 사역은 있을 수 없다는 말이다. 교회와 관련된 내용에 대해서는 교회에 알리고 개선할 수 있도록 한다.

중학생 시기는 급격한 변화를 겪는 시기이다. 신체적으로나 신앙적으로 가장 심한 변화를 겪는 시기라고도 할 수 있다. 그렇기 때문에 변화에서 오는 아픔이 감당할 수 없을 만큼 당혹스럽고 고통스러운 시기이기도 한다. 그와 같은 변화를 가볍게 여기지 말고 진지하게 대처해야 한다. 교사의 친구와 같은 세심한 배려가 필요하다.

신앙 지도가 잘 이루어질 때, 중학생 시기는 하나님 앞으로 더 가까이 갈 수 있는 호기가 될 수도 있다. 이와 같은 일은 교사와 친구들과 함께 이루어 간다.


## Ⅱ. 고등부[223]


80년대 초반, 필자가 다녔던 우리 교단 교회의 고등부는 양적으로 200명에 육박하는 수준이었다. 토요 **예배를** 1, 2부로 나누어서 드렸다. 근처의 각 학교마다 구역이 정해져 있었고 점심시간을 이용해 구역 예배가 드려졌다. 등굣길에는 교회에 들어가서 기도를 하고 하루를 시작하는 학생의 수가 상당수에 달했고, 새벽 6시경에 드려졌던 주일 1부 예배를 위한 고등부 성가대의 규모 역시 수십 명에 달했다. 1부 성가대를 서기 위해서 학생들은 새벽 5시 30분에 교회에 나와야만 했다. 지금 우리 교단에 이런 고등부가 있는 교회가 있는지 모르겠다. 대부분 교회의 고등부 모임은 여러 가지 이유로 축소

---

223) 이하의 내용은 박종석, "중등부", 『새천년 교육백서』, 319－331로부터 나온 것임.

되고 있고, 중소 규모의 교회이건 대규모 교회이건 예년의 고등부 예배 인원을 유지하기에도 버거워하고 있는 것이 우리의 현실이다.

화려하고 감각적인 대중문화로의 몰입이라는 이 시대 청소년 문화적 흐름의 영향으로 많은 기독 학생들이 신앙생활에 흥미를 잃어가고 있다. 교회 안에서는 예배와 성경공부라는 교회 교육의 큰 틀이 새로운 시대에 맞게 발전하지 못하고 변함없이 지속되는 것이 큰 이유가 되고 있다. 그리고 또한 현실적으로 제도적(몇몇 교회를 제외하고는 전임 사역자를 쓸 여건이 안 되며, 교역자 역시 목사 안수를 받고 나면 교육 부서에서 일할 생각을 갖고 있지 않다)으로 대부분 젊은 교육 전도사 체제로 가고 있는 교회 학교에서, 2~3년을 이상을 한 교회에서 섬기지 못하는 젊은 고등부 사역자는 요즘의 고등학교 학생들에게 관심을 끌 만한 프로그램들을 실행하기에 엄두를 내지 못하고 있고, 경험 많은 교사들은 과거의 화려했던 고등부 시절에 대한 추억에만 빠져 있다.

이러한 이유로 교회 생활 자체에 흥미를 잃고 있는 학생들은 더불어서 신앙의 본질에 대해 관심을 가질 만한 기회조차 잃고 있다는 것이 고등부 교회교육의 가장 큰 문제점이다. 이러다 보니 기독학생이란 명찰을 지니고 있는 학생들의 생활도 믿지 않는 이들과 구별되지 않고, 도리어 이것이 기독 학생에 대한 부정적인 이미지만 심어 주고 있다. '교회 다니는 애도 저래'하는 식으로 말이다.

어떤 이들은 우리나라의 교육을 '19세기 환경에서 20세기 교사가 21세기의 학생들을 지도한다'고 하는데, 교회 학교의 문제는 이 지적에서 나타나고 있는 문제보다 훨씬 심각하다. 흔히들 교회는 청소년들이 미래의 교회의 주역이라고 이야기는 하지만, 그들의 역할에 합당한 교육을 제공하고 그들을 배려하기보다는 학생들 스스로가 좋은 일꾼으로 자라나 주기를 바라는 것처럼 보인다. 학생들은 단지 미래의 주인이라는 의미에서뿐만 아니라 그 자체로도 하나님의 자녀이며, 교회의 구성원으로서의 충분한 의미를 지니고 있다. 그럼에도 불구하고 교회는 지금 당장의 교회운영에 급급하여 고등부 학생들이 교육받는 세대로서 비교적 많은 투자와 배려를 요구한다는 특성을 의미 있게 받아들이지 못하고 있는 실정이다.

지금 우리 교회학교 고등부가 처해있는 위기는, 당장 "우리 고등부가 줄었어."라는 현상적인 위험성을 넘어서 불과 10년 후 청장년 인원이 줄어들고, 급기야는 사회 전반에 걸쳐서 그리스도인으로서의 존재가치를 얻어내지 못함으로써 궁극적인 전도와 선교 모두에 엄청난 부정적인 요인으로 작용할 것이라는 면에까지 고려돼야 한다.

고등부 교회교육이 지닌 오늘의 현상을 바탕으로 이를 조금이라도 극복하기 위해서 우리 교단 고등부 교육이 지향해야 할 목표를 생각해 보고, 그것을 효과적으로 이루기 위한 구체적 방법을 공유하며, 이에 대한 타당한 평가의 기준을 제시해 보고자 하는 것이 이 글의 목적이다.

## 1. 교육 목표

매년 각 부서는 한 해의 교육 목표를 설정하고 그 목표를 달성하고자 여러모로 노력을 기울인다. 그러나 그 목표는 궁극적으로 영, 혼, 육의 전인적으로 성숙한 그리스도인으로 성장하기 위한 것이라 할 수 있으며, 그것은 다음과 같은 네 가지 목표로 요약될 수 있다.

1) 사랑과 공의이신 하나님을 알고, 하나님의 성품을 닮는 삶을 산다.

2) 성경이 하나님의 말씀임을 알고, 성경 말씀대로 생활한다.

3) 그리스도 십자가의 의미를 깨닫고, 참된 기독학생으로서 변화하고자 노력한다.

4) 믿지 않은 친구들을 향한 영적인 안타까움을 가지고, 그들을 돕고 복음을 전한다.


## 2. 학생 이해

### 1) 발달적 측면

신체적인 면에서 볼 때, 풍요한 시대를 살면서 신체의 외형인 체격의 성장은 과거 그 어느 세대보다도 앞서 있지만, 체력적인 면에서는 1970, 1980년대 청소년들의 그것에 미치지 못한다는 것은 여러 조사들을 통해서 드러나 있는 사실이다. 이러한 면은 실질적으로 여름 수련회 등의 프로그램에서도 고려돼야 할 것이다. 선배인 교사들이 극기훈련이라는 명목으로 종종 실시하는 프로그램에서 과거와 같은 생각으로 진행하다가는 사고를 일으킬 수도 있기 때문이다.

심리적인 면에서 볼 때, 고등부 학생들은 자아 정체감을 형성하는 시기에 있다. 이는 곧 외형적으로는 성인에 가깝고 정신적으로도 성숙해 가는 과정 중에 있지만, 완전하지는 못하다는 표현이기도 하다. 불확실한 미래에 대해서 충분히 준비가 되어 있지 않다. 내가 누구인지, 삶이란 무엇인지, 세계란 어떤 것인지 등에 대한 여러 질문들을 던지지만 확실한 대답을 가지고 있지 못한 상태이다. 이러한 문제들에 대한 답을 내리고 완전히 자아 정체감을 형성하는 시기는 시대가 갈수록 늦어지고 있는 듯하다. 추상적이고 복잡한 문제들을 회피하려는 시대의 흐름과도 연관될 수 있는 것이다.

또한 사회성의 입장에서 볼 때 요즘의 고등부 학생들은 공동체에 대한 인식보다 자기중심적인 사고가 심화되고 있다. 친구를 사귀는 데 있어서도 과거에 비해 그 폭이 좁아지고 있다. 자기와 일단 맞지 않는다고 생각하면 애써서 가까워지려고 하는 노력을 기울이지 않는다. 이미 학생들은 컴퓨터와 오락 등 개인의 주관적인 놀이에 익숙하고, 밀폐된 공간에서 있는 것을 자연스러워한다. 그리고 친구를 사귀는 일에 있어서도 이러한 경향은 나타나게 된다.

## 2) 문화적 측면

고등부 학생들은 역사상 유래 없이 물질적으로 풍부하고 편리한 세상에서 살고 있다. 같은 시대를 살지만 가난을 경험한 부모들은 자신들이 누리지 못했던 청소년기의 풍요로움을 자식들에게 제공하기를 아까워하지 않는 경향이 있다. 또한 대부분의 고등학생들은 형제가 없거나 많아야 한둘이다. 이들은 물질적으로 풍요함을 누리고 있다. 이러한 물질적 풍요로움은 청소년의 관심을 문화라는 쪽으로 돌리게 만들었고, 청소년들을 무시할 수 없는 문화의 주체자로 탄생시켰다. 이러한 고등학생들이 접하는 문화적 특징은 다음과 같다.

첫째, 고등학생들은 뉴미디어시대의 주인공이다. 뉴미디어는 앞으로의 사회가 인간의 생활을 더욱 편리하고 다양한 체험을 할 수 있도록 이끌어 주는 가장 중요한 수단이다. 컴퓨터를 통한 인터넷 이용, 이동통신 등으로 대표되는 뉴미디어는 기계에 대한 두려움이 없고 호기심이 강한 청소년들에게 더욱 빠른 속도로 퍼져 나가고, 그들에게 익숙한 환경이 되어 가고 있다. 고등학생들은 이러한 미디어의 내일의 사용자라는 자리를 넘어서 개발을 유도하고 있는 주된 사용자의 자리로 이동하고 있다.

둘째, 가벼운 주제의 문화를 선호한다. 이 땅에 존재하는 다양한 문화를 무거운 것과 가벼운 것으로 크게 양분한다는 것이 무리일 수는 있지만, 고등학생들이 보다 가벼운 문화를 선호하는 것은 분명한 일이다. 학생들은 심각하고 진지한 문화에 대해서 호기심을 느끼지 못하며 지루해 한다. 복잡한 것을 꺼려한다. 몇백 페이지나 되는 고전 소설을 읽는 아이들을 찾아보는 것은 이제 너무나도 어려운 일이다. 대다수의 고전들은 시험을 위해서 어쩔 수 없이 요약편으로 읽혀지는 것이 고작이다. 이에 반해 그들은 밝고, 가벼우며, 즐겁고, 화려한 대중문화를 선호하고, 이러한 대중문화의 마니아가 되기를 서슴지 않는다. 그리고 보고 즐기는 것뿐만 아니라 스스로가 그 중심에 서기를 원한다. 최근 실시되는 조사에서 연예인이라는 직업은 고등학교 학생들이 선망하는 최상위에 위치하고 있다.

셋째, 유행에 민감하다. 유행은 어느 시대에나 존재한다. 그러나 요즘의 고등학생들에게만큼 중요한 문제가 되었던 적은 없다. 이들에게 유행은 많은 사람들이 선호하는 경향성의 문제가 아니라 공동체에서 소외되는 것을 막기 위한 삶의 방법이다. 유행을 따라가기 위해서 이들은 한 달 혹은 그 이상의 노력(아르바이트)의 대가를 신발 한 켤레, 바지 한 벌에 투자한다.

넷째, 자기중심성이 강화되고 있다. 자기중심성의 강화는 발달 측면에서 이야기되는 자아 정체성의 확립과 연장선상에 있으면서도 조금은 다른 방향에서 이해돼야 할 것이다. 정체성이 존재에 대한 인식이라면 문화에서의 자기중심성은 자신이 좋아하는 것에 대한 분명한 입장표명이다. 유행이 자신의 개성을 잃어버리는 것이라고 생각할 수 있겠지만 이들에게 있어서 유행조차도 개성 표현의 일부이다. 틀에 얽매이기를 거부한다. 제도 교육이 자신과 맞지 않는다고 생각하면 부모를 설득해서라도 자퇴를 하는 학생이 늘고 있다. 아직까지는 소수이지만 우리의 교육제도가 자신의 개성을 추구하는 이들의 욕구를 수용하지 못한다면 이들의 숫자는 계속적으로 증가할 것이다. 그리고 교회 교육이라고 예외일 수 없을 것이다.

3) 영적인 측면

고등학생들이 접하고 있는 문화의 핵심은 다양성과 상대성에 있다. 이 문화적 특성이 학생들의 영적인 문제에도 영향을 끼쳐서 학생들이 절대 가치에 대한 인식이 적어지고 있다. 이는 유일하신 하나님을 섬기는 기독교 신앙에 있어선 가장 큰 걸림돌이 될 수 있다. 다양한 문화의 경향성은 다양한 종교를 인정하는 것이 더 너그러우며 포용력 있고 타당한 자세라는 인식을 학생들에게 심어주고 있는 것이다.

대부분의 수련회에서 저녁 시간이면 있게 되는 집회에서 불과 십여 년 전의 뜨거움을 기대하는 것은 무리가 아닌가 여겨지기도 한다. 우리가 죄인이라는 인식이 적어지고 있고 회개에 대한 필요성의 인식도 적어지고 있다. 말씀을 꾸준히 읽는 학생들의 숫자도 적어지고 있다. 이것은 인내력이 적어지는 요즘 학생들의 경향성의 문제도 있을 수 있겠지만 문화에 이끌려 신앙생활의 가치를 인식하지 못하는 학생들의 수가 늘어나고 있다는 경종으로 받아들여져야 한다. 그럼에도 불구하고 그들은 절대진리에 대한 믿음을 가지고 싶어 한다.

## 3. 교회교육의 현장

이렇듯 변화하는 학생들이 기독교 신앙에 대해서 배우는 우리들의 교육 현장의 모습은 어떠한가? 개교회마다 너무나도 다른 상황에 있겠지만 그 고민의 큰 흐름은 어느 정도 일치한다고 생각된다.

### 1) 예 배

예배가 어떤 방식으로 드려지든 간에, 많은 고등부 학생들은 예배 그 자체를 지겨워한다. 이 '지겹다'는 표현은 필자가 느낀 점이 아니라 설문을 통하여 학생들로부터 얻어낸 이야기다. 미국에서 부흥하고 있는 교회들은 소위 '열린예배'를 드린다고 해서 많은 교회의 학생부들의 예배가 열린예배라는 이름하에 드려지고 있기도 하다. 그러나 이 열린예배란 것이 찬양을 좀 많이 드린다는 점을 제외하고는 설교가 그 중심을 차지하고 있는데 학생들은 이 설교를 지겹다고 생각한다. 아직 준비되지 못한 지도자의 설교 능력 문제뿐만 아니라, 고등부 설교를 학생들의 눈높이에 맞추어 풀어내기보다는 앞으로 자신의 목회를 준비하기 위한 성인 설교 연습의 기회로 삼으려는 인식을 지니고 있는 지도자가 많다는 것도 예배를 어렵게 만드는 요인이다.

요즘의 청소년들은 구경하기보다는 자신이 직접 참여하는 것을 좋아한다는 것을 바탕으로 구색을 갖추기 위해서 학생들을 예배 위원에 집어넣는 것도 도리어 역효과를 내기도 한다. 학생들 자신이 직접 하고자 하는 것은 자신의 흥미를 끄는 일일 경우에 한해서이다. 흥미를 끌지 못하는 일을 강요당함으로써 도리어 교회를 부담스러워하게 되기도 한다. 이러한 현상을 방지하기 위해서 아예 교사 중심으로(안내, 찬양인도, 기도, 사회, 성경낭독 등) 예배를 이끌어가기도 하는데 이것은 학생들로 하여금 더욱 수동적인 예배자로 만들어 악순환을 거듭시키는 이유가 되기도 한다.

결과적으로 고등부 학생들은 고등부 예배를 통하여 감동을 받고, 치유함을 얻으며, 회심하여 비전을 세우는 등의 변화된 삶을 얻지 못하는 것이다. 예배는 하나님께 경배 드림과 동시에 하나님을 만나는 장이 되어야 하지만 학생들에게는 학교에서의 수업 시간처럼 참석해야 하는 단순한 프로그램으로 받아들여질 염려가 있다.

### 2) 성경공부

성경 공부 교재는 과거에 비해 발전해 왔다. 단순히 교리를 전하는 데서 그치지 않으며, 학습자 중심의 내용으로 변한 것이다. 편집도 훨씬 나아져서 보기에도 편리해졌다. 그러나 그 교재를 분석하고 그 내용을 전달해야 하는 교사는 변함이 없다. 오늘날 행해지는 성경 공부의 가장 큰 문제는 결국 교사의 문제가 아닌가 여겨진다.

준비되어 있지 않은 교사는 본문이 같으면 항상 같은 결과를 학생들에게 유도한다. 이것은 성경이 지니고 있는 다양한 해석의 방법과 폭넓은 의미를 교사가 지닌 한계 안에 가두어 두는 것이다. 본문이 같다고 해서 초등학교 6학년과 고등학교 3학년 때에 다룰 수 있는 내용과 받아들이는 깊이마저 같을 수는 없다. 고등부 성경 공부의 내용은 반복되지만 발전(심화)되어야 한다.

항상 강조되는 것이지만 성경 공부의 과정은 강의식에서 벗어나 토론의 형식이 돼야 한다. 이를 통해서만 성경 공부 시간이 과거의 이야기를 통해 교훈을 얻는 수준을 벗어나 현실의 학생들의 삶과 연결 지어질 수 있으며, 이것이 가능해야만 학생들의 관심을 이끌 수 있다. 현실의 문제에 연관된 성경 공부와 학생들의 참여는 구분 지어질 수 없는 문제이다.

### 3) 특별행사

특별 행사는 많은 노력과 재정을 필요로 하는 문제이다. 그렇지만 대다수의 특별 행사는 목적을 내포하지 못하고 단지 기념하는 차원에서 끝나고 만다. 크게는 수련회에서부터 크리스마스 행사, 그 외에 부활절, 추수감사절 등 절기에 맞추어져 진행되기 마련인데, 특별행사는 준비 단계에서부터 그 목적이 계속적이고 분명하게 드러나야 한다. '부활절 기념 등반 대회', '추수감사절 기념 체육대회' 등은 그 행사 자체가 나쁜 것은 아니다. 단지 이를 진행하면서 '부활절', '추수감사절'이라는 그 기념의 목적이 학생들에게 새겨질 수 있도록 프로그램을 마련하는 것이 중요하다는 것이다. 또한 전통이라는 핑계로 구태의연하게 반복되는 프로그램은 자칫 학생들에게 식상함을 주고 전체 교회 프로그램에 대한 회의적인 태도를 갖게 할 수 있다. 같은 이름으로 행사를 치른다고 하더라도 새로운 아이디어를 반영하도록 노력해야 한다. 그리고 이 준비 과정에 있어서 학생들의 참여를 적극적으로 유도해야 한다. 단지 학생들의 능력이 부족하고 일처리가 불만족스럽다고 해서 학생들을 소외시켜선 안 된다. 결국 고등부의 주인은 교사가 아니라 학생이라는 점을 명심해야 한다.

사실 대부분의 교회는 특별행사를 넉넉한 재정으로 치를 수 없는 형편에 있다. 이럴수록 목적을 분명히 하고 적극적으로 학생을 참여시키며 프로그램을 개발에 박차를 가해야 한다.

4) 상 담

 상담은 교회 교육이 사회의 학교 교육과 차별을 이룰 수 있는 가장 중요한 수단일 수 있다. 그러나 안타깝게도 상담이 제대로 이루어지고 있는 교회는 찾아보기 힘들다. 대부분 파트타임으로 사역을 하고 있는 담당 전도사는 제대로 이를 수행할 시간을 만들지 못하고 있으며 교사들 중에서는 객관적이며 효과적으로 상담할 능력을 지니고 있는 경우도 그리 흔치 않다. 또한 주일에 교회에만 잘 나오면 이 학생은 신앙적으로나 사회적으로 아무런 문제가 없다고 여기는 교사들의 인식도 크게 바뀌어야 한다. 문제가 발생한 후 '그 애가 그럴 줄 몰랐다'는 등의 대답은 이런 인식이 크게 자리잡혀 있음을 보여주는 안타까운 반응이다.

 또한 상담 관계가 제대로 형성되지 못한 상황에서 무리하게 학생들에게 속마음을 털어놓으라고 강요하는 것은 고문과 다름없다. 학생들이 지닌 문제를 함께 이야기할 수 있게 되기까지 그 담당 교역자나 교사에게는 엄청난 노력과 시간이 요구된다. 이 과정을 거쳐내야만 진정한 상담이 가능하게 된다.

 상담의 기초적인 자세도 갖추지 못한 상담자가 의욕만으로 상담을 하는 것도 고려돼야 한다. 자녀 같다고 해서 훈계만을 하거나 후배라고 해서 충고하는 방식으로 접근을 하게 된다면 오히려 역효과가 날 우려가 있다. 우리 교회 학교가 지닌 상담의 문제는 여기서 기인한다고도 볼 수 있다.

## 4. 교육방법

우리 교회 교육 고등부가 지닌 현상들에 대해서 살펴보았다. 문제점을 파악하는 것은 교육 개선을 위한 가장 기본적인 자세다. 그러나 문제점만을 고민하다 교회 교육에 회의적인 자세로 빠져드는 것은 가장 경계해야 할 문제이다. 우리들의 노력과 성령의 도우심을 통해서 더 나은 교육이 가능하다는 믿음이 있어야 한다.

### 1) 예 배

고등부 예배를 위해서는 다른 어느 부서보다도 예배라는 기본인식이 분명하게 자리잡고 있어야 한다. 학생들의 참여를 끌어내기 위한 다양한 시도들이 학생들에게 자칫 예배라는 의식의 개념을 잊게 만들고 프로그램으로 인식시킬 우려가 있기 때문이다. 예배에 대한 분명한 인식 아래에 다양한 시도가 뒤따라야 한다.

고등부 예배를 기획하기 전에 전제되어야 할 요소는 다음과 같다. 첫째, 학생들의 능동적인 참여가 가능한 예배가 되어야 한다. 둘째, 청소년의 문화가 담긴 예배가 드려져야 한다. 셋째, 예배를 통해 회심과 치유가 일어날 수 있어야 한다.

이러한 예배를 위해서 다음과 같은 방법들을 시도해 볼 수 있다. 첫째, 한 달을 기준으로 매주 다른 형태의 예배를 기획하는 것이다. 첫째 주는 찬양 예배, 둘째 주는 드라마예배, 셋째 주는 전통적인 예배, 넷째 주는 나눔의 예배(애찬식, 세족식, 중보기도 등) 등 기획을 하고 각 예배는 지도 교사와 관심이 있는 학생들이 주축이 되어서 인도하는 것이다.

둘째, 대표기도는 한 사람이 하는 것이 아니라 각 반이 돌아가면서 공동으로 기도문을 작성하는 것이다. 이 과정을 통하여서 학생들은 자연스럽게 기도를 배우게 되고, 신앙의 자세를 더욱 가다듬을 수 있으며, 예배에 진지하게 참여할 기회를 갖게 된다.

셋째, 시청각적인 도구를 적극적으로 사용한다. 물론 이것을 통해 예배에 대한 노력이 다 이루어지는 것은 아니며 절대적인 방법이 아닌 것은 분명하다. 그러나 비디오, 오디오, 프레젠테이션 등 시청각 자료의 적극적인 사용은 학생들에게 예배에 대한 관심을 이끌 수 있다. 중요한 것은 거대한 일회성으로 끝나는 것보다 다양한 방법으로 변형을 주며 꾸준히 지속하는 것이다.

넷째, 설교는 절대적으로 고등학생들의 눈높이를 고려해서 준비돼야 한다. 짧은 시간(약 20~30분) 내에 효과적인 접근과 올바른 성경 해석 그리고 학생들의 삶과 연결된 끝내는 글들을 담아내야 한다. 그러므로 철저한 준비가 필요하다. 설교자 스스로가 은혜가 된다고 해서 한 시간 가까이 설교를 하는 것은 오히려 설교의 극대화된 효과를 반감시킬 뿐이다.

2) 성경공부

첫째, 교단 공과에 대한 철저한 해석의 작업이 필요하다. 공과의 집필 의도를 분명히 이해해야만 매년 대하게 되는 같은 본문이라 할지라도 새로운 각도에서의 접근에 대한 안목을 얻을 수 있다.

둘째, 설교 본문과 성경 공부의 주제를 일치시켜 보는 것도 도움이 된다. 두 시간이 채 안 되는 시간에 주제가 다른 설교와 성경 공부의 내용을 다 다루는 것은 비효율적일 수도 있다. 설교와 성경 공부의 본문과 주제를 일치시킴으로써 설교의 내용을 통해 성경 공부 시간의 도입 부분을 이끌어 낼 수도 있다.

셋째, 성경공부 형태의 다양성을 추구하는 것이 필요하다. 한 달에 한 번 정도는 분반 공부가 아니라 선택식 주제별 성경 공부를 실시하는 것도 시도해 볼 수 있는 작업이다. 학년에 구분 없이 학생들의 호기심에 따라 혹은 반드시 함께 고민해야 할 문제들에 대해서 다루게 된다. 한 주제에 학생들이 집중되는 것을 막기 위해서 교역자는 운영의 미를 살려야 한다.

넷째, 반드시 교재를 들고 해야 한다는 생각을 버려야 한다. 가능하다면 교사는 주제에 대한 명확한 인식을 바탕으로 이야기하듯이 성경 공부를 진행해야 한다. 학생들에게 공부를 한다는 부담감을 주지 않고 그저 이야기한다는 마음으로 임할 수 있도록 하고 그 가운데서 주제를 정확히 전달할 수 있도록 이끌어야 한다. 이 방법을 통하는 것이 학생들의 능동적인 참여를 이끌어 낼 가능성이 더 높다.

다섯째, 성경 공부를 통해서 기독 학생으로서의 자아 정체감을 형성할 수 있도록 도와주어야 한다. 이는 다시 말한다면 성경 공부를 통해서 사회 현상에 대한 기독교 시각의 안목을 지닐 수 있으며 기독 학생으로서 바람직한 자세를 학생 스스로가 인식할 수 있도록 해야 한다는 것이다. 기독교 교육은 말 그대로 기독교에 대한 교육과 기독교적 관점의 교육이라는 양측면의 관점에서 이루어져야 한다. 학생들이 교회에만 다녔지 주어진 현실 문제에 대해서 기독교적인 시각을 갖지 못한 채 성인 기독교인이 된다면 오늘날의 교회가 지닌 여러 문제들은 해결할 수 있는 길을 잃고 만다.

3) 특별행사

특별행사라고 해서 일회성으로 끝나는 것이 아니라 장기적으로 반복되면서 새로움을 잃지 않고 유지되어야 한다. 반복이라는 것은 특별행사가 지닌 목적을 효과적으로 학생들에게 인식시켜 줄 수 있는 방법이다. 일반적으로 특별행사는 교회력의 절기를 중심으로 치를 수 있도록 계획되는 것이 필요하다.

또한 단순히 특별행사를 통해서 전도의 기회로 삼으려고 기획되기보다는, 특별행사가 지닐 수 있는 교육적 의미와 재미를 충분히 살려내고 그것을 통해서 학생들이 자연스럽게 친구들에게 교회와 복음에 대해서 전하고 싶은 욕구가 생겨나도록 기획되는 것이 바람직하다.

특별행사는 고등부 자체에만 국한돼서 기획되는 것이 아니라 교회 전체의 전세대, 간세대 교육의 중심자로서 역할도 고려돼야 한다. 학부모와 고등부 자녀가 함께할 수 있는 프로그램을 기획하고 이것을 통해 자연스럽게 가정교육과 교회교육이 연결될 수 있도록 장을 만든다.

또한 부모 교육을 교회에 위임하거나 방관하기 전에 고등부 스스로가 부모 교육에 적극적으로 나서고 이 기회를 통해서 요즘 청소년들에 대해서 당황해 하는 기성세대에게 자녀 교육에 필요한 적절한 자료를 제공해 줄 필요가 있다.

특별 행사가 자체 학생에게만 집중되는 것이 아니라 나눔의 장이될 수 있도록 기획하는 것도 필요하다. 기독학생으로서 교회에서 제공하는 프로그램을 통해서 이웃 사랑과 섬김의 자세를 배우는 것이 필요하다. 자체에서 즐길 수 있는 재정적 투자에 약간의 재정을 더들인다면 학생들에게 기독인으로서 의미 있는 삶에 대해서도 느낄 수 있도록 이끌어 줄 수 있다. 고아원, 양로원, 지체부자유우에 대한 정기적인 방문은 학생들에게 여러 가지 의미로 교육적인 기회가 될 수 있다.

마지막으로 교회의 특별 행사는 세속 문화와는 차별될 수 있도록 기획돼야 한다. 이를 위해서는 독창적인 프로그램의 개발이 필요하며 이것이 어렵다면 이미 알려진 프로그램들에 대한 기독교 정신을 바탕으로 한 적절한 해석과 의미 부여가 필요하다.


### 4) 상 담

상담은 교회 교육이 제도권 교육과 차별을 이룰 수 있으며 동시에 신앙 교육의 참 의미를 살릴 수 있는 가장 좋은 방법이 될 수 있다. 효과적인 상담을 이루기 위해서는 교역자는 교사들에게 적절히 훈련받을 수 있는 기회를 제공해야 하고 교사 스스로가 상담의 중요성과 상담 기술의 훈련의 필요성에 대한 동기 부여가 될 수 있도록 이끌어야 한다.

교회 교육에서 진정한 상담이 가능하기 위해서는 상담자의 커다란 인내를 필요로 한다. 속내를 말해 보라는 상담자의 말에 순순히 자신의 생각과 감정을 이야기할 만한 청소년은 그리 흔치 않기 때문이다. 요즘 청소년들이 어른들과 하는 대화에서 가장 많이 사용하는 단어는 '몰라요.'일 것이다. '몰라요'는 어떤 정보에 대한 자신의 상태를 말한다기보다는 '귀찮아요.', '이야기하기 싫어요.'의 다른 표현과도 같은 것이다. 이런 반응을 보이는 학생들이 한 학기가 끝나도록 그냥 놔두는 것은 교회학교 교사의 자세가 아니다. 교회에서 필요한 대화가 아니라는 생각이 드는 이야기를 통해서라도 일단은 학

생들이 상담자(교사)와 대화를 나눌 수 있는 여건들을 만들어 나가
야 한다. 연예인 이야기도 좋고, 가요 이야기도 좋다. 일단 말을 할
수 있는 상대가 되어 주어야 한다. 이런 관계를 만들지 않은 상황에
서 교사가 일방적으로 학생들에게 늘어놓는 권면이나 훈계들은 잔소
리에 지나지 않게 된다. 이러한 잔소리는 학생들이 가장 싫어하는
것들 중에 하나일 뿐이다. 교사가 생각하기에 유치한 대화의 내용이
라도 학생들이 교사를 향해 나아가서는 하나님을 향해 마음을 열어
놓은 매개체가 될 수 있다.

또한 상담을 하는 교사는 상황을 기독교적인 시각에서 해석해 낼
수 있는 안목을 지니기 위해 노력해야 한다. 고등부에서 행해지는
기독교 상담은 기독교 교육의 연장선에 있음을 명심해야 한다. 단순
히 자신의 경험을 이야기해 주는 것이 아니란 것이다. 상담의 과정
에서 상담학이 발전시켜 온 기술과 학생에 대한 사랑 그리고 성령의
도우심에 대한 간구가 온전히 하나가 돼야만 한다.

고등부에서 행해지는 상담은 가정과 학교 간에 연결될 수 있는
방안을 모색해야 한다. 학생들의 생활의 대부분은 교회가 아닌 가정
과 학교에서 이루어지는 것이 현실이기 때문이다. 그 부분을 무시하
고는 진정한 상담의 효과를 거두기가 어렵다.


## 5. 교  사


교사는 교육의 핵심적인 요소 중에 하나이다. 특별히 교회교육에
있어서 교육의 대상인 고등학생들이 하나님을 만날 수 있도록 도움
을 주는 역할자로서 그 중요성을 간과할 수 없다.

교회학교 교사는 단순히 지식만을 전하는 교사가 아니라 신앙의 동반자요, 인격적인 교류의 대상자다. 특별히 고등학생들이 인격적으로나 신앙적으로 성숙해 가는 과정에 있는 지체로서 고민과 호기심이 많은 시기에 있음을 고려할 때, 고등부 교사의 선발과 훈련 과정은 특별한 주의를 요구한다고 할 수 있다.

### 1) 선발과 교사의 지향점

교사의 선발은 고등부 교육을 위한 가장 기본적인 첫걸음이다. 현실적으로 고등부를 졸업한 어린 청년들이 곧장 교사로서의 역할을 수행해야 하는 교회가 많은 것은 사실이다. 그러나 고등부를 졸업하고 곧장 고등부 교사로 봉사하게 하는 것은 피해야 할 상황이다. 인격적으로나 신앙적으로 성숙하지 못한 어린 교사는 고등부 학생들뿐만 아니라 교사 자신에게도 도움이 되지 않기 때문이다. 그렇다면 교사의 선발의 위해서 고려돼야 하며 교사로서 지향해야 할 모습은 무엇인가?

첫째, 성숙한 신앙인이어야 한다. 기독교 교육은 신앙 교육이다. 학생들의 신앙을 이끌어 주어야 하는 자로서 교사의 신앙적 성숙성은 가장 필수적인 요구사항이다.

둘째, 인간적인 성실함을 지녀야 한다. 고등학생들은 성숙을 위한 방법의 하나로서 타인을 모방하기도 하는데 교사는 긍정적인 모방의 대상이 되어야 한다. 이런 상황에서 교사가 예배를 소홀히 한다든지 서로 간의 약속을 쉽게 어긴다든지, 혹은 거짓말을 일삼거나 언행이 모범이 되지 못한다면 당연히 교사로서의 사역에 있어서 심각하게 고려돼야 한다.

셋째, 계속적으로 배우고자 하는 욕구가 있어야 한다. 고등부 교사는 신앙, 인격, 지식적으로 상당히 전문적인 사람이 되어야 한다. 그러나 실질적으로 그러한 조건을 두루 갖춘 교사 후보자를 찾는 것은 쉬운 일이 아니다. 그러므로 그러한 교사가 되기 위해서는 끊임없이 자신을 개발할 수 있는 자세가 되어 있어야 한다는 것이다.

넷째, 학생들을 사랑으로 섬길 수 있는 겸손한 자세를 지녀야 한다. 학생들을 피교육 대상으로만 여기는 것이 아니라 신앙의 동지요 하나님의 사랑하시는 자임을 깨닫고 자신을 기꺼이 희생할 수 있는 마음의 자세를 가져야 한다.

다섯째. 열린 마음과 적절한 조정 능력을 지녀야 한다. 학생들의 생각은 참으로 참신하고 다양해서 전통적인 입장에서는 받아들여질 수 없는 것이 될 수도 있다. 교사는 이런 학생들의 생각을 적극적인 관심을 가지고 들어줄 수 있는 열린 마음을 지니고 있어야 한다. 그러나 동시에 잘못된 견해에 대해서는 적절한 방향으로 유도할 수 있는 능력도 지녀야 한다. 적절한 방향이란 교사 자신의 주관적인 생각이 아니라 교회 전체가 일반적으로 받아들일 수 있는 건강한 신앙관을 의미한다.


2) 교사 교육

교회 학교 교사를 위해서는 계속적인 교육의 기회가 제공돼야 한다. 단순히 경험만으로는 채워질 수 없는 부분들이 분명히 있기 때문이다. 이를 위해서 교사 대학이란 이름으로 재교육이 실시되는데 형식적인 행사로서 치러지는 경향이 있다. 교사 대학은 개교회의 현실에 맞도록 기획돼야 한다. 반드시 일정을 정해서 치를 수 있는 여건이 되지 못한다면 예배를 마친 후 일정한 시간의 틈을 만들어서 실행해도 된다.

교사 대학을 통해서 교육돼야 할 것은 다음과 같다.

첫째, 기독교 전체 교리에 대한 지식을 교육해야 한다. 신앙생활을 오래했다고 해서 기독교 신앙의 체계적인 지식을 지니고 있다고 할 수는 없다. 그러므로 교육을 위해서 교사는 기본적인 기독교 전통과 지식을 교육받아야 한다.

둘째, 고등학생에 대한 일반적인 이해를 할 수 있어야 한다. 학생들이 발달에 따른 다양한 상태(인지, 신체, 정서, 신앙, 의식 등)에 대해서 알아야 한다. 여기에 덧붙여서 각 교회에 속한 학생들에 대한 정보 교환의 장이 될 수도 있다. 이때 학생들을 흥보거나 가십거리 정도로 여겨서는 안 된다.

셋째, 효과적인 성경 공부 지도 방법에 대해 교육돼야 한다. 이를 위해선 단순한 강의보다는 Work-shop형식의 과정(한 교사가 수업을 진행하고 다른 교사는 학생들의 입장이 된다)을 진행하고 교사들이 서로 장단점을 발견해 나가는 것이 효과적이다.

넷째, 기본적인 상담과 대화 기술에 대해서 함께 연구한다. 교육의 가장 효과적인 상태는 일대일 대화를 통한 것이다. 이를 위해서 효과적으로 학생들과 대화를 나누는 communication 방법과 상담 기법에 대해서 교육돼야 한다.


3) 교사 관리

교사도 교사이기 전에 신앙으로 성숙돼야 하는 그리스도의 제자이며 신앙생활을 통해 기쁨을 누릴 수 있는 교회의 지체이다. 따라서 교사로서의 사역은 교사에게 단순히 봉사의 시간이 아니라 보람을 심어 주고 신앙 성장을 위한 기회가 될 수 있어야 한다.

담당 교역자는 교사와의 적절한 관계 형성을 통해서 교사의 비전과 재능들을 올바로 파악하고 있어야 하며 이것을 바탕으로 교사가 능동적으로 교육 활동에 참여할 수 있는 길을 열어 주어야 한다. 자칫 청년 교사들에게 재능도 없고 관심도 없는 분야에 대해서 많은 일들을 맡겼다가 교사 생활에 회의를 느끼게 만들고 이것이 결국에는 교사와 학생 모두에게 악영향을 끼치는 경우를 우리는 종종 대하게 된다. 따라서 교역자는 교사들에게 수시로 의욕과 동기를 부여해 주는 관리자인 동시에 교사의 신앙을 지도하고 적절한 해결책을 제시해 주는 적극적인 신앙의 상담자가 되어야 한다. 이를 통해서 교사와 교역자 간에 신뢰가 생기고 결국에는 고등부 운영에 힘이 될 수 있다.

## 6. 교육 환경

현실적으로 우리들의 교육 환경은 그다지 만족스러운 것이 아니다. 자체 예배실을 지닌 교회는 거의 없으며, 고등부 전용 사무실을 지닌 경우는 더더욱 없다. 이것은 다시 말하면 고등부 교사와 학생이 고등부 공동체에 대해서 애정을 느낄 수 있는 요소 중 한 부분이 없다는 것을 의미한다. 따라서 이를 만회하기 위해서 고등부 자체적으로 관심을 기울일 만한 부분들을 만들어 낼 수 있도록 노력해야 한다. 예를 들면 고등부 담당 벤치라든지 나무 그늘, 사물함 같은 것 말이다.

또한 교회가 인정하는 범위 내에서 예배실 분위기를 학생들이 친숙함을 느낄 수 있도록 꾸며야 한다. 가능한 한 밝은 색으로 내부를 칠하고 악기나 보면대 등 학생들의 욕구가 있는 기자재들을 편리하게 사용할 수 있도록 배려해야 한다.

성경 공부의 공간이 모자란다고 느껴진다면 그대로 방치할 것이 아니라 적극적인 대처 방안을 마련해야 한다. 이 과정에서 학생들이 할 수 있는 일들이 있다면 적극적으로 참여할 수 있도록 도와준다. 이것을 통해 학생들은 공동체에 대해서 더욱 큰 애정을 느끼게 된다.

상담이 이루어질 수 있는 공간이 효과적으로 설치할 수 없는 경우가 많이 있다. 가능하다면 상담할 수 있는 자연스러운 분위기가 조성될 수 있는 공간을 마련하는 것은 가장 좋은 방법이다. 그러나 여건이 가능하지 못하다고 해서 포기해서는 안 된다. 고등부 자체의 홈페이지를 개설하거나 학생들에게 적극적으로 e-mail의 사용을 권장하고 교육, 보급하여서 다각적인 대화의 창구를 마련해야 한다.

## 7. 평 가

교육 활동에 대한 평가는 교육 행위에 대한 정리 과정임과 동시에 새로운 교육을 위한 출발점이 된다. 그러나 실질적으로 교회 교육은 평가될 수 없는 영역이 존재하기도 한다. 그럼에도 불구하고 더 나은 교육을 위한 노력의 일환으로 학생들을 향한 신앙 교육의 과정은 평가돼야 한다.

1) 목 적

교육 평가는 교육 계획을 통해서 이루고자 했던 사항들이 평가 단위의 처음 시점에서부터 평가의 현재 시점에 와서 얼마만큼 이루어졌는가를 확인해 보는 작업이다. 이 기간의 과정을 통해서 학습자는 고등부 학생들은 무엇을 얻었으며 이를 통해서 얼마만큼 성숙했는가와, 프로그램은 교육 목표들을 이루기 위해 얼마만큼 효과적이었는지를 살펴봄으로써 다음 교육에 대한 준비의 작업이 되는 것이다.

2) 기준설정

평가는 시간 단위의 평가와 프로그램에 대한 자체 평가로 나뉠 수 있다. 시간 단위는 각기 다른 단위를 통해서 실시되는 것이다. 짧게는 주간 평가에서부터 월, 분기, 학기, 학년간의 평가 과정을 거치는 것이 가장 이상적이라 할 수 있다. 프로그램에 대한 평가는 특별한 프로그램이나 과정에 대해서 부분적으로 실시하는 평가이다. 이를테면 여름 수련회 평가, 크리스마스 행사 평가, 설교 평가 등을 예로 들 수 있다.

3) 방 법

앞에서 언급되었듯이 교회 교육에서 객관적으로 평가될 수 없는 부분들이 있다. 그러므로 이를 보완하기 위해 다각적인 방법으로 평가가 이루어져야 한다.

첫째는 학생이나 교사 등 참여자에 대한 직접적인 설문을 통해서 이루어지는 것이다.

둘째는 주변에서 지켜보았던 사람들의 부분적으로 객관적인 평가를 참고하는 것이다. 이것은 학부모들의 반응, 교회 다른 어른들의 반응들을 모을 수 있다. 여기서 중요한 것은 그냥 듣고 흘려버릴 것이 아니라 교역자가 도표화시키고 분석할 수 있는 시간을 가져야 한다는 것이다.

셋째, 진행자 혹은 담당자의 주관적이면서 솔직한 평가이다.

이러한 다양한 평가의 방향을 통해서 보다 필요하며 효과적이고 개선된 교육 목표와 그에 따른 프로그램을 준비해야 한다.


### 4) 평가결과

평가결과는 단순히 보고용으로 사용되는 데 그쳐서는 안 된다. 평가의 목표는 반성과 새로운 계획에 있다. 평가결과에 대해서 긍정적이며 적극적으로 수용하고 개선하려는 의지가 있어야 한다. 또한 평가결과는 교역자 자신이나 보고용으로만 국한될 것이 아니라 전체에 공개됨으로써 공동체 모두의 공감대를 형성하고 이를 통해서 보다 원활한 참여를 유발할 수 있다.

속된 표현이지만 학생들이 사용하는 언어 중에 "장난이 아닌데."라는 말이 있다. 어느 부서의 교육이든지 모두 통용될 수 있는 단어이겠지만 특히 고등부의 교육은 "장난이 아니다."라는 표현을 쓰고 싶다. 왜 그런가? 교육은 백년지대계의 일이며, 교회 교육은 이 땅의 삶뿐만이 아니라 영혼과 관련된 일이며, 특별히 고등부 교회 교육은 인생에 있어서 가장 요동이 심한 시기에서 행해지는 교육이기 때문이다.

고등부 학생들을 상대하기 어려운 대상이다. 일단 학생들 스스로가 자신들이 어떤 위치에 있으면 어디로 나갈 것인지에 대한 인식이 분명하지 않다. 다음으로 교사들 역시 변하는 세대의 주역인 아이들이 어떠한 존재인지에 대해 정확한 인식을 지니기가 쉽지 않다. 고등학생들은 개개인으로서도 만들어져 가는 존재이지만 세대로 보아서도 새롭게 형성되는 세대이기 때문이다. 정말 어려운 일이다.

그럼에도 우리는 고등부 학생들에게 인간과 신앙 그리고 하나님과 진리에 대해서 가르쳐야 한다. 우리 아니면 할 사람이 없다는 오만한 인식에서가 아니라 이것이 너무나도 귀한 사명이라는 점과 이런 귀한 사명에 하나님께서 나를 사용하신다는 사실에 대한 감사함 때문이다. 이렇기에 그냥 가벼운 마음으로 임할 수는 없다. 끊임없이 인간으로서 자신을 다듬어가며, 교사로서의 자신을 개발해 가고, 신앙인으로서의 자신을 성숙시켜 나가야 하는 것이 고등부에서 하나님과 학생들을 섬기는 우리들의 자세일 것이다.

일단 하나님 앞에 겸손히 무릎을 꿇고 그 진지한 마음으로 학생들에게 솔직히 다가서면 엉뚱하며, 대책 없이 보이고, 심지어 사람구실이나 할 수 있을지 의심이 가는 학생들도 우리들을 향해서 그들의 속마음을 열어 보이며 하나님께로 나아가는 신앙인으로 성숙해 나갈 것이다.

# 제5장

# 성결교회교육의 비전

# 제1절 교단의 교육정책과 권력구조[1]

　교단의 교육정책이 무엇인가라는 물음은 이미 독재적이다. 그 이유는 이미 '교단'이라는 말이 그것을 함축하고 있으며, '정책'이란 말 또한 다른 곳으로 가는 것을 막고, 정해진 방향으로 밀고 간다는 느낌이 들기 때문이다. 그러나 어찌 생각하면 교단의 교육정책이라는 것은 그런 분명한 내용과 방향이 있음으로 해서 의미를 가질 것이다. 만일 그런 독재적 성격이 없다면 그것은 이미 어느 특정한 기관의 의도라고 볼 수 없을 것이다. 나는 교단의 교육정책이란 말이 의미하는 바를 십분 인정한다. 그래서 나는 가능한 한 교단이 이제까지 교육에 대해 무엇을 해 왔는지를 객관적으로 언급할 것이다.

　그래서 나는 교단의 교육정책의 드러난 부분이 아닌 숨어 있는, 그러나 훨씬 더 위력이 있는 문제들을 들춰낼 것이다. 그리고 그것들이 어떻게 교육 그 자체를 억압하고 통제하고 있는지, 그래서 결국에 교육의 공동현상으로 이끌어 가려고 하는지를 폭로할 것이다. 따라서 이 글은 읽는 이에 따라서 오해를 불러일으킬 뿐만 아니라 불편하게 생각할 수 있을 것이다. 그러나 나는 나를 포함해서 우리가 부지중에 무엇을 하고 있는지를 드러내는 일은, 성결교회가 본래 의미에서의 교육을 회복하도록 하는 하나의 도전이 될 수 있을 것이다.

---

1) 이 글은 박종석, "교단의 교육과 권력 구조", 「디다케」 6(부천: 서울신학
　대학교 기독교교육과 학생회, 1996), 23-39로부터 온 것임.

# Ⅰ. '교육정책'의 정의

'교육정책(educational policy)'이란 "국가나 권력에 의하여 지지되는 교육이념, 또는 이를 구현하는 국가적 활동의 기본방침이나 지도원리"라고 한 사전에는 나와 있다.[2] 여기서 교육이념이라 함은 교육의 본질과 기본목표에 관한 이상, 교육과 국가·사회와의 관련성에 관한 기본개념, 그로부터 나오는 교육운영의 기본원리 등을 모두 포함한다.[3] 교육정책은 교육행정의 세 가지 주요 분야, 즉 교육목표의 설정, 교육활동의 조건정비·확립, 교육활동의 지도·감독 속에 존재하며, 이들에 관한 교육정책은 국가적·행정적 의지에 의하여 정해지는 것이므로 교육에 관한 입법에 더욱 명백히 **표현**될 수 있다.

교육정책 연구에서는 국가의사를 실질적으로 형성하는 권력과정의 문제와 권력의 교육지배 양식을 정치과정으로 분석하는 일이 필요하다. 즉 교육정책의 주체가 되는 정치권력과 정책결정과정, 정책의 내용 혹은 대상의 문제, 정책의 실현과정 등 세 가지 영역이 구조적으로 분석되어야 한다. 이러한 요건을 만족시키는 입장에서 교육정책을 거쳐서 형성된 어떤 교육계획이 실현되는 일체의 과정이라 할 수 있다.

교육정책의 개념은 교육행정·교육계획·교육제도·교육이념 등, 인접개념과의 관계에서 볼 때 두 가지 의미를 지니고 있다. 즉 교육정책이 인접개념에 선행하여 그 기본지침을 제시하는 개념일 수 있

---

2) 서울대학교 교육연구소 편, 『교육학용어사전』(서울: 하우, 1994).
3) 김인회, "교육의 이념: 초·중등교육을 중심으로", 『교육의 이념과 과제』(서울: 한국기독교사회문제연구원, 1982).

으며 그 반대의 경우일 수도 있다.

우리는 이 같은 교육정책의 사전적 정의에서 언급된 모든 내용을 논의하지 않을 것이다. 다만 이 글의 주제에 맞는다고 생각되는 내용에 대해서만 논의할 것이다. 그것은 교육정책의 연구과제로서, 교단의 의사를 실질적으로 형성하는 권력과정의 문제와 권력의 교육지배 양식을 정치과정으로 분석하는 일이다. 즉 교육정책의 주체가 되는 정치권력과 정책결정과정, 정책의 내용 혹은 대상의 문제, 정책의 실현과정 등 세 가지 영역이 구조적으로 분석되어야 한다.


## Ⅱ. 교단의 교육정책 결정과정

교단의 교육정책은 총회에서 결정된다. 그러나 실제적으로는 총회의 한 부서인 교육부에서 결정한다고 볼 수 있다. 교육부서에서 결정한 내용은 총회에 상정된다. 거기서 대의원들에 의해 의결되는데, 그것은 대부분의 회의 양태가 그렇듯이, 대부분의 대의원은 그것이 무슨 내용인 줄도 모르고 그냥 대세를 따르게 된다. 실제로 이번 총회(1996년)에서는 교단의 헌법이 제대로 검토도 되지 않은 채 통과되었다. 그래서 모법과 실행법이 다른 웃지 못할 일도 발생했다. 이런 일이 벌어지는 것은 그 내용이 상대에 따라 이익이나 불이익을 주는 경우가 있거나, 문제의 소지가 있는 내용이 있어서 자칫 이것이 불거질 경우, 교단의 일치에 해가 된다고 사려될 경우 등이 있다.

교육정책 역시 예외는 아니다. 총회에서 교육정책은 별로 관심을 끌지 못한다. 왜냐하면 그 내용 자체가 개교회에 당장 영향을 미친

다거나, 목회자들에게 불이익을 끼치게 되는 경우가 아니라면 소위
은혜롭게 넘어가게 된다.

총회에 상정되는 교육정책은 거의 전부 총회의 부서(선교부, 교육
부, 평신도부, 법제부, 심리부, 서무부, 공천부, 군목부)인 교육부에서
결의된 내용이다. 이 교육부는 각 지역총회에서 선출한 총회의 대의
원들로 구성된다. 그런데 교육부는 실제로 총회 기간을 제외하고는
회의가 자주 없다. 대신 그보다 규모가 작은 실행위원회라는 것이
있는데, 이것 역시 많은 인원으로 구성되다 보니 그것을 더 나누어
6개의 소위원회를 두고 있다. 이 위원회는 교육과정 위원회, 교재편
집위원회, 교사대학위원회, 교재검열위원회, 교육지 편집위원회, 출판
위원회, 교육백서 위원회이다. 대개 5~6명의 위원으로 구성되는 소
위원회에서 교단교육의 구체적 정책들이 결정된다. 실무를 관장하는
교육국과 위원들과의 사이에 조정을 담당할 수 있는 전문위원이 있다.

이상의 교단의 교육정책 결정과정을 정리하면 이렇다. 교육정책의
내용에 따라 해당 소위원회에서 심의를 거쳐 실행위원회에 상정되면
실행위원회에서는 각 소위원회에서 올라온 모든 안건을 교육부 전체
회의에서 심의하게 되며 이 교육부 회의의 결의를 거친 안건을 최고
의 의결기관인 연차 총회에서 교육부 결의안으로 보고하게 된다. 이
안은 허락을 받아야 실행할 수 있게 된다.

뿐만 아니라 우리의 교단 헌법에는 총회에 발의할 수 있는 기구
로 지방회가 있다. 지방회에서는 산하 지교회의 당회에서 건의한 안
을 심의한 후 지방회에서 건의하거나 폐기할 수 있는데, 이때 통과
된 건의안이 지방회장의 이름으로 지역총회를 거쳐 연차 총회에서
서무부에 접수시키면, 서무부에서 건의된 것 중 교육에 관계된 안이

면 교육부에 회부되어 교육부 전체회의에서 이를 심의하여 찬반 의견을 붙여 총회의 통상회의에 보고하면 중의에 의하여 결의되거나 부결되기도 한다.

총회에서 결의된 교육에 대한 안이나 정책은 대부분 총회본부의 교육국을 통해 집행된다. 교육국에서 다루는 결의안은 교육부 이외에도, 교회음악부의 결의안과 장학회, 역사편찬위원회, 신학정책위원회, 총회교역자 양성원의 결의안을 집행한다.

교육국 직원으로는 국장과 간사 1인, 간사보 1인, 사무원 1인이 있다. 이 인원은 한국 기독교의 주요 교단의 교육부(국)와 비교할 때 부끄러울 정도이다. 예장 통합의 경우, 총무(우리로 치면 국장, 그 급은 더 높다) 간사 6인 간사보 6인, 사무원 3인으로 총 16명으로 우리의 4배이다. 감리교의 경우 총무 1인, 간사 2인, 서기보 1인, 사무원 2인 우리의 1.5배이다. 예장 고신의 경우, 대표간사 1인, 간사 4인, 간사보 1인, 사무원 3인으로 우리보다 나은 실정이다(이상의 인원은 출판부분을 제외한 것이다).


## Ⅲ. 교육정책의 내용

창립 90주년을 맞이하는 우리 교단이 교육의 구체적인 계획안을 마련하기 시작한 것은 1970년도에 들어서면서부터였다.[4] 그동안 산발적으로 교육에 대한 계획들이 나타나기는 했지만, 본격적인 교육

---

4) 류재하, "교단교육의 목적과 교육정책의 수립과정", 「기독교와 교육」 창간호(부천: 서울신학대학교 기독교교육연구소, 1989).

계획이 수립되기 시작한 것은 1970년대에 들어서면서부터였다고 할 수 있다. 1970년 총회의 교육부가 제25차 총회에 상정한 교단교육계획안은 성결교회 역사상 처음 제안된 교육계획서라고 볼 수 있다. 이는 비록 완벽하다고는 할 수 없으나 교단의 교육을 비로소 계획적인 시각으로 보게 되었다는 데서 의미를 찾을 수 있다.

당시의 계획안에는 1. 각 연령별 교재출판을 위한 계획, 2. 신급별 평신도 훈련교재 및 성경주해서 출판계획, 3. 평신도 지도자 훈련실시를 위한 계획, 4. 장학관 및 교단 직영 일반학교 설립 계획 등의 내용이 들어있다.

이 계획안에 의하여, '성경공부'라는 이름의 유년부, 초등부 계단공과가 1970년부터 학생용과 교사용으로 각기 발행되기 시작하였다. 구역교재는 1972년, 유치부 교재는 1976년에, 중고등부 교재는 1980년에 발행되었다. 동시에 신급별 평신도 훈련교재로서 학습, 세례문답집, 새신자 안내서, 장로후보 시취교재 등이 발간되었다.


1. 제1차 5개년 교육계획

1977년 교단창립 70주년을 맞아 교단의 교육목적에 대한 검토를 거쳐 새롭게 제정된 교육목적이 제32회 총회에 상정, 인준되었다. 그 내용은 다음과 같다.

"교육의 목적은 모든 사람으로 하여금 성서를 통하여 보여주신 하나님의 부름에 응답하여 하나님을 알고 예수 그리스도를 믿음으로 거듭나며, 성령의 도우심으로 성결한 그리스도인이 되어 사랑의 공동체인 교회를 섬김으로 하나님을 영화롭게 하며, 이 세상을 구원하시는 하나님의 역사에 동참하여 복음을 전하고, 이웃을 사랑하며, 영육을 강건케 하시는 성령과 함께 살면서, 소망스러운 삶을 살도록 도와주려는 것이다."

이 목적문의 요지는 한마디로 '중생하고 성결한 인간상'이다. 이 목적문의 윤곽과 방향에 따라 교단 교육부에서는 교단교육 제1차 5개년 계획안(1978~1982)을 작성하고 교단 창립 70주년 기념교육대회에서 이를 발표한 후, 이듬해 제33회 총회에서 인준을 받았다.

이 교단교육계획 제1차 5개년 계획의 대부분이 이 기간 중에 이루어졌는데, 그중에 주요내용은 다음과 같다.

1) 교육과정 분야에서는 교육목적문이 제정되어 총회에서 인준되었고, 2) 교육정책 분야에서는 교육국 사무실이 독립 설치되어, 교육국(교육국정 1인, 간사 1인, 사무원1인 등)이 상설 운영됨으로써 교단교육을 책임 있게 이끌어 갈 실무자가 세워졌고, 또한 교사훈련원 설치계획은 중앙교육원으로 확대 개편됨으로써 각급 지도자를 훈련하는 기구로 더욱 발전되었으며, 3) 지도자교육, 중앙교육원을 통해 각급 지도자들(교역자, 평신도지도자, 교사 등)을 교육하고 훈련함으로써 교단교육이 실제 면에서 활성화되었으며, 4) 교재개발에 있어서는 교회학교 각 부별(유치, 유년, 초등, 중등, 고등, 장년구역)교재가 발행되었고, 신급별 교재로는 새신자 육성교재 2종과 학습세례문답집(개정) 1종과 장로후보자 시취교재가 새로 개정되어 나오는 등 출판사업이 활기를 띠기 시작하였다.

## 2. 제2차 5개년 교육계획

1970년부터 시작된 교단교육계획에는 우리 교단에 적절한 교육과정을 마련하지 못했으므로, 부별공과를 발행되었다고 해도 교육적, 신학적으로 이론적으로 정리되지 못했었다. 교회현장에서 당장의 필요성에 의해 공과가 발행되어, 당장 급한 부분은 채워줄 수 있었을지 모르지만, 공과의 비체계성과 교육적, 심리적 배려를 충분히 하지 못한 까닭에 공과의 결함들이 드러나기 시작했다.

1980년대에 들어서면서 이 문제는 더욱 부각되어, 교육국에서는 1982년에 교육정책 회의를 열어, 여기서 토의된 내용을 중심으로 하여 교육부 교육과정 위원회에서 교육과정 개발을 위한 교육계획을 수립하고, 그 계획안을 총회에 상정, 결의를 받음으로써 제2차 교육계획안을 마련하게 되었다.

당시 5개년 교육과정의 총주제와 연간 주제들은 다음과 같다.

총 주제: 성숙한 그리스도인과 세계
1983년: 화해의 복음과 그리스도인
1984년: 우리를 변화시키는 말씀
1985년: 민족을 구원하는 교회
1986년: 성숙한 그리스도인의 삶
1987년: 승리하는 그리스도인과 세계[5]

이것은 우리 교단의 교재와 교육과정이 비로소 장기적 안목에서

---

5)「성결신문」126(1996. 9. 25.).

인식되기 시작했다는 점에서 하나의 큰 발전이었다고 할 수 있다. 이 기간 동안에 이루진 중요한 교육적 사건은 다음과 같다.[6]

1) 교육과정
① 새 교육과정 완성: "성결한 삶" 교육과정 완성
② 교사 대학 교육과정 완성: 4학기 과정의 학점제로 운영되며, 한 학기마다 한 권의 교재로 신학일반의 이론과 기독교교육의 기초 이론, 그리고 교육의 실제 등 18과목이 네 권에 실려 있다.

2) 교육정책
① 출판물총판제도 확립: 호산나 서적센터와 총판을 계약함으로써 적자운영에서 흑자운영이 되는 계기를 마련하였다.
② 장학회 설치: 교단의 고급 인력의 양성과 확보를 위한 현재의 해외장학생 20명, 국내장학생(서울신대 대학원) 2명을 선정, 장학금을 지급하고 있다.
③ 출판상임간사: 교육업무가 활성화되어, 출판을 전임할 간사제도가 확립되었다.
④ 교역자 양성원 설치: 총회가 설치한 4개 지역의 지방교역자 양성원과 그를 관할할 총회교역자양성원이 교육국에 설치됨으로써 비정규신학과정을 통해 늦게 사명을 받고 일하기 원하는 우수한 자들에게 일할 수 있는 기회를 줌과 동시에 인력요청이 시급한 여교역자를 수급하는 여교역자 양성과정이 마련되었다.
⑤ 교육진흥의 달 제정: 8월 한 달을 "교회교육진흥의 달"로 총회에 상정, 1985년 총회에서 인준받음으로써, 이 기간을 통해 지교회 교육에 관심을 불러일으키고 활성화하는 계기를 마련하였다.

---

6) 류재하 편, "교육계획서", 『성결교회 기독교교육』(서울: 청파, 1993).

⑥ 교재연구실 설치: 새 교육과정과 그에 따르는 교재의 기획과 편
   집의 전문화를 위해 교육국 안에 임의로 교재연구실(상임간사 1
   인, 보조 2인)을 설치하고 교육과정갱신과 함께 새 교육교재를
   집필 및 편집하고 있다.


3) 지도자 교육
① 구역장 세미나: 전국 8개 지역에서 해마다 1월에 개최하여, 구역
   의 활성화를 도모한다.
② 신임전도사 세미나: 서울신대를 졸업하고 사역을 시작한 전도사들
   에게 사명감과 함께 교단의 실제 오리엔테이션을 통해 교단을 이
   해하고 사랑하는 자세를 확립한다.
③ 교단신학공개강좌: 교단신학의 확립과 신학자들의 연구기능을 강
   화하려는 의도에서 마련한 장이다.
④ 제자훈련세미나: 목회자들을 통해 모든 평신도들을 제자화함으로
   써 교회의 사명을 다하려는 의도의 제자훈련 지도자 세미나이다.
⑤ 교역자 부인 세미나: 목회는 목사 혼자 하는 사역이 아니라, 부인
   의 내조가 큰 영향이 있음을 감안하여 교역자 부인으로서의 사명
   과 목회자를 효과적으로 돕게 한다.
⑥ 목회자 세미나: 중앙교육원을 통해 해마다 신년을 위한 목회계획
   세미나, 시대적 조류와 사상에 대응하는 목회 세미나이다.
⑦ 음악지도자 세미나: 교회 예배에 실제로 중요한 참여자의 하나인
   음악지도자들이 효과적으로 사명을 수행하도록 하기 위해 신학적
   기초교육과 교회음악이론, 교회음악의 실제 등을 3년 과정으로
   마련하고 해마다 세미나를 개최하고 있다.


4) 교재개발(출판)
① 교역자 참고도서 시리즈 2권 발행

② 평신도 성경공부 교재(올더스게잇) 시리즈 4권 발행
③ 평신도 성장교재 시리즈 4권 발행
④ 장년 설교집 시리즈 8권
⑤ 성서신학교재 2권
⑥ 기타 신학서적 1권
⑦ 사이비 집단 비판 시리즈 3권
⑧ 장학회보 4회
⑨ 「활천」영인본 시리즈 27권
⑩ 청소년 목회시리즈 1권
⑪ 시청각 교육교재(슬라이드) 3권
⑫ 여름성경학교교재 해마다 2권(교사, 학생용)
⑬ 「활천」격월간 연 6회
⑭ 헌법 (격 연간) 2년에 2회 발행

## 3. 교단교육 제3차 10개년 계획안의 면모

### 1) 성결교회교육이념의 재천명과 시대적 요구

한국 교회는 70년대에 국가적 경제성장과 더불어 양적으로 크게 성장을 하였다. 그러나 그런 성장 과정에서 문제점이 노출되기 시작하면서 양적 성장에서 질적 성장으로의 전환을 요구하게 되었다. 이에 총회 교육부에서는 1982년 교육정책 회의에서 1983년부터 시작되는 교단교육의 주제를 '성숙한 그리스도인의 세계'로 정하고 보다 성숙한 그리스도인 양성에 주력하게 되었다.

이러한 배경하에 제3차 교단교육계획 10개년 계획은 크게 네 가지 차원에서 준비되었다. 그것은 교육과정, 교육정책, 지도자 교육,

교재개발인데, 이것은 제1차 교육 5개년 계획안에 준한 것이며, 동시에 그것은 단기(1988~1990 3년간), 중기(1991~1993 3년간), 장기(1994~1997 4년간)에 걸쳐 계획되었다.


### 2) 교육과정 차원


① '성결한 삶' 교육과정의 실시와 새 교육과정에 대한 연구 및 완성

교단교육 제2차 계획 중 가장 획기적인 사건은 새로운 교육과정의 완성이다. 그것은 지난 1970년부터 1987년까지 약 18년간 사용해 온 '성경공부'라는 교회학교 교육과정을 '성결한 삶'이란 교육과정으로 전면 갱신한 것으로, 교단 교육의 목적문에 바탕을 둔 '중생하고 성결한 인간'을 양성함을 목표로 하고 있다.

이 새 교육과정은 1988년부터 유치, 유년, 초등, 중등, 고등, 청년 대학부, 그리고 구역교재로 만들어져 전국교회에 배포되기 시작하였다. 그런데 이 성결한 삶 교육과정은 집필과정에 있어서 비전문인력들이 대거 투입됨으로써 교재가 기본적으로 갖추어야 될 조건들을 구비하고 있지 못하다는 사실이 곧 드러났다. 예를 들어, 교수－학습의 방향인 목표 진술에 있어서 획일적으로 '……알게 한다. ……깨닫게 한다, ……하게 한다' 식으로 돼 있는 것이 대표적이다.[7]

그래서 1989년부터 본격적인 개정과정에 들어가게 되어, 1990년에는 유년부 1학년 교재를 칼라로 발행했으며, 1992년에는 중학교 1학년 교재, 1994년에는 초등학교 6학년 교재, 그리고 내년 1997년에는

---

7) 이형로, "교단교육과정 이해", 『교사대학』 Ⅲ(서울: 기독교대한성결교회 출판부, 1989).

초등부 4학년 교재와 고등부 2학년 교재가 발행될 예정이다. 그래서 해마다 아동부서에서 한 권, 중고등부에서 한 권을 발행할 예정이다. 새로 발행되고 앞으로 발행될 교재는 신학적, 교육학적 원칙에 따라 발행할 목표로 하고 있다.

② 부별 교육목표 제정

교회학교는 영아부부터 시작하여 노년부에 이르는 평생에 걸친 교육기관임에도 불구하고, 교육목표를 세분하지 못함으로 발생하는 교육의 비효율적인 면들이 있었다. 그래서 교육적, 발달심리적으로 배려된 부별(또는 연령별) 교육목표의 제정이 필요하다.

③ 평신도 성서대학 교육과정 연구 및 제정

그동안 평신도의 성장 교재 시리즈를 계속 발간하여 왔으나 보다 책임 있는 교육을 위해 평신도 성서대학을 개설하고 그를 위한 교육과정을 완성하려고 한다.

④ 목사, 장로 계속(의무화)교육과정

목사는 가르치는 자요, 장로는 치리하는 자이므로 새로운 세대를 잘 가르치고 지도하기 위해서는 계속적인 교육이 필요하다.

⑤ 교사대학 교육과정

교회의 현장에서 교육을 담당하고 있는 교사들의 자질을 높이기 위한 교육과정으로, 4학기 2년 과정으로, 이를 수료한 교사들에게는 총회장 명의의 수료증을 수여한다.

⑥ 사중복음 교육과정

우리 교단의 전도표제인 사중복음을 단순한 전도표제로만 인식하는데서 벗어나 신앙을 의식화시키고 생활화시키자는 의도를 가진 교육과정이다.


3) 교육정책(행정)차원


① 행정적인 면

가. 교육백서(지침서): 교단의 교육이념과 함께 교육의 방향과 윤곽이 드러나는 문서화된 지침서

나. 청소년문제 연구소: 청소년문제를 전문적으로 연구하고 대책을 마련하는 연구소

다. 교육행정문서 통일안 연구: 교회학교의 교육적 문서와 양식을 통일시켜 문서행정의 능률을 꾀하려는 시도


② 제도적인 면

가. 교육전문가 제도 확립: 주로 서울신대 기독교교육과 출신의 진로를 위한 제도적 장치 마련을 위한 연구

나. 출판실 설치: 교육국의 출판 업무를 분리시켜 문서교육선교의 활성화를 기하려는 시도


③ 「활천」 월간 발행: 「활천」이 잡지다운 잡지, 기관지의 사명을 다하기 위해서는 월간 발행을 위한 다각적인 연구

④ 출판사 추가등록: '기독교대한성결교회출판부' 명의 이외에 또 하나의 출판사 명의를 통해 초교파적인 문서사역을 담당키 위한 것이다.

⑤ 장학관 설립: 지방교회 출신들의 숙소를 제공하여 경제적 신앙적 어려움을 해소하고 교단의 일꾼으로 키우려는 계획이다.

4) 지도자 교육 차원

교육정책이 실현되기 위해서는 고급인력과 중간지도자, 그리고 수준 높은 지교회 교사들의 양성과 배출이 시급하다.

① 교육지도자 교육
가. 교육목회자 세미나
나. 기독교 학교 지도자 세미나
다. 올더스게잇(평신도 성경공부)지도자 세미나
라. 지방교육지도자 세미나
마. 신학교수 요원 확보를 위한 장학회 활성화

② 교회학교 지도자 교육
가. 교사대학 지도자 세미나
나. 교회학교 부별 전문지도자 세미나
다. 시청각 교육 전문 지도자 세미나

③ 평신도 지도자 교육
가. 지교회 각 부별 평신도 지도자 교육
나. 장로 계속 교육(의무화)
다. 집모, 권사, 후보자(의무화)교육

5) 교재개발(출판) 차원

① 교단 문서와 출판
가. 교단예식서
나.성결교회사(80년사)
다. 목회 핸드북
라. 교육회보
마. 사중복음 교육교재 시리즈

② 교회학교 관계 출판
가. 어린이, 청소년 설교 시리즈
나. 유치, 유아, 교재(그림)시리즈
다. 교사양성 교재 시리즈
라. 교회학교 부별 전문교사 양성 시리즈
마. 청소년 교재 시리즈

③ 전문지도자 교육교재
가. 전도교육 시리즈
나. 직분자 훈련 시리즈

다. 교육 및 신학 연구 시리즈
라. 시청각 교육교재 시리즈
마. 번역 교재 시리즈


6) 기타 협력관계 차원의 계획


① 지교회 교육 도서실(교육자료실)설치운동 전개
②「어린양」(교회학교전련 기간지) 복간 후원
③ 교단 번역연구회발족
④ 전국 지교회 부설 유치원 설립 추진
⑤ 교단 문인동인회 발족
⑥ 교단 교회음악가회 발족


　제3차 10개년 교육계획을 이제 만 1년 정도 남겨두고 있는 이 시점에서 이들 대부분은 이루어지고 있지 못한 실정이다. 그 이유는 이 같은 정책이 인적, 재정적 현실을 고려하지 않은 탁상으로부터 나온 계획이라는 것이며, 계획을 세워놓기는 했지만 그것을 실천하려는 분명한 의지가 없었기 때문이고, 추진기간에 달성하기에는 역부족인 계획들이었던 것으로 생각된다. 1997년 이후의 교육계획들은 아직 정해진 바가 없다.

## Ⅳ. 교단교육의 권력구조와 삶으로서의 교육

우리는 이상에서 지극히 일반적인 교단의 교육정책 결정과정과 그 내용, 그리고 그 실현과정 등을 종합적으로 살펴보았다. 이상의 내용은 지극히 교과서적인 이야기이다. 그래서 그것 자체로는 하나도 흠잡을 것이 없는 듯 보인다. 그러나 교육을 어떤 시각에서 보느냐에 따라, 다시 말해서 우리가 교단교육을 어떤 시각에서 보느냐에 따라 교육정책의 허구성과 교단의 교육부재 현상이 드러날 수 있다는 것이다.

본래 교육정책의 연구에서 중요한 주제는 교육과 그것에 관계하는 요소들 간의 역학 관계라고 볼 수 있다. 그러므로 우리가 여기서 살펴보아야 할 것은 교육이 무엇이냐는 아주 근본적인 문제를 포함해서, 그것이 교권에 의해 어떻게 왜곡되고 있는지를 살펴야 할 것이다. 그것은 앞서 들어가는 말에서 언급한 교육정책의 주요연구 주제와 무관하지 않다. 그것은 교육정책의 연구과제로서, 교단의 의사를 실질적으로 형성하는 권력과정의 문제와 권력의 교육지배 양식을 정치과정으로 분석하는 일이다. 물론 교단의 경우에 국가권력과 같은 분명한 실체는 없다. 그러나 교단의 경우에 권력은 정해진 소수라기보다는 교회 전체 또는 목회자 전체가 그 권력자의 기능을 발휘한다는 데서 문제의 심각성은 더욱 크다고 할 수 있다.

우리는 이제껏 교육을 일정한 장에서 교육자와 피교육자가 정해진 내용을 중심으로 관계하는 행위라고 생각해 왔다. 이 같은 교육에 대한 인식은 일제의 잔재라고 할 수 있다. 일제는 우리민족에게 국민교육을 시행하면서 제도교육만이 참교육인 양 오도해 왔다. 그 결과 오늘날까지 '교육'하면 학교교육만을 생각하게 되었다. 이것은 교회의 상황에서도 마찬가지이자. 교회에서 '교육'하면 주일학교를 떠올린다.

그러나 인간은 동물과는 달리 출생 시 생존의 기술을 갖고 태어나지 못한다. 다시 말해 삶에 가장 무력한 자로 태어난다. 그런 면에서 인간은 태어날 때부터 삶의 기술을 배울 수밖에 없는 운명을 갖고 태어난다고 볼 수 있다. 그런데 이런 엄연한 사실이 사회의 발전으로 말미암아 삶에 불필요한 내용들이 증가함으로 말미암아 삶에 필요한 내용들은 밀려나고 오히려 그 자리에 삶에 불필요한 내용들이 들어서고 말게 되었다. 그 결과 삶에 불필요한 지식습득이 오히려 삶을 영위케 해 주는 중요한 방도로까지 생각게 되었다.

교회의 교육 역시 마찬가지이다. 교회는 기독교인으로서의 삶을 가르치지 않는다. 아니 가르칠 수 없다. 왜냐하면 삶은 삶을 통해서만 배우고 가르칠 수 있는 것인데, 우리는 그런 삶을 발견하기가 좀처럼 어렵다. 그래서 교회에서는 기독교인으로서의 삶을 강조하지 않는다. 그와 같은 언급은 부담을 가중시키기에 히피를 하게 된다. 그 대신 종교적 열성, 교회생활, 종교적 활동 등을 강조한다. 그래서 기독교는 하나의 종교로 전락하고 말았다.


## V. 교단의 권력과 교육과의 관계

그런데 이 같은 교육 개념을 왜곡내지 협소화시키는 행위들은 아주 자연스러운, 일견 당연한 행위들에 의해 더욱 조장되고 있다. 우리는 여기서 교회의 현장에서 흔히 떠도는 이야기들을 통하여 그것들이 얼마나 우리의 삶, 즉 교육을 왜곡화시키고 그 결과 기독교를 하나의 종교로 타락시키고 있는가를 살펴보려고 한다. 먼저 교회학교에 대해서 생각해 보자. 한국교회의 대부분은 교육을 교회학교의 경우에 한정해서 생각하는 경향이 짙다. 그것이 그릇된 인식이라는 사실은 대부분의 사람들이 인정할 것이다. 그래서 어떤 사람들은 교회학교가 '교회 안(內)' 교육이어서는 안 된다고 주장하면서, 교회 밖을 포괄하는 의미를 덧붙여 '주일교회학교'로 부르자는 사람도 있다.8) 그러나 그런 주장을 포함해서 기존의 교회학교에서 교육의 초점이 사람에게 있지 않고 성서 또는 사회에 있다는 것이다. 이것은 마치 가장 중요한 일을 제쳐놓고 부수적인 일에 매달려 있는 형세이다. 그러나 우리의 주제와 연관 지어서 생각해 볼 때, 교육을 교회학교에만 한정 지으려는 숨겨진 의도는 어디 있을까. 그것은 혹시 목회자들이 성인들이 기독교 의식화되는 것을 원하지 않기 때문은 아닐까. 만일 성인 남녀들이 기독교적 삶이 무엇인가를 교육을 통해서 알게 된다면 그동안의 교회의 추한 모습들이 드러날까 두려워서는 아닐까. 신자들의 의식화로 목회자의 왕국이 도전받게 되지는 않을까 하는 두려움 때문은 아닐까. 또는 교인들도 진정 교육을 통한 기독교적 삶이 무엇인지를 알게 되는 것에 대한 두려움, 예수님이 38년 된 병자에게 하셨던 물음, "네가 진정 낫기를 원하느냐"는 질문을 받았을 때의 심정이기 때문은 아닐까. 교인들이 그리스도의 몸의 지체로서 기능하는 교회의 모습이 아니라 교회 통계상의 하나라

---

8) 은준관, "주일교회학교에 관한 연구", 「연세교육과학」 27(서울: 연세대학교 교육대학원, 1985).

는 숫자로 치부되는 신자들의 신세가 적나라하게 드러나지는 않을까 하는 우려 때문은 아닐까. 나는 어느 것이 정확한 이유인지 모른다. 그러나 이 문제는 교회의 무관심 문제가 아니라 보다 깊은 숨은 동기가 있을 것이고, 영적으로는 성인들의 교육을 방해하는 마귀의 은밀한 작전으로까지 보인다.

이 같은 절름발이 교회학교에의 강요가 의미하는 바는 무엇인가. 그것은 교회의 교육 무용론으로 이어질 수 있기 때문에 경계해야 한다. 교회의 교육담당자나 교육의 효과를 영적인 것에 비추어 판단하여 정죄하면서 교육보다는 삶과 유리된 종교적 열광 쪽으로 몰고 가려는 시도를 한다. 그러나 이것은 잘못이다. 소위 영적인 사람들이 기본적인 도덕적 수준도 넘지 못해 물의를 일으키는 모습들을 볼 수 있으며, 그렇지 않더라도 그들에게서 영적인 열매, 즉 성령의 열매를 보기는 흔치 않다. 더구나 교육을 영적인 잣대로 판단하려는 시도는 이미 19세기 말 부쉬넬(Horace Bushnell) 이후 그릇된 것으로 판정이 난 문제이지만, 망령처럼 되살아나는 문제가 되고 있다.

교육을 직접적으로 억압하지는 않아도 인간과 유리된, 인간과 삶 밖으로 교육을 끌어내려는 시도가 있다. 예를 들어 보자. 우리 교단은 1994년부터 사중복음을 가지고 여름성경학교를 해 오고 있다. 그런데 우리 내부에서 이 주제를 가지고 여름 성경학교를 하는 데 대한 불만이 표현되었다. 80년 역사에 한 번도 이 주제를 진지하게 다룬 적이 없는 우리 교단이 우리 교단의 고유한 전도표제를 가지고 여름성경학교만이라도 해 보자는 데 대한 반대에 부딪치면서 정말 우리 교단은 무엇일까? 하는 감정적인 차원은 제쳐두고서라도 왜 안 된다는 것일까를 생각해 보자. 그릇된 판단의 가능성을 전제하고 생각해 보자. 이와 같은 반대는 사중복음의 구시대성과 시의적절한 주제 선택의 필요성이라는 명분에도 불구하고, 그 내부에 있는 그릇된 동기를 숨길 수 없다. 그것은 교육을 목적으로 보느냐 수단으로 보느냐 하는 문제에 다름 아니다. 행여 사중복음이 시대착오적으로 생각되어 교회학교의 부흥을 방해하지 않겠느냐는 강한 의구심이 똬리를 틀고 있을 수 있다. 우리는 교육이 무엇을 가르쳐야 하느냐로 고민하는 모습이 아니라, 교육이 어느 정도 물량적 효과를 가져올 수 있느냐는 우리 안에 뿌리 깊은 실용주의의 악령을 보게 된다.

이것은 다른 영역에서도 나타난다. 그중에 한 예는 M.Div.(여기서는 일반대 출신을 말한다. 그리고 이 논의는 그들에 대한 인신공격이 아니라 오히려 교회가 그들을 어떻게 교묘하게 교육을 억압하는 수단으로 삼고 있는가를 보여준다. 그러므로 나의 논의에서 그들은 교회의 희생자이다)에 대한 선호이다. M.Div. 출신에 대한 선호는 그들의 성격이 원만하다는 허울 좋은 가면을 쓰고 등장한다. 그들을 선호하는 이유는 신학대 학부 출신과의 차별성에서 찾아야 할 것이다. 그리고 그 차별성은 한마디로 폭에 있어서 차이가 난다는 것이다. 즉 M.Div. 출신은 폭이 넓고 학부출신은 그렇지 않다는 것이다. 정말 그럴까. 그러나 여기서는 그런 것에 대해 따질 필요성을 느끼지 않는다. 다만 왜 교회에 폭넓은 사람이 필요한가라는 것이다. 거기에는 그 폭이 교회의 성장과 직결된다는 신화가 숨어 있다. 희생하고 봉사하여 그리스도의 진정한 몸을 이루어 가는 목회자의 모습이 아니라, 우리 교회는 어느 사이 목회자에게 사업가의 수완을 요구하게 된 것이다. 교육이 목표로 하는 것은 절대 삶의 양이 아니라 질이다. 이것이 성경의 정신이라고 나는 굳게 믿고 있다. 예수님은

양을 위해 질을 포기하지 않으신 분임을 기억하는 것은 중요하다.9)

교육에 대한 억압은 교회에 한정되지 않는다. 그것은 이미 목회자가 될 신학생들에 대한 교육으로부터 시작된다. 당장 대학원 학생들이 배우는 교육과정에 교육과목이 몇 과목이나 들어 있나를 살펴보면, 이 말이 무슨 말인지 미루어 짐작할 수 있을 것이다. 소위 신학자들과 그들 밑에서 가르침을 받은 미래의 목회자들은 신학지상주의라는 망령에 빠지게 된다. 그래서 교육을 공부하지 않았어도 신학을 한 사람이면 충분히 할 수 있는 것으로 여긴다. 얘기가 여기서 끝나기만 해도 다행이다. 이것이 교육에 대한 무시를 넘어서 교회현장에서 독점주의로 나타나게 되는 것이 문제이다. 우리나라에서 내로라하는 예장통합의 영락교회에서조차 계획은 했지만 팀사역을 실천하지 못하는 이유는 무엇일까. 신학을 아직도 학문의 여왕으로 생각하는 사람들에게는 권력을 나누어 향유한다는 것은 참으로 견디기 어려운 상황이다. 교회의 성장을 원하면서도 권력의 독점을 위해 팀사역을 방해한다면 모순이 아닐 수 없다. 한국교회는 여러 면에서 하루라도 빨리 팀사역을 해야 할 것이다. 물론 팀사역이 교회의 성장과 어떤 관계가 있는지는 확신 있게 말할 수 없다. 왜냐하면 한국교회에서는 전례를 찾아보기 힘들기 때문이다.

교육목사 역시 같은 맥락에서 설명할 수 있을 것이다. 교회는 왜 교육목사를 채용하지 않는가. 교육목사는 본래 팀사역을 전제로 한 것이다. 그러므로 교육목사를 채용한다는 것은 팀사역을 하겠다는

---

9) Walter A. Henrichsen, *Disciples are Made —not born*, 『훈련으로 되는 제자, 제자는 태어나는 것이 아니다: 그리스도인을 제자로 삼는 비결』(서울: 네비게이토출판사, 1980).

418

의미이다. 그런데 그것은 대부분의 목회자에게는 참을 수 없는 일이다. 그리고 이것에 정당성을 부여하기 위해 우리 교단은 그 헌법에서 교육목사를 포함해서 음악목사를 담임목사를 보좌하는 것으로 명문화함으로써[10] 권력의 독점을 통한 교육의 통제를 합법화하고 있다.

나는 이 글을 통해 우리 교단의 지극히 일상적인 교육정책 과정과 그 내용, 그리고 그 구체적 실현 계획에 대해서 살펴보았다. 앞서 언급했듯이 이 글에서의 나의 관심은 이제까지의 교단의 교육정책과 그와 관련된 내용이 아니었다. 나의 진정한 관심은 교육정책의 표준적 연구주제에 충실하여, 본래적 의미의 교육이 교단의 권력과 어떤 관계에 있느냐 하는 것이었다. 나는 그것을 극히 일부의 예를 통해서 드러내었을 뿐이다.

이 글은 담고 있는 내용의 낯섦 때문에 오해가 있을 수 있다. 이 글에 사용된 모든 용어와 내용들은 교육적 차원과 문맥에서 이해되고 해석되어야 한다. 이 글의 주제는 기독교교육학에서조차 낯선 것이기 때문에 학문적 정당성을 인정받기가 어려울 수도 있다. 그러나 이 글은 기독교교육학에서 새로운 방식의 연구와 새로운 탐구 주제의 발굴이 필요하다면 그 하나의 예가 될 수 있을 것이다. 기독교교육의 새로운 연구 방식은 '이론→이론'이 아닌 '현장→이론→현장'으로 가는 순환적인 것이다. 또한 탐구 주제 역시 기독교교육이 전개되고 있는 현장의 문제들을 의식을 갖고 지켜보는 가운데서 발견돼야 할 것이다. 그런 면에서 이 글은 교육이 삶의 현장으로 나와야 한다는 격문일지 모르겠다.

---

10) "목회를 전담하고 있는 담임목사를 교회교육으로 보좌하는 목사이다" (헌법 43조 5항 바).

# 제2절 교회의 사명 수행을 위한 교육목회: BCM 교육목회제도[11]

한국 교회는 여러 면에서 위기를 맞고 있다. 우선 교세 면에서 성장이 지체되고 있다. 2006년 통계청의 발표에 의하면 개신교인은 최근 10년 사이에 15만여 명이 감소했다고 한다. 이에 비해 가톨릭은 220여만 명, 약 74%의 놀라운 증가세를 보이고 있다. 여기에 개신교에 대한 부정적 인상까지 겹치고 있다. 특히 올해에 있었던 아프간 피랍 사태나 이랜드 노조 점거농성 등의 사건은 선뜻 신자라고 말하는 것이 꺼려질 정도이다. 교회 내적으로는 교세의 감소와 교회 외적으로는 기독교에 대한 적대감이 팽배해 있다. 한국 교회는 대내외적으로 위기를 맞고 있다. 이 같은 위기 상황을 돌파하기 위한 한국 교회의 대처 방식은 크게 두 가지이다. 하나는 셀 프로그램 등을 통한 교세의 회복을 노리는 것이고, 다른 하나는 영성 운동을 통한 교세 회복의 바탕을 마련하고자 하는 것이다.

여기서 우리가 주목해야 할 사실은, 아주 단순화시켜서 말한다면, 한국교회가 이제껏 추구해 온 것은 교회 성장이었고, 그것이 위기에 직면하게 되자 그 타개책으로 시도하는 방법 역시 그 동기가 교회 성장에 있다는 것이다. 한마디로 한국 교회는 교회 성장이라는 협소한 의미에서의 선교 패러다임에 의해서 움직여져 왔다는 것이다. 한

---

11) 이하의 내용은 박종석, "교회의 사명 수행을 위한 교육목회: BCM 교육목회제도", 「기독교교육논총」 17(2008), 1-34로부터 온 것임.

국 교회의 이 같은 대안 부재의 선교지향성은 그 기대와는 다른 결과를 낳을 것이라는 예측을 가능케 한다.[12]

한국 교회의 선교 우선주의가 잘못된 것은 아니다. 그러나 현재 위기 상황을 극복하기 위해서는 당장은 적어도 새로운 목회의 패러다임이 필요하다. 요청되는 패러다임은 선교에 신경 쓰느라 돌아보지 못했던 교회 자신의 모습, 즉 교회론에 충실해야 할 것이다. 사실 한국 교회가 이 지경이 된 것은 자신이 누구인지에 대한 정체성 외면과 무엇을 해야 하는지에 대한 사명의 망각으로부터 비롯된 것이라 할 수 있다. 다음으로 새로운 목회 패러다임에 요청되는 내용은 선교와 동행하는 것이다. 교육의 촉매적 기능을 강조한다면 새로운 목회 패러다임은 오히려 이제까지 한국 교회가 추구하던 선교를 그 본래적 차원에서 도울 수 있을 것이다.

한국 교회에서 '교육목회'라는 말은 낯선 말이 아니다. 그럼에도

---

12) 한국 교회의 선교 지향적 목회는 선교가 성장을 낳을 것이라는 순진한 생각에서 비롯된 듯하다. 그러나 그렇지 않음은 가톨릭의 예를 보아도 알 수 있다. 가톨릭의 성장 이유를 원색적인 선교 활동에서 찾기는 어렵다. 가톨릭은 자기들이 국민의 긍정적 인식을 만들어 낸 요인들이 한국 사회의 민주화와 인권 증진에서 교회의 역할, 사회봉사 및 복지 분야에서 헌신, 타 종교에 대한 개방적이고 관용적인 자세, 천주교 성직자에 대한 신뢰도, 성직자 수도자와 평신도의 헌신적 사랑 실천 등이라고 말한다. 반대로 개신교에서 가톨릭으로 개종한 이들의 말을 들어보면 개신교의 교세가 감소한 이유의 일부를 알 수 있다. "천주교는 묵상을 강조하는 데 반해 개신교는 덮어놓고 믿으라고 한다." "헌금을 많이 내라고 강요하더라." "예배에 한 번 빠지기라도 하면 죄인 취급한다." "가족 같은 분위기를 강조하며 사생활까지 마구 파고드는 교회가 불쾌하다." "막무가내식의 지나친 전도, 자기 교회에만 나오라는 강요 등이 피곤하다." <한겨레신문>, <문화일보>(2006. 11. 28).

불구하고 아직도 그 말은 기독교교육자들 사이에서 주로 통용되며 그 사용되는 의미가 상이하다. 그러나 그것은 크게 세 가지로 대별될 수 있다. 첫째, 전통적인 학교형태의 교회학교에 대해서이다. 이 경우는 내용은 그대로 둔 지칭의 변경에 불과하다. 둘째, 교회학교를 교회형태로 변화를 주어, "어린이교회", "청소년교회" 등으로 부르는 흐름에 대해서이다. 이 경우는 교회라는 전체 신앙공동체와의 관계 설정이 문제가 된다. 셋째, 주로 성인들을 대상으로 한 양육 프로그램, 예컨대 셀(Cell), 알파(Alpha) 등에 대해서이다. 이 경우는 프로그램이 목회의 특정 영역에 한정되어 있다는 문제가 있다.[13] '교육목

---

13) 한국 교회 목회에서 주로 채택되어 온 양육 프로그램들에는 알파(Alpha), 월로우 크릭(Willow Creek), 세렌디피티(Serendipity), 새들백(Saddleback), G-12(Group of Twelve), 셀(Cell), 자연적 교회성장(NCD: Natural Church Development) 등을 들 수 있을 것이다. 이 프로그램들은 목회의 특정 영역을 염두에 둔 것이기에, 목회 전반을 위한 것으로는 한계가 있을 수밖에 없다. 예를 들어, ① 알파는 신약성서에 나타난 전도 원리 6가지를 근거로 삼아 불신자 전도와 새신자 정착에 주력한다. ② 월로우 크릭은 '관계 전도', '생활전도' 등 다양한 전도에 주력한다. 소위 '열린예배'는 전도를 위한 방편일 뿐이다. ③ 세렌디피티는 건강한 소그룹을 만들기 위한 야구장 다이아몬드 전략을 제시하여 소그룹을 개발/강화시키고자 한다. ④ 새들백은 헌신의 정도와 발전 과정에 따라 지도자 의존적인 야구장 내야 개념의 양육과정을 제시한다. ⑤ G-12는 다단계 형식의 증식과정에 초점을 맞춘다. ⑥ 셀은 프로그램보다는 사람 중심으로, 선물보다는 공동체 중심으로, '오라'를 강조하는 것보다는 '가라'를 강조하는 전도 방식으로의 변화 등을 강조한다. ⑦ 자연적 교회 성장은 교회의 사각 영역에 대한 지원을 통해 전체적인 성장을 꾀하고자 한다. 한국교회 목회의 문제점은 교육목회제도가 부재하다 보니까 유행하는 양육 프로그램을 검증 없이 단편적으로 적용하고 그 결과 실패를 초래하고, 전반적인 교육 목회의 침체로 이어지는 악순환의 주기를(교육목회제도부재 → 양육프로그램들을 무조건적으로 적용 → 교단 교육의 전반적 침체)을 겪게 되었다.

회'라는 말의 이 같은 다의성은 논의를 통해 정리될 필요가 있다. 여기서는 다만 기존의 '교육목회'라는 용어의 사용 의미가 갖는 한계들을 극복하는 지점에서 '교육목회'의 의미를 찾고자 한다. 즉 교육목회는 교회학교를 목회적 차원에서 검토하며 그리스도를 머리로 하고 신자들을 지체로 하는 유기적인 신앙공동체를 추구하며 케리그마(Kerygma), 레이투르기아(Leitourgia), 디다케(Didache), 코이노니아(Koinonia), 디아코니아(Diakonia)라는 교회의 사명에 충실한 목회이다. 이와 같은 목회를 위해 필요한 것이 교육이며 교육이 목회와 관련되어 출현한 새로운 성격의 목회를 지칭한다.

이하에서는 이 같은 성격을 지닌 하나의 교육목회제도를 제안할 것이다. 제안되는 교육목회제도의 이론적 근거와 그에 따른 구체적 실천 방향의 예도 구체적으로 제시할 것이다. 그리고 이 교육목회제도의 전망과 앞으로의 과제에 대해 언급할 것이다. 마지막으로, 이 교육목회제도는 기독교대한성결교회 창립100주년기념사업 중의 하나로 필자를 책임연구원으로 서울신학대학교 기독교교육연구소에 의해 수행된 연구프로젝트이다. 이 글은 그 같은 연구를 바탕으로 하고 있지만 거기서 다루어진 내용들을 필요에 따라 논의함으로써 보완의 역할을 하고 있다.

한편, 이 연구는 시스템 이론에 근거하고 있는데, 이와 관련된 생태학적 문제에 대한 논의는 그 필요성에도 불구하고 그 같은 문제를 다룸으로써 이 연구의 또 다른 접근인 유기체론과 빚어질 수 있는 상충과, 논문의 명료성 결여에 대한 우려 때문에 다음 기회로 미룬다.

# Ⅰ. 새 교육목회제도의 이론

## 1. '그리스도의 몸'으로서의 교회론

목회는 탄탄한 교회론의 반석 위에 자리를 잡아야 한다. 신학적으로 교회의 본질에 대한 대표적인 정의는 세 가지이다. 첫째, '그리스도의 몸(Corpus Christi)'이다. '그리스도의 몸'으로서 교회론은 중세로마 가톨릭의 교회론으로서 교회의 근거를 신비적인 비전이나 추상적 사상에 두는 것이 아니라, "갈릴리 어부"를 불러내어(ekklesia) 그들을 제자와 사도로 삼으신 "예수 그리스도의 사역"에 그 근거를 두고 있다. 이 교회론은 "객관적 – 역사적"인 근거의 장점에도 불구하고 자칫 "성례전적 계급주의(sacramental hierarchism)"에 빠질 위험성이 있다. 초월적 근거를 잃어버리기 쉽기 때문이다. 둘째, '선택된 사람들의 무리(Coetus Electorum)'이다. 이것은 칼빈(John Calvin)의 교회론으로서 교회는 "영원하신 하나님의 선택과 의지"(롬 8:28; 엡 1:9 – 11)에 존재의 근거를 둔다. 교회란 "하나님의 선택된 사람들", "구원받은 작은 무리", "하나님 나라의 전위"(B.27)이다. 이 교회론은 초월적 – 예정적 근거라는 신학적 타당성에도 불구하고 언제나 "추상적인 영적 지식주의(abstract spiritual intellectualism)"에 빠질 위험성을 안고 있다. 역사성과 제도성, 그리고 교제라는 교회의 수평적 차원을 외면하기 쉽기 때문이다. 셋째, '성도의 교제(Communio Sanctorum / Communio Fidelium)'이다. 이것은 루터(Martin Luther)의 교회론으로서 교회는 "신자 한 사람 한 사람의 신앙"에 그 근거를 둔다. 오순절에 제자들의 그룹이 자라면서 새로운 신자들이 계속 늘어나고 또 첨가된 것과 같은 원리에 근거를 둔다. Communicatio를 통하여 Communio에 이른다. '신택'에 기조한 교회론과 '몸'에 기초한 교회론을 연결하고 종합하는 제3의 차원이다. 이 교회론은 '영적-주관적'인 데 그 근거를 두고 있다는 장점에도 불구하고 "감정주의적-경건주의적 개인주의(emotional, piestistic individualism)"에 빠질 위험성이 있다.

여기에서 제안하는 교육목회가 취하는 교회론은 '그리스도의 몸'으로서의 교회이다. '그리스도의 몸'은 교회에 대한 성서의 표현 중의 하나이다. 특히 바울은 교회를 '그리스도의 몸'으로서 갖가지 은사를 받은 사람이 유기체적으로 협력하는 기관으로 본다(롬 12:3-8).14) 바울이 교회를 '그리스도의 몸'으로 지칭할 때에(고전 12:27; 롬 12:5 참조) 그것은 단순히 하나의 비유가 아니라 '그리스도 안에 있는 존재'에 상응하는 하나의 현실을 지칭한다.15) 바울의 교회에 대한 '그리스도의 몸' 비유에 나타나는 두 가지 기본 사상은 첫째, 각 몸에는 상이한 지체가 있다는 것(고전 12:14-20), 그리고 그 지체들은 서로 연관되어 있으며 따라서 어느 것도 중요하지 않은 것이 없다(27-30절)는 것이다.16)

이 같은 '그리스도의 몸'으로서의 교회론은 교회 구성원 전체가 상호 연관 속에서 교회의 사명을 이루어 나가는 것을 목표로 하는

---

14) 『독일성서공회판 성경전서』(서울: 대한성서공회, 1997), 384.

15) *Ibid.*, 414.

16) 바울은 이 그리스도의 몸을 머리이신 그리스도와 교회와의 관계(엡 1:22-23), 그리고 전 우주와의 관계로도 설명한다(골 1:17-18). *Ibid.*, 456, 476.

교육목회에 시사하는 바가 크다. 우선 '그리스도의 몸' 교회론은 교회를 '선택된 사람들의 무리' 교회론에서 보이는 비역사성과 '성도의 교제' 교회론에서 보이는 주관성과는 달리 객관적-역사적이라는 것이다. 따라서 이 '그리스도의 몸' 교회론에서는 교회를 구성하는 것은 살아 있는 몸을 지닌 활동하는 자로서의 신자들이라는 아주 현실적 존재들이다. 이로써 목회는 비역사성과 주관성이 아닌 신자라는 현실성과의 관계임이 분명해진다. 여기서 우리가 제안하고자 하는 교육목회제도의 명칭인 'BCM', 즉 the Body of Christ Model이 나온다. 마지막으로 한 가지 언급하고 넘어 갈 사실은 물론 교육목회가 '그리스도의 몸'으로서의 교회론에만 제한되는 것은 아니라는 것이다. 그러나 반드시 교회론에 근거해야만 한다.

## 2. 시스템 이론적 접근

### 1) 시스템 이론의 배경

한국 교회의 목회는 주로 성인을 대상으로 한 성장 지향의 성격을 띤다. 그러나 이 같은 성격의 목회는 성인 이외의 다른 연령층이 소위 목회로부터 소외되고 있다는 문제점이 있다. 예를 들어, 성인 이외의 연령층인 아동, 청소년, 그리고 청년은 교육의 대상일지언정 목회의 대상은 아닌 것이다. 반면에 성인은 목회의 대상일지언정 교육의 대상은 아니다. 이처럼 한국 교회의 일반의 목회에서는 목회 대상의 소외가 있으며, 그에 따라 목회와 교육이 분리되어 왔다. BCM 교육목회제도가 근거해야 할 이론은 이 같은 문제를 극복할 수 있는 것이어야 한다. 여기에 한국 교회의 최대 관심인 교회 성장을 도울 수 있는 이론이라면 더더욱 좋을 것이다. 그 같은 목적에 대체로 부합될 수 있는 이론 중에 시스템 이론(system theory)이 있다. 시스템 이론은 교육에 참여하고 있는 학습자와 시스템, 학습자와 다른 대상들과 형성하는 내적 관계, 그리고 대상들 간의 다양한 상호관계 등을 전체적으로 이해하는 데 도움이 될 수 있다.

시스템 이론은 1920년 생물학자 버틀란피(Ludwig von Bertalanffy)에 의해서 처음으로 제창되었다. 시스템 이론의 이론적 배경으로는 헤겔(Georg W. F. Hegel)의 변증법, 마르크스(Karl H. Marx)의 노동과 분배의 개념, 그리고 다윈(Charles Darwin)의 적용과 수용이라는 진화의 과정에 등장하는 개념들을 거론할 수 있지만, 직접적으로는 사회기능주의(Sociological Functionalism)와 일반체계이론(General Systems Theory)과 관계가 있다. 사회기능주의는 총체적 접근을 지향하는 일종의 사회이론으로서, 사회를 구성하고 있는 각 개인들의 행태와 상호작용에 대한 분석으로는 전혀 설명될 수 없는 보다 큰 실체에 대한 분석을 중시한다. 따라서 사회기능주의는 사회의 역사성보다는 사회체계에 관심을 집중하고 있으며, 사회적 실체를 구성하고 있는 각 부분들 간의 상호관계와 다양한 작용을 집중적으로 탐구한다. 사회기능주의의 핵심적인 개념은 구조(structure)와 기능(function)이다. 전자는 사회 체계 안에서의 행동 유형들을 지칭하고, 후자는 보다 큰 의미의 구체적 활동들, 혹은 그런 구체적 활동을 체계, 즉 하나의 전체와 연관시켜서 이해하려는 시도를 가리킨다.

일반체계이론은 생물학자인 버틀란피에 의해 1940년대에 처음으로 제시된 이후 1960년대부터 주목을 받게 되었다. 버틀란피는 일반체계이론은 이론이 아니고 현상을 설명하고, 예측하고, 통제할 수 있는 이론적 모형을 제시해 주는 기능을 하는 작업가설이라고 하였다. 버틀란피는 체계를 구성하는 요소들의 속성과 이들 간의 상호작용의 속성을 이해하기 위하여 일반체계이론을 개발하였다. 일반체계이론의 내용 중에서 인간관과 기본 가정을 살펴보자. 일반체계이론에서는 인간을 통합된 하나의 체계로 간주하는 전체적 인간관을 갖고 있다. 전체의 기능수준은 신체, 심리, 사회라는 각 부분의 기능 정도를 단순히 합한 것 이상의 것이며, 한 영역의 변화는 전체 인간의 사회적 기능에 영향을 미친다고 보고 있다. 일반체계이론의 인간본성에 대한 또 다른 관점은 환경 속의 인간관이라 할 수 있다. 인간은 외부 체계와 끊임없이 상호작용하며 상호의존하는 존재로 보고 있다. 일반체계이론에서는 인간의 행동을 집단, 가족, 또는 다른 사회적 단위를 포함하는 전체적인 사회적 상황의 결과로 본다. 일반체계이론에서 말하는 '체계'는 자체의 경계를 초월하여 외부 환경과도 지속적인 에너지 교환을 함으로써 생존이 가능해지고, 내적 기능에 있어서의 변화와 발달이 이루어진다. 그리고 이러한 한 체계의 변화는 체계 자체의 변화에 머무르는 것이 아니라 환경의 변화를 야기한다. 체계는 부분들 간의 지속적인 관계를 맺음으로써 비교적 안정된 상호작용 유형을 지니고 있다. 하나의 총체로서 기능하는 체계는 다른 체계의 하위체계인 동시에 또 다른 체계의 상위체계이다.[17]

한편, 시스템 이론의 현실적 배경에는 세계적인 쟁쟁한 회사들의 도산이 있다. '왜 그처럼 막강했던 기업들이 무력하게 주저앉느냐'는 물음으로부터 이 이론이 탄생했다고 한다. 그에 대한 대답으로 나온

---

17) Ludwig von Bertalanffy, *General System Theory*, 현승일 역, 『일반체계이론』 대우학술총서번역 32(서울: 민음사, 1990).

것은 변화하는 세계에 적절한 대처를 하지 못했다는 것이다. 이 같은 물음을 교회에 적용한다면 오늘날 교회는 왜 정체를 당연한 것으로 알고 퇴보를 숙명처럼 여겨야 하는 것일까. 그 해답 역시 시대와 사회의 변화에 대한 교회의 부저절한 대웅 때문이 아닐까. BCM은 교회를 마치 사회 속의 섬으로서가 아니라 사회의 일부로서 위치 지움으로써 목회자들에게 필요할 때마다 교회의 방향을 제시해 줄 수 있을 것이다.

시스템에 대한 정의는 학자들마다 조금씩 차이가 난다. 하지만 그들의 견해를 종합해 볼 때 시스템은 다음과 같이 정의될 수 있다. "시스템은 상호작용하는 부분들로 이루어진 통일된 유기체이다." 이 정의에 따르면 시스템에서 강조하는 점은 전체, 그리고 그것들을 구성하는 부분들 간의 상호작용이다.

여기서 '체제'라고 번역한 시스템의 의미를 분명히 이해하기 위해 '체계적(systematic)'과 '체제적(systemic)'이란 용어의 의미를 분명하게 구분할 필요가 있다. 어원적인 측면에서 볼 때, '체계'라는 말은 라틴어에서 유래한 것으로 '순서'나 '간격'이라는 의미가 있고, '체제'는 헬라어에서 유래한 용어로서 유기적 총체를 의미한다. 체계적인 연구가 환원론적 가정을 토대로 전개되는 연구를 의미한다면 체제적 연구는 총제적인 이해를 지향하는 연구를 의미한다. 한편, 체계적인 접근이 주로 단계적이고 선형적인 절차를 의미하는 데 반해서, 체제적인 접근은 전체 체제의 유기적 총체나 복잡한 생태학적 관계를 이해하기 위한 방법을 의미한다.[18] 이 글에서 제안하는 교육목회

---

18) 유영안, "체제과학에 비추어 본 교육공학의 괘도이탈: 적용과정에서 나타난 오류분석", 「교육공학연구」 13:2(한국교육공학회, 1997), 214.

제도 연구는 체제적 접근에 의한다.

### 2) 시스템의 특성

시스템 이론에서 중시하는 개념으로, 전일성(wholeness), 상호작용(interaction), 위계(hierarchy), 균형(balance), 자기-조절(self-regulation) 등을 들 수 있다.

첫째, 모든 시스템은 전일성을 지닌다. 시스템에 속한 모든 요소들은 관계를 맺고 상호작용하고 있다. 이 상호작용으로부터 요소들 간의 새로운 관계 내용들이 창출될 수 있기 때문에, 전체는 분리된 상태로 있는 부분들의 단순한 합보다 큰 것이 된다.

둘째, 시스템은 모든 부분들이 서로 영향을 주고받으며 상호작용한다. 나무를 볼 때 나뭇잎, 가지, 뿌리 등의 관계와 작용이 결코 일방적이지 않음을 알 수 있다. 나뭇잎이 광합성을 잘해야 다른 부분들이 건강하게 성장을 잘 할 수 있고, 뿌리가 대지로부터 흡수를 잘해야 다른 부분들이 잘 자랄 수 있게 되는 것과 마찬가지이다.

셋째, 시스템은 위계를 이루고 있다. 시스템의 위계는 상위시스템(suprasystem)과 하위시스템(subsystem)의 체계로 구성되어 있다. 하나의 하위시스템은 어떤 상위시스템에 속해 있고, 그 상위시스템 역시 더 큰 상위시스템을 중심으로 볼 때 하나의 하위 시스템으로 이해된다.[19] 사람의 몸을 예로 들어 보자. 우리의 몸은 피부, 근육, 골격계, 소화계, 배설계, 순환계, 호흡계, 신경계로 이루어져 있다. 그 중 소화계를 중심으로 볼 때, 소화계는 전체 몸의 하위시스템이 된

---

19) 이준형, 『시스템의 이해』(인천: 인하대학교출판부, 2000), 29-32.

다. 동시에 소화계는 위, 소장, 대장 등의 상위시스템이 됨을 알 수 있다. 이처럼 하나의 시스템은 그 자신이 상위시스템인 동시에 하위시스템으로 존재한다.

넷째, 시스템은 늘 균형을 이루려 한다. 시스템의 일차적인 목적은 생존에 있다. 그렇기 때문에 정상상태에서 일탈이나 변화가 생기면 그 상황에서 될 수 있는 한 균형 상태를 유지하려고 시도하게 된다.

다섯째, 시스템은 목적 지향적으로 자기-조절을 한다. 모든 시스템들은 자체의 목적으로부터 통제를 받고, 그러한 목적을 달성하기 위해서 행동을 규제한다. 이것은 시스템이 유기적 특성을 지니기 때문이다.[20]

위와 같은 특성을 지니는 시스템들은 외부와 영향을 주고받는 정도에 따라 '열린 시스템(open system)'과 '닫힌 시스템(closed system)'으로 구분된다. '열린 시스템'은 시스템의 환경과 물질·에너지·정보 등을 교환하거나 거래하는 시스템이다. 그러한 시스템의 경계(boundary)는 투과성을 가지고 있다. 반면, '닫힌 시스템'은 환경으로부터 유리(遊離)되거나 고립되는 경직성을 지닌다.[21] 건강하게 적응하고 성장하는 시스템은 열린 시스템이다.

3) 시스템 이론의 예상 효과

시스템 이론은 여기에서 제안하는 교육목회제도가 지향하는 성격과 원리를 잘 반영하고 있다. 그 내용을 살펴보자. 첫째, 시스템적

---

20) *Ibid.*, 12-21.
21) *Ibid.*, 32-35.

관점을 통해 교회를 구성하고 있는 개인, 소그룹, 회중 등의 다양한 영역들을 전체적인 관점에서 이해할 수 있다. 시스템에 속한 모든 요소들이 관계를 맺고 상호작용을 하면서 전일성을 이루게 된다는 점을 통하여 우리는 교회가 다양한 부분들로 이루어진 유기적 공동체임을 알 수 있게 될 것이다. 그리고 상위 시스템과 하위 시스템의 관계를 이해함으로써 우리는 교회 안의 다양한 영역들이 구성되는 방식을 이해할 수 있다. 시스템적 접근에서 공동체는 하나로서의 전체를 의미한다. 동시에 하나가 된 전체는 마치 생명력을 지닌 유기체와 같이 존재하는 것으로 이해한다. 이와 같은 시스템적 관점은 교회를 유기적 공동체로 설명하는 성서의 입장을 매우 잘 반영하기도 한다.

둘째, 시스템적 관점에 의해 교회의 신학이 어떠한 과정과 방법에 의해 교육목회의 현장에 반영되는지를 보다 분명하게 이해할 수 있다. 기존의 주일학교 제도에서는 일부 교재의 내용을 제외하면 현장과 교단 신학과의 관련성을 거의 찾아볼 수 없었다. 그러나 시스템 이론이 제시하는 위계와 상호작용의 개념에 의해 교단 신학이 교육목회에 영향을 주는 과정을 좀 더 명확하게 설명할 수 있게 되고 그 영향력이 극대화되도록 도울 수 있다.

셋째, 시스템적 관점에 의해 목회자나 일부 신자들의 활동에만 의존하지 않는 자기 조절 능력을 갖추고 스스로 유지 / 성장하는 교회의 모습을 그릴 수 있게 된다. 한국교회의 대표적인 문제점은 교회의 사역이 목회자를 비롯한 소수의 사람들에게 지나치게 의존되는 수직적 구조이다. 그러다 보니 의사소통 방식도 일방적이어서 지시하는 자와 지시받는 자, 가르치는 자와 가르침을 받는 자 식으로 이

분화되었다. 그러나 시스템적 관점에서는 쌍방적인 의사소통의 원리 하에 수평적인 구조로 재편되면서 전체 교회가 함께 신앙의 경험을 공유하고 나누게 될 것이다.

넷째, 시스템적 관점에 의해 교회와 사회와의 관계성이 더욱 강조될 것이다. 교회는 세계와 구분된 신앙의 공동체이지만 세계 안에 존재한다. 대체로 교회의 세계 내 존재 방식은 세계로부터 분리되거나 세계에 관여하거나, 그리고 그 중간 방식을 택해 왔다. 교회의 고유한 신학에 의해 영향받는 교회의 대사회적 관계 양상은 그 자체로 문제 삼을 수는 없다. 다만 그 관계의 구체적 내용과 관계의 지속성이 문제된다. 시스템적 체제에서는 교회가 사회와 반드시 관련되도록 하기 때문에 교회가 사회적 변화에 대해 능동적으로 대처할 수 있게 될 것이다.

기독교교육에서도 일찍이 체제적 접근의 목표지향적 성격과 체제를 구성하는 요소들 간의 상호관련성, 즉 통전성이 주리라고 예상되는 유익 때문에 라인즈(Timothy Lines) 등의 주의를 끌었다.22) 그러나 그는 *Functional Images of the Religious Educator*라는 그의 저서의 마지막 부분에서 체제적 접근을 시도하지만 여전히 구체적이고 실천적인 제안을 하지 못하는 아쉬움을 남기고 있다.23) 여기서 라인즈의 일반 원칙 제시에 그치는 한계를 지적하면서, 플라셔(Barbara J. Fleischer)가 대안으로 제시하는 것이 센게(Peter M. Senge)의 학습

---


22) Timothy A. Lines, *Systemic Religious Education*(Birmingham, AL: Religious Education Press, 1987).
23) Timothy A. Lines, *Functional Images of the Religious Educator*(Birmingham, AL: Religious Education Press, 1992), 14장 참조.

조직(learning organization)이론이다.[24]  센게는 『제5의 수련(*The fifth discipline*)』이란 책에서 학습 조직, 즉 학습하는 조직의 핵심이 되는 다섯 가지의 수련에 대해 말하고 있다.[25]


## II. BCM 교육목회제도의 기초

### 1. 교회의 구성요소와 상호 관계

시스템적 접근에 의한 BCM 교육목회제도는 교회를 이루는 구성요소로서 개인, 소그룹, 회중, 성서와 전통, 그리고 사회를 든다. 전통적 목회 현장에서 '개인'은 주 목회의 대상인 것처럼 보이나 실상은 회중 속에 매몰된 교세상의 하나의 숫자였다. 개인 대 개인의 만남은 상실되었고 낯선 이웃으로 외롭게 신앙생활을 하고 있다. 가장 중시되어야 할 목회의 목표여야 할 생명으로서의 개인이 사실은 망각된 존재로 잊혀져 왔다. 실제로 대부분의 목회자들은 상식적 수준의 인간 이해에도 미치지 못하는 것 같다. 목회는 개인의 신앙 형성

---


24) Barbara J. Fleischer, "From Individual to Corporate Praxis: A Systemic Re-Imagining of Religious Education", *Religious Education* 99:3(Summer 2004): 321-322, 328.

25) 이에 대해서는 Peter M. Senge, *The Fifth Discipline: The Art and Practice of the Learning Organizatio*, 안중호 역, 『피터 센게의 제5경영』(서울: 세종서적, 1996) 참조. 센게의 내용을 포함한 기독교교육에 대한 체제적 접근에 대해서는 박종석, "체제적 기독교교육의 구상", 「교수논총」 17(부천: 서울신학대학교 출판부, 2005), 183-208 참조.

으로 열매를 맺어야 할 것이다. '소그룹'은 개인과 회중을 이어주는 역할을 통해 신앙공동체 형성에 기여한다. 그러나 종종 내·외부적 이유로 그 역할을 감당하지 못하고 갈등을 일으키는 경우가 있다. 회중의 지원을 빌어 개인과 나누는 소그룹은 나무의 가지와 같다. '회중'은 개인과 소그룹을 모두 포함하나 그 이상의 시너지를 갖고 있다. 그럼에도 불구하고 목회의 현장에서 명목상의 회중은 있으나 상호 간의 관계를 통한 결속력의 밀도는 낮고 교회적 사명을 위한 자발적 의지는 실종되어 보인다. 신앙에 의한 공동체라는 유대감과 그것이 가져오는 연합과 통일은 곧바로 하나님의 나라 건설로 이어 져야 한다. 회중은 나무의 줄기와 같아서 나무를 떠받치는 역할을 한다. 성서와 전통은 목회에 정신적 신학적 근거와 터를 제공한다. 성서는 목회의 자원이고 방향이고 거울이다. 전통은 독선이 아닌 개 성으로 다양성의 조화를 이루는 상이성이다. 성서와 전통은 개인, 소 그룹, 그리고 회중이 자리를 잡아야 할 뿌리이고 땅이다. '사회'는 목회의 영역으로 수용되지 못하고 있다. '사회'라는 실재의 막막할 정도의 광역성과 다양성을 생각하면 이해가 된다. 그럼에도 불구하 고 목회에서 사회는 마치 공기와 같은 의식할 수 없으나 긴요한 환 경이다. 사회와의 바른 관계 형성에 실패해 질식 위기에 있는 목회 는 이제 사회라는 대기를 크게 들이마시고 내쉬어야 한다.[26]

　　교회를 구성하는 이 같은 요소들은 각각 다른 요소들에 의존한다. 달리 말하면 그것들은 교회라는 하나의 신앙공동체, 즉 '그리스도의

---

26) 교회를 구성하는 다섯 가지 요소에 대한 그 밖의 설명은 서울신학대학
　　교 기독교교육연구소 편, 『BCM 교육목회』(서울: 기독교대한성결교회
　　출판부, 2007), 32 - 37 참조.

몸'을 이룬다. 몸이 하나의 유기체이듯이 이 구성요소들은 매우 밀접하게 관련되어 상호 영향을 주고받는다. '그리스도의 몸'이라는 신앙공동체는 마치 나무와 같아서 사회라는 대기 중에서 전통이라는 땅에 성서라는 뿌리를 내리고 회중이라는 줄기가 소그룹이라는 가지를 견지하면서 개인이라는 열매를 맺도록 하는 것과 유사하다 할 것이다. 몸이 예외 없이 다른 지체들과 상호관련성 가운데 상호의존하고, 나무가 뿌리와 줄기 등이 협응하여 과실을 일구어내듯 온전한 신앙공동체가 되기 위해서는 개인, 소그룹, 회중, 성서와 전통, 그리고 사회라는 구성요소가 모두 필요하다. BCM 교육목회제도는 개인, 소그룹, 회중, 성서와 전통, 사회가 밀접한 관련성 속에서 상호영향을 주고받는다는 점을 강조한다. 교회는 이러한 관계성 속에서 존재하게 되고, 유지되며, 움직이고, 성장하게 된다.


## 2. BCM 교육목회제도의 핵심 개념


교회를 이루는 다섯 가지 구성요소들 사이에는 어떠한 내용 또는 성격의 영향력들이 상호 관계를 통해 전달되는가. BCM 교육목회제도가 제시하는 상호 관계를 살펴볼 때, 20가지의 핵심적인 개념들을 발견하게 된다. 이 개념들은 상호 관계를 통해 전달되는 영향력들 중에서 가장 강조되어야 할 사항들로서 선택되었다. 그 개념들은 친밀감, 돌봄, 성실, 공동체 정신, 기억, 응답, 행동양식, 화해, 연대, 지원, 영성, 활성, 참여, 문화 풍토, 개혁, 고유성, 이상, 변화, 기독교윤리, 개방성 등이다. 이 개념들을 구성 요소들과의 상호관계에 위치지으면 아래와 같은 그림으로 나타낼 수 있을 것이다.

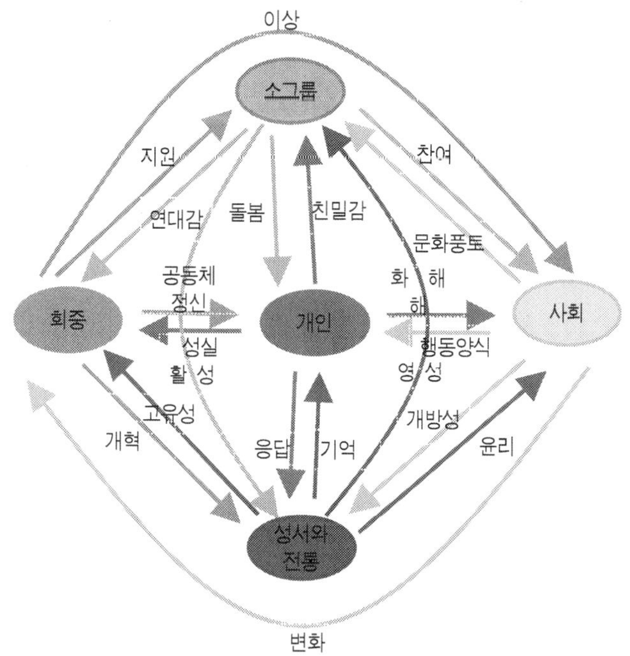


〈그림1〉 교회의 구성 요소와 상호관계의 성격 개념도

이 개념들에 대해 유의할 점은 다음과 같다. 첫째, 이 개념들은 핵심적인 개념들이라는 것이다. 이는 교회를 구성하는 요소들의 동일한 상호관계의 맥락에서는 발달과 환경을 고려해서 유사한 개념들이 창출될 수 있겠지만 중요한 것은 기본적으로 핵심적 개념들이 있어야 한다는 점이다. 둘째, 이 개념들은 교회를 이루는 구성요소들 사이의 상호작용 가운데, 즉 과정 가운데 발생하는 개념이라는 점이다. 혹시 이 개념들을 전통적인 수업 형태를 통해 배워야 할 교육 내용으로 생각해서는 안 된다.

## Ⅲ. BCM 교육목회제도의 실제

### 1. BCM 교육목회제도의 반영 원리

#### 1) 다섯 지체의 구성

그리스도의 몸 모델은 다섯 지체들로 이루어진다. 다섯 지체들은 앞에서 언급한 20가지의 핵심 개념들을 공유영역으로 묶은 것이다. 머리 부분은 그리스도인으로서 그리고 교회의 일원으로서 자신이 누구인지 그 정체성을 파악하는 것과 관련된다. 이와 관련된 개념은 고유성, 기억, 연대감, 공동체정신 등이다. 눈 부분은 기독교적 가치관으로 인해 변화를 향한 새로운 시각을 갖게 되는 것과 관련된다. 새로운 전망을 가질 때 신앙적인 변화와 성숙이 가능해진다. 이와 관련된 개념은 개혁, 개방성, 이상, 변화 등이다. 가슴 부분은 교회의 신학이 강조하는 거룩한 사랑과 관련되는 부분으로서 주로 함께 모여 예배드리고 영성을 강화하는 것과 관련된다. 이와 관련된 개념은 화해, 응답, 영성, 친밀감 등이다. 손 부분은 교회 안의 신앙생활에서 그리스도의 몸과 지체들을 섬기는 것이나 자신에게 주어진 달란트를 개발하는 것과 관련되는데, 이와 관련된 개념은 돌봄, 지원, 성실, 활성 등이다. 발 부분은 그리스도의 지체로서 사회를 향한 봉사에 해당된다. 이와 관련된 개념은 참여, 윤리, 문화풍토, 행동양식 등이다. 손 부분이 주로 교회 안에서 이루어지는 봉사에 해당된다면 발 부분은 교회 밖을 향한 봉사에 해당된다는 점에서 상호 구별된다.

그런데 위의 다섯 가지 지체들은 교회의 주요 사명인 케리그마,

레이투르기아, 디다케, 코이노니아, 디아코니아라는 관점에서 볼 때 머리는 가르침을 새긴다는 의미에서 디다케, 눈은 하나님의 나라가 건설되는 비전을 본다는 의미에서 케리그마와, 가슴은 믿음이 머무는 곳이고 그것은 예배와 성례진으로 표현된다는 점에서 레이투르기아와, 손은 교회 안에서 지체들을 향해 내미는 사랑과 관계가 깊다는 의미에서 코이노니아와, 발은 섬김을 위한 걸음이라는 의미에서 디아코니아와 관계가 깊다. 이와 관련해서 한 가지 유념할 점은 각 영역의 성격이 완전히 분리된 것이 아니라는 점이다. 아래 표의 내용은 각 영역의 가장 대표적인 성격을 나타낸 것이지, 그 영역에 해당되는 교회의 사명이 단일하다는 의미는 아니다. 즉 한 영역에 여러 가지 교회의 사명이 복합적으로 반영될 수 있다. 이 같은 지체와 관련 개념들을 그림으로 표시하면 아래와 같다.

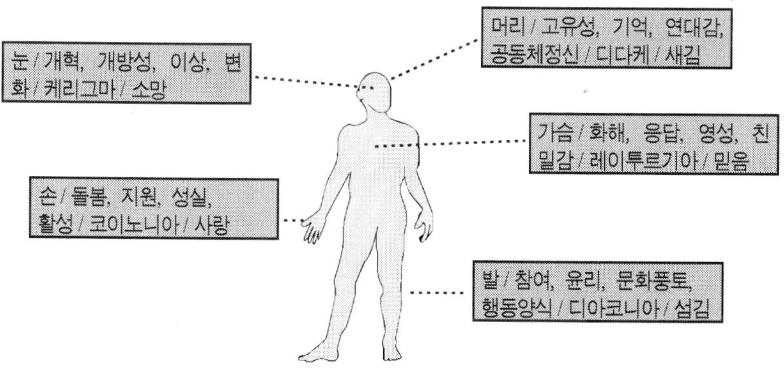



〈그림2〉 지체와 관련 차원 상관도

## 2) 통합적 구성방식

시스템적 접근에 의한 BCM 교육목회제도는 통합적 구성방식을 지향한다. 여기서 통합적 구성방식은 학교교육제도에 준하여 연령별로 구분된 획일적 구성방식을 탈피하여 공동체 전체를 관계 중심적이면서도 상황 중심적으로 구성하는 방법을 의미한다. 이러한 구성방식은 교세가 지속적으로 감소하고 있는 현 상황을 염두에 두고 볼 때 현실적으로 더욱 적절할 수 있다. 통합적 방식은 현재의 교회학교뿐만 아니라 교회를 구성하는 다섯 가지 구성요소들이 필요에 따라 일시적으로 적절한 조합을 형성해야 한다는 폭넓은 의미이다.

## 3) 구성원들의 관계와 상호작용

시스템적 관점에서 볼 때 BCM 교육목회제도는 그 구성원들의 관계와 상호작용에 의해 성립되고 유지되며 성장한다. 따라서 BCM에 참여하는 모든 사람들은 교육목회제도의 전 영역을 통해 상호 관계성 속에서 활동함으로써 서로에게 영향을 주고받으며 배움을 형성해 간다. 이를 위해 모든 구성원은 소그룹 모임에 관심을 갖고 참여하며, 그들 사이에 친밀감을 형성하여, 나눔과 돌봄이 극대화되도록 안내되어야 한다. 이러한 성격은 교육 내용과 방법에도 반영되어야 한다. 한편 구성원들 간의 의사소통이 원활하게 이루어지도록 하기 위해 카페나 미니홈피와 같은 온라인 매체들을 적극적으로 활용할 것이 권장된다. BCM에서는 일부 리더들에 제한된 교회활동을 지양하고, 구성원들 모두가 평등성에 기반을 둔 관계성을 중시한다.

### 4) 교회와 사회와의 관계성

지금까지의 교회학교 형태나 양육 프로그램들에서는 주로 각 개인의 신앙성장에 초점이 맞추어져 있었다. 그러다 보니 교육 내용이나 활동들이 주로 교회 안의 영역들에 머물 수밖에 없었다. 그러다 보니 교회는 사회의 변화에 적절하게 대응하지 못하여 그 사명 수행에 어려움을 겪게 되었다. 시스템적 관점에서 보았을 때, 각 개인과 교회는 사회 속에 존재하면서 의식하든 안 하든 사회와의 관계 속에서 서로 영향을 주고받고 있다. 이 같은 상황에서 사회의 특성과 변화를 명확하게 파악하고, 그에 대한 적절한 적응과 반응을 거듭하는 교회야말로 열린 시스템이 되어 건강한 성장을 기대할 수 있다. BCM 교육목회제도에서는 교회와 사회와의 관계를 강조하여 적극 반영하도록 한다.


### 5) 온라인(On-line)과 오프라인(Off-line) 병행

현대 사회의 특성을 나타내는 용어 중 하나가 바로 '정보화'이다. 현대 사회에서 컴퓨터와 인터넷은 마치 대기와 같은 생존의 요소가 된 듯하다. 지금의 어린이와 청소년세대를 i-세대(internet generation)나 n-세대(net generation)라고 부른다. 그 정도로 어린이와 청소년들에게 온라인 환경은 매우 익숙하고 일상적인 것이 되었다. 이에 발맞추어 BCM 교육목회제도는 지금까지 이루어져 온 오프라인상의 활동뿐만 아니라 온라인상의 활동 또한 적극 활용하고자 한다. 이를 위해서 교단 차원에서는 장기적인 개발전략으로서 BCM 교육목회를 위한 웹사이트를 개설을 시도할 수 있다. 온라인상에서 진행할 수 있는 목회자나 교사 연수 프로그램을 개발할 수도 있을 것이다. 또한 웹사이트를 통해 다양한 정보와 교육 자료들을 필요한 사람들에게 제공할 수도 있을 것이다. 한편 각 교회에서는 미니홈피(Mini hompage), 카페(Cafe), 블로그(Blog), 클럽(Club) 등 손쉬운 온라인 매체들을 활용하여 의사소통의 통로로 활용할 수 있을 것이다.

## 2. BCM 교육목회제도의 실천

### 1) 마루와 터

BCM 교육목회제도는 그리스도의 몸인 교회를 이루는 다섯 지체들의 은유적 표현인 다섯 개의 '마루'로 운영한다. '마루'는 "집채 안에 바닥과 사이를 띄우고 깐 널빤지, 또는 그 널빤지를 깔아 놓은 곳"을 이르는 우리말이다. 그러나 이 같은 상식적 뜻 외에도 마루는 "등성이를 이루는 지붕이나 산 따위의 꼭대기"를 가리키기도 한다.[27] 그러나 무엇보다 마루는 '하늘'을 뜻하는 순 우리말이다.[28] 집 안과 밖을 연결해주며, 하늘에 가장 가까운 등성이로 직접적으로 하늘을 의미하는 이 '마루'라는 말은 BCM 교육목회제도의 상호적 성격에 잘 들어맞는 용어이다. '마루'는 주님의 몸 된 교회를 구성하는 지체들이 하나님을 향하여 성장해 나아가는 신앙교육의 장이다. 한편 하나의 마루는 네 개의 '터'로 구성되는데 각 터의 명칭은 BCM의 핵심 개념들을 실현하는 은유인 동시에 해당 교육 프로그램과 관련된다. 그 기능과 역할에 따라 독특한 성격을 지니는 다섯 개의 '마루'는 새김마루, 믿음마루, 사랑마루, 소망마루, 섬김마루로 명명

---

27) 사서편집국 편, 『동아 새국어사전』 5판(서울: 두산동아, 2003), 738.
28) 최기호, 『살려 쓸 만한 토박이말 5000』(서울: 한국문화사, 2004).

된다. 마루에는 각각 네 개의 '터'가 따라 붙는다. '터'라는 말은 보통은 집이나 건물이 있었던 자리, 또는 지을 자리를 말한다. 그러나 "일이 이루어지는 밑바탕. 활동의 토대"라는 의미도 있다. 여기에 어미나 조사로 쓰일 경우 '예정'이나 '추측' 등의 뜻을 나타내기도 한다.[29] 그래서 이 '터'라는 말이 BCM에서 사용될 경우 각각의 '마루가 지향하는 목표를 이루어 가는 기본적 활동이 전개되는 토대'라는 뜻으로 쓰인다.

'새김마루'는 '머리' 지체에 해당하는 교육의 장으로서 학습자들이 그리스도인으로서 자신이 누구인지 그 정체성을 형성하기 위한 지적인 기반을 마련하는 정신적인 공간이다. 여기에서 신자들은 기독교와 교단의 전통 안에서 성서와 기독교 진리의 주요 내용들을 배우게 된다. 이 새김마루는 누구터, 성서터, 함께터, 우리터로 구성되는데 '고유성', '기억', '연대감', '공동체정신'의 개념들이 해당 교육 프로그램을 통해 구체화된다.

'소망마루'는 '눈' 지체라고 할 수 있다. 신자들은 소망마루에서 기존의 시각과는 다른 시각을 갖게 되며, 그러한 관점에 의해 그들은 주님이 재림하실 새 하늘과 새 땅을 소망하는 자들로 변화될 것이다. 따라서 소망마루에서 신자들은 다시 오실 예수 그리스도를 기다리며 바람직한 그리스도의 몸 공동체를 구상하고 그 내용을 실천할 것을 결단한다. 소망마루는 신문고터, 동서남북터, 말씀샘터, 간증터로 조직되며 '개혁', '개방성', '이상', '변화'의 개념들을 실현하고자 한다.

---

[29] 사서편집국 편, 『동아 새국어사전』, 2405.

'믿음마루'는 '가슴' 지체에 해당하는 교육의 장으로서 하나님을 향한 신앙심과 이웃에 대한 신뢰심을 키우는 정서적 공간이다. 여기에서 신앙공동체 구성원은 자신을 성찰하고 마음을 비우면서 그것을 그리스도에 대한 열망과 경건의 태도로 채워간다. 이 믿음마루는 예배터, 기도터, 만남터, 순례터로 구성되는데 '응답', '영성', '친밀감', '화해'의 개념들이 해당 교육 프로그램을 통해 구체화된다.

'사랑마루'는 '손' 지체에 해당하는 교육의 장으로서 자신에게 주어진 은사를 개발하여 교회 안에서 신앙생활을 하는 가운데 그리스도의 몸을 돌보는 교제의 공간이다. 여기에서 신자들은 청지기로서의 삶을 살아가는 데 필요한 신체적, 정서적, 지적 자원들을 형성한다. 또한 이것을 통하여 다양한 교회 활동에 참여하여 공동체를 섬기는 자들이 된다. 이 사랑마루는 돌봄터, 한글터, 문화터, 놀이터로 구성되며 '돌봄', '지원', '성실', '활성'의 개념들이 각 교육 프로그램들을 통해 실현된다.

'섬김마루'는 '발' 지체와 연관된다. 배우고 깨달은 말씀을 삶에서 실천하는 것은 직접 발로 뛰지 않으면 불가능하다. 발은 학습자가 사회와 이웃을 향해 봉사하도록 해 준다. 따라서 이 마루는 이웃에 대한 섬김의 정신으로 행동하는 신앙인이 되도록 하는 실천의 공간이다. 섬김마루는 하자터, 바름터, 나름대로터, 누림터로 구성되어 '참여', '윤리', '행동양식', '문화풍토'의 개념들을 교회와 사회에서 실천한다.

이제까지 BCM 교육목회제도와 관련해서 언급한 차원들, 즉 지체, 교회의 사명, 마루, 그리고 터 등과 개념들의 관계를 나타내면 다음의 표와 같다.

### [표1] BCM 목회제도의 차원들과 개념 간 상관표

| 지체 | 교회의 사명 | 마루 | 터 | 핵심 개념 | 구성요소간의 상호작용 |
|---|---|---|---|---|---|
| 머리 | 디다케 | 새김마루 | 누구터 | 고유성 | 성서와 전통 → 회중 |
| | | | 성서터 | 기억 | 성서와 전통 → 개인 |
| | | | 함께터 | 연대감 | 소그룹 → 회중 |
| | | | 우리터 | 공동체 정신 | 회중 → 개인 |
| 눈 | 케리그마 | 소망마루 | 신문고터 | 응답 | 개인 → 성서와 전통 |
| | | | 동서남북터 | 영성 | 성서와 전통 → 소그룹 |
| | | | 말씀샘터 | 친밀감 | 개인 → 소그룹 |
| | | | 간증터 | 화해 | 개인 → 사회 |
| 가슴 | 레이투르기아 | 믿음마루 | 예배터 | 돌봄 | 소그룹 → 성서와 전통 |
| | | | 기도터 | 지원 | 회중 → 소그룹 |
| | | | 만남터 | 성실 | 개인 → 회중 |
| | | | 순례터 | 활성 | 소그룹 → 성서와 전통 |
| 손 | 코이노니아 | 사랑마루 | 돌봄터 | 개혁 | 회중 → 성서와 전통 |
| | | | 한글터 | 개방성 | 사회 → 성서와 전통 |
| | | | 문화터 | 이상 | 회중 → 사회 |
| | | | 놀이터 | 변화 | 사회 → 회중 |
| 발 | 디아코니아 | 섬김마루 | 하자터 | 참여 | 소그룹 → 사회 |
| | | | 바름터 | 윤리 | 성서와 전통 → 사회 |
| | | | 나름대로터 | 행동 양식 | 사회 → 개인 |
| | | | 누림터 | 문화 풍토 | 사회 → 소그룹 |

교회의 사명에 기초하여 세워진 마루와 터들은 유기적으로 상호작용하면서 학습자의 전인적 신앙성장을 도울 것이다. 여기서는 다섯 마루 중에서 새김마루의 경우를 예로 들어 각 터들에서 어떤 내용들이 어떻게 운영되는지 보도록 하자.30)

2) 새김마루의 실제

① 새김마루의 성격
a. 새김마루는 그리스도의 몸 모델의 주요개념들 중에서 고유성, 기억, 연2대감, 그리고 공동체성의 네 가지 개념을 구현하는 장이다.
b. 이 새김마루는 교회의 사명 중 디다케 영역인 교육관련 영역을 지칭한다.
c. 새김마루는 교회에서 행하는 기존의 성서 연구 체제를 보완하는 대안이다.
d. 새김마루는 다른 지체의 근거와 기초로서 기능한다. 즉 그리스도의 몸을 이루는 다른 지체(마루)들의 활동을 가능케 하는 교육의 원리로 기능한다.
e. 새김마루는 교사보다 학습자의 적극적 학습을 중시하여 필요에 따라 배우는 '학습 공동체(learning community)'의 원리를 따른다.

② 새김마루의 교육목적
새김마루의 교육 목적은 학습자로 하여금 기독교와 교회의 전통 안에서 하나님의 말씀과 기독교적 가치관을 배우고, 그리스도를 머리로 하는 지체를 이루어 하나의 몸을 이루도록 돕는 데 있다.

③ 새김마루의 교육구조
a. 터의 내용

---

30) 다른 마루들의 경우에 대해서는 서울신학대학교 기독교교육연구소 편, 『BCM 교육목회』, 82-131 참조.

# [표2] 새김마루 터의 내용

| 개념 | 터 | 내용 |
|---|---|---|
| 고유성 | 누구터 | 1) 성격<br>　① 누구터는 그리스도인의 정체성을 배우는 곳이다.<br>　② 여기서 그리스도인은 신앙을 가진 자이다.<br>　③ 그 신앙의 내용은 하나님께서 함께 하심을 믿는 임마누엘 신앙이다.<br>　④ 이 신앙은 보고 들으면서 감동을 통해 배울 수 있다.<br>2) 분야<br>　① 배우고: 교육<br>　② 보고: 영화<br>　③ 듣고: 간증<br>3) 교육의 단계<br>　① 배우고, 보고, 듣기<br>　② 나누기<br>　③ 내 문제를 하나님께 내어놓기<br>　④ 기도나 찬양을 통해 응답을 구하거나 인도를 바라며 하나님을 신뢰하기 |
| 기억 | 성서터 | 1) 성격<br>　성서를 다룰 수 있는 능력을 기르는 곳<br>2) 분야<br>　① 귀납법적 성서연구<br>　② 성서를 듣고 나누기<br>3) 원리<br>　① 정체성 알기<br>　② 깨닫기<br>　③ 실천하기<br>4) 방법<br>　① 전수: 학습자의 발달에 맞추어 성서와 전통의 주요 내용을 설명을 통해 이해시키고 흥미 있는 방식으로 숙지할 수 있어야 한다.<br>　② 모방: 기독교 정신에 대한 명확한 이해와 굳은 신념을 표현할 수 있어야 한다.<br>　③ 내면화: 성서 연구와 교회 활동 등을 통해, 기독교적 가치관이 발달 수준에 적절하게 내면화될 수 있어야 한다. |
| 연대감 | 함께터 | 1) 성격<br>　① 연대의 원형을 가족으로 본다.<br>　② 그리스도인으로서의 행복 추구를 목표로 한다.<br>　③ 가족 형태를 취하지만 연령에 구애 받지 않는다.<br>2) 교육내용<br>　① 교회학교: 소속감 및 자부심<br>　② 교육목회: 교회공동체의 구성원으로서의 정체성 |

| 개념 | 터 | 내  용 |
|---|---|---|
| 연<br>대<br>감 | 함<br>께<br>터 | 3) 분야<br>　① 가족 간의 친교(행복 맛보기)<br>　　　내용 / 기쁨, 선행, 음식, 자기 일에 자족, 멋 부리기, 사랑하며 살기(전 1:2; 3:12 - 13; 9:8 - 9)<br>　② 선행(cluster 개념) 특공대: 요청 받아 필요를 채워주는 프로젝트<br>4) 교육의 단계<br>　① 상호 이해를 위한 교육(성격심리, 이해의 기술)<br>　② 소개(만남)<br>　③ 관계 맺기<br>　④ 활동하기<br>　⑤ 가족 축제: 가족 자랑 축제<br>　⑥ 교회 전체 가족 관계끈 잇기: 가족으로부터 시작해서 교회전체로(홈페이지, 싸이, 블로그 등을 연결한다.)<br>5) 교육적 원리<br>　① 공동체에 대한 이해와 소그룹과의 관계를 이해한다.<br>　② 공동체 정신을 길러줄 수 있는 프로그램을 운영한다.<br>　③ 신앙공동체와의 사귐을 심화할 수 있는 프로그램을 운영한다.<br>　④ 교회 공동체의 일원이라는 인식과, 그에 대한 자부심을 갖도록 한다. 교회는 다양한 사람들이 모여 하나의 몸을 이룬 공동체임을 이해하도록 한다. 교회에 대한 자부심과 사랑이 학습자의 발달 정도에 맞게 표현되도록 한다. 다양한 상징적 도구를 통하여 교회에 소속된 자로서의 정체성을 분명히 인식할 수 있도록 한다(마스코트[Mascot], 배지[Badge], 스티커[Sticker] 등을 활용하여 교회 구성원으로서의 정체성 강화, 교회 주제가를 만들어서 교회 구성원으로서의 아이덴티티 강화, '교회의 날'을 선정하여 다양한 페스티벌[Festival]을 제공하고 자부심을 갖도록 하는 프로그램 제공). |
| 공<br>동<br>체<br>성 | 우<br>리<br>터 | 1) 목적: 기독교 복음의 진실성과 위대함에 대한 신념을 가질 수 있다.<br>2) 내용: 성서에 나타난 예수 그리스도의 신분과 구원사역.<br>　케리그마의 고유한 내용은 성서에 나타난 예수 그리스도의 신분과 구원사역이라고 할 수 있다. 기독교의 내용은 성서로부터 나온다. 그 성서는 고대의 문헌이지만 오늘날도 우리를 향하는 하나님의 말씀이다. 이 성서의 동기는 구원이며 그 정점에 예수 그리스도가 있다. 이 예수는 진리에 대한 증언자가 아니며 진리 그 자체이다. 그는 구원에 대해 말하지 않고 구원을 완성한다. 그는 하나님이며 인간으로, 인간의 죄를 대속하기 위해 십자가에 달려 죽었으며, 사흘 만에 부활해서 지금은 하늘에 올라 성도들을 위해 중보한다.<br>3) 성격<br>　① 공동체의 정신, 곧 신자를 연대케 하는 정신을 하나님의 나라 건설을 위한 복음전파와 선교로 본다.<br>　② 그리스도인으로서의 행복 추구를 목표로 한다.<br>　③ 가족 형태를 취하지만 연령에 구애 받지 않는다. |

| 개념 | 터 | 내 용 |
|---|---|---|
| 공동체성 | 우리터 | 4) 분야<br>① 전도: 전도폭발 등 다양한 전도 훈련<br>② 선교: 이웃의 필요에 의한 다양한 영역<br>5) 방법<br>　상식적으로 기독교 진리 전파의 기본적 방식은 선포이다. 선포는 물론 교육의 한 방식이라고 볼 수는 있지만 보다 교육적이지 않다. 따라서 기독교 진리 전파의 교육방식은 선포식 교육으로 새롭게 정리 선포식 교육은 우선 그 내용에 대한 설명으로부터 시작될 것이다. 그리고 그 설명한 내용에 대한 확신이 필요할 것이다. 그것을 위해 보통 사용되는 방식은 기도일 것이다. 기도는 질문을 허용치 않는 선언적 내용으로서 인간의 논리를 초월하는 내용이기 때문에 이에 대한 논리적 이해가 아닌 신앙적 이해를 성령께 구해야 할 것이다.<br>6) 채널<br>① 오프라인<br>② 온라인<br>　• 유년: 만화 등<br>　• 감동적 글 등<br>7) 교사<br>　공동체 정신을 고양하려는 교육과 관련해서 교사는 선포자, 설명자, 중보자이다. 교사는 무엇보다 선포된 기독교 진리에 대한 확신이 있어야 한다. 확신이 확신을 낳는다. 그럼에도 불구하고 그 확신은 선포된 기독교 진리에 대한 설명에서 발휘되어야 한다. 교사는 선포된 기독교 진리에 대한 내용을 인지할 뿐만 아니라 그에 대해 선포된 기독교 진리의 성격 안에서 설득력 있는 설명을 할 수 있어야 한다. 선포된 기독교 진리에 대한 소화된 지식과 간명한 소개가 선포된 기독교 진리에 대한 그의 확신이 맹목적이지 않음을 입증할 것이다. 교사의 설명이 아무리 탁월하다 해도 신적 영향력이 없이는 학습자에게 선포된 기독교 진리에 대한 신념이 생겨날 수 없다. 교사는 학습자의 심령 안에 성령의 능력을 통한 확신이 파종되도록 간구해야 할 것이다. 기도는 외관상 무위(無爲)이나 그 통로를 통해 신적 능력이 작용한다.<br>8) 학습자<br>　선포된 기독교 진리의 공동체성에 대한 학습자의 입장은 유아로부터 성인에 이르는 발달론적으로, 그리고 개인, 소그룹, 회중이라는 유형적으로 상이할 것이다. 발달론적으로 여타의 교육 내용과 달리 선포된 기독교 진리에 대한 이해는 발달과는 역방향을 취한다. 즉 유아기가 성인기보다 선포된 기독교 진리에 대한 학습이 용이할 수 있다. 성인의 경우 선포된 기독교 진리는 그들의 삶과 연관되어 의미를 지닐 수 있어야 한다.[31] |

---

31) 이하 각 터의 프로그램의 예에 대해서는, 서울신학대학교 기독교교육연구소 편, 『BCM 교육목회』, 74-81 참조. 그리고 부서별 각 마루와 터

b. 터 운영

- 머리지체는 원칙적으로 누구터(고유성)−성서터(기억)−함께터(연대감)−우리터(공동체 정신)의 순환을 거친다.
- 참여는 자발적으로 하는 것을 원칙으로 한다. 따라서 교육지도자의 터 운영 방식은 참여도에 대해서 자유로운 것이어야 한다.
- 다른 지체와 연계되어 운영될 수 있다. 그럼으로써 자연스레 이 지체의 교육목적인 연대감이 형성될 수 있다.
- 필요에 따라 발달단계에 따른 교육이 요구되나, 원칙적으로 연령과 무관하게 운영한다.
- 모든 터에는 음식(떡볶이, 김밥, 돈가스, 아이스크림 등) 마련이 권장된다.
- 학습내용은 전시, 또는 공연을 원칙으로 한다. 따라서 그에 필요한 공간이 필요하다. 공간이 교회 안일 경우 이상적인 것은 학습결과의 유형에 따라 전시, 공연, 그리고 작업 공간이 준비되면 좋다. 작업공간을 지하에 마련하여 여러 부서나 지체가 함께 작업하는 가운데 연대가 형성될 수도 있을 것이다. 이 공간은 교회 밖일 수도 있으며, 학습의 결과를 바자회적 성격과 결부시킬 때(예컨대, '아름다운 가게'), 그것이 선교 차원에서 더 나을 수도 있다.
- 학습내용은 온라인상에 탑재하며, 온라인 도우미들이 그 내용이 누적되도록 관리한다. 학습과 관련된 자료들도 풍성히 탑재하여

---

의 프로그램은 서울신학대학교 기독교교육연구소 편, 『BCM 교육목회 핸드북: BCM 유아교회 핸드북, BCM 어린이교회 핸드북, BCM 청소년교회 핸드북』(서울: 기독교대한성결교회 출판부, 2007) 참조.

학습자들이 수시로 참고할 수 있도록 한다.

- 새김마루의 네 가지 터와 관련된 교육지도자에 대한 교육내용은 '성결신학', '교육과정의 이해', '그룹 다이나믹스', '교회의 이해' 등이 권장된다.[32]

일방적 선교 지향의 한국 교회가 직면한 위기의 극복은 또 다른 유사선교적 목회 방향에 있지 않고 교회의 본래적 모습과 사명에 충실한 교육목회에 있다는 점을 전제로 하나의 교육목회제도를 제안했다. 이 제도는 유기체성을 강조하여 그리스도의 몸을 유비로 하는 교회를 바탕으로 교회의 불변하는 사명인 케리그마, 레이투르기아, 디다케, 코이노니아, 그리고 디아코니아를 어떻게 이루어 나갈지를 구체적 교육 실천과 연결시킴으로써 보여주고자 했다.

이를 통해 이 교육목회제도가 넓게는 교회의 본래 모습과 사명을 회복시킴으로써 목회의 변질과 왜곡을 제거하고 올곧게 함으로써 목

---

32) 이 교육목회제도에 맞는 교육지도자 양성을 위한 교육과정이 필요하며, 그 교육과정으로는 교회를 이루는 구성요소들 사이의 상호관계의 성격을 나타내는 개념들을 고려해서 성결신학(성서와 전통 → 회중), 교육과정의 이해(성서와 전통 → 개인), 그룹 다이나믹스(소그룹 → 회중), 교회의 이해(회중 → 개인), 예수의 리더십(회중 → 성서와 전통), 기독교 시민운동(사회 → 성서와 전통), 하나님 나라(회중 → 사회), 멀티미디어(사회 → 회중), 종교경험(개인 → 성서와 전통), 영성훈련(성서와 전통 → 소그룹), 대화법(개인 → 소그룹), 필드 트립(개인 → 사회), 소그룹 운동(소그룹 → 개인), 사례분석(회중 → 소그룹), 사역자의 자기 관리(개인 → 회중), 부흥(소그룹 → 성서와 전통), 그리스도인과 봉사(소그룹 → 사회), 성결윤리(성서와 전통 → 사회), 교육과 사회화(사회 → 개인), 기독교 문화론(사회 → 소그룹) 등이다. 이에 대한 자세한 내용은, 서울신학대학교 기독교교육연구소 편, 『BCM 교육목회』, 159-207 참조.

회의 형상을 회복시킬 수 있을 것이다. 이 외에 이 교육목회제도는 구체적으로 몇 가지 기여를 할 수 있을 것이다. 첫째, 이 교육목회제도는 전인적인 측면에서의 신앙형성을 돕고자 했으며, 이를 위해 지적인 각성, 정서적 관계를 신뢰 형성, 그리고 참여적 경험을 통해 하나님의 나라를 이루어 가는 데 안내가 될 것이다. 둘째, 연령별로 이루어지는 학교식 교육에서 벗어나 성인, 청소년, 아동 등이 함께 포함될 수 있는 간세대적 교육 시도에 도움이 될 것이다. 셋째, 소수의 인사에게 의존되던 리더십이 신앙공동체 구성원 전체에게 위임되면서 평등한 관계 속에서 상호작용을 촉진할 수 있을 것이다. 그 결과 지도자 부족 문제를 어느 정도 해결할 수 있을 것이다. 넷째, 교회의 사회와의 관계의 내용에 대해 반성하도록 하며, 그것을 바탕으로 변화하는 사회에 적극적으로 대응해 나가는 창의적 선교 자세를 갖게 될 것이다. 다섯째, 현대 사회의 주요 특성 중의 하나인 정보화의 흐름을 반영하여 온라인과 오프라인을 병행하는 교육목회제도의 기초를 마련해 줄 수 있을 것이다.

BCM 교육목회제도의 의의는 크게 두 가지라고 생각한다. 하나는 목회의 방향을 분명히 제시했다는 점이다. 기존의 목회는 대체로 조감도(Master plan)가 없는 부분적이고 일과성적인 성격이 짙었다. 그러나 여기에서 제안하는 BCM 교육목회제도는 목회의 전체 그림을 보여주면서 각 부분들이 무엇을 향해 나가야 할 것인지를 분명하게 보여주었다. 이로써 목회가 '계획적'이고 '의도적'이라는 의미에서의 교육적 성격을 띤 목회가 될 것으로 기대된다. 둘째, 교단의 전적인 지원에 의한 목회에 관한 기독교교육 이론의 구체적 실현 가능성이다. BCM 교육목회제도는 아직 검증되지 않은 제도이다. 현재 기독교대한성결교회에 의해 검증의 과정을 밟고 있는 중이다. 기독교대한성결교회는 이 BCM 교육목회제도를 전체 교단의 목회에 뿌리 내린다는 방침에 따라 BCM 교육목회제도를 실험할 임상교회(씨앗교회)들을 모집하여 정례모임을 갖고 있으며, 그 실험교회에서 임상을 실시하고, 임상 평가 및 커뮤니티 자료를 공유할 계획을 세워 진행해 나가고 있다.[33) BCM 교육목회제도는 시행착오를 겪으면서 그 나이테가 쌓여갈 것이다. BCM에 대한 평가는 최소한 수년 후로 유보되어 있다. 그러나 적어도 한국 교회의 위기를 교육목회를 통해서 극복해 보려는 시도와 그에 대한 교단의 전적인 지원과 시행 의지는 높게 평가되어야 할 것이다.

---

33) 기독교대한성결교회 총회본부 교육국, 「The BCM」창간준비호(2007. 9. 17.), 창간호(2007. 11. 13.).

# 제3절 새 시대를 준비하는 성결교회의 교육

　　우리 성결교회는 1907년 창립된 교단이다. 우리 교단의 정신은 웨슬리 주의, 사중복음, 그리고 복음주의를 기반으로 하고 있다. 그래서 우리는 이 세 가지 주의의 공통점이라 할 수 있는 삼위일체 하나님, 성경, 전통과 더불어 계시, 중생과 성결을 강조하는 신앙, 그리고 신유와 재림을 바탕으로 하는 선교의 정신 위에 서 있다.

　　우리는 이러한 우리 교단의 특성이 교회의 기본적 사명인 케리그마, 디다케, 코이노니아, 그리고 디아코니아와 씨줄과 날줄 식으로 짜여 나아가야 한다고 생각하고 있다. 그러면서도 세계의 변화를 염두에 두면서 그에 대해 어떻게 대응해 나갈 것인가를 고려한 구체적 전략들에 관심을 갖고 있다. 결국 우리 교단의 교육은 우리 교단의 신학적 특성, 교회의 사명, 그리고 선교의 장으로서 세계가 어우러지는 곳에서 이루어질 것이다.

　　이와 같은 큰 틀 안에서 "21세기는 교육이다."라는 강한 확신을 갖고 교단 교육이 진행될 것이다. 그래서 이하에서는 우리 교단 교육의 큰 물줄기가 어디로 흘러가야 하느냐 하는 방향과 그것을 형상화하는 정책, 그리고 구체적인 실현 방안들에 대해 언급할 것이다.

# Ⅰ. 교육의 방향

오늘 우리의 화두는 21세기라는 새로운 밀레니엄이다. 싫든 좋든 새로운 세기는 지금과는 다른 세계로 우리 앞에 전개될 것이고, 그것은 우리에게 변화를 요구하게 될 것이다.

새로운 세계의 특성을 정보사회, 세계화, 그리고 과학기술 사회로 볼 수 있을 것이다. 이로 인해 새로운 세계는 그 부정적인 면에서 예견할 때, 비인간화되고, 개인주의가 팽배하고, 환경 파괴가 심화될 것이다.

이 같은 상황에서 일반적으로 교회가 나가야 할 방향은 인간이 존중되는 세계, 타인과 공존하는 세계, 그리고 자연과 조화를 이루는 세계로 가꾸어 나가야 할 것이다. 이 같은 일반론 위에서 첫째, 우리 성결교회는 정보화 시대가 가져올 지식 위주의 사회가 되면서 비인간적인 상황, 특히 신과 이상을 포기한 극도의 현실지상주의에 대해 인간 구원을 강조하고, 인간의 본래성을 회복하는 방향으로 나갈 것이다.

둘째, 세계가 하나가 되어 가는 속도가 빨라지면 질수록, 인간 상호 간의 거리는 점차 멀어지는 개인주의 세계에서, 우리 성결교회는 인간이 함께 존재라는 것을 강조하며, 인간의 완성은 타인과 더불어, 더 구체적으로는 타인에 대한 사랑으로 이루어진다는 신념 아래, 함께 공존하는 세계를 위해 일할 것이다. 이것은 구체적으로 공동체성을 강조하는 것이다.

셋째, 과학기술주의의 발달로 말미암아 예견되는 환경 파괴는 인류의 생존을 위협하는 문제가 되었다. 이제 환경의 문제는 더 이상

남의 문제가 아니라 우리 모두의 문제가 되었다. 이 같은 상황에서 성결교회는 자연과 공존하는 세계가 되도록 일해 나갈 것이다. 더 나아가 환경의 개념을 자연에만 국한시키지 않고, 인간을 둘러싼 모든 외부적 조건까지 환경 개념에 포함시켜 총체적인 자연과의 조화를 꾀해 나갈 것이다. 세계의 변화를 중심으로 생각해 본, 이상의 교육 방향에 대해서 우리는 교회와 가정, 그리고 개인적 요구를 고려하여 교육의 정책에 반영시켜 나갈 것이다.


## II. 교육의 정책

오늘날 교육은 학교에 의해서만 이루어질 수 없다. 그것은 기독교 교육의 경우, 교회에 의해서만 성립될 수 없는 것과 마찬가지이다. 교회는 개인적 욕구를 파악함과 아울러 가정의 바람까지 염두에 두고 교육의 방향을 정해야 한다. 우리가 파악하기에 현대의 가정은 교육에 대한 관심, 건전한 인간성 함양, 그리고 안락한 생활을 원한다. 개인들은 소속감을 갖기 원하며, 개성을 추구한다. 그리고 변화를 추구하며 성취지향적이다. 이 같은 사실과 우리 교단의 교육의 방향과의 함수관계로부터 몇 가지 교육 정책을 정할 수 있을 것이다.

첫째, 우리 교단은 새로운 세기의 모든 문제들이, 그리고 그 문제를 해결하는 방안이 교육으로부터 출발한다고 생각한다. 따라서 선교지향적이었던 교단의 방향성을 교육지향적으로 유도할 것이다.

둘째, 교회의 일원으로만 파악되어 사역을 위한 수단으로 이용되어 개인이 상실될 뿐만 아니라 서로 간의 거리가 심화되었던 종래의 교회공동체 개념으로부터, 내가 주인이 되며, 함께 유대하는 친교공동체로의 회복이다. 이것은 중앙집권적인 교회체제를 민주주의체제 방식으로 바꾸는 것으로, 교육에서는 함께 배워나가는 공동체가 되는 것이다.

셋째, 현대 사회의 급격한 변화와 그로 인한 수많은 문제들에 대해서 일일이 대응하기는 불가능하다. 그러므로 그 같은 문제들과 대면해야 하는 인간은 열린 인간이어야 할 것이다. 열린 인간은 관점 없이 무엇이든 수용하는 인간이 아니라, 자신의 관점을 가졌지만 그가 처한 상황과의 상호교류를 통하여 발전적으로 대화할 수 있는 인간을 말한다. 그래서 새로운 세기에 우리가 형성하고자 하는 인간은 이와 같은 위치에서 하나님과 이웃, 그리고 세계에 대하여 열려 있는 인간이다.

넷째, 교회의 교육은 교회 내 교육에 제한되어서는 안 된다. 그래서 교회는 초월과 세속성의 조화를 이루기 위해 노력해 왔다. 이 같은 노력은 물질숭배주의와 이기주의로 인해 그릇된 가치관이 팽배한 사회에서 여전히 유효하다. 그래서 우리 교회는 사회의 도덕성을 포함한 건전한 가치관 형성을 위하여 노력할 것이다.


## Ⅲ. 교육의 방안

위에서 언급한 교육의 정책들을 구체화하기 위한 방안들은 다음과 같이 모색될 수 있을 것이다. 첫째, 교육지향적 교단이라는 정책과 관련지어서, 우리는 먼저, 교육의 중요성에 대한 언급을 계속할 것이다. 그 언급은 교단의 목회자들을 향해 교육목회로의 전환을 권면하고, 교단 전체를 교육적 분위기로 이끌어 갈 뿐만 아니라, 교단의 교육에 통일성을 부여하고, 구체적 대안 제시까지 하는, 현재 진행 중인 교육백서의 발간 작업을 통해 이루어질 것이다.

둘째, 교회의 친교적 교육공동체로의 전환이라는 정책과 관련지어서, 지도자 훈련, 그리고 경험이 강조되는 공동체 생활을 여러 가지 훈련 프로그램이 마련될 것이다. 이것은 교육을, 기존의 교재를 통한 분반공부, 그래서 지식적이 되어 삶과 무관한 교육이 되어버린 한계를 넘어서는 개념이다.

셋째, 열린 인간이라는 정책과 관련지어, 기존의 성경 내용 위주의 주입식 교육에서 탈피하여, 성경에 철저히 터하면서도 새로운 시대에 대처해 나갈 수 있는, 즉 신앙으로 문제를 해결해 나갈 수 있는 인간의 교육을 위해, 가장 기본적인 교과과정의 개편을 할 것이다.

우리 교단이 우리나라에서는 처음으로 학년별 교재를 개발한 동기도 바로 여기에 있다. 우리는 이를 경험 삼아 2007년 새로운 교육과정을 선보일 것이다.

이 교육과정의 원활한 활용을 위해 그것을 다룰 교사들에 대한 사전 훈련을 시행할 것이다. 그리고 교육을 가정으로까지 확대하여 기존의 학생, 교사 형태의 교재를 학생, 교사, 부모의 형태로, 즉 가정용 학습지까지 개발할 것이다.

넷째, 건전한 가치관 형성이라는 정책과 관련지어, 우리는 진정한 가치관은 성서적 가치관이라고 생각한다. 따라서 무엇보다 성경을 많이 배우는 프로그램을 개발해 나갈 것이다.

우리 교단은 현재의 교재를 통해 성경을 초등학교 때 한 번, 중·고등학교 때 한 번 다루게 되어 있는데, 여기서 더 나아가 발달을 고려한 단계별 성경읽기표를 개발 중에 있다.

우리 교단은 웨슬리주의, 사중복음, 그리고 복음주의를 바탕으로 해서 케리그마, 디다케, 코이노니아, 디아코니아라는 교회의 사명을 다하기 위해 힘써왔다. 새로운 세기를 눈앞에 두고 우리는 이제는 교육이라는 확신 속에 새 세계가 정보화, 세계화, 과학 기술사회로 전개될 것에 대비하여 하나님의 형상으로서의 인간이 존중받고, 다른 사람과 공존하며, 자연과 조화를 이루는 세계를 만들어 나가기 위해 힘쓸 것이다. 이 같은 노력은 가정과 개인을 염두에 둘 때 더욱 교육을 강조하게 되며, 그래서 교육지향적인 교회공동체가 요구된다. 그러한 교육공동체로서의 교회는 하나님과 이웃, 그리고 자연을 향하여 열려 있는 인간 형성을 위해 노력하며, 성경에 바탕을 둔 가치관 형성을 위하여 매진하는 공동체여야 한다는 것이다. 우리는 이를 위해 2001년도에 교육백서를 발간하였으며, 2007년 발행을 목표로 새로운 커리큘럼을 연구 중에 있다. 그 같은 작업들을 통해 앞서 말한 우리 교단의 교육적 계획들이 구체적으로 열매 맺힐 것이다.

이 같은 노력들을 통하여 얻어지는 결과 중의 하나는 무엇보다 교단 교육의 체계가 잡힐 수 있다는 것이다. 이것은 또 다른 교육적 성숙을 위한 디딤돌이 될 수 있을 것이다.

# 제4절 새 시대를 위한 성결교회 교육의 과제

성결교회의 교육은 복음주의와 웨슬리주의, 그리고 사중복음에 기초하여 크게 세 가지의 교육, 즉 하나님(계시, 성경) 중심의 교육, 변화와 성숙(중생과 성결)을 위한 교육, 선교와 봉사(신유와 재림)를 위한 교육으로 요약할 수 있다. 또한 정보화와 세계화 그리고 과학화로 대변되는 21세기 사회의 변화에 창조적으로 대응하기 위해서는 인간의 본래성을 회복하는 교육, 공동체를 세우는 교육, 그리고 하나님의 창조성으로 세계를 변화시키는 교육을 지향해야 할 것이다.

그러면 이러한 두 가지 관점, 즉 성결교회 교육신학에 기초한 교육과 사회적 상황에 기초한 교육을 통합하면, 어떤 교육적 전망을 할 수 있을까? 그것은 더 깊은 논의가 있어야 하겠지만, 앞에서 제시한 대로 사회 통합적인 미래 성결인의 양성과 다양성이 존중되는 새로운 진리 공동체의 창출 그리고 하나님과 화목을 추구하는 세계 선교를 위한 교육이 되어야 함을 전망하였다. 이는 온전한 인간을 양성하여 공동체를 새롭게 하면 세계가 변화된다는 "인간-교회-세계"의 교육 구조를 갖는 것이다. 따라서 본 글에서는 이러한 성결교회 교육의 전망에 대한 구체적인 교육적 과제들을 제시하고자 한다.

# Ⅰ. 사회 통합적인 미래 성결인 양성을 위한 교육적 과제

성결인은 한마디로 하나님과 하나님이 계시된 성경을 삶의 중심으로 생각하는 성결한 사람들이다. 또한 성결인은 신유와 재림을 바탕으로 하는 선교의 정신을 가지고 있다. 여기에 21세기 정보 사회에 능동적으로 대처하며 인간 자체를 소중하게 여기는 사람들이다. 그래서 성결인은 사회 통합적이며 미래를 새롭게 변화시킬 수 있는 창조적인 사람들로 교육돼야 한다. 이를 위한 구체적인 교육적 과제는 다음과 같다.

## 1. 교육의 장과 교육기회의 확대

교육은 일정한 장안에서 이루어져 왔다. 교육은 인간의 성장과 발달을 다루고 사회의 보전과 발전을 꾀하기 때문에, 인간이 서로 함께 얽혀서 살아가는 공간과 시간을 초월해서 일어날 수 없다. 따라서 학교와 교회가, 교실의 환경이, 마을과 지역 사회가 그 안에서 교육이 일어나는 장을 이루고 있다. 그러므로 교회를 중심으로 진행되었던 교육의 장은 학교, 가정 그리고 사회의 다방면으로 확대되어야 한다. 그에 맞는 교육 기관도 설립되어야 한다. 그렇게 할 때, 통합적인 미래 성결인을 양성할 수 있는 교육의 기회가 생기게 될 것이다.

그러나 공간의 확보만이 교육의 이루어지는 장은 아니다. 우리가 사는 시대가 또한 교육의 장으로 작용하고 있다. 우리는 시대를 넘어서 학생들을 교육할 수 없다. 우리는 시간과 공간이 마련해 주는 이러한 다양한 장들 안에서 학생들을 교육한다. 그리하여 교육은 교육이 일어나는 상황에 따라서 상이하게 이해되고 실천되어 왔다. 교육은 처음부터 일정한 내용과 형식으로 정형화되어 있는 것이 아니다. 교육은 사람들의 삶의 상황으로부터 구성된다. 상황은 교육이 일어나는 장일 뿐 아니라 교육의 방법과 형식이며 교육의 내용이다. 상황 자체가 교육한다. 그러므로 변화하는 상황들 아래서 복음을 그 본질에 있어서 변질시키지 않고 학생들에게 매개할 수 있는 능력이, 그리고 그러한 매개의 노력에서 어떤 상황들이, 어떤 말씀과 교육이 보다 더 절실하며 적절한가를 파악할 수 있는 능력이 교육자에게 있어야 한다.

## 2. 교육목회자를 통한 전문적인 교육의 제공

사회 통합적인 미래 성결인을 양성하기 위해서는 그리스도인들로 하여금 다양한 교육의 기회를 제공해야 하지만, 특히 교육목회자들을 통한 전문적인 교육이 제공되어야 한다. 이는 양질의 정보를 습득하고, 이를 통한 창조적인 생산성이 교육목회자를 통해서 이루어질 수 있기 때문이다. 이를 위해서는 교육목회자의 양성이 필수적이다. 물론 교단에 교육목사 제도가 있어서 개교회에서 교육목사를 청빙하면 되지 않느냐고 반문할 것이다. 그러나 이 제도에는 몇 가지 문제점이 있다. 첫째는 장년이 500명 정도 출석하는 교회이면 교육목사가 꼭 필요함에도 불구하고, 개교회에서 교육목사를 청빙하지 않는다는 것이다. 게다가 교육목사는 담임목사를 할 수 없다는 교단 헌법의 조항으로 인해, 많은 기독교교육학과 출신들이 신학대학원으로 진학하여 실제로 교육목사의 직임을 감당할 인재들이 많지 않다는 것이 더 큰 문제이다. 둘째는 개교회에서 여교역자를 기피하는 문제이다. 대학원에서 기독교교육학을 전공한 여교역자들이 많이 있고, 실상 이들이 남교역자보다는 더 효과적으로 교육목회를 수행할 수 있음에도 불구하고, 여교역자를 전임이 아닌 파트로만 채용한다는 데 문제가 있는 것이다. 셋째는 개교회의 교육이 대부분 현재 공부를 하고 있는 신학생들에 의해 비전문적으로 이루어지고 있는 문제이다. 물론 무조건 이들에게 사역의 기회를 주지 말아야 한다는 것이 아니다. 이들이 더 효과적으로 교육목회에 참여할 수 있는 교육이 선행되어야 함을 말하는 것이다. 이러한 문제를 해결하면서 성결교회의 교육을 한 단계 업그레이드시킬 수 있는 교육방안을 생각해 보자.

첫째는 교육목사와 교육전도사가 소신껏 개교회의 교육목회를 담당할 수 있는 기회를 마련해 주어야 한다. 교단의 큰 교회들이 기독교교육학을 전공한 목회자들을 신뢰하고 과감하게 사역의 자리를 마련해 주는 것이 우선적으로 필요하다. 이를 위해서 교육목사도 언제든지 본인이 원하면 담임목사로서 목회를 할 수 있도록 헌법을 수정해야 한다. 그러면 더 많은 목회자들이 교육목회를 위해 헌신하게 될 것이다. 그리고 여교역자를 전임교육전도사로 청빙해야 한다. 여교역자들은 세심하게 학생들을 지도함으로, 어린이나 청소년들에게 더 효과적인 교육사역을 수행할 수 있다. 여교역자들이 능력 면에서 남교역자들에게 뒤질 것이 없다. 그것은 선입견일 뿐이다.

둘째는 신학을 전공했지만 교육목회를 원하거나 교회의 필요에 의해 교육목회를 수행해야 할 필요가 있는 목회자들을 위한 교육목회 훈련과정이 개설되어야 한다. 사실 기독교교육을 전공하지 않았지만, 교회에서 교육을 총괄하는 책임을 맡은 부교역자들이 많이 있는 것을 본다. 이들이 효과적으로 교육 사역을 수행하기 위해서는 신학대학원에서 교육목회를 수행할 수 있는 교육이 우선적으로 이루어져야 한다. 혹은 4일정도의 집중 과정으로서의 교육목회 세미나를 개설하여 훈련을 받게 하는 것이 필요하다.

그러나 정말 필요한 것은 기독교교육대학원의 신설이다. 일반 대학의 교육대학원처럼 특수대학원으로서 목회자들이나 평신도 지도자들이 교육목회 전문과정과 기독교교육 지도자과정의 훈련을 받게 하는 것이다. 그러면 성결교회의 교육은 전문적인 지도자들의 손에 맡겨지게 될 것이다.

셋째는 파트타임 교육전도사들을 기독교교육전문가로 양성하는 것이다. 이를 위해서도 앞에서 언급한 것처럼 신학대학원에서 교육목회의 수행을 위한 기독교교육학의 필수 학점을 확대하는 것이 필요하다. 그러나 이것만으로는 부족하다. 교단의 교육철학이나 교육과정에 따른 교재의 이해, 그리고 구체적인 학습방법 등을 습득하는 훈련 과정이 필요한 것이다. 이를 위해서 교육전도사 전문화 과정이 필요하다.


## 3. 열린 교육의 실현

21세기의 여러 가지 문제들은 정확한 해답이 있는 문제들이라기보다는 창조적인 대응이 필요한 문제들이 대부분일 것이다. 모든 부분에서 자신의 관점을 가지고 상대방과 대화함으로 자신을 더욱 발전시킬 수 있는 열린 인간을 양성해야 한다. 따라서 현재와 같이 학교식의 교육은 지양되어야 한다. 학생들의 은사를 충분히 활용하면서, 그들의 흥미와 필요에 맞는 교육을 개발해야 할 것이다. 이러한 열린 교육의 실현을 위해서는 다음과 같은 교육적 과제들이 실현되어야 한다.

첫째는 열린 교실과 열린 교육과정이 개발되어야 한다. 21세기 성결교회의 모든 교실은 열린 교실이어야 한다. 21세기를 창조적으로 대응할 수 있는 열린 인간을 양성하기 위해서는 기존의 제한된 교실에서는 이루어질 수 없다. 열린 교실이란 교육의 장을 단순히 현재 교육이 이루어지는 장소로만 제한하지 않고, 모든 삶의 공간을 교육화하는 것을 말한다. 즉 교회와 가정뿐만 아니라 인터넷 공간과 현재 학생들이 처해 있는 모든 삶의 상황이 교육의 장으로 바뀌도록 하는 것이다. 결국 학교 공부나 이성 관계 혹은 친구 관계 등에서 발생할 수 있는 모든 상황이 곧 교육의 공간이 되도록 하는 것이다. 이를 위해서는 훈련된 전문 교사가 꼭 필요하다. 그래서 학생이 언제든지 자신을 노출시킬 때, 그 문제에 대한 최선의 해결을 위해 함께 힘써야 한다. 그리고 교육과정 자체가 성경과 삶을 구체적으로 연결시키는 열린 교육과정이어야 한다.

열린 교육과정의 개발은 필수적이다. 기존의 '성결한 삶' 교육과정이 교회학교의 교사와 학생들을 연결하는 매개체였다면, 21세기 성결교회의 교육과정은 교사와 학생, 가정과 인터넷 그리고 학생들이 삶의 공동체 만나는 모든 사람을 바로 연결하는 열린 교육과정이 될 것이다. 이는 철저하게 성경에 근거를 둔 성경공부를 하면서도, 자신의 문제가 발생했을 때는 여러 경로를 통하여 바로 그 문제의 해답을 찾아가게 하는 교육이다. 즉 신앙으로 모든 문제를 해결할 뿐만 아니라 신앙으로 비전을 세워나가는 교육과정인 것이다.

둘째는 대안 학교의 설립이다. 기존의 학교는 대학 입시 기관으로 전락하여 그 기능을 제대로 발휘하고 있지 못하다. 특히 미션스쿨의 경우에도 설립의 취지를 전부 살릴 수 없을 정도로 교육적 제약을 받고 있는 것이 사실이다. 따라서 이러한 사회적 역기능을 순기능으로 전환하면서 21세기의 능력 있는 기독교인을 양성하기 위해서는, 통합적인 미래 성결인의 양성을 교육이념으로 하는 대안 학교를 설립해야 한다. 대안 학교는 사랑, 겸손, 봉사의 정신으로 하나님의 영광을 위하여 세상을 변화시키는 그리스도인을 양성하고, 전문성과 도덕성을 바탕으로 지역사회와 국가 및 세계를 섬기고 봉사하는 정직한 사람을 양성하며, 기독교 세계관 아래 교육의 참된 목표를 확립하고 성경적 가치관을 회복하며, 훼파된 윤리 도덕을 회복시켜 나가는 그리스도인을 양성하는 것을 목적으로 해야 한다.


## II. 다양성이 존중되는 새로운 진리공동체의 창출을 위한 교육적 과제

21세기에는 새로운 교회공동체를 형성해야 한다. 현재의 교회의 모습을 고집하는 것은 21세기의 교육과 선교에 큰 장애를 가져오게 될 것이다. 따라서 21세기의 변화를 능동적으로 대처하면서도 성결인을 하나로 묶는 교육이 필요하다. 21세기에 새로운 교회공동체를 교육적으로 실현하는 방법은 인터넷상에 존재하는 가상공동체의 비인간화를 능동적으로 대처하는 신앙공동체를 형성하는 것과 가상공동체를 적극적으로 형성하여 전 세계의 성결인을 하나로 묶는 것을 동시에 실시하는 것이다.

## 1. 가상 공동체를 극복하는 신앙(현실) 공동체의 형성

현실에서 신앙 공동체의 유대 관계를 파괴하는 가상 공동체의 확대를 창조적으로 대응하면서, 동시에 깊은 만남과 사랑의 나눔이 가능한 신앙 공동체를 형성해야 한다. 이것은 가상공동체가 가져올 비인간화와 인간 소외를 근본적으로 해결할 수 있는 방법이다. 그러면 신앙공동체가 활발하게 구성되고 활동할 수 있는 방안은 무엇인가?

첫째는 신앙공동체로서 정체성을 확립하는 것이다. 기독교는 공동체이다. 그리고 기독교인들은 공동체의 구성원이 되어야 한다. 즉 교회를 떠나서는 기독교의 존재의 이유가 없다. 그래서 기독교교육의 궁극적인 목적도 예수 그리스도를 닮은 완전한 인격의 회복과 그의 '몸'을 이루는 데에 있다(엡 4:12-15). 그리스도를 머리로 하고 한 지체로서 그의 몸(고전 12장, 엡 4장) 된 우리에게 있어서 그리스도에게 접붙임과 서로의 사귐은 본질적이다.

뉴미디어 시대의 사람들은 거대한 군집의 존재 없는 일원이 되기를 거부한다. 그들은 개인의 인격이 존중되고 개인이 인정을 받으며 스스로 선택한 조직에 적극적인 참여가 가능한 정도의 소집단을 선호한다. 유명한 조직의 일원이라는 것이 개인적인 만족을 주지 못하고 있다. 그들은 조직의 의미 있는 존재가 되기를 원한다. 교회에서 한 지체로서의 확실한 정체성이 교회 공동체의 일원이라는 중요한 의미로 부각되어야 한다. 교회에서 가르치는 사람들의 우월의식의 강조나, 지식으로서 교회교육 내용이 강조되기보다는 그리스도의 '한 몸'인 신앙공동체로서 정체성이 강조되어야 한다. 이렇게 될 때 뉴미디어 시대의 개인들에게 의미 있고 자발적으로 선택되는 '보이는 교회'의 구성원으로 부각될 것이다.

둘째는 다양한 소그룹 공동체를 활성화하는 것이다. 사람들의 만남에서 가장 위력을 발휘하는 것은 소그룹 환경이다. 소그룹은 가장 기본적인 공동체를 형성하는 단위로서 예배, 교육, 교제, 전도 등이 요소를 포함하고 있다. 이러한 활동이 소그룹을 통하여 활발하게 이루어지게 될 때에 성도들은 성장하게 되고 또한 헌신하게 되는 것이다. 그러므로 앞으로 도래하게 될, 사이버 교회 시대에 대비하기 위해서는 사이버 예배를 통해서는 만족할 수 없는, 소그룹 활동으로 친밀하게 교제할 수 있는 영적 진리 공동체를 적극 개발해야 한다. 또한 인격공동체로서 실재 교회의 중요성과 기술(가상공간)을 넘어서서 하나님 형상을 재발견해 나가야 한다.

## 2. 성결교회 교육 네트워크의 형성

21세기는 네트워크 시대이다. 우리는 원하든, 원하지 않든 또는 좋아하든, 좋아하지 않든, 뉴미디어와 그것이 쏟아내고 있는 무수한 '정보' 속에서 더불어 살아가야 한다. 현대인은 '정보의 비' 속을 걸을 수밖에 없으며, 단지 우리가 할 수 있는 선택은 어떤 '정보의 비'

를 선택하여 맞을 것인가 하는 것밖에 없다. 따라서 우리가 더불어 살아가야 하는 미디어에 대하여 기독교적으로 비판할 수 있는 능력과 안목을 기르는 교육이 필요하다. 그리고 너 적극직으로 전 세계 성결인을 신앙으로 연결하는 에반넷(Evan-net)의 구축과 교육적 정보와 기술을 제공하는 홀리넷(Holy-net)의 구축을 추진해야 한다. 이는 사이버 공동체로서의 장점을 최대한으로 살리면서, 경쟁적이고 비인간적인 모든 요소를 철저히 배격하는 것이다. 이를 위해서는 뉴미디어의 적극적인 활용과 함께 멀티미디어 교육환경을 조성하는 것이 필요하다.

첫째는 뉴미디어를 기독교교육적으로 활용해야 한다. 시청각적 미디어의 특성은 다음과 같다. 첫째, 미디어는 설명보다도 암시의 역할을 한다. 둘째, 미디어는 실재에 대한 정서적 감응을 일으키는 데 도움을 준다. 셋째, 미디어는 창의성을 권장한다. 넷째, 미디어는 인격적 참여를 일으키고 비판적 의식을 고무시킨다. 이러한 미디어를 기독교교육에 활용할 때, 뉴미디어가 가지는 감성을 통한 사용자와의 상호작용성의 특성이 큰 도움이 될 것이다. 기존 기독교교육은 교사의 목소리에 의존하고 성경이나 공과 교재 등 문자에만 의존한 일방적 교육이라고 하여도 무리가 없다. 그러나 뉴미디어 전달 방식은 문자, 소리, 음악, 그림, 에니메이션, 동영상 등 여러 가지 감성적 미디어가 통합 또는 융합되어 상호대화적이고 능동적이고 재미있는 교육이 이루어질 수 있으므로 이해도와 기억력과 집중력과 그리고 상상력을 증진시켜 교육의 효율성을 증가할 수 있다. 특히 뉴미디어 시대에 있어서 상상력은 교육의 창의성과 개성을 길러줄 수 있는 능력이다. 기독교교육은 무한한 상상력을 필요로 하는 복음을 가졌으

면서도 영적인 상상력까지도 교리화하고 경직되게 한 것은 재고하여
야 할 부분이다.

이제 교회는 기독교 정보문화를 유도하고 활성화시킬 수 있는 소
프트웨어 개발을 하여야 한다. 이미 개국한 기독교 TV유선방송국과
컴퓨터 사용자들을 위하여 필요한 소프트웨어뿐만 아니라 가정 및
교회에서 사용할 수 있는 기독교교육용 비디오 등의 기독교 소프트
웨어를 개발하여야 한다. 이러기 위해서는 우선 교단과 교회의 적극
적인 재정의 지원과 다양한 분야의 전문적인 인적 자원이 요구된다.
사회 도처에 범람하고 있는 무수한 소프트웨어의 저변 없는 가치관
을 전도하는 정보문화의 영향을 간과해서는 안 된다. 도리어 기독교
정보문화의 창출 및 활용은 뉴미디어 시대에 당면한 시급한 과제이다.

둘째는 멀티미디어 교육 환경을 조성하는 것이다. 오늘날 과학과
기술의 엄청난 발전과 함께 교육환경에 혁명적인 변화를 주고 있는
분야가 정보화 기술의 분야이다. 이 분야가 우리의 일상생활을 이미
심각하게 흔들어 놓고 있다. 이 세계가 어린이의 성장발달 환경과
성장경험 내용을 결정하고 있다. 또한 이 세계가 학교와 교회를 비
롯하여 모든 교육환경을 바꾸어 놓고 있다. 미래의 사회는 멀티미디
어의 기능을 가장 잘 살리는 학교, 교회, 기업, 가정이 주도하게 될
것이다. 각종 데이터베이스를 구축하고 이를 이용하여 의사 결정 과
정이나, 교수-학습 과정을 비롯하여 교회의 목회활동과 기업의 생
산 활동 및 사회의 행정구조와 가정의 생활구조가 정교하고 신속하
게 정보를 수립하고 처리하는 능력, 시공을 초월하여 의사소통의 기
능을 최대한으로 활용하는 능력, 개인과 집단이 멀티미디어를 공유
하고 공용하는 능력 따위에 의하여 좌우될 것이다. 이렇게 세계화가

전 지구적으로 진행되고 있는 현상은 다른 한편으로 인간 개개인의 자아 정체감, 가정의 고유한 가풍과 문화, 지역사회의 독특한 가치체계와 행동양식과 미풍양속, 교단과 교회의 전통, 그리고 민족과 국가의 고유성 등을 심각하게 위협하고 있다.

이러한 환경의 변화는 그대로 교회교육이 안고 있는 내적인 도전이 되어서 우리에게 다가오고 있다. 따라서 이제는 교회학교의 틀을 초월하여 적극적으로 새로운 환경에 대처해야 한다. 첫째, 성장 발달 단계에 따른 조직을 교육의 목적과 내용에 따라서 재조직해야 한다. 둘째, 시간표를 버려야 하고 교재 중심의 교육을 상호 만남의 교육으로 바꾸어야 한다. 셋째, 공간도 막힌 공간에서 열린 공간으로 바꾸어야 한다. 넷째, 교사와 학생중심에서 교회의 회중 중심으로, 공동체교육으로 확대해야 한다. 다섯째, 교사는 더 이상 전달자가 아니라 학생들의 생활세계를 자극하는 자요, 큰 도전의 세계로 안내하는 자며, 낙담과 좌절이 있는 곳에서 격려하고 지원하는 자이다.

그러나 새로운 교육환경이 모든 것을 해결해 준다고 생각해서는 안 된다. 왜냐하면, 멀티미디어의 활용방법에만 관심을 가지고 방법의 개발에만 치중하면 영혼을 깨우치고 인격을 연마하는 교육을 불가능하기 때문이다. 멀티미디어 교육환경은 자연과 문화와 언어 같은 전통적인 환경이 풍부하게 주어져 있고, 생동적으로 작용해야만 비로소 의미가 있는 것이다.

## Ⅲ. 하나님과의 화목을 추구하는 세계 선교를 위한 교육적 과제

지금까지 성결교회의 교육은 개인과 교회를 중심으로 이루어져 왔다. 이는 사회와 세계에 공헌하지 못하는 이기적인 그리스도인 혹은 세상을 이기지 못하는 연약한 그리스도인을 키우는 결과를 초래하였다. 그래서 성결인은 세계를 보는 안목이 편협한 것이 사실이다. 그래서 세상을 하나님이 지으신 창조의 세계요, 반드시 회복되어야 하고, 하나님과의 화목을 추구해야 한다는 사실을 종종 잊어버리는 경우가 많다. 따라서 21세기 성결교회의 교육은 세계와의 올바른 관계를 형성하는 데 역점을 두어야 한다. 이는 우리가 속해 있는 가정, 직장, 사회, 그리고 세계를 선교지로 보고 그 속에 속해 있는 사람들을 선교 대상으로 인식하는 교육이다. 이렇게 할 때, 우리는 전인적인 선교를 통해서 하나님 나라의 실현을 앞당길 수 있을 것이다.

### 1. 복음 전도와 선교를 위한 역량의 확대

하나님과의 화목을 추구하는 첫 번째 방법은 복음 전도와 선교를 통하여 하나님의 형상을 잃어버린 인간을 다시 찾고, 하나님의 백성들을 통하여 하나님 나라를 확장하는 것이다. 아직도 복음을 듣지 못한 나라들을 회복하는 일은 하나님께서 긴급하게 요구하시는 우리의 사명인 것이다. 그러나 이는 단시일 내에 준비 없이 이루어지는 일이 아니다. 하나님께서 예수님을 통하여 구원 사역을 이루신 것처럼, 헌신된 그리스도인들을 통하여 이루어지는 일이다. 따라서 복음 전도와 선교에 대한 분명한 비전을 가지고, 온전히 성취할 수 있는 역량을 키워가야 한다. 이를 위한 교육적 과제는 다음과 같다.

첫째는 가정과 직장을 사역지로 보는 훈련이 필요하다. 가장 가까이에 있는 사람들과 삶과 비전을 나눌 수 있는 그리스도인은 세계 어느 곳에 있든지 그리스도인의 사명을 감당할 수 있는 사람이다. 그러므로 가족과 직장 동료에게 복음을 전할 수 있는 역량을 키우는 것이 우선 되어야 한다.

둘째는 세계와 교회 그리고 자신을 연결시키는 안목을 키워야 한다. 그리고 그 안에서 자신의 역할과 사명을 감당하기 위한 은사를 개발해야 한다. 모두가 선교사가 될 수는 없다. 그러나 한 사람도 선교 사역에서 열외가 되어서는 안 된다. 그러면 어떻게 이 선교 사역에 동참할 수 있을까? 그것은 세계와 교회와 자신의 관계성 속에서 자신의 은사를 분명하게 개발하여 그 은사를 따라 봉사하고 섬김으로 선교 사역을 감당하는 것이다. 그래서 복음이 필요한 곳에 직접 파송받는 사람도 있지만, 이들을 위해 기도와 물질로 후원하거나, 혹은 개개인의 은사를 따라 일하게 하는 것이다. 따라서 개개인의 은사와 재능을 발견하여 사역의 길을 열어주는 것은 대단히 중요한 교육적 과제이다.


## 2. 소외되고 상처 입은 사람들에 대한 전인적인 선교

예수님의 사역에서 빼놓을 수 없는 것은 바로 소외되고 연약하며 가난한 사람들을 지극 정성으로 돌보셨다는 것이다. 복음 전도도 중요하고 가르치는 것도 중요하지만, 상처 입은 사람들과 함께하시면서 그들을 돌보신 것은 또 다른 의미가 담겨 있다. 그것은 진정한 복음은 불완전한 신체와 정신, 그리고 사회적 관계와 불평등이 정상으로 회복되는 것을 의미하는 것이다. 이러한 전인적 선교를 가능하게 하는 교육 방안은 무엇인가?

첫째는 모든 인간은 동등하게 존중받아야 함을 인식하는 것이다. 세상의 기준은 사람들을 학력, 재력, 사회적 지위 등으로 구분한다. 특히 신체적 장애가 있는 사람들이 평등하게 대우받는 것은 쉽지 않은 일이다. 이는 인간에 대한 이해가 잘못되었기 때문이다. 인간이 하나님 앞에서 동등하게 지어졌음을 알지 못하기 때문이다. 따라서 성서적 인간관과 기독교적 가치관에 대한 교육이 이루어져야 한다.

둘째는 상실된 인간의 회복을 위한 교육이 이루어져야 한다. 정보화와 세계화의 사회에서 가장 문제가 되는 것은 세계는 점점 가까워지고 많은 사람과 함께 일하는 사회가 이루어지지만, 무한한 경쟁 속에서 진정한 사랑과 협력이 이루어지지 않는다는 데 있다. 결국 인격은 없어지고 인간이 상품화되는 극단적인 현상들이 벌어지게 될 것이다. 따라서 상실된 인간의 가치를 회복하는 교육이 이루어져야 한다. 이는 인간을 물질적으로 평가하지 않고 성품과 재능으로 평가하는 교육을 의미하는 것이다.

셋째는 사랑과 나눔을 위한 교육이 이루어져야 한다. 극도의 지상 현실주의와 개인주의는 인간의 성품과 관계를 파괴할 것이다. 이기주의는 타인의 불행을 당연한 결과로 받아들이는 풍토를 조성하게 될 것이다. 만약, 이러한 사회가 된다면, 어떤 사회적인 현상이 벌어지게 될까? 그것은 정신과 감정의 피폐에서 오는 불신앙의 확산을 초래할 것이다. 따라서 이기주의를 적극적으로 극복하는 사랑과 나눔이 이루어져야 한다. 사랑과 나눔은 인간의 정신을 맑게 하고 감정을 풍부하게 한다. 그리고 이를 통해 인간의 본래성이 회복되는 것이다.

## 3. 세계와의 조화로운 관계의 형성

세계는 그리스도인들의 사역지이다. 죄를 지을 수밖에 없는 공간이 아니라, 하나님의 창조성을 마음껏 펼칠 수 있는 자유의 공간이다. 그러나 인간의 욕심으로 인해 자연이 파괴되었고, 환경이 오염되었으며, 땅은 나뉘어졌다. 도덕성은 상실되었다. 이대로 놔두면, 세계는 서서히 종말을 맞을 수밖에 없는 시점에 이르게 될 것이다. 따라서 그리스도인들이 세계와 올바른 관계를 맺을 수 있는 교육이 반드시 이루어져야 한다. 환경보전을 위한 교육이나 윤리 교육 그리고 통일 교육 등이 계획성 있게 기획되고 지속적으로 추진되어야 한다. 인간들이 세계와 온전한 관계를 맺을 때, 인간이 살고 있는 세계는 본래의 자리를 찾을 수 있을 것이다.

21세기를 살아가는 성결한 그리스도인들은 한마디로 사회적 능력과 경건의 능력을 겸비한 그리스도인이어야 한다. 즉 성결한 삶을 살아가는 사회 통합적인 미래 성결인으로서, 진리 공동체인 교회를 온전히 새롭게 하며 세계 선교에 적극적으로 동참하여 세계의 변화를 주도하는 사람이다. 따라서 분명한 자기 인식을 가지고 세계를 이끌 수 있는 지도력을 개발해야 한다. 이러한 지도력을 가지고 교육을 수행할 때, 성결교회가 가지고 있는 교육적 비전을 온전히 이룰 수 있을 것이다.

# 제5절 교육비전 선언문

성결교회는 2007년 교단창립 100주년을 맞이하면서 교단 교육의 비전으로 2007년 4월 23일 서울교육문화회관에서 있은 교육대회에서 다음과 같은 선언문을 선포하였다.

무한 경쟁이 강요되는 세계와 바른 가치의 상실로 혼란에 처한 사회 안에서 날로 비인간화되어 가는 개인을 향하여 복음을 전하고 가르치라는 주님의 명령을 충실히 따르도록 부름받은 우리는 하나님의 나라를 확장하기 위해 오늘 우리 교회가 할 일은 신앙을 소유한 전인적 인간 형성과 교육적 목회라고 생각하며 성결교회 창립 100주년을 맞아 아래와 같이 이루어 나갈 것을 다짐하며 선언하는 바이다.

1. 성결한 하나님의 사람을 양육하는 교육. 우리는 이 시대에 가장 필요한 사람은 날로 부패해가는 세상을 정화시키는 성결한 사람이라고 생각한다. 이에 우리의 자랑스러운 전통인 사중복음의 교육적 의미를 충분히 새겨 성결교회 교육의 정신과 바탕을 삼으며, 가치 혼란의 시대에 필요한 인간은 성결한 하나님의 사람임을 확신하며 성결인을 양육하여 세상을 변화시켜 나갈 것을 선언한다.

2. 교육목회로 하나님의 나라를 확장해 나가는 교육. 우리는 백년 동안 행해 온 성결교육의 전통을 이어 받아 백년지대계로서의 교

육에 더욱 관심을 가질 것이며, 교육을 통해 교회의 부흥을 꾀하며 신자들의 질적 성숙을 위해 교육적 목회에 매진하면서, 하나님 나라의 확장을 위한 최우선 사업은 사람이며, 인재의 육성이야말로 교회의 사활이 걸린 중대한 문제라는 인식 아래 일꾼의 발굴과 양성에 최선을 다할 것을 선언한다.

3. 시대를 주도하는 경쟁력 있는 교육. 우리는 날로 경쟁이 심화되는 세계에서 시대를 선도할 수 있는 탁월한 능력을 갖추는 것은 교육을 통해서이며 이를 위해 교회의 성장과 성숙을 위한 끊임없는 진지한 연구와 구체적이고 현장성 있는 실천적 노력을 통해 수월성을 성취함과 동시에 경쟁력을 확보할 것을 선언한다.

4. 영성과 전문성의 조화를 이룬 교육. 우리는 교회 교육의 이상적 형태는 영성과 전문성의 균형과 조화라고 생각하며, 이를 위하여 교회의 모든 교육 행위는 성경 안에서 성령께 의지해야 하며 하나님께서 주신 지혜를 통하여 이루어진 참신하고 심층적인 교육의 기술들을 성결한 하나님의 사람이라는 교육의 목적을 중심으로 통합하여 신실한 교육을 향해 나아갈 것을 선언한다.

5. 함께 누리는 교육. 우리는 하나님께서 성결교회를 교육공동체로 부르셨다고 믿으며, 이 공동체에 속한 신자는 모두 평등하게 교육받을 권리가 있다고 생각하며, 이를 위해 성별과 세대, 그리고 교회의 규모와 지역적 조건 때문에 차별 받아서는 안 된다고 생각하며, 이와 같은 조건들을 최소화시켜 형평성 있는 교육을 누릴 수 있

는 환경을 조성해 나갈 것을 선언한다.

6. 새로운 패러다임을 추구하는 교육. 우리는 교회의 교육이 시공을 초월하시는 하나님을 좇아 교회 공간에 한정되지 않고 언제 어디서나 기회가 주어지는 대로 행해져야 한다고 보며, 이를 위해 시간에 구애받지 않는 가상공간 교육과 신앙의 요람이라고 할 수 있는 가정교육의 확대를 위해 노력할 것이며, 교육의 본질이라고 할 수 있는 하나님의 형상 수립을 위한 대안교육에 대한 탐구를 통해 이상적인 교육의 모델을 제시하기 위해 힘쓸 것을 선언한다.

7. 그리스도의 몸을 이루는 유기적 교육. 우리는 성결교회의 교육이 하나의 유기체이며 살아서 성장하는 교육이 되기 위해서는 교단의 교육 정책 수립에서부터 개교회에서의 체계적인 성결교육의 수행과 교사들의 성결인 양성자로서의 자기 정체성 확립이 하나로 어우러져 그리스도의 제자로 세움 받아 그리스도의 몸을 이루어 나가기 위해 노력해 나갈 것을 선언한다.

우리는 하나님께서 이 시대에 우리 성결교회에 예수 그리스도의 몸을 이루는 지체들로 양육받을 수 있는 축복을 주셨다고 생각하며, 하나님의 말씀과 성결교회의 자랑스러운 전통인 사중복음을 명심하며 믿음으로 하나님과 만나며 순수한 동기에서 이웃을 사랑하며 비전을 갖고 세상을 향해 나아가는 그리스도의 일꾼을 양성해 나갈 것을 다짐한다. 이 같은 교육의 큰 뜻을 이루기 위해서는 교단과 개교회, 그리고 신학대학교의 협력이 필수적이라고 생각하며 일치와 협력을 통해 이루어질 성과들을 기대하며 하나님께 영광을 돌린다.

2007년 4월 23일
기독교대한성결교회

# 제6장

# 성결교회의 교육문헌

# 제1절 성결교회 교육의 역사적 유산 자료연구

## Ⅰ. 서 론

이 문헌 연구의 대상이 된 자료들은 기독교대한성결교회의 교단잡지인 「활천」을 중심으로, 교단의 출판물, 그리고 서울신학대학교 교수들의 논문집인 「신학과 선교」, 「교수논총」, 기독교교육관계 학술논문집 등이다.[1] 「활천」은 1922년 창간된 성결교회의 교단잡지이며, 교단의 출판물은 『새천년 교육백서』와 기독교대한성결교회와 예수교대한성결교회와의 연합적 교육사업과 관련된 문헌들이다. 「신학과 선교」와 「교수논총」은 서울신학대학교 교수들의 논문집이고, 기독교교육관계 학술논문집은 한국기독교교육학회의 「기독교교육논총」이 중심이 되었다. 「활천」은 성결교회의 교육이 무엇이냐 할 때, 기본적으로 살펴보아야 할 경전적 성격을 지닌 잡지라고 볼 수 있다. 또한 교단의 교육에 관한 가장 많은 역사적 자료들을 포함하고 있기 때문에 교단의 교육에 대한 역사적 문헌 연구의 가장 기초적인 자료로 삼을 수 있다. 교육과 관련된 교단의 자료들 역시 교육을 어떤 방향에서 하려고 했는지, 어떤 내용을 어떻게 교육 했는지를 알 수 있는 교육실천을 파악하는 귀한 자료가 될 수 있다. 「신학과 선교」와 「교수논총」은 성결교회의 교단신학교인 서울신학대학에서 교육을 어떻

---

[1] 이하의 내용은 박종석, "교육신학", 『성결교회신학 역사적 유산자료 연구집』(서울: 기독교대한성결교회 출판부, 2006), 901-1002로부터 온 것임.

게 생각하는지, 또 교단 교육을 어떻게 구상하고 있는지를 파악할 수 있는 이론적 자료가 된다.

이 문헌 연구에서는 이와 같은 자료들에 들어 있는 모든 교육 관계 문헌들이 포함되는 것은 아니다. 교육관계 문헌들은 성서, 조직, 그리고 역사 신학 등의 문헌들과 비교할 때, 상대적으로 그 수가 적다. 그럼에도 불구하고 이 문헌 연구의 대상으로 삼은 자료들은 성결교회의 교육과 관련된 문헌들에 한정했다. 그 이유는 일반교육에 관련된 자료들은 성결교회의 교육과 직접적으로 관계가 없고, 또 현재의 교육 이론의 수준과 비교할 때, 상대적으로 열등하여 구태여 연구의 필요성을 느끼지 않는다. 따라서 이 문헌 연구에서는 성결교회와 관련된 교육관계 문헌들 중에서, 편의상 1980년대까지의 자료들을 대상으로 한다.

이 문헌 연구는 「활천」이 창간된 1922년부터 1980년대까지의 범위를 다루고 있지만, 1930~1950년대의 자료들에 대한 연구는 드물다. 그 까닭은 이 기간 동안 「활천」이 일제의 탄압에 의해 발행 횟수가 점차 줄다가 나중에는 교단의 해산과 더불어 해방되기까지 폐간되었기 때문이다. 교단 교육을 살펴볼 수 있는 당대 거의 유일한 문헌인 「활천」의 폐간으로 당시의 교육에 대한 실상을 파악할 수 없는 것은 유감이다.

「활천」이 복간되어 발행되면서 마치 봇물이 터지듯 다량의 교육 관계 글들이 실리게 되었다. 그러나 그와 같은 문헌들의 대부분은 일반적 교육에 관한 것이어서, 이 문헌 연구의 범위에서 벗어나기 때문에 제외되었다. 이 같은 이유들 때문에 1930년대 이후 1950년대까지 문헌 연구의 한계를 지닐 수밖에 없다. 이 기간에 속하면서 연구에서 제외된 문헌들은 아래 문헌 연구 검토의 해당 연대에 소개될 것이다. 그리고 검토되지는 않은 교육 관계 문헌들도 해당 연도에 맞추어 소개할 것이다. 이는 성결교회 교육 외의 다른 교육적 주제들에 대한 연구에 도움이 될 것이다.

1980년대까지 성결교회 교육관계 문헌들의 주요 저자들은 이명직, 이정근, 이정효 등이라고 할 수 있다. 이명직은 「활천」의 편집자로서 다양한 분야의 글들을 대부분 「활천」에 게재했는데, "만국주일학과"를 비롯하여, 성결교회와 관련된 교육 내용도 두드러지게 기고하고 있다. 이정근은 서울신학대학의 교수로서 주로 「신학과 선교」를 통해, 그리고 「활천」에도 성결교회 교육 관련 글을 싣고 있다. 1980년대 이후에는 주로 이정효 등에 의해 성결교회 교육에 대한 탐구가 이루어지고 있다. 이 연구에서 대부분 제외된 문헌이긴 하지만 이용원, 이종무 등은 교회의 실제 교육 현장에 관한 글들을 많이 기고하고 있다. 이들이 교육 현장에 기여한 공로는 컷을 것이다.

이 문헌 연구에서는 또 다른 문헌 연구자인 구경선 교수와의 시대 구분, 형평성 등의 문제로 교단의 신문인 「한국성결신문」, 성결교회 아세아·태평양 연맹 자료, 전국주일학교연합회 관계 자료 등이 누락되었다. 이 중의 일부는 구경선 교수에 의해 연구될 것이다.


## II. 문헌 검토

李明稙. "萬國主日學課(＝日曜學課, 主日學課)", 「活泉」2, 1923·1.

A. 핵심 개념

학과 / 성경공부 / 주일학교 / 교사


B. 주요 주장

성경 내용을 가르치기 위해 '만국주일학과'는 5년을 단위로 성경의 주요내용을 가르치도록 되어 있다. 곧 구약의 창세에서 만물의 창조, 하나님의 존재와 위엄, 그리고 역사서들과 예언서, 그리고 신약의 마태복음을 비롯한 예수님의 행적과 사도행전을 바탕한 바울의 전도여행 이야기와 그와 관련된 이야기를 한 차례 공부할 수 있도록 꾸몄다.

또한 교리, 인물(아브라함, 에서, 요셉, 모세, 룻과 나오미 등), 전도 등의 신앙생활 주제, 성서의 책별 이해, 절기(부활절, 어린이날), 사회적 문제(음주 등) 등을 다루었다.


C. 신학적 의의

1923년 1월호부터 '일요학과'라는 제목으로 시작하였으나 다음 호부터는 '만국주일학과'라는 이름으로 그 명칭과 필자가 바뀌면서도 계속된다. '만국주일학과'는 1924년 한 해 동안 게재되지 않고, 그 뒤로는 계속 이어진다. 1934년부터는 집필자가 이건으로 바뀌고 1934년부터는 '만국주일공과'로 이름이 바뀌면서 필자도 한영환으로 바뀐다. 그리고 1960년 9월부터는 황경찬으로 바뀐다. 1963년 9월부터는 '생명의 양식'이라고 이름이 바뀌고 필자도 김석규로 바뀐다. 그리고 그해 12월을 끝으로 '만국주일학과'의 명맥은 끊긴다.

'만국주일학과'는 성경의 내용, 즉 '사실(fact)'을 가르치기 위한 교재였다.

방법 면에서 전달식과 문답식의 방법을 사용하고 있다. '만국주일학과'의 교수－학습진행은 먼저 성경본문을 주해하고 그것을 해석하여 의미를 끌어내는 교훈이 있으며, 본문의 주해와 교훈을 확인하는 복습문제로 구성되어 있다. 이 같은 교수 방식은 그 뒤로도 기본적으로 이어진다.

## D. 주요 본문

"각 주일학교를 인도하는 반 교사, 또한 성경을 공부하는 이에게도 유익"을 주기 위해 "유년주일학교 학과를 게재"한다(「활천」, 1922 · 12).

<pre>
            日 曜 學 課
      뎨 一학과  一月 七日
문 뎨  텬국에 드러가는 쟈의 자격
셩 경  마 十八○一－十四
요 졀  마 十八○四
쳐 소  가버나움, 베드로의 집
년 대  긔원후 二十九년 녀름
매 일 학 과
一日 (월) 마 十八○一－七
二日 (화) 마 十八○十一－十四
三日 (슈) 눅 二○四十一－五十二
四日 (목) －十
五日 (금) 十一－十九
六日 (토) 눅 二○二十一－
七日 (일) 시 二十四○一－六
      / 86 － /
</pre>

제45학과 '술의 해독'(1928년 11월 4일)
제1 개인과 사회에 미치는 해독
제2 금주의 필요
제3 술의 결과


吉寶崙. "社說",「활천」3, 1923 · 2: 1－2.


A. 핵심 개념
가르침 / 책임 / 교역자의 임무


B. 주요 주장
1) 교회와 교육의 관계에 대한 거의 모든 언급(교육적 사명, 교육
   자로서의 목회자, 평신도 교육 등)
2) 온전한 교회를 이루는 데는 교육이 필요하다.
3) 교회 전체는 교육에 책임이 있다.
4) 교육은 교역자만의 임무가 아니다.
5) 교역자는 평신도 교육자를 양성해야 한다.


C. 신학적 의의
1) 교회의 교육적 사명 언급
2) 교사 양육의 원시적 체계를 엿볼 수 있다.
3) 신앙생활과 교육의 친밀한 관계
4) 교육을 통한 중생과 성결의 유지
5) 목회의 목적으로서의 교육

6) 교육과 교회 성장의 긴밀한 관계

D. 주요 본문

  "敎役者의 牧會上 第一되는 法則은 諸信者로 하여곰 他人의 靈魂
을 引導하도록 만드는 것이다." / 1 /

지. 디. 왓손. "聖潔과 成長". 「활천」 5, 1923 · 4: 15 – 18; 8, 1924 · 7:
    13 – 16; 10, 1924 · 9: 8 – 10.

A. 핵심 개념
성결 / 성장

B. 주요 주장
1) 성장에는 성결 전과 후 두 가지의 성장이 있다.
2) 성결 후 성장에 대한 성서적 증거(욥 17:9, 새 29:19, 말 4:2,
   마 6:22, 벧전 2:1 – 3, 벧후 3:14 – 18, 엡 4:12 – 15)
3) 성결 전 성장은 불가능하다 다만 성결 획득에 대한 자신과 실
   상으로 인한 갈등 등을 통해 준비될 뿐이다. 회개는 성결을 위
   한 준비적 성장에 불과하다.

C. 신학적 의의
1) 성장을 성서적으로뿐만 아니라 경험적으로 설명하고 있다.
2) 성장 개념의 규정

488

① 일반적: 언행과 동작과 사상에 대한 개량

② 신앙적: 성결을 위한 신앙적 갈등 인정


D. 주요 본문


"聖潔의 準備는 이와 갓치 漸次的으로 되는 것이지만은 聖潔한 恩惠를 밧는 單純한 信仰으로 말매암아 瞬息間에 되나니라. 聖潔하기 前 成長은, 心靈의 缺乏을 깨닷는 感覺性과 恩惠를 思慕하는 心이 增長할 뿐이오, 恩惠에 成長하여지는 것은 決코 아니니라." / 16 − 17 /


北靑生(기자). "아해와 복음(兒童과 福音)".「활천」8, 1923 · 7: 43 − 44; 9, 1923 · 8: 42 − 43.


A. 핵심 개념

아해 / 복음 전하기


B. 주요 주장

1) 빈천한 자와 어린이에 대한 전도가 약하다.

2) 어린이에게는 단순한 믿음이 있어 복음을 잘 받아들인다.

3) 경험적으로 볼 때, 어린이가 가장 쉽게 믿는다(어린이 − 부녀 − 청년 − 노인순).

4) 어린이들이 세상의 거짓 진리를 배우기 전에 하나님의 도리를 가르쳐 믿게 해야 한다.

5) 어린이 목회도 주님께는 장년 목회만큼 중요하다.

6) 아동기는 신앙교육의 적기이다.

7) 아동기의 신앙의 성인까지 영향을 미친다.


C. 신학적 의의

1) 아동 이해: 마음이 단순하고 쉽게 믿는다.

2) 아동과 신앙(회심)에 대한 경험적 진술

3) 진리에 대한 신앙적 인식론－믿음으로 깨닫는다.

4) 아동 목회를 성인 목회와 동일시


D. 주요 본문


"특별히 교역자 되신 이들은 쟝년 집회(壯年集會)만 즁히 녁이고 교회로 인증하지 말고 어린이들 모히는 집회도 하나님의 교회로 하나님의 교회로 생각하고 무거운 마암으로 힘쓸 것이며 또는 쟝년 집회를 위하야 개인 젼도나 방문을 하시는 것과 갓치 어린이들의 집회도 위하야 개인 젼도와 방문을 힘써 하시기를 지쟈가 바란다기보다 쥬께셔 바라고 원하시는 줄노 아는 바이다." / 43－44 /


리정원. "주일학교 교사 양성공과".「활천」 79, 1929: 51－54; 80: 49
        －52; 81: 49－.


A. 핵심 개념

주일학교 / 교장 / 교사

B. 주요 주장

1장 주일학교교장

2장 주일학교교사

3장 주일학교 조직

4장 주일학교교수법

5장 아동의 심리와 정돈케 하는 방법

6장 방문의 필요

7장 주일학교 교사를 양성하는 방법

8장 주일학교의 시상

9장 주일학교의 특별 집회

10장 주일학교의 직원회, 보고 및 협정


C. 신학적 의의

1) 주일학교에 대한 포괄적 내용

2) 주일학교 교장을 중심으로 당시 주일학교의 조직과 성격 등을
   파악하게 하는 문서

3) 당시 주일학교의 집회(예배) 순서를 알 수 있다.

4) 주일학교에 대한 최초의 일반적 소개


主幹. "社說 '聖潔敎會 憲法實施에 際하여'", 「活泉」 85, 1929: 1-2.


A. 핵심 개념

성결교회 헌법 / 헌법 정신 / 주일 엄수 / 십일조 / 가정예배

B. 주요 주장

1) 4편과 부록, 총 220조로 된 헌법의 정신은 주일엄수, 십일조 봉헌, 가정예배이다.

2) 가정예배를 통해 부모는 신앙생활의 모범을 보여야 한다.

3) 부모는 목회자와 교육자이다.

C. 신학적 의의

1) 헌법에서의 교육(가정예배)의 위치를 가늠할 수 있다.

2) 가정교육을 중시했음을 알 수 있다.

3) 부모를 교사로서 인식했음을 알 수 있다.

4) 가정교육의 성격(목회적)을 알 수 있다.

李鍵. "質이냐? 量이냐?", 「活泉」 86, 1930: 21−24.

A. 핵심 개념

질, 양 / 알곡, 가라지 / (판단의) 표준

B. 주요 주장

1) 질이 양에 따라가지 못하므로 교회가 비판받고 있다.

2) 성경은 신자의 양보다는 신앙의 질을 중시한다.

3) 마지막 심판 때 천국에 들어갈 수 있는 조건은 신앙의 질이다.

4) 알곡과 같은 신앙이 필요하다.

5) 교회는 중생의 경험을 가진 알곡 신자가 필요하다.

C. 신학적 의의

1) 질적 신앙의 중요성을 성경의 사례를 들어서 강조함.

2) 질적 성장의 중요성에 대한 인식은 교회가 전도에서 교육으로, 또는 전도와 교육의 균형을 모색할 가능성을 보여준다는 면에서 의미가 있다.


廉亨雨. 抄譯 小筆 "가정례배의 필요", 「활천」 88, 1930: 34.


A. 핵심 개념

가정예배 / 필요성


B. 주요 주장

1) 가정예배는 신자의 일상생활, 영적 생활, 가정생활에 도움을 준다.

2) 가정예배는 자녀에게 구원에 대한 교육이 될 수 있다.


C. 신학적 의의

1) "小筆"이란 제목의 글 중에 나오는 한 주제이다.

2) 저자가 누구인지 알 수 없다.

3) 가정 예배에 대한 당시의 일반적 소박한 생각들을 엿볼 수 있다.

4) 가정예배의 여러 기능 중의 하나로 교육적 기능에 주목하고 있다.


D. 주요 본문


"가정례배를 봄으로 아해들의 영원한 구원에 대하여 큰 영향을 끼칠 수 잇다.”

S. M. C. “淸凉里敎會 小兒復興會記”, 「활천」 90, 1930: 55.


A. 핵심 개념
청량리교회 / 소아부흥회 / 이성봉 / 회개, 간증


B. 주요 주장
1) 청량리교회에서 3일간 새벽과 저녁에 어린이 부흥회가 열렸다.
2) 회개와 간증으로 은혜를 받았다.
3) 함께 참석한 교사들과 어른들도 동일한 은혜를 받고 사명을 새롭게 하였다.


C. 신학적 의의
1) 당시 어린이 부흥회의 상황을 보여준다.
2) 부흥회의 초점은 회개와 간증에 있었다.


D. 주요 본문

    “교사와 어룬들도 특별한 헌신의 정신을 가지고 주일학교를 위하야 모든 것을 희생하기로 결심하엿다” / 55 /

朴亨圭. “仁川敎會夏間役事記”.「활천」 95, 1930: 53－54.

A. 핵심 개념

하기아동성경강습회 / 교수과목 / 강습회기간


B. 주요 주장

인천교회의 여름 사역들(노방전도, 가정집회, 빈민촌 전도, 새벽기
도, 예배당 건축운동 등) 중에서 아동성경학교("夏期兒童聖經講習
會")에 대한 보고


C. 신학적 의의

여름성경학교의 교육내용과 기간을 알려줌.


D. 주요 본문


　　교수과목은 다니엘, 룻긔, 국문 등이엿습니다. 교수 한 과목을 시험 본
후에 시상식이 잇섯고시작한지 二주일에 드대여 방학하엿습니다. / 54 /


李明稙. "今日에 敎會가 衰頹하야가는 原因 (上)", 「활천」 99, 1931:
　　　62 – 63.


A. 핵심 개념

교회 / 쇠퇴 / 기도 / 전도 / 성경


B. 주요 주장

교회가 쇠퇴하는 원인은 기도하지 않고, 전도하지 않고, 성경을

가르치지 않기 때문이다.


C. 신학적 의의
교회 성장과 성경 교육의 관계


D. 주요 본문


聖經을 배우라. 그리하고는 가라치라. / 63 /


[1930-60년대 교육관계 문헌]
오영필, "기독의 아동관", 「활천」 201-202(1939), 24-27; 주간, "신학교인가(神學校認可)에 대하야", 「활천」 209(1940), 1-2; 배문준, "교회 교육", 「활천」 282(1957), 50; 오기선, "기독교적인 가정교육", 「활천」 282(1957), 67-75; 오기선, "교수의 의의와 목적", 「활천」 282(1957), 59-65; 이명직, "기독교 교육 좌담회", 「활천」 282(1957), 51-55; 이정률, "성청 아동성경학교", 「활천」 282(1957), 76; 이응호, "기독교 학생운동", 「활천」 283(1957), 50-51; 이정율, "자녀교육과 어머니", 「활천」 283(1957), 44-46; 김성호, "교회는 교회여야 한다", 「활천」 283 (1957), 47-49; 오기선, "교회의 교육적 직무", 「활천」 295(1958), 33-36; 오기선, "교회와 종교교육", 「활천」 297(1958), 38-40; 이용신, "주일학교 교육에 새로운 설계", 「활천」 298(1958), 31-33; 임천영, "심리학과 신유", 「활천」 299(1958), 9-14; 허율, "교육과 종교", 「활천」 299 (1958), 28-30; 이용신, "주일학교의 새로운 설계", 「활천」 300(1959), 44-45; 오기선, "종교교육

의 교육적 동기", 「활천」 301(1959), 40 – 43; 오기선, "종교교육의 교육적 동기", 「활천」 302(1959), 39 – 40; 오기선, "어린이의 종교심에 대하여", 「활천」 303(1959), 34 – 36; 오기선, "사회와 종교교육", 「활천」 304(1959), 40 – 44; 이용신, "시각적교수(視覺的敎授) 방법의 설계", 「활천」 305(1959), 34 – 36; 박상증, "기독교적 육성과 교회", 「활천」 309(1959), 22 – 26; 주교전련, "연구주일학교 선정에 대하여", 「활천」 321(1963), 68 – 70; 이종무, "주일학교의 당면한 과제들", 「활천」 322(1964), 41 – 45; 주교전련, "주일학교의 연합예배와 위문활동", 「활천」 322(1964), 46 – 48; 이용신, "교회의 교육행정", 「활천」 323(1964), 44 – 46; 이용신, "주일학교의 커리큘럼과 당면과제", 「활천」 324(1964), 28 – 29; 정동철, "기독교교육의 시대적 사명", 「활천」 324(1964), 20 – 22; 오이홍, "어린이를 어떻게 대우할까", 「활천」 324(1964), 7 – 10; 이보경, "종교교육의 중요성", 「활천」 324(1964), 48; 이종무, "주일학교의 예배문제", 「활천」 324(1964), 53 – 56; 홍순균, "가정과 기독교교육", 「활천」 324(1964), 23 – 27; 이종무, "주일학교 어린이의 예배문제(2)", 「활천」 325(1964), 33 – 34.

주교전련. "기독교 교육의 표준", 「활천」 323, 1964: 47 – 48.


  A. 핵심 개념
  기독교교육 헌정 / 기독교교육의 목적 / 예배 / 기독교교육의 윤리표준 / 정서교육


  B. 주요 주장

　1964년 주일학교전국연합회는 교단 교육의 목적 제정을 촉구하는
의미에서 사중복음을 토대로 한 '기독교교육의 표준'을 제시하였다.
그리고 그 내용으로 예배·윤리·정서를 항목별로 나누어 놓았다.

　C. 신학적 의의
　교단의 교육목적의 태동은 주일학교연합회로부터 왔다. 그 후 이
를 모태로 우리 교단의 교육 목적은 1969년 4월 제24차 총회에서
다음과 같이 승인되었다.

　　"기독교교육의 목적은 사람들로 하여금 예수 그리스도를 통하여 자
기를 나타내 보이시며 우리를 찾으시는 하나님의 사랑을 깨닫고 믿음
과 사랑으로 그를 섬기는 가운데 자기와 처하여 있는 형편의 의미를
깨달으며 새 사람으로 거듭나며 하나님의 자녀로서 교회 안에 뿌리를
박고 자라나며 성령 안에서 살며 이 세상에서 그리스도의 제자 된 도
리를 다하여 그리스도의 다시 오심으로 이루어지는 영생의 소망 가운
데 살 수 있도록 도와주려는 것이다."

　그런데 위의 내용은 유감스럽게도 미국의 미국 기독교교회협의회
(N.C.C.)의 주관하에 복음주의를 표방한 미국과 캐나다의 16개 교단
이 연합으로 참여해서 연구 개발한 C.C.P.(Cooperative Curriculum
Project: A Curriculum Plan)로 통하는 협동교육과정 계획안에 나타난
교육목적2)을 거의 그대로 번역한 것이어서 성결교회의 전통과는 거

---

2) "기독교교육의 목적은 모든 사람들로 하여금 하나님의 자기 계시, 특별
　히 예수 그리스도 안에서 계시하신 구속의 사랑을 통하여 하나님을 알
　게 하고, 믿음과 사랑으로 이에 응답게 함으로써, 그들이 누구이며 그들

리가 있었다(이정근, "한국성결교회의 특징과 방향", 「신학과 선교」, 1977).

따라서 교단의 기독교교육 목적은 다시 정립될 필요가 있었다. 그래서 만들어진 교육목적문은 아래와 같은 것으로, 1977년 제32회 총회에서 인준되었다.

> "교육의 목적은 모든 사람들로 하여금 성서를 통하여 보여주신 하나님의 부르심에 응답하여 하나님을 알고, 예수 그리스도를 믿음으로 거듭나며, 성령의 도우심으로 성결한 그리스도인이 되어 사랑의 공동체인 교회를 섬김으로 하나님을 영화롭게 하며, 이 세상을 구원하시는 하나님의 역사에 동참하여 복음을 전하고, 이웃을 사랑하며, 영육을 건강케 하시는 성령과 함께 살면서, 소망스러운 삶을 살도록 도와주려는 것이다."

그러나 이 목적문 역시 먼저의 목적문과 맥을 같이하고 있음을 알 수 있다. 그러나 이전까지의 교단 기독교교육 목적문의 문제점은 우리 교단의 교육이념의 전제 없이 정해졌다는 것이다. 이 같은 문제점을 극복하기 위해서 우리 교단의 이념을 담은 교육목적의 제정이 필요하게 되었다.

---

자신이 처한 형편이 어떠한지를 알고, 기독교 공동체 안에 뿌리를 둔 하나님의 자녀들로 성장하며, 모든 관계를 성령 안에서 유지하면서 세상 속에 주어진 공통된 제자직을 수행하고 기독교적 소망 안에서 살아가도록 하는 데 있다."

## D. 주요 본문

### 기독교교육의 목적

기독교교육의 목적은 피교육자로 하여금 성서의 교훈과 교회의 문화재를 통하여 하나님을 알게 하고 하나님의 자녀로서 예배를 드리며, 예수 그리스도를 믿어 구원에 이르게 하고, 성령의 도우심으로 기쁨 가운데 교회의 모임에 참여하며, 예수 그리스도를 본받아 봉사하며, 주 예수 재림의 소망 가운데 신앙의 사람으로 온전케 하려 한다.

※ 주(註)

본 "교육의 목적"은 한 문장으로서 우리의 교육목적을 표현한 것인데 이것을 분석하면 아래와 같다.

1) 목적 — 신앙의 사람으로 온전케 하려 함
2) 교재 — 성경, 기독교문화재 중 교육에 필요한 모든 것 중에서 선택
3) 방법 — ① 예배, ② 교수, ③ 표현
4) 강조점 — ① 신생, ② 성결, ③ 재림, ④ 봉사

### 예 배

예배는 하나님의 은총의 부르심에 대한 응답이며 대화이다. 예배 행위를 통하여서 인간은 하나님 앞에 나아가며 하나님의 임재 앞에 서게 된다.

이 예배는 하나님에 대한 찬송과 신앙고백 및 봉사와 헌신을 통하여 모든 영광과 감사를 하나님께 드리며 성경 봉독을 통하여 하나님의 말씀이 선포되고 설교를 통하여 계시된 하나님의 뜻을 전달받으며 성찬을 통하여 하나님과의 화목의 뜻과 주안에서 성도의 교제를 이룬다.

예배는 진실과 신령으로 경건하게 드려야 하며 예배에 따르는 모든 계획과 준비를 기독교교육의 도움을 받아 효과적으로 드려야 한다.

기독교교육의 윤리표준

기독교교육에 있어 윤리적 표준은 성서적 교훈을 통하여 창조주 하나님의 선하신 뜻을 알아, 그리스도를 통한 속량받은 삶에 있으며, 소극적으로는 계명의 준수이며 적극적으로는 사랑의 실천이다.

가정에 있어서는 효순과 화목을, 이웃에 대하여 사랑의 교제와 희생적 봉사를, 교회에 대하여 한 소명 안에서 협동하며, 사회에 대하여 박애적 공헌과 사회정의 수립을, 국가 민족에 대하여 준법으로 책임을 다하며 애국애족으로 번영에 이바지한다.


정서교육

주일학교에 있어서의 정서교육은 그리스도인으로서의 완전한 인격을 이루기 위하여 그 정서를 순화하려고 예술성을 도야함에 있다.

1. 청각 예술 방면으로 시와 찬미를 부르며 성곡을 감상시켜 하나님께 대한 찬양 감사 기원 및 고백 등의 정서를 기르고 더 나아가 이 방면의 창작 능력을 기른다.

2. 시각 예술 방면으로 자연과 서화 공예품 등을 감상시켜 하나님의 창조의 미를 감탄케 하고 더 나아가 그리스도인의 정서를 담은 창작 표현 능력을 기른다.

3. 표현 미술 방면으로 그리스도인으로서의 은총의 생활을 모든 예능으로(언어, 동작 등) 표현케 한다." / 47 – 48 /


송기식. "한국적 기독교교육을 위한 서설: 성결교회의 입장에서", 「활천」 324, 1964: 30 – 34.


A. 핵심 개념

한국적 기독교교육

B. 주요 주장

　한국의 기독교는 유교의 영향을 받아 기독교적 도덕주의 성격을 띠게 되었다. 믿음의 역동성을 강조하는 복음주의적 기독교교육은 유교적 율법주의를 극복해야 한다. 또한 신앙의 체험을 강조하는 성결사상은 지성적 교육을 받은 교사들에게 체험과 지성 사이의 갈등을 일으키게 하였다. 한국의 기독교교육은 미국으로부터 일방적으로 수입된 것으로 경제적, 문화적, 교육적으로 큰 차이가 난다. 한국성결교회는 교회를 성장시키기 위해 교육보다는 부흥회에 더 많이 의존해 왔다. 부흥회는 순간적이고 돌발적인 신앙을 강조하여 지속적이고 성실한 교육적 성격이 외면되었다. 즉 한국의 기독교교육은 유교주의, 부흥주의, 그리고 진보주의의 영향 아래 있다고 볼 수 있다. 한국적 기독교교육은 이와 같은 문제점들을 극복하면서 민족적 문제를 복음의 생명력으로, 그리스도를 반영하는 교사들의 인격으로 성실하게 추구되어야 한다.

C. 신학적 의의

　성결교회의 교육을 민족적 상황에서 생각했다는 점. 그리고 한국 기독교의 병폐를 그릇된 교회관에서 비롯된 것으로 보고 있다. 즉 교회가 기독교와 유교 등이 혼합된 왜곡된 신앙으로 성장을 꾀하고 있음을 지적하며, 열광주의적 신앙보다는 차분한 교육에 의해 교회의 성장을 꾀해야 할 것을 주장한다.

## D. 주요 본문

"……기독교 자체가 서구적인 것이어서 신학의 토착화론이 대두되는 것을 볼지라도 기독교교육이 서구적임을 면치 못할 것은 더 말할 나위도 없다. 더욱이 성결교회는 그 자체의 결여된 교육의 관심과 기능으로 인하여 미국적 교육방법의 번역판인 종래의 대한기독교교육협회나 감리교회의 그것을 어깨너머로 각 교회가 자유로 수입하여서 통일성 없는 개교회 단위의 성장이 계속되어 왔다. 그러나 과연 이것이 이 땅위의 기독교교육에 있어 최선의 것이었는가는 충분히 재고되어야 한다.

첫째 미국적인 교육 방법은 경제적인 조건의 상이로 한국에서는 대도시의 몇몇 교회에서만 시행될 수 있는 환상에 불과하다. 둘째, 미국적인 경험중심의 교육은 이미 형성된 기독교 문화를 바탕으로 시도할 수 있는 방법일 뿐 한국 사회에서는 실패할 확률이 크다는 것이다. 셋째로 미국적 교육방법은 그것이 비록 기독교교육이라 할지라도 더 많이 개인주의적이고 물질적인 것이기 때문에 한국의 현실에서는 덜 절박하며 실감을 일으키지 않는다. ……이러한 사회적 문화적 정신적 요인들이 오늘날 교회에서 베푸는 서투른 미국식 교육방법에 신통한 반응을 보이지 않게 하는 것이다." / 32-33 /

"……한국인이 처해 있는 역사적 현실 즉 500년 왕조의 붕괴, 40년 일본의 학정, 해방과 국토의 양단, 닥쳐온 6·25의 동란, 전쟁의 상처가 가시기도 전에 두 번이나 겪은 혁명……, 이와 같은 처절한 상황에서 한국적 기독교교육은 발달을 자리를 발견해야 한다.

……연대의식이란 관점에서 우리가 당면하는 문제는 우선 우리가 민족적 위기에 처해 있으며 그 안에 거하는 기독교를 발견하는 것이다. 참으로 이 민족을 누란의 위기에서 건져내는 해산의 수고가 교회들의 교육적 노작으로 표현되어야 한다." / 33 /

정승일. "성결교회 교육의 실정", 「활천」 332, 1968: 17－20.


A. 핵심 개념
성결교회교육 / 실정 / 성경공부 / 신앙의 기본


B. 주요 주장
성결교회는 구령에 대한 역작용으로 교육적인 면이 경시되어 현재 교단적으로나 교회적으로 교육적 수준이 열등해졌다. 성경 지식이 부족하며, 신앙의 기본적 지식도 없어 신앙의 이유에 대답하지 못하는 실정이다. 이 같은 현실을 극복하기 위해서는 교회는 교육적 사명을 회복해야 하며, 신자는 자신을 교사로 알아야 한다. 구체적으로 당회로부터 시작하여 신자들을 교사화해서 자라나는 세대를 교육해야 한다.


C. 신학적 의의
성결교회에서 교육이 활성화되지 못한 이유를 폭넓게 접근해 중생과 성결에 대한 치우친 강조, 일제하 신사참배와 동원령 등에 의한 주일 성수의 어려움, 해방 후 교회 지도자들의 정치적 활동 등으로 지적한 점이 돋보인다.


D. 주요 본문

　　"현재 우리 교단의 교육형편을 말한다면 교육적 관심이 지나치게 부족하다고 말할 수밖에 없겠다. ……이는 우리 성결교회의 성결이 초창기부터 전도와 부흥을 고조하는 전도단체로서 출발했기 때문에 자연적으로 목회적인 것이 되지 못했던 까닭이겠다. 중생, 성결, 신유, 재림의 사중복은의 기치를 높이 드는 중에 자기 자신도 모르는 사이에 성결교회 목사는 대부분이 당시에 있어서 일류 부흥사적인 열정과 기능을 갖추게 되었다. 이것이 후에 우리의 목회상 장점이 되기도 하고 또 어떤 면에서는 약간의 단점도 면할 수 없으리만큼 습성화되어 버렸다.

　　그 후 세월이 흐름에 따라 조직교회의 필요를 느끼게 되면서부터 거리의 전도운동인 O.M.S. 전도관 운동은 물러서게 되고 성결교회의 간판과 더불어 목회적인 교회로 전진하게 되었다. 이처럼 우리의 지난날의 역사는 부흥사적인 목사에서 목회적인 목사로 변천을 보기는 했지만 교육적인 방면에는 아직 외면한 채 단순히 설교와 심방에 치중하는데 그쳤던 것이다." / 17 /


　　"이와 같이 성경공부를 등한시하게 된 것은 왜정 말부터 시작된 듯하다. 신사 참배로 제 일, 제 이 계명을 범하게 되고, 근로보국대란 강제동원으로 대부분의 신자들이 성수주일(聖守主日)이 어렵게 되면서 우리 신앙은 생명력을 잃어 형식화되고 예배도 한갓 의식화되고 말았던 것이다. 게다가 해방이 되면서 교회 지도층의 인사들은 애국이니 건국운동이니 하여 정치에 나가게 되고, 6·25때는 물론 그 수복과 더불어 구호사업과 교육사업 등에 종사하게 되니 유력한 일꾼들이 교회 일선에서 많이 후퇴하게 되었던 것이다. / 19 /


지 열(Zehr). 윤수한 역. "주일학교의 현황과 미래상", 「활천」 337,
　　　　1969: 55－58.

A. 핵심 개념

주일학교 / 성공의 열쇠


B. 주요 주장

성공적인 주일학교를 위해 필요한 두 가지는 목사의 교육에 대한 관심과 교사들의 준비이다. 대체로 목사들은 교육에 대한 관심이 없으며, 교사들의 봉사는 군입대와 결혼 등으로 불안정하다. 목사들은 주일학교교육의 가치와 가능성에 대한 관점을 갖고, 교사들이 훈련을 통해 자격을 갖출 때 주일학교 교육의 미래는 밝을 것이다.


C. 신학적 의의

당시 감리교회의 주일학교 현황에 대한 조사를 계기로 성결교회의 주일학교교육의 발전 방향에 대해 생각해 본 글로서, 주일학교가 발전하기 위해서는 목사의 관심과 주일학교교사들의 교육적 준비가 가장 기본적임을 주장하고 있다.

필자는 동양선교회 교육선교사로서 보다 객관적 위치에서 우리의 주일학교의 현실을 보고 대안을 내놓았다는 점에서 유의미하다고 할 수 있다.


D. 주요 본문

"……기독교교육에 관심을 가진 사람이면 모두 이 조사를 위해서 애쓴 감리교회의 노고에 감사하며, 그 조사로부터 나온 지식에서 얻는 바가 있으리라고 확신한다. 그러나 많은 사람들은 주일학교에 관해 그 조사에서는 밝혀지지 않은 다른 긴요한 요소들이 있다고 생각하리라 믿는다.

나는 그런 점을 두 가지를 지적하려 한다. 무엇보다도 먼저 미국에서 나의 목회 경험과 서적을 통해서 얻은 결론은 어떤 교회에서든지 성공적인 기독교교육의 열쇠는 개교회 목사에게 있다. 주일학교에 관해 내가 해 온 관찰은 기독교교육에 긴밀히 관심을 가진 목사나 부목사가 교육을 담당하고 있는 교회마다 주교교육을 성공적으로 하고 있다는 점이다.

나의 경험으로는 목사가 관심과 흥미를 가지지 않는 교회에서 주교교육이 번영하고 성공하는 것을 본 일이 없다. 한국에 온 지 3년 밖에 되지 않았지만 대개의 목사들에게 주일학교교육에 대한 긴밀한 관심이 부족하다는 것이 나의 인상이다. 보다 넓게 말해서 대개의 목사들에게 기독교교육의 영역에 대한 적절한 관점과 철학이 부족한 인상이다.

나는 다른 선교사들과 또 한국의 여러 목사들과도 이 점에 관해 토의해 보았지만 그들도 역시 이 일반적인 관찰에 동의하고 있다는 것을 알게 되었다. 이 문제는 확실히 어떤 한 목사의 잘못이라기보다는 한국의 교회 상황이 여러 해를 두고 걸어 나온 일반적인 경향이라고 생각한다.

두 번째 요소는 주교교사에 관한 것이다. ……" / 55 – 56 /.


"……목사들이 이 긴밀한 기독교교육을 발전시키고 개발하기 위해서 시간과 정력을 쓰고 기도를 한다면 장로와 집사들과 모든 신자들은 자연히 따라서 하게 될 것이다. 목사들이 기독교 신앙 안에서 어린이와 청년들의 훈련에 대한 적당한 철학을 가진다면 주일학교 교육 안에 있는 무든 문제와 난관들은 해결될 수 있으리라고 믿는다." / 57 /


"……만일 어떤 사람이 나에게 우리 성결교회에서 주일학교 교육의

증진을 위해서 밟아야 할 다음 단계는 무엇이냐고 묻는다면 나는 '우리
는 먼저 교사훈련방도를 마련해야 한다'고 대답하고 싶다.

나는……이것이 가장 긴급한 요구라고 생각한다. 이 요구는 3개월이
나 4개월의 통신강좌로서 대처할 수 있지 않을까 생각한다. 새로운 교
사를 완전히 훈련시키는 것은 이것보다도 더 오래 걸리는 것을 나는
안다. ……

전국적이건 혹은 지방 단위이건 교사강습회도 상당히 긴요하지만 현
재로서는 통신과정이 그것들보다 더 중요한 것이라고 말하고 싶다.

내가 이 통신과정을 제의하는 이유는 많은 비용을 들여 흩어져 있는
교사들을 일시적으로 한 장소에 모아놓고 교육하는 것보다는 교사들에
게 교재를 우송하는 것이 이상적이기 때문이다."


[1967-1973년 검토 제외 문헌]

안광춘, "'요한 웨슬리' 어머니의 가정교육", 「활천」(1967), 47-48;
편집실, "여름철 교회교육 프로그램", 「활천」 332(1968), 43-44; 임
동혁, "교단 교회 교육에 대하여", 「활천」 332(1968), 39-40; 황예
식, "교육하는 교회", 「활천」 334(1968), 33-34; 이종무, "공과 선정
의 당면과제", 「활천」 334(1968), 56-60; 백천기, "중고등학생 지도
의 새로운 시도", 「활천」 334(1968), 53-55; 이용신, "주일학교 경영
안 작성에 대하여", 「활천」 335(1968), 56-58; 황예식, "학생회 전국
연합회를", 「활천」 336(1969), 46; 문수채, "주일학교 학습지도에 대
하여", 「활천」 338(1969), 65-66; 이종무, "어린이 주일 예배 안내",
「활천」 338(1969), 67-68; 임복희, "유아기에 있어서 기독교교육의
중요성", 「활천」 339 (1969), 72-74; 송기식, "교회교육의 위치", 「
활천」 339(1969), 67-68; 이지호, "기독교 가정의 자녀교육의 방향",

「활천」 339(1969), 19 - 23; 최건호, "중고등부 설교자료", 「활천」 340(1969), 60 - 62; 이용원, "성공적인 여름학교의 계획과 진행", 「활천」 341(1969), 23 - 26; 이용신, "무엇을 어떻게 가르칠까", 「활천」 341(1969), 27 - 29; 조종남, "가르치는 교회", 「활천」 341(1969), 5: 백천기, "중고등학생들의 문제와 교회의 책임", 「활천」 342(1969), 22 - 27; 홍순우, "현대 젊은이의 고민과 복음", 「활천」 342(1969), 18 - 21; 이종무, "주일학교 공과 책이 나오기까지", 「활천」 343(1969), 47 - 50; 주교전련, "교회학교 어린이 성경공부", 「활천」 344(1969), 56 - 60; 백천기, "너희는 가서 가르쳐라", 「활천」 344(1969), 18 - 19; 왕영천, "중고등부 프로그램에 대하여", 「활천」 345 (1969), 49 - 51; 안광춘, "전달을 가능케 하는 방법", 「활천」 345(1969), 37 - 39; 편집실, "좌담회: 기대속에 발행된 공과", 「활천」 346(1970), 47 - 52; 이종무, "교회학교 어린이 성경공부 지도", 「활천」 347(1970), 48 - 50; 「활천」사 자료, "어린이 주일예배 순서", 「활천」 348(1970), 58 - 61; 구장회, "중고등학생의 신앙지도문제", 「활천」 349(1970), 24 - 26; 배선규, "무엇을 가르쳐야 하나", 「활천」 349(1970), 53 - 57; 이종무, "여름 성경학교의 새로운 운영 모색", 「활천」 351(1970), 28 - 30; 홍순우, "여름성경학교 교사들에게", 「활천」 351(1970), 31 - 33; 백천기, "문교행정과 기독교 교육", 「활천」 351(1970), 25 - 27; 주간, "영적 교육과 모든 축복", 「활천」 351(1970), 7; 허경삼, "교회와 기독교 교육", 「활천」 351(1970), 16 - 20; 이용신, "교회학교 운영의 오늘과 내일", 「활천」 351(1970), 21 - 24; 김석규, "선교와 교단 교육의 현황", 「활천」 355(1971), 18 - 25; 오영필, "교회교육에 대한 제언", 「활천」 356(1971), 26 - 27; 최건호, "여름학교 회상", 「활천」

357(1971), 50－51; 편집실, "교육과 행정에 역점둔 찾아가는 교회", 「활천」 358(1971), 46－47; 이용신, "원천적 문제인 교육과제", 「활천」 360(1972), 22－25; 김정구, "기독교학교선교의 새로운 과제", 「활천」 364(1972), 48－53; 이용신, "여름 성경학교의 새로운 시도", 「활천」 367(1973), 45－48; 조갑수, "청소년 여름철 프로그램", 「활천」 367(1973), 41－44; 허경삼, "여름철 장년 수련회의 계획과 운영", 「활천」 367(1973), 32－36.

이정근. "성결교회 전통과 기독교 교육의 방향", 「활천」 375, 1976: 34－43.

A. 핵심 개념
교육과 전통 / 기독교교육의 방향


B. 주요 주장
전통과 교육은 긴밀한 관계가 있다. 전통은 교육을 통제하고 교육은 전통을 전달하고 발전시킨다. 성결교회의 전통 형성에 영향을 끼친 인물은 카우만, 길보른, 이명직, 이건 등이다. 이들에 의해 형성된 교육적 성격은 성경공부를 통한 영적훈련이었다.

그 결과 영적 지도자가 존중되었고 전문적 지도자는 천대받는 분위기가 형성되었다. 교단의 규모와 성장 면에서 전문적 지도자가 필요하다. 교역자는 영적 지도자, 평신도는 전문적 지도자로 육성하는 방안이 있다.

행정적으로 볼 때, 교단은 지교회를 우리 전통에 맞게 지도할 수 있는 장학의 역할을 할 수 있어야 한다.

사중복음은 성결교회의 교리적 성격의 특징이다. 이 복음은 교육과정에서 잘 실현되지 못하고 있으며 교육적 원리의 기반이 되지 못하였다. 중생은 성령에 대한 인간의 반응임을 착안하여 성령의 뜻에 복종하도록 하는 교육을 해야 한다. 또한 급진적 회심뿐만 아니라 점진적 회심이 교육적 개입의 폭이 넓으므로 이에 대해 주목할 필요가 있다. 성결은 하나님의 은총과 인간 결단의 작용이므로 교육은 하나님의 은총을 수용하도록 격려해야 한다. 또한 성결은 순간적 완성으로만 아니라 점진적 성장으로 이해할 때 평생교육의 계기가 마련된다. 그리고 성령을 개인적 관계에서 사회적 관계로까지 확대할 때 사회 속에서의 교육의 가능성이 열리게 된다. 건강도 신유의 한 영역이라면 건강교육, 체육교육 등의 생활교육이 실시되어야 할 것이다. 재림을 현재와 연결된 미래의 사건으로 이해할 때, 교육적 토대로 삼을 수 있다.

성결교회의 교육은 전통을 재정리하고, 전통에 기초한 교육이 되어야 한다.

C. 신학적 의의

사중복음의 교육적 가능성에 대한 본격적 검토

D. 주요 본문

"결론적으로 말하면 한국 성결교회의 교육적 전통은 일반교육에 소극적이고 성경공부를 통한 영적 훈련에 과도히 치우친 것으로 시작되었으며 이것이 일반교육기관 설립을 저해하였고 전인교육(全人敎育)으로 발전시키지 못했다고 본다. 그러나 이에 대한 반작용으로 전인교육만 강조되었지 성서교육이 소홀해지는 오늘의 경향도 경계되어야 한다.” / 37 /

“성결교회는 확실히 그 초기에 있어서 영적 지도자들의 공헌이 컸다. 이명직 목사 같은 분은 교부(敎父)라고 할 만큼 영향력이 컸었다. 그리하여 오늘날도 그분 같은 영적 지도자의 결핍을 아쉬워하는 소리가 들리기도 한다. 그러나 이제 성결교회가 일천 규모의 교회로 성장한 현실을 생각하면 오히려 한두 사람이 존중받은 영적 지도자에 의한 교단의 운영이란 바람직하지 않다고 본다. 오히려 한국 성결교회는 그러한 영적 지도자만을 보람 있게 생각하여 온 나머지 전문적 지도자를 멸시하고 전문적 지도자 육성에 착안하지 못한 과오를 범하고 말았다.” / 37-38 /

“이런 전문가들은 교역자 가운데서 나오는 것이 바람직한 면도 있으나 이제는 평신도들 가운데서도 나와야 한다. 어떤 면에서는 영적 지도자였던 요한 웨슬리가 평신도로서 교육지도자였던 로버트 레익스를 격려하고 후원하여 최초의 주일학교를 설립하고 발전시켰던 것처럼 교역자는 영적 지도자가 되고 평신도는 전문적 지도자가 되는 것이 바람직하기도 하다.” / 38 /

“한국성결교회의 중생은 지금까지 급진적 회심만을 성서적인 것으로 인식해 온 흔적이 너무도 분명하다. 이것은 오늘날의 설교에서도 ‘체험’이 고조되거니와 요한 웨슬리의 회심, 카우만의 회심, 이명직 목사의 회심이 모두 이러한 급진적 형태였던 것으로 보아서도 알 수 있다. 그렇다면 성결교회의 기독교교육은 이러한 급진적 회심이 일어나도록 교육적 작업을 시도해야 한다. 이 경험이 소년기에 잘 생겨진다는 사실에 입각하여 청소년부흥회가 개최되어야 한다. 이 회심이 성서를 읽는 중에, 기도하는 중에, 설교를 듣는 중에, 찬송을 부르는 중에 일어나므로 우리는 중생치 않은 사람들에게 그러한 기회를 교육프로그램으로 마련해야 한다. 그래서 기도와 설교와 찬송 등이 포함되는 예배에 참석하는 일을 강력히 종용해야 한다.

그러나 급진적 회심과 함께 점진적 회심도 성서적 중생으로 분명하게 가르쳐야 한다. 이는 웨슬리의 해석대로 순간에 거듭나는 것인데 다만 거듭나는 순간을 모르는 것일 뿐이다. 점진적 회심은 특히 기독교교육이 개재할 진폭이 급진형에 비하여 훨씬 넓게 되어 교육적 기반을 충분히 마련해 준다. 뿐만 아니라 오늘의 그리스도인의 70% 이상이 점진적 회심의 과정을 밟아 거듭나고 있기 때문에 기독교교육은 오히려 점진적 회심에 더 많은 관심을 돌려야 한다." / 41 /

"……그러나 성결은 중생처럼 하나님의 부르심과 인간의 응답 사이에서 이루어지는 것이며, ……여기에서……교육은 하나님의 은총에 순종하도록 인간을 자극하고 인도하는 일을 할 수 있게 된다.

교육과 관련하여 또 하나 문제 삼을 수 있는 것은 '성결'이 '순간적인 완성'이냐 아니면 '점진적 성장'이냐 하는 것이다. 순간에 완성된다면 교육은 효험이 없게 되지만 점진적 성장이라면 기독교교육의 전통에서 보듯이 요람에서 무덤까지 교육을 받아야 하는 평생교육(平生教育)의 기초를 제공하게 된다. ……성결은 평생 계속되어야 할 성화과정(聖化過程)이므로 좋은 교육적 기초를 마련해 준다." / 41 − 42 /

"……한국성결교회는 하나님과 나와의 관계만을 강조하여 성결론을 이해하여 왔다. 이것은 결국 윤리의식의 결핍을 초래하였고 생활과 신앙이 별개의 것으로 二元化되는 비성서적 전통을 형성시켰다. 결국 윤리나 생활은 대인관계요 사회관계인데 성결이 생활 속에서의 성결로 되지 아니하면 인간은 인간 속에서만 인간으로 교육된다는 가설하에 교육현상을 사회화 과정으로 보려는 입장은 근거를 잃게 된다." / 42 /

"······신유를 지나치게 강조하여 신비주의에 빠질 위험성이 과거에 있었으나 신유를 이와 같이 건강 유지에까지 폭넓게 해석하여 '우리 육신을 완전케 하는 복음'을 전통화 시킨 것은 전인적 구원(全人的 救援)을 뜻하는 것으로서 교육의 강한 기초를 마련하였다. 문제는 이러한 강조점을 가지고 있으면서도 건강교육, 체육교육 등의 생활교육에 오히려 부정적이었던 것은 시정되어야 한다." / 42 − 43 /

"再臨은 未來的인 사건이지만 이것을 지나치게 他界的으로만 해석함으로써 교육적 기반을 약화시켰던 것이 우리의 과거요 또 오늘의 현실이기도 하다. 그리하여 현재에 대한 책임 의식이 희박하고 역시의식이 결여되었던 것이 사실이다. 그러나 재림은 將來의 사건이면서도 현재의 연결로서의 장래이지 현재와 단절된 未來의 사건은 아닌 것이다. 그러므로 그리스도의 재림은 '도적 같이 오실' 내일의 사건이면서도 이미 우리 마음속에 와 계신 '현재적 사건'으로 보아야만 재림(再臨)은 교육으로 연결되는 전통이 될 수 있다." / 43 /

李正根. "韓國聖潔敎會의 敎育的 特徵과 方法", 「신학과 선교」제4
　　집, 1977: 105 − 130.

A. 핵심 개념
교육 / 한국성결교회 / 교역자 양성교육 / 학교교육 / 평신도 / 복음주의 / 요한 웨슬리 신학 / 성결 / 인간관 / 사중복음 / 교회 / 카우만, 길보른, 중전중치, 이명직 / 성경 / 회심 /

B. 주요 주장

1) 성결교회는 교회지도자교육을 매우 중시하였다.
2) 성결교회는 學校敎育에 무관심하였다.
3) 성결교회는 복음주의의 영향으로 성서를 강조하는 교육을 하였다.
4) 웨슬리의 선재은총의 교리는 교육의 기반이 된다.
5) 성결교회는 신앙을 성장하는 개념으로 봄으로써 平生敎育의 基礎를 제공하고 있다.
6) 성결교회의 四重福音은 全人的 救援을 위한 견고한 교육적 기초이다.
7) 성결교회는 평신도교육의 근거를 갖고 있으며 교회의 교육적 사명을 긍정하고 있다.
8) 한국성결교회를 설립하고 그 기초를 다듬으며 전통형성에 영향을 끼친 카우만(Charles Elmer Cowman), 길보른(Ernest A. Kilbourne), 中田重治, 그리고 李明植 등은 일반세속교육을 반대하고 성경교육과 영적 교육을 중요시하였다. 그리고 이들은 모두 급진적 회심자들로서, 급진적 회심만의 강조로 교육이 상대적으로 약화되었으며 세속교육은 무관심했거나 외면당하고 말았다.
9) 성결교회교육의 개혁을 위한 방향은 첫째, 교육이념의 정리, 둘째, 전인구원을 위한 교육, 셋째, 전도를 위한 교육, 넷째, 교단교육행정의 강화이다.


C. 교육적 의의

성결교회의 교육적 성격에 대하여 신학적, 역사적으로 포괄적으로 접근하고 있다.

D. 주요 본문

성결교회 교육의 역사적 특징

"2. 감리교와 장로교는 한국에 도착하면서부터 바로 교육과 의술(醫術)을 선교의 가장 중요한 수단으로 채택하였다. ……

그러나 성결교회는 그들과 달랐다. 성결교회를 세운 東洋宣敎會에서 한국에 파견된 선교사들 가운데는 교육의 전문가도 없었고 의사도 없었다. 그들은 오직 전도에만 열심 있는 사람들이었다. ……그러므로 성결교회의 교육적 특징의 첫째는 교육이 매우 도외시되었다는 점이라고 하겠다. 심지어 전도를 하더라도 전도의 효율을 극대화시키기 위한 교육적 노력이 있어야 하였을 것이지만 이에도 착안하지 못하였다.

3. 둘째로 성결교회는 교회지도자교육을 매우 중시하였다. 성결교회가 교육에 있어서 가장 큰 관심을 둔 영역이 있다면 그것은 바로 敎役者 養成敎育이었다. 성결교회의 초창기 지도자들은 일본선교의 출발에서도 보여주었던 바대로 한국에서도 선교를 시작하면서 바로 교역자 양성교육을 시작하였다. ……

4. 聖潔敎會史的側面에서 본 세 번째의 특징은 學校敎育에 대한 무관심이라고 할 수 있다. 聖潔敎會는 敎團의 계획이나 外國宣敎部의 후원으로 설립된 일반교육기관을 단 하나도 가지지 않았다. 이것은 長老敎나 監理敎가 병원과 함께 學校를 세움으로써 宣敎의 場況을 마련했고 韓國의 新敎育에 크게 공헌하였던 것과는 매우 현격한 대조를 이루는 것이라고 하겠다.

5. 넷째로 聖潔敎의 敎育은 神學的根據 위에서 출발하였다기보다 敎育活動을 먼저 導入함으로써 시작되었고 또 계속 발전하였다는 특징을 알고 있다. 사실 聖潔敎의 敎育運動은 평신도들로부터 始作되었고 그들에 의하여 發展을 보았으며 神學敎授團이 그 理論的 基礎를 제공하기 전에 神學徒들 사이에서 그 맹렬한 싹이 터 왔다. 이러한 점에서

볼 때에 성결교의 교육은 교육이 神學에서 제 자리를 잡은 후에 그에 따라 교육계획이 수립되고 교육실천이 수행된 것이 아니라 교육실천이 앞서 나아갔다고 할 수 있고 아직도 교육에 관한 神學的 견해는 제대로 정립되지 않은 채로 남아 있는 셈이 되었다.

6. 마지막으로 한국 성결교회 교육을 역사적 관점에서 고찰한 또 하나의 특징은 성결교회의 교육이 점차 그 독자성을 확보하여 가고 있다는 점이라고 본다. ……성결교회의 지도 세력이었던 外國 宣敎師들과 神學敎育機關의 교수들은 사실 교육문제에 관하여 否定的이었거나 혹은 기껏해야 소극적이었다고 본다. 그러므로 성결교회지도층은 교육을 개발하려는 노력을 별로 기울이지 않았으나 교회는 실제로 교육을 해야 한다는 필요성이 매우 절실하였다. ……

그러나 성결교회에서도 점차 교육적 자각이 일어나게 되었으며 교회에게 위탁된 사명 가운데 교육이 또한 중요사임을 인식하기 시작하였다. 그리하여 성결교회는 독자적인 교육이론을 수립하려는 노력이 강렬하였고 교육의 최고 목표를 수립하였는가 하면(1969) 독자적인 공과를 개발하였으며(1970), 그리고 독특한 평신도 지도자 훈련제도를 창설하기도 하였다(1974). 이렇게 함으로써 성결교회교육의 독자성를 확보하는 방향으로 교육이 전개되었다. / 107 - 109 /


성결교회 교육의 이념적 특징

……한국성결교회의 교육이념의 특징을 論究하려면……교육에 照明을 주는 敎理를 언급해야……성결교회……敎理의 骨格이……웨슬리안이요 福音主義的 神學路線을 따르는 것으로 整理되고있으므로 이에 기초하여 논의하고자 한다.

……복음주의란 성경을 하나님의 영감에 의하여 기록된 문서로 보며(딤전 3:16) 聖書에는 문법적 과오나 기계적 과오가 있을지 모르나 전체적으로는 無誤한 책으로 믿는 입장을 뜻한다. ……

　이렇게 성서를 강조하고 성서를 하나님의 말씀으로 굳게 믿는 신학적 입장은 한국성결교회의 교육이념에 커다란 원리를 제공하여 준다. 이는 곧 교육 全般에서도 성서가 강조되어야 함을 뜻하기 때문이다. 이런 점에서 한국성결교회의 교육은 성경을 철저히 가르칠 것을 요구하고 있다. 이것은 「우리는 使徒信經을 信仰의 根幹으로 하고 聖經을 眞理의 大海로 하여 靈的 無限發展을 圖謀하기로 한다」(헌법 제4조 3항)고 규정한 것을 보나 교단 신학교육기관인 서울神學大學이 처음 탄생될 때 「聖書學園」(Bible Institute)이라는 명칭을 사용한 것으로 보아도 초창기의 성결교회의 창설자들이 얼마나 성경을 중요하게 생각했는가를 확인할 수 있다. 그렇다면 한국성결교회의 교육과정은 당연히 성서중심의 교육과정 곧 인간이 처한 상황이나 인간의 생활이나 혹은 경험보다는 성경 말씀을 기본 골격으로 하는 교육과정을 마련하고 그에 따라 교육을 펴나가야 한다는 요청을 교육이념으로부터 요구받고 있는 셈이 된다.

　3. 둘째로, 한국성결교회의 교리는 요한 웨슬리의 神學的 立場을 따르고 있다. ……

　그런데 요한 웨슬리의 神學은 아무래도 救贖論에 가장 큰 관심을 投入하고 있다고 보아야 한다. ……그렇다면 한국성결교회의 교육도 이처럼 救贖論에 기초한 것이 되어야 한다. 이는 곧 기독교교육이 구원받은 영혼의 영적 성장만을 교육의 과업으로 생각할 것이 아니라 영혼을 구원하시려는 하나님의 사업에 인간이 호응하고 참여하도록 도와주는 것도 교육의 과업으로 삼아야 된다는 말이 된다.

　……웨슬리 연구가들에 따르면 요한 웨슬리는 인간이 구원받는 것은 온전히 하나님의 「은총만으로」이지만 하나님은 인간에게 선재은총(Prevenient grace)을 주심으로 인하여 인간은 구원하시려는 하나님의 초청에 응답할 수 있으며 또 하나님은 인간의 응답을 기다려서 그를 구원하신다는 것이다.

구원에 있어서 인간의 노력의 振幅이 클수록 교육은 넓은 자리를 차지하게 되거니와 요한 웨슬리는 분명히 은총의 신학자이면서 동시에 인간의 역할을 강조하고 있기 때문에 교육의 튼튼한 기반을 제공하고 있는 셈이 된다.

다음으로 한국성결교회의 교리에 있어서 聖潔의 문제와 관련시켜 교육이념의 특색을 찾아보기로 하자.

요한 웨슬리는 성결의 시작을 「稱義」로부터 보았다. 그리하여 新生(혹은 重生)을 바로 初期聖化(initial sanctification) 단계라고 하였다. 그리고 성결은 단번에 완성되는 것이 아니라, 漸進的으로 성장하는 것으로 보았다. 즉 순간적으로 성화가 이루어지지만 이 순간적 변화들이 누적되어 目的論的으로 점진적 성장을 하게 된다고 하였다.

……결국 신앙을 성장하는 개념으로 봄으로써 平生敎育의 基礎를 제공하고 있다. 그런데 한국성결교회의 헌법은……(헌법 제18조)……聖化가 순간에 일어나는 것으로만 理解하고 있을 뿐 계속적이며 점진적인 聖化過程을 고려하지 않음으로써 그 敎育的 基礎를 충분히 제공하고 있지 못하다.

5. 敎育理念 가운데 중요한 한 가지는 人間觀이라고 할 수 있다. 인간을 어떠한 존재로 보느냐, 또 어떠한 존재를 바람직한 人間型으로 보느냐 하는 것은 교육의 目標는 물론 全構造를 결정하는 한 要因이 된다.

……한국성결교회의 人間學은……다만 단편적으로 나타난 것을 종합하여 본다면 人間의 능력을 상당한 정도로 강조하고 있다.

……우선 인간은 누구나 罪人이라는 기독교적 인간관이 그대로 반복되고 있다. 그러나 그 罪의 용서함을 받는 과정에 관하여는 인간의 自由意志 곧 인간이 呼應하느냐 혹은 拒否하느냐 하는 인간의 作用을 전제로 하고 있다. ……인간이 구원되는 과정에 있어서 스스로 호응할 수 있는 능력과 기회가 제공되면 교육은 인간이 구원받도록 돕는 데서

출발하거니와 選擇으로 보면 교육은 선택된 자의 신앙적 성장을 위한 노력으로 이해되게 된다. ……

6. 한국 성결교회의 교회상의 특징은 일반적으로 「重生, 聖潔, 神癒, 再臨」으로 표현되는 四重福音(Four-fold gospel)으로 알려지고 있다. …… 성결교회는 「이 땅 위에서 오늘을 사는」 문제를 매우 심각한 과제로 착안하게 되었으니……기독교가 말하는 구원은 全人的 救援을 뜻하게 되어 매우 견고한 교육적 기초를 마련한 것이다. 심지어 건강교육이나 체육활동, 의약교육 등을 할 수 있는 現世肯定的 교육이념을 제공받게 까지 된 것이다.

7. 한국성결교회는 평신도를 교육할 수 있는 이념적 기초가 매우 강하다고 생각된다. ……성결교회 헌법은 「新約의 祭司權」이란 條項에서 "……그리스도와 聯合한 新約의 모든 聖徒들은 누구나 萬民의 救援을 爲하여 禱告할 祭司의 特權이 있다"(헌법 제23조).

그와 아울러 한국성결교회는 그 政體로 "一般信徒의 信仰良心을 基礎한 代議制度를 採擇하고 있는데(헌법 제4조 4항) 그 최고 의결기관인 總會를 구성하는 會員은 "各 地方會에서 選出한 代表牧師와 長老의 各 同數"로 함으로써(헌법 제57조 1항) 평신도와 牧師를 기능적 차이로만 보았을 뿐 하나님의 使役에 참여하는 데 있어서는 동일한 責任이 있음을 示唆하고 있다. 여기에서 한국성결교회는 평신도를 교육해야 할 뿐만 아니라 평신도들이 교육할 수 있는 이념적 근거를 가지게 되었다.

8. 教會論的 입장에서 볼 때 교육이 어떤 위치를 차지하고 있는가 살펴볼 필요가 있다. ……

성결교회의 헌법은 교회에게 맡겨진 과업 가운데 「교육」이 포함되어 있음을 認知하고 있다. 그것은 「本教會의 生活綱領」의 條項에서 "德性을 教養하여"라고 언급하고 있고 있으며 牧師와 傳道師의 "職務中에 聖經을 가르치며"가 포함되어 있을 뿐만 아니라 「牧師의 定義」에서

"信仰과 眞理의 敎師이며(딤전 2:7, 딤후 3:6)"라고 하였다. 그리고 地方會와 總會에 교육부가 있으며 집행기관인 총회본부에 교육국이 있어서 교회의 교육적 기능이 있음을 명백히 하고 있다. / 109 – 119 /

지도자를 통해 본 교육의 특징

……한국성결교회의 초창기부터 주도적 역할을 한 지도적 인물들을 관찰하고 분석함으로써 우리가 한국성결교회의 교육적 특징의 일면을 고찰할 수 있겠다.

한국성결교회를 설립하고 그 기초를 다듬으며 전통형성에 영향을 끼친 사람들이 누구이냐 하는 것은 觀點에 따라 다소 다를 수도 있겠으나 여기서는 씨 이 카우만(Charles Elmer Cowman)과 이 에이 길보른(Ernest A. Kilbourne), 그리고 일본사람으로서 東洋宣敎會 創設初期에 중요한 역할을 했던 中田重治 감독과 한국성결교회 초기에 가장 큰 공적을 남긴 李明稙 목사를 택하기로 한다.

……이들 지도자들의 교육적 배경은 대단히 약한 편이다. 나까다 주지를 제외하면 정규대학 수준의 교육을 받지 못하였다. 그뿐만 아니라 일반세속교육은 하나님의 일꾼이 되는 데 있어서 별로 도움이 되지 아니하며 오히려 방해가 될 수도 있다는 생각이 그들의 머리를 점령하고 있었다.

……그와 같은 반세속교육적 사고방식은 그들이 살고 있던 당시의 미국에서 상당히 많은 사람들을 사로잡고 있었던 생각이었으며 특히 무디성서학원의 분위기가 그러하였다. 그리하여 동양선교회의 창설자들은 선교의 방법으로 학교를 세우는 일을 외면하였으며 특히 고등 교육기관을 세우는 일은 꿈도 주지 않았다. ……

반면에 그들은 성경교육과 영적 교육은 매우 중요시하였다. 그들은 무디성서학원의 영향을 받아 공부라면 곧 성경공부요 교육이라면 곧 성경교육을 말하였다. 그리하여 카우만과 나까다는 일본에 도착한 해에 바로 신학교(神學校)(Theological Seminary)를 세운 것이 아니라 聖書學院(Bible Training School or Bible Training Institute)을 설립하였다.

……이처럼 성경을 중요시하는 교육의 터전을 마련한 것은 한국성결교회가 성경중심의 교육을 하게 되는 전통을 형성시켜 주었으며 오늘날 기독교교육에서 성경이 경시되는 풍조를 극복해야 할 좋은 기초를 제공한다고 할 수 있다. 그러나 성결교회가 전도, 특히 부흥회, 혹은 대중전도에 지나치게 관심을 쏟은 나머지 성경공부의 강화와 개발에 별다른 진전을 보이지 못하였다.

지도자들을 통하여 본 또 하나의 특징은 회심의 형태와 관계된 것이다. ……

그런데 앞서 기술한 네 사람은 모두 급진적 회심의 경험을 한 사람들이다. ……

만약 이와 같이 回心이 성령의 역사로 인하여 갑작스럽게 생기는 것으로만 정리한다면 회심을 위한 교육적 노력이란 그 가능성이 매우 희박하여진다. 이것이 한국성결교회에서 기독교교육의 발전을 볼 수 없었던 한 큰 원인이기도 하다.

결국 한국성결교회의 창설기에 영향을 끼친 인물들을 통하여 볼 때에 성경을 중시하는 교육 풍토가 조성될 기반은 마련되었으나 급진적 회심만의 강조로 교육이 상대적으로 약화되었으며 세속교육은 무관심했거나 외면당하고 말았다고 보겠다. / 120 – 125 /

홍순우. "교단선교 전략과 교육", 「활천」 384, 1978: 19 – 26.

A. 핵심 개념
교단 창립 기념사업 / 선교 / 교육

B. 주요 주장

우리 교단 선교의 특성은 직접전도, 순복음주의적 선교, 초교파적 비교파적 선교정책, 순복음적 메시지 등의 특성을 갖고 있다. 이 선교는 교육과 분리될 수 없다.

C. 신학적 의의

교단창립 70주년을 맞아 선교 및 교육 사업의 시행을 촉구하고 구체적 전략을 모색하기 위한 글로써 내용의 대부분을 선교에 치중하고 있다. 그러나 교육을 선교적 측면에서 봄으로써 교육을 선교의 일부로 여기지만, 선교와 교육의 관계에 대한 논의를 열어 놓는다.

D. 주요 본문

"……선교와 교육은 공존. 병행해야 한다. 교육 없는 선교는 후속 부대 없는 전진과 같고, 선교 없는 교육은 전방의 공격 없는 후방 지원과 같이 불완전한 것이다. 그러므로 주님의 마지막 명령에서 선교와 교육을 함께 분부하셨음은 참으로 의미 깊은 일이다. 주님은 위대한 선교사인 동시에 또한 교육가이셨다. 그러므로 주님의 몸 된 교회는 주님의 직능을 지상에서 계속 수행하는 유일한 기관이다. 따라서 교회는 선교적 직능인 케리그마헬라어(하나님의 말씀 선포)와 기독교교육적 직능인 디다케헬라어(가르침)을 조화 있게 수행해 나가야 하는 사명적, 책임적 기관이다." / 20 /

[70년대 검토되지 않은 문헌들]

이종무, "교회교육지도자 수련회 그룹토의 보고서", 「활천」 375(1976), 57－59; 이용원, "청소년의 심리", 「활천」 376(1976), 32－

36; 이정근, "교회 청소년 교육의 과제", 「활천」 376(1976), 37-41; 허경삼, "청소년의 회심과 교회", 「활천」 376(1976), 27-31; 박희성, "하기 수련회의 운영과 실제", 「활천」 376(1976), 42-46; 홍순우, "교단선교 전략과 교육", 「활천」 384(1978), 19-26; 이종무, "교회와 기독교교육 (1)", 「활천」 385(1978), 42-45; 이종무, "기독교교육의 실제", 「활천」 386(1979), 52-57; 이종무, "기독교교육의 실제 (3)", 「활천」 387(1979), 49-54; 이종무, "기독교 교육의 실제", 「활천」 390(1981), 55-59.

이정효. "사중복음 교육화에 관한 연구", 「신학과 선교」22권, 1997:
411-437.

A. 핵심 개념
사중복음 / 교육화 방안

B. 주요 주장
성결교회의 갱신과 성장의 터전을 마련하기 위해서는 사중복음에 대한 교육적 이해를 분명히 하고 이를 삶으로서 실천할 수 있게 하는 참다운 신앙교육화를 모색할 필요가 있다.
사중복음에 대한 교육의 목적은 그 사실을 아는 데 있지 않고 그것을 살도록 하는 데 두어야 한다. 사중복음을 교육하는 교사는 사중복음을 체험하고 그것을 가르쳐야겠다는 소명이 있어야 한다. 사중복음의 교육내용으로는 사중복음과 관련된 성경의 내용과 교회사와 신앙 인물 등을 다룰 수 있을 것이다. 사중복음의 교육 방법은 체험적 성격의 것이 되도록 계시와 응답이 만나는 방법, 전인적으로 반응할 수 있는 방법 등이 우선되어야 한다.

C. 신학적 의의

사중복음을 성결교회의 교육 목적의 일부로 간주하고 그에 대한 교육적 이해를 시도하고 있다. 더 나아가 사중복음을 교육적으로 실천하기 위해 교육 목적, 내용, 방법적인 면에서 방안들을 제시하고 있다.

D. 주요 본문

"지금까지 성결교회가 사중복음을 전도표제로 삼고 교회의 신학적 틀을 형성하는 진리로 표방하고 있으면서도 교회의 정체성을 뚜렷이 내세우지 못한 것과 진정한 교회 성장을 계속 이어가지 못하고 있는 것은 무엇보다도 사중복음에 대한 교육화가 이루어지지 않았기 때문이며 또한 사중복음 교육이 다만 인지적 차원에서의 교리교육에 머물러 있을 뿐 신앙적 삶과 직결되는 신앙교육으로 이어지지 못했기 때문이다.

이제 성결교회는 기독교의 근본 진리이며 복음인 중생, 성결, 신유, 재림의 사중복음에서 교회의 정체성을 찾고 또 본교회의 존재화와 활성화를 위해 사중복음에 대한 현대적 의미와 해석을 새롭게 정립하고 이를 신앙할 수 있도록 하는 사중복음 교육화를 적극적으로 추진해야 할 것이다." / 431 /

이정효. "기독교대한성결교회의 기독교교육사", 「기독교교육논총 5: 한국교단의 기독교교육사」, 한국기독교교육학회, 1999: 241-271.

A. 핵심 개념

교육부 / 교육국 / 교회학교 / 기독교교육과 / 기독교교육연구소


B. 주요 주장

1) 기독교대한성결교회의 기독교교육의 역사는 1945년을 시점으로 재건기(1945~1953), 부흥기(1954~1964), 안정기(1965~1976), 성장기(1977~현재)로 나눌 수 있다.

2) 성결교회의 교육과정 및 교재개발의 역사는 주일학교 독본시대(1922~1950), 성경공부 시대(1970~1987), 성결한 삶 교육과정 시대(1988~현재)로 나눌 수 있다.

3) 교회교육의 전문성은 서울신학대학에 기독교교육과가 설립되면서부터 갖추기 시작하였다.

4) 기독교대한성결교회의 교육은 성결과 성결한 삶을 특별히 강조하는 교육이다.


C. 교육적 의의

1) 기독교대한성결교회의 기독교교육의 역사에 대한 포괄적인 접근을 한다는 점. 기독교교육사에서 일반적으로 언급되는 교육부, 교육국의 조직·역할·활동 이외에, 교육전도사와 교육목사의 양성과 수용에 대한 내용, 교회학교의 조직과 구성 등을 다루고 있다. 또한 교사 양성 및 계속 교육에 대해 커리큘럼이 소개되고 있다. 특히 서울신학대학교 기독교교육과와 관련하여, 기독교교육과의 창설 및 전개 과정, 교수진과 주요 연구 및 활동, 기독교교육연구소의 설립과 활동 등이 자세히 소개되고 있다.

2) 종합적인 성격의 기독교교육사이기 때문에 심층적이지 못하나,
   기독교대한성결교회 기독교교육과 관계된 내용에 대한 연구를
   하고자 할 때 바탕이 될 수 있는 출발점의 역할을 할 수 있을
   것이다.


D. 주요 본문


교단의 전도에 대한 강조

"1945년 11월 9일 교단 총회는 교육과 관련된 두 가지 사항을 결의
했다. 하나는 전국교회의 주일학교 학생들로 소년·소녀단을 조직하여
장년들의 전도운동을 돕도록 하는 안이었고, 다른 하나는 교회의 재건
과 개척을 위하여 주일학교 학생들에게 회비(월 10전 이상)를 내도록
한 것이었다. 이런 사실로부터 당시 교단이 전도에 전념하느라 교육에
까지는 미처 신경을 쓸 수 없었음을 알 수 있다." / 242 /


비공식적인 교육적 노력들

"교단교육에 대한 관심은 공적으로뿐만 아니라 사적으로도 전개되었
다. 그 한 예는 1952년 피난 시절 서울신학교에서 주일학교 교육에 뜻
이 있는 사람들이 모여 주일학교연구회를 조직한 것이다. 그들은 이용
신, 오기선, 김성호 등이었는데, 여름 성경학교를 위해 「푸른 에덴」이라
는 노래집을 펴내기도 했다. 또한 그들은 주일학교연합회의 기관지인 「어
린양」 창간(1954)에 주도적 역할을 했고, 교단의 교육에 크게 이바지하
였다." / 243 /


"이 시기의 주목할 만한 것은 주일학교 교사들로부터 일어난 교육운
동이었다. 이들은 주일학교연합회를 통하여 독자적으로 기관지를 발행

했을 뿐만 아니라 교단에 공과발행을 청원하고, 기독교교육 전문가의 필요성을 역설하면서 실제적으로 후원하기도 하였다. 나아가 교사교육을 위한 교육과정을 정하기도 했다. 그 내용으로는 성서(9시간), 교리(6시간), 교회사(5시간) 등은 교회에서 배우고 기독교교육 원리, 심리, 교수법, 각부 기도법, 음악지도, 시청각교육, 휴가학교 지도, 레크리에이션 지도 등은 전문가를 초청해서 강의를 듣도록 하였다.

주일학교연합회는 이외에도 어린이 부흥회, 주일학교 교사교육 연구원, 순회교사 강습회, 총회의 각 기관에 교육의 중요성을 알리는 메시지를 보내는 일 등을 다채롭게 진행함으로써 향후 성결교회 교육발전의 초석을 놓았다. 이때에 주일학교전국연합회(1964)가 한 의미 있는 일 중의 하나는 교단교육의 방향이 없음을 안타까워하며, 사중복음을 토대로 기독교교육의 목적문안을 작성하여 「활천」(제33호)에 발표한 것이다. 그러나 이 시기는 교단 분열이라는 어려움을 당함으로써 교회적으로 많은 혼란을 일으켰던 기간이다." / 243 - 244 /


교육목적의 의미

"모든 사람으로 하여금 성서를 통하여 보여주신 하나님의 부르심에 응답하여 하나님을 알고, 예수 그리스도를 믿음으로 거듭나며, 성령의 도우심으로 성결한 그리스도인이 되어 사랑의 공동체인 교회를 섬김으로 하나님을 영화롭게 하며, 이 세상을 구원하시는 하나님의 역사에 동참하여 복음을 전하고, 이웃을 사랑하며, 영육을 강건케 하시는 성령과 함께 살면서 소망스러운 삶을 살도록 도와주려는 것이다.

이 교육목적이 시사하는 바는 크게 세 가지이다. 첫째, 하나님께서 우리에게 요청하시는 인간의 모습은 중생하고 성결한 그리스도인이다. 둘째, 성결한 인간이란 구체적으로 온전한 그리스도인을 의미한다. 그는 하나님을 영화롭게 하는 사람으로서 그 행위는 예배와 이웃 사랑으로 나타나며 성교, 교육, 친교, 봉사 등으로 구체화된다. 셋째, 성결교회

528

의 교육과정은 하나님, 아버지, 예수 그리스도, 성령, 구원, 교회, 윤리,
재림의 내용을 포함하며, 교육의 대상은 영아로부터 노인에 이르며, 교
육의 현장은 가정, 사회, 교회, 직장, 학교 등 인간이 삶을 영위하는 모
든 현장이라고 할 수 있다.

  즉 성결교회의 교육의 목적은 신앙의 지ㆍ정ㆍ의의 세 차원을 모두
포함하고 있으며, 현재의 삶과 미래의 소망이 동시에 강조되며, 하나님
과의 수직적 관계와 이웃과의 수평적 관계를 균형 있게 강조하고 있
다.” / 246 – 247 /


이정효. “기독교 대한 성결교회의 교육신학정립에 관한 연구”, 「신학
     과 선교」 26권(2001): 159 – 182.


  A. 핵심 개념
  기독교대한성결교회 / 교육신학 / 복음주의 / 웨슬리 신학 / 사중복음 /
구조 / 과정


  B. 주요 주장
  성결교회의 교육신학은 복음주의, 웨슬리 신학, 그리고 사중복음을
바탕으로 정립되어야 한다. 교육신학은 구조와 과정으로 형성된다.
“교육신학의 구조는 복음에 대한 해석, 곧 신학에 해당되는 문제이
다.”(174) 주요 신학적 주제는 신, 인간, 성서, 교회 등이다. “교육신
학의 과정은 복음이 삶 가운데 경험되고 전달되는 과정, 곧 교육을
가리킨다.”(175) 여기에는 교육의 목적, 내용, 방법, 교사, 교육 현장
이 포함된다.
  성결교회의 교육신학은 “첫째, 기ㆍ성교회의 근거가 되는 복음주

의 신학과 웨슬리 신학, 그리고 19세기 성결운동과 사중복음에 대한
올바른 인식과 이에 따른 현재적 문제점을 비평, 성찰해야 할 것이
다. 둘째, 온전한 성결인 양성을 교육목적으로 하고 사중복음을 중심
으로 하나님 말씀과 신앙적, 역사적 삶을 교육내용으로 삼아 인지적
으로 깨닫고 정서적으로 느끼고, 의지적으로 결단케 하는 전인적 방
법을 통해 교회를 비롯하여 복음이 전파되는 모든 곳에서 신앙교육
이 이루어져야 할 것이다."(180)


C. 교육적 의의

성결교회의 정체성을 복음주의, 웨슬리 신학, 19세기 성결운동과
사중복음의 관점에서 이해하고 있다. 그에 따른 성결교회의 교육신
학을 전통적 교육신학의 구조와 과정이라는 틀에서 정립을 시도하고
있다.


D. 주요 본문

"……신 이해에 있어서 기·성교회는 성부, 성자, 성령 삼위일체 하나
님을 믿으며, 창조주이며 속죄주로서 받아들이고 하나님의 절대주권을
인정하고 있다. 인간이해에 있어서 인간은 전적 타락한 죄인이지만 하
나님의 선재적 은총에 대한 신앙의 응답으로 구원받을 수 있다는 신인
협동설을 주장한다. 성서관에 있어서는 성서는 하나님의 계시를 받은
자들이 하나님의 영감에 의하여 기록한 것으로 하나님 말씀으로 믿으
며 신앙의 표준과 교회와 신앙생활의 규범이다. 성경에 근거하지 않는
그 어떤 학설이나 신비와 체험을 배격한다. 성경해석은 성서전체에 일관
된 복음으로 해석하고 일체의 자기 학설이나 체험, 그리고 비평적 해석

을 용인하지 않는다. 웨슬리가 성경해석에 있어서 성서의 우위를 인정하는 한에 있어서 이성의 역할을 높이 평가한 것을 감안할 때, 기·성교회는 성서에 의한 최종 검증을 받는 조건으로 복음의 진수에 따라 성서해석에 대한 이성적 작업을 허용해야 할 것이다. 그리하여 이성적 작업만을 고집하는 자유주의 신학사상이나 이성적 작업을 전혀 고려하지 않는 열광주의나 주관주의에 빠지지 않도록 힘써야 할 것이다.

교회관에 있어서도 본헌법에 나타난 교육목적, 정의 등을 살펴볼 때, 교회란 하나님의 부르심을 입고 예수를 구주로 믿는 자의 공동체로서 영혼구원과 윤리실천에 힘쓰며 재림의 주를 대망하도록 되어 있다. 기·성교회는 구원과 성결된 삶을 강조하는 특징을 살려야 할 것이지만, 웨슬리가 제시하는바 교회가 세상의 빛과 소금의 역할을 마땅히 감당하여야 할 사회정화에 직접 참여하는 것이 결여되지 않도록 의식과 정책을 확장해야 할 것이다. 교회는 개인 영혼구원에 우선적으로 관심을 갖고 이를 위해 최선을 다할 것이다. 그러나 이것으로 만족하지 않고 사회적 구원으로 연결되도록 이해의 폭을 넓혀야 할 것이다." / 174 - 175 /

a. 교육목적

기·성교회의 교육에 직접적인 영향을 미친 것은 웨슬리 신학의 성결론과 복음주의 신학의 성서론과 사중복음이다. 따라서 기·성교회의 교육목적은 온전한 성결인 양성에 두어야 할 것이다. 웨슬리 성결의 과정적 성격에서 평생교육의 특성이 있음과 온전한 구원에서 전인적 특성을 띠고 있음에서 볼 때 온전한 성결인이란 중생하고 성결한 삶을 살아가는 사람으로서 온전한 그리스도인을 의미하고 평생 하나님을 영화롭게 하는 사람을 가리킨다. 그 행위는 구체적으로 하나님에 대한 사랑의 행위인 예배와 이웃에 대한 사랑의 행위인 선교로 나타난다. 따라서 온전한 성결인 양성은 현재의 삶과 미래의 소망이 함께 강조되고 또, 하나님과의 수직적 관계와 이웃과의 수평적 관계가 균형 있게 조화를 이루는 속에서 이루어지게 될 것이다.


b. 교육내용

기·성교회 교육의 내용은 하나님 말씀과 이에 관련된 모든 역사적 삶이 선정되어야 한다. 기·성의 기본적인 신학과 전통과 교리에서 벗어나지 않는 한에서 기·성교회의 특성인 사중복음이 교육내용의 중심이 되어야 하고 과거와 현재의 삶 속에서 하나님을 체험한 사람들의 신앙순례에 관한 이야기도 그 교육내용이 될 수 있다. 그들의 외면화된 신앙사건과 이야기들이 일반화를 거쳐 학습자 자신의 삶에 내면화되는 과정을 통해서 좋은 교육자료들이 수집될 수 있다. ……


c. 교육 방법

……기·성교회가 온전한 성결인의 양육을 목적으로 하고 사중복음을 중심으로 신앙적 삶을 내용으로 하여 교육하고자 할 때 그 방법은 다만 인지적으로 깨닫게 하는 방법뿐이 아니라, 정서적으로 느낄 수 있고, 의지적으로 결단할 수 있도록 하는 전인적, 창조적 방법이 되어야 할 것이다. ……


e. 교육현장

교육현장은 복음이 전파되고 증거되는 모든 곳으로 교회·가정·사회가 모두 교육현장이 될 수 있다. 개인 영혼 구원을 중요하게 다루는 기·성교회의 입장에서 볼 때, 첫째로 교회는 교육현장으로서 매우 중요한 곳이라고 말할 수 있다. 교회는 자기를 부르신 예수 그리스도로 말미암아 중생과 성결의 체험이 이루어지는 곳이며, 신유와 재림의 복음을 소망하고 기다리는 현장인 것이다. 교회는 성령이 역사하는 곳으로서 설교와 교육과의 밀접한 관계 속에서 회개와 성장이 일어나며 복음에 순복하는 삶으로 변화하게 되는 교육현장이 되는 것이다.

둘째로 가정은 현대 속에서도 매우 중요한 기독교교육의 장이 된다. 가정은 하나님의 언약의 공동체이며 온 가족이 공동으로 참여하는 기본적 신앙의 삶이 이루어지는 곳이 되기 때문에 신앙과 사랑의 교사로서의 부모와, 공경과 순종의 학습자로서의 자녀 간에 영적 유기성이 이루어지는 곳이다. ……

셋째로 사회는 개인과 집단 간에 상호작용이 일어나는 곳으로서 국가를 비롯해서 직장·학교 등 사회 전반에 이르러 복음에 의한 진정한 사회화가 일어날 수 있는 모든 곳을 가리킨다. 바로 그곳 사회는 훌륭한 교육현장이 되는 것이다. 기·성교회가 복음의 사회적 역할을 중요시 여긴다면 사회 속에서의 복음 전파 및 교육에 큰 의미와 관심을 가져야 할 것이다." / 175 - 179 /


교육백서위원회 편.『새천년교육백서』, 기독교대한성결교회출판부(2001).


A. 핵심개념

교육백서 / 교육 이념 / 교육 목적 / 교육 목표 / 교육과 복음주의 / 교육과 웨슬리주의 / 교육과 사중복음 / 성결교회의 교육신학 / 교육의 역사 / 교육의 현황 / 교육목회(중소교회 교육, 대교회 교육, 농어촌교회 교육, 도시교회 교육) / 주간교육 / 절기교육 / 계절교육 / 교사교육 / 평생교육 / 교육의 운영(유아부, 유치부, 유년부, 초등부, 소년부, 중등부, 고등부, 청년부, 장년부, 노년부, 특수부) / 교육행정 / 가정교육 / 학교교육 / 사회교육 / 환경교육 / 통일교육 / 윤리교육 / 성결교회의 교육정책 / 성결교회 교육의 과제 / 성결교회 교육과정 평가 / 새 교육과정 모델 / 성결교회 새 교육과정(안)

## B. 주요 주장

"교육백서는 총론과 4부, 13장, 59절로 구성되어 있다. 총론에서는 교육의 본질로서의 교육 이념을 "성결한 삶"으로 정하고, 그에 따른 교육 목적, 교육 목표를 다루고 있다. 1부에서는 교육의 정신으로서, 우리 교단의 전통이라고 할 수 있는 복음주의, 웨슬리주의, 사중복음을 교육과의 관련에서 다루고 종합적으로 교단의 교육신학을 모색했다. 또한 교육의 역사를 동양선교회 복음전도관 시대, 조선예수교 동양선교회 성결교회 시대, 해방 이후 재건기, 그리고 6.25이후의 시기를 부흥기, 안정기, 성장기로 나누어 교회학교, 교재, 신학교, 교육국, 교육원 등을 망라하여 다루었다. 2부에서는 총회본부 교육국의 의뢰에 의해 서울신대 기독교교육연구소가 주관한 현장조사를 다루고 있다. 현재 우리 교단 교육의 현실(교육환경, 교육적 관점, 교단의 교육목적 · 교육과정 등의 인지도, 교단 교회학교교재 만족도, 설문대상자와 구체적 관련 사항 등)을 설문을 통해 조사하고 그 결과를 분석했다. 전국을 지역, 교회의 규모 등을 안배하여 180여 교회를 표본으로 선정하여 수집하였다. 설문대상자를 교역자, 교육담당자, 담임교사, 학부모, 중 · 고등부 학생, 그리고 어린이까지 포함시킨 것이 특징이다. 3부에서는 2부의 교육현실을 바탕으로 교육적 대안을 제시하고 있다. 교회의 크기에 따른 교육목회 방향 제시했으며. 지역에 따른 교육 목회 방안과 구체적 교육프로그램도 제시하였다. 또한 유아부에서 노년부에 이르는 부서별 교육 방안도 제시하였다. 분명한 목표를 수립하고 그것의 실현을 위한 내용을 예배, 성경공부, 활동의 세 부분으로 나누어 구체적 방법까지 모색했다. 그리고 가정, 학교, 사회, 환경, 통일, 윤리 등에 대한 교육적 대안도 제시하였다. 4부에서는 성결교회교육의 전망을 다루되, 정책과 교육과정의 면에서 언급하였다. 교육과정의 경우 기존교육과정에 대한 비판을 바탕으로 간략한 틀을 제공했다."

[목 차]

발간사 / 5

총 론 / 11

[연구·집필](*교육백서에는 미기재)

강신덕, 강형규, 곽정석, 김덕원, 김동혁, 김한옥, 남은경, 박수진,
박종석, 박향숙, 백영모, 설은주, 양귀원, 원광호, 유윤종, 이영운,
이재정, 이정효, 이종규, 이종성, 임민자, 임순희, 장원규, 장원순,
정부선, 정 찬, 조문섭, 조병재, 지혜라, 최미경, 최은혁, 함명선,

허상봉, 현성주, 황선혜, 황은연(가나다 순).

## C. 교육적 의의

"교육백서를 발행하게 된 구체적인 취지는 크게 두 가지이다. 첫째, 교단교육의 방향과 체계화를 위해서이다. 그동안 교단의 특성을 띤 교육의 필요성은 제기되었으나 그것이 무엇인지는 불분명했다. 교회는 나름대로 교육에 힘을 쏟아왔지만 전체로서의 교회에는 통일성이 결여되어 있었다. 따라서 교회의 교육에 대한 분명한 방향성이 필요했다. 이 교육백서가 교육의 방향을 제시하여 교회가 자신들이 어떤 교육을 하고 있는지 반성하고 방향성을 재정립하는 데 기준이 되기 바란다. 그리하여 교단 전체가 교육에 있어서 노력의 낭비 없이 이 교육백서에 주어진 방향을 따라 나아감으로써 교육 수준의 향상과 효율성을 기대해 본다.

둘째, 교육을 통한 선교를 위해서이다. 오늘날 교회는 성장의 한계에 부딪쳐 있다. 이와 같은 난관은 교회가 그동안 무엇을 망각하고 있었나를 반성해 볼 수 있는 좋은 기회가 될 수 있다. 한 연구에 따르면 우리 교단은 교육에 대해 강조했던 시기에 다른 시기보다 더 높은 성장을 이루었다고 한다. 이 같은 사실은 교회의 성장이 교육과 별개의 내용이 아니라는 것을 반증해 준다. 따라서 교회는 이제라도 교육을 통한 착실한 성장의 기틀을 마련해야 할 것이다. 이 교육백서는 교육을 통한 선교를 모색하는 데 필요한 구체적인 내용들을 제시하려고 노력하였다. 이 백서를 통해 교회가 탄탄한 성장을 이루어 가기를 바란다.

따라서 이 교육백서의 성격은 세 가지로 볼 수 있다. 첫째, 시대성이다. 즉 교육에 의한 교회의 선교 모색을 위한 성격을 띠고 있다. 교회 성장 시대 이후의 난항기에 양적 위주의 선교전략의 대안을 제시하고 있다. 둘째, 교단성이다. 즉 교단적 특성을 지닌 교육을 모색하고 있다. 교육을 강조하던 교단의 전통을 상기시키면서 다원화 사회에서 교단 개성적 교육을 추구하고 있다. 셋째, 현장성이다. 즉 교회에 필요한 구체적 교육 지침을 제공하고자 했다. 그래서 실천적 교육 내용, 현장의 필요에 부응하는 내용, 그리고 즉각적으로 활용 가능한 내용을 담고 있다." / 5-6 /

"이 교육백서를 통해 교육에 대해 전반적으로 관심이 높아지고, 목회를 교육적 관점에서 고려하는 새로운 시야가 생겨나기를 바란다. 교육목회에 대한 막연한 추측이 구체적 형상으로 파악되기를 기대한다. 또한 교육에 대한 전체적 조망의 획득을 통해 교회의 교육 사역분야에 대한 지도력이 강화되기를 바란다. 그리고 무엇보다 지속적인 교육목회를 통해 안정적인 교회 성장을 이루어 가길 바란다."

박종석. "성결교회 교회학교교재의 역사에 대한 비판적 연구", 「교수논총」 13집(2002): 215-248.

A. 핵심개념
성결교회 / 교회학교 / 교재 / 역사 / 기준(성격, 형태, 내용)

B. 주요 주장
성결교회에서 교재에 대한 연구는 주로 역사적 사실, 특정한 시대의 특정한 부서, 교육과정 차원, 사회학적 차원에서 다루어져 전체적인 조망을 상실하고 있다. 이 연구는 기왕의 연구들을 통합하면서 미래를 위한 건설적 소임을 위해 비판적 탐구를 한다.

교재에 대한 검토의 기준을 성격, 형태, 내용 등으로 정하고, 시기를 1. 성경적 교재 시작기(1923~1961): 「활천」의 '만국주일학과'와 이명직의 '주일학교독본', 2. 교재 형식 구비기(1962~1987): 주일학교 연합회의 '성경공과'와 총회교육부의 '성경공부' 교재, 3. 교육적 교재 편집기(1988~현재): "성결한 삶"과 성결한 삶을 개편한 학년별 교재로 나누어 검토하고 있다.


C. 신학적 의의
1) 성결교회 교재에 대한 통사적 연구
2) 새로운 시대 구분


D. 주요 본문


성결교회의 교회학교 교재는 그 형식과 형태, 내용 면에 있어서 큰 발전을 해왔다. 성결교회 교회학교의 교재는 교사용 교재 → 학생용 교재로, 통일공과 → 계단공과로, 계단공과는 다시 부별공과 → 학년별공과로 발전되어왔다. 교재의 효시라고 할 수 있는 '만국주일학과'가 독립적인 체제를 갖추지 못하고 「활천」에 게재되면서 시작된 교재는 '주일학교독본'을 통해 교재의 형식을 갖추게 되었으며, '성경공과'는 학생용과 교사용이 갖추어진 부별교재였다. '성경공부'는 좀 더 발전된 부별교재로 그 영역을 중·고등부까지 넓혔다. 그리고 "성결한 삶" 교재에 이르러 체계적인 부별 계단공과의 완성을 보게 되었다. 이것은 나중에 학년별교재로 개편되었다. 내용 면에서 성결교회의 교회학교 교재는 근본적으로는 성경의 내용을 가르치려는 교재라고 할 수 있다. '만국주일학과'와 『주일학교 독본』은 성서의 사실적 내용으로 가득했다. 그러나 '성경공과'와 '성경공부'는 학습자의 발달단계를 고려하려는 노력을 보이기 시작했으며, "성결한 삶"에서는 학생들의 삶에 관한 내용들도 교재에 넣어 성경과 생활의 조화를 꾀하려고 했다. 이와 같은 노력은 학

년별 교재로 개편된 교재에서 눈에 띈다. / 247 /

한국성결교회연합회 교육분과 편. 『'성결과 비전' 교육과정』, 한국성
결교회연합회(2003).

A. 핵심개념
성결교회 교육과정 / 필요성 / 성격과 특징 / 교육이념과 교육목적 / 핵
심 주제 / 내용 / 디자인 / 교사 / 평가 / 지침

B. 주요 주장

목　차
제1장 새 교육과정의 필요성　　　　　　　　　/　이정효
제2장 '성결과 비전' 교육과정의 성격과 특징　/　김국환
제3장 교육이념과 교육목적　　　　　　　　　/　박종석
제4장 '성결과 비전' 교육과정의 핵심 주제　　/　임낙형
제5장 '성결과 비전' 교육과정의 내용　　　　/　남은경
제6장 '성결과 비전' 교육과정의 디자인　　　/　남은경
제7장 새 교육과정에서의 교사의 역할　　　　/　홍은숙
제8장 새 교육과정의 평가　　　　　　　　　/　홍은숙
제9장 부서별 교육과정 지침
　1. 유치부 교육과정　　/　　남은경
　2. 유년부 교육과정　　/　　홍은숙
　3. 초등부 교육과정　　/　　김국환
　4. 중등부 교육과정　　/　　박종석
　5. 고등부 교육과정　　/　　이정효　임낙형

C. 교육적 의의

기독교대한성결교회와 예수교대한성결교회의 교단 통합 기구인 한국성결교회연합회의 교육분과 사업의 일환으로 진행된 사업이다. 그러나 '성결과 비전'이란 이름으로 태어난 새 교육과정은 양교단의 교육을 새롭게 규정한다. 양교단의 교육은 앞으로 이에 준하여 실행될 것이기에 그 비중은 무겁다.

D. 주요 본문

"'성결과 비전' 교육과정의 의의는 첫째, 예수교대한성결교회와 기독교대한성결교회 양 교단이 공동으로 추구하는 교육목적을 실현하는 것이다. 온전한 성결복음을 통해 교단의 화합과 교육을 추구한다. 둘째, 교회학교 활성화이다. 침체되어 가는 교회학교를 살리고, 어린이에서 장년에 이르는 모든 세대를 포괄하는 교회학교의 성장과 부흥을 이룬다. 셋째, 우리가 살고 있는 이 사회의 영적 변화, 변화를 위한 영향력을 가지도록 하는 것이다. 넷째, 이 성결복음은 온 세계로 뻗어 가는 복음이 되도록 하는 교육과정이다. 세계 각지에 선교사와 교회를 세우는 일꾼을 길러내며, 또 결단하도록 만드는 교육과정이 '성결과 비전' 교육과정이다." / 2 /

새 교육과정의 성격
새 교육과정의 성격은 다음과 같다.

1. 복음주의 신앙
복음주의 신앙은 하나님께서 죄를 지은 사람을 구원하여 주신다는 기쁨의 좋은 소식인 복음을 믿는 신앙을 의미한다. 아울러 이는 삼위일

체 하나님, 예수 그리스도의 신성, 성령의 인격성, 성경의 완전영감, 십
자가 구속의 죽으심, 부활, 승천, 재림과 부활과 심판 및 천국과 지옥에
대한 하나님의 말씀을 그대로 믿고 생활 속에서 실천하는 신앙적 자세
를 뜻한다. 이는……새 교육과정의 기초적 내용이 된다. 아울러 새 교육
과정의 복음주의 신앙은 신구약 성경을 중심으로 웨슬리-알미니안적
신학사상과 사중복음을 근거로 한 신앙적 특성으로 구조화되었다.

### 2. 교단성

새 교육과정은 성결교회의 신앙노선인 웨슬리 신학과 사중복음에 기
초하여 성결인을 양성하려는 교단성에서 비롯된다. 성결교회 사중복음
의 특성은 소극적으로 성령세례를 통하여 죄와 분리되어 전인적으로
하나님을 향하고, 적극적으로는 성령충만을 통한 하나님의 내주하심을
뜻하며, 윤리적으로는 하나님의 청지기로서 사랑과 정의를 실천하여 하
나님의 청지기로서의 책임을 다하며, 점진적으로는 예수 그리스도의 장
성한 분량에 이르기까지 성장해 가는 신앙적 성숙을 의미한다. ……

### 3. 통전적 신앙

통전적 신앙이란 새 교육과정이 추구하는 신앙지도의 목표로서 이는
바르게 알고, 바르게 믿고, 바르게 실천할 수 있는 온전한 지·정·의
를 갖춘 전인적 신앙을 의미하고, 세부적으로는 하나님을 공경하고 더
불어 이웃을 사랑하여 남성과 여성의 평등함을 인식하고 균등한 기회
를 제공하며 상호 존중하는 인격적 신앙의 성향을 의미한다.

### 4. 사회적 책임성

우리가 사는 이 시대는……인간성 상실의 시대이다. 이러한 시대를
살아가는 내일의 지도자를 양육하기 위하여 새 교육과정에서는 역사와
문화를 이끌어 가는 선도적 신앙인을, 사회정의를 실현하고 통일을 주

도할 수 있는 신앙인을, 바른 국가관을 가지고 세계화에 대처하는 신앙인을 그리고 정보사회의 부정적 요인들을 극복할 수 있는 신앙인 육성을 추구하고자 한다. ……

5. 실천성

신앙과 삶이 이원화되어 가고 있는 현실에서 새 교육과정은 성결인들로 하여금 말씀을 생활로 실천하는 신앙인을 육성하고자 하였다. ……학교에서 서로 도우며 협력……하고, 가정에서의 부모와 형제간의 우애와 사랑의 실천, 지역사회에서의 소외계층과 이웃에 대한 관심, 그리고 나눔의 사랑을 실천하도록 지도한다. ……

6. 생명존중

……새 교육과정에서는 하나님의 창조질서를 회복하고 생명을 존중하도록 교육내용을 구성하였다.

7. 공동체성 추구

……새 교육과정에서는 하나님이 세우신 가정공동체를 회복하는 일을 강조하였다. 아울러……지역사회를 하나님의 나라로 확장시키는 교회의 바른 역할을 모색하였다. ……

새 교육과정의 특징
새 교육과정은 다음과 같은 특징을 가지고 있다.

1. 성결의 정체성 형성
성결교회는……성도들의 생활과 관련하여 성결한 바른 삶을 신앙생활의 최우선에 두고 중생(거듭남), 성결, 신유 및 다시 오실 예수 그리스도의 재림에 대한 확신 등에 강조점을 두고 있다. 아울러 성경의 절대 무오설, 예수 그리스도의 동정녀 탄생과 십자가의 죽으심, 부활, 승천과 재림 및 심판과 관련된 건전한 신앙적 교리로 가르침을 받고 있다. ……또한……건전하고 복음적인 교단의 정체성을 가지고 있다. 이러한 성결교회의 역사적 전통과 정체성을 감안하여 새 교육과정에서는……성결교회에 대한 자부심과 긍지를 갖게 하기 위하여 사중복음을 중심으로 한 성결의 정체성을 부각하였다.

2. 사중복음의 생활화 추구

새 교육과정은 사중복음의 생활화를 추구하는 특징이 있다. ……중생을 통하여 구원의 확신, 성결을 통하여 기독교적 성품함양, 신유를 통하여 소명확인, 재림을 통한 하나님 나라에 대한 소망과 전도하는 성결인을 육성함으로 설명할 수 있다.

3. 교육주제별 특성화

새 교육과정의 교육주제별 특징은 분기별, 단원별(월별), 주별로 구분이 되었는데 분기별 주제로는 사중복음인 중생, 성결, 신유, 재림을 중심으로 하여 네 분기로 구분하였고, 이를 다시 단원별(월별) 교육 주제로 연계하여 절기나 계절별 특성을 고려하여 내용을 체계화하였으며, 주별 교육주제로 심화하여 성경, 교리, 생활 및 활동중심으로 진행되도록 하였다. 성경은 가능한 성경에 기록된 내용을 그대로 전달하기 위하여 성경이야기 방식으로 접근하고, 이를 다시 교리적으로 내용을 조직하여 주제를 분명히 인식할 수 있도록 구성하였으며, 이를 생활중심의 주제로 연결해서 생활화를 추구하였고 실천 가능한 프로그램으로 실제 경험을 유도하도록 하였다. 교육주제별 특성화중 주별 교육 주제의 성경, 교리, 생활 및 활동중심 프로그램 개발은 한성련 '성결과 비전' 교육과정만의 독특한 구성인 것을 밝힌다. / 5 - 8 /

교육이념

"성결한 하나님의 사람"(딤전 6:11)[3]


성결교회는 내적, 외적인 면에서 거룩을 추구한다. 내적인 거룩함은 예수 그리스도 안에 나타난 하나님의 사랑을 우리 안에 이루는 것이며, 외적인 거룩함은 하나님의 나라를 세계 안에 세우는 것이다. 성결을 우리 안에 이루고 세우는 일은 순간적 성결인 성령의 세례와는 구별해야 한다. 이 성결은 하나님의 선물이지만, 교육은 이 성결의 성숙을 위한 시도를 해야 한다. 교육 이념으로서의 성결은 교육의 궁극적 목적을 말한다.

교육의 우선적 목적은 사람이다. 어떤 성격의 사람을 형성하느냐가 교육의 목적을 이루어야 한다. ……우리 교회는……그것을 "성결한 하나님의 사람"으로 정했다.

"성결한 하나님의 사람"은 이상적 인간이다. 일반적으로 도덕적으로 완전한 인간을 이상적으로 생각하기 쉽다. 교육학적으로는 지·정·의의 조화를 이룬 인간을 이상적으로 보기도 한다. 이것들은 인간적 차원만을 고려한 것이다. 성결한 사람은 인격적이고 전인적일 뿐만 아니라 하나님과의 관계에서 그 모든 것을 통합한 인간이다.

즉 "성결한 하나님의 사람"은 신앙적 인간이다. 신앙은 지적으로 믿는 것이고, 정적 신뢰이며, 행함이다. "성결한 하나님의 사람"은 교회가 믿어 온 전통의 내용을 알며, 하나님의 신실하심과 은총의 능력을 신뢰하며, 이웃을 내 몸처럼 사랑함으로써 하나님을 사랑한다. 그에게서 이 세 차원은 균형을 이루어 신앙의 인격을 형성한다. 그는 신앙의 인격으로 세상을 살아가는 사람이다.

그렇다고 "성결한 하나님의 사람"이 이상적이고 추상적인 사람은 아

---

3) "오직 너 하나님의 사람아 이것들을 피하고 의와 경건과 믿음과 사랑과 인내와 온유를 좇으며."

니다. 그는 역사적 인간이다. 그는 이 세계 안에서 살아가는 사람이다.
이 세계는 그의 삶의 터전이며 하나님의 나라를 위한 일터이다. 그래서
그는 이 세계에 관심을 갖고 그것을 변화시키려고 한다. 그의 사역의
범위는 인간과 인간의 역사, 자연과 환경 전체를 포함한다. 그는 인간
과 자연의 세계를 하나님의 뜻에 일치하도록 변화시키려고 애쓰는 자
이다.

교육목적

성결교회의 교육목적은 사람들로 하여금 성령의 은혜를 체험하는 가
운데 예수 그리스도를 믿음으로 구원에 이르게 하고, 하나님의 말씀을
따라 성결하게 살면서 건강한 몸과 마음으로 다시 오실 예수 그리스도
를 기다리며, 신앙 공동체의 주역으로서 이웃에게 복음을 전하여 하나
님 나라를 이루어 가도록 돕는 것이다.

이 교육목적문은 교육이념을 구현하기 위한 방향을 제시하기 위하여,
성결교회가 지향하는 복음주의와 웨슬리 신학, 그리고 사중복음을 배경
으로 하는 동시에, 전인성을 추구하는 교육적 차원을 포함하고 있다.
교육목적문이 의미하는 내용들은 다음과 같다.

1. 믿음을 통한 중생의 구원

믿음으로 거듭남을 통하여 구원받은 자로서의 삶에 들어서게 된다.
하나님께서는 여러 시대에 여러 모양으로 인간을 구원하시기 위해 힘
쓰시다가 이 마지막 때에 독생자 예수 그리스도를 죄 있는 육신의 모
양으로 세상에 보내셨다(롬 8:3). 그러므로 누구든지 그를 믿으면 멸망
치 않고 영생을 얻게 된다(요 3:16).
구원은 오직 예수를 믿음으로만 온다는 복음의 내용은 예수께서 인
간의 죄 때문에 대신 죽으심으로 인간의 모든 죄가 사해졌으며, 의롭게

여김을 받게 되었다는 것이다. 또한 예수께서 사망을 이기고 부활하셨기 때문에 믿는 자는 영생을 누리게 된다.

중생과 관련해서 학습자들은 각자 여러 가지 경험의 양태로 받은 구원의 이유와 내용에 대해서 알고, 구원에 대해 감사하며 구원받은 자로서 정체성을 확립하여 살아가도록 도움을 받아야 한다. 이때 믿음은 전인적인 것임을 감안하여 구원의 도리에 관한 사실과 그 사실이 마음에 수용될 수 있는 정서적 신뢰가 균형을 이루어야 한다. 더 나아가 구원의 도리를 생활 가운데서 실현할 수 있어야 한다.

### 2. 교육의 장으로서의 신앙공동체

예수 그리스도를 머리로 하고 믿는 자들을 지체로 하는 유기체로서의 신앙공동체인 교회는 기독교인의 삶을 훈련하는 배움의 터전이다. 교회는 하나님께로부터 부름을 받은 사람들의 모임이다. 따라서 교회는 인간적인 조직이 아니라 신적인 공동체이다. 이 공동체의 머리는 예수 그리스도이시다. 그러므로 교회는 예수 그리스도를 중심으로 주어진 사명을 다해야 한다. 복음을 전파하며, 모든 사람을 가르치고 제자를 삼아 하나님의 뜻대로 살도록(마 28:19-20) 돕는 일은 모두 예수 그리스도를 중심으로 이루어져야 한다.

교회는 케리그마, 디다케, 코이노니아, 디아코니아, 레이투르기아 등의 기본적인 사명을 갖는다. 이 같은 사명들을 예수 그리스도를 중심으로 수행되어야 하되 그것들이 학습자들을 대상으로 할 때, 교육을 중심으로 통일성을 이루어야 한다. 즉 디다케는 교회의 한 사명이면서 내용적인 면을 떠나서 교회의 사명들이 학습자들에게 교육될 수 있도록 하는 촉매의 역할을 해야 한다는 것이다.

교회의 교육은 그것이 신앙공동체에서의 가르침이라는 점을 고려할 때 일반 학교식의 교육체제와 방식과는 다른 성격을 띠어야 한다. 교회의 교육이 신앙교육이라는 점을 감안할 때, 발달 등 교육적 고려가 숨겨진 의도로 스며 있으면서도, 교회전체가 교회의 사명을 수행하는 모범을 통해 교육자가 되고 성장세대가 그것들을 모방하는 비형식적 교육이 이루어져야 한다. ……

### 3. 기독교적 삶의 표준으로서의 성경

신자들의 생활의 지표는 성경이고, 그 뜻을 이루기 위해서는 하나님의 인도와 그에 대한 순종이 필요하다. ……성경은 역사적 문서나 책(book)이 아니라 하나님의 말씀이고 경전(canon)이다. ……

중생한 신자는 하나님의 자녀로서 아버지 하나님의 뜻을 알기 위해 성경으로부터 그 말씀을 들어야 한다. 그러나 성경은 오늘날과는 다른 문맥에서 쓰였기 때문에 해석과 설명이 필요하다. 성경의 해석에는 건전한 신앙이 전제되어야 한다. ……

……성경을 가르치는 교사는 성경의 학습자가 되어 자신이 그 말씀대로 살면서 다른 학습자를 가르쳐야 한다. ……

### 4. 신앙생활의 목표로서의 성결

……성결은 전적인 성령의 은혜이다. 성결은 사람의 노력으로 이루어지는 것이 아니라 하나님께서 주시는 선물이다. 하나님의 선물인 성결은 믿음을 갖고 그것을 구하는 자에게 주신다. 그런데 성결을 유지하는 것은 인간 편에서의 노력이 필요하다. 신자는 성결하기 위해 하나님의 말씀을 가까이 하며 기도를 통해 하나님께 나아가야 한다.

……성결을 위한 교육은 삶의 목적으로서의 성결뿐만 아니라, 말씀과 기도에 대한 훈련을 포함한다. 말씀은 성결의 내용이 무엇인지를 알 수 있는 자원으로서, 기도는 성결의 외적 표현인 사랑의 실천으로 이어지도록 하는 계기가 되어야 한다.

5. 몸과 마음을 강건하게 지키는 생활

우리는 몸을 통해 이 세상에서 하나님을 위해 살아간다. 몸은 하나님으로부터 온 것이다. 그렇기에 우리는 먼저 몸을 소중한 것으로 인정해야 한다. 몸의 주인이 내가 아닌 하나님이시기에 우리는 우리의 몸을 청지기로서 보살펴야 한다. 우리의 몸이 하나님으로부터 유래되었다는 사실은 간혹 우리의 몸이 병들었을 때 하나님께 몸이 낫기를 위하여 간구하는 근거가 된다. 몸을 치료하는 의약이 있으나 완전한 치료는 하나님에 의해서 이루어진다.

오늘날의 일반적인 견해에 따르면, 몸은 정신과 따로 분리되어 별개로 존재할 수 없다. 그래서 인간 전체를 몸으로 말하기도 한다. 따라서 우리가 몸에 대해 말할 때, 정신까지도 연루되며, 몸의 건강을 말할 때, 정신의 건강도 말하고 있는 것이다. ……

6. 선교를 지향하는 생명력 넘치는 청지기적 삶

온전케 된 자의 우선적 사명은 복음의 전파이고, 그것은 개인적 전도와 청지기적 생활을 통해 이루어진다. 신자의 사명 중의 하나는 선교적 삶이다. 선교적 삶의 하나는 복음을 전파하는 전도의 삶이다. 신자는 자기를 구원해 주신 예수님께서 타인의 생명도 구원해 주신다는 기쁜 소식을 알려야 한다. 복음 전파는 말로만 하는 것은 아니다. 신자의 삶 자체가 복음의 표현이 될 때, 그것은 선포가 될 수 있다.

교육과 선교는 다르다. 그럼에도 불구하고 선교는 신자의 본질적 사명이기 때문에 교육에서 배제되어서는 안 된다. 오히려 선교가 무엇이고 어떻게 할 수 있는지를 가르쳐야 한다. 선교에 대한 가르침은 그 실천적 특성상 시범, 실습, 견학 등의 실제적 방법을 사용하여 가르칠 수 있다.

더 나아가 신자의 삶 자체가 선교적 삶이어야 한다. 학습자가 무슨 일을 하든 그것을 통해 예수 그리스도로 말미암는 구원의 복음을 전할 수 있는 계기가 되어야 한다.

그와 같은 선교적 삶의 기본 성격은 섬기는 삶이다. 예수님의 대속적 사역 역시 섬김의 삶의 전형이다. 예수님은 우리를 구원하는 데 만족하지 않고 우리가 신자로서의 의무를 다하기 원하신다. 그 삶은 본질적으로 섬기는 삶으로 신자의 구체적 삶의 현장에서 행해져야 하는 삶이다.

### 7. 다시 오실 예수님

예수님은 이미 오신 주님이시만, 앞으로 다시 오실 주님이시다. 예수님의 다시 오심은 옛 세상에 대한 심판과 새로운 세상의 도래를 가져온다. 그렇기 때문에 예수님의 재림은 허구적 상상이 아니라 엄연한 현실이다. 예수님은 재림하셔서 세상을 심판하신다. 세상을 심판하실 분은 오직 예수님이시다. 인간은 심판할 수 없으며 심판받을 수 있을 뿐이다. 예수님은 세상 사람들을 심판하시며 그들이 한 행위에 대해 판단을 내리실 것이다. 세상의 어느 누구도 어떤 이유로도 그 심판을 피할 수 없다. 특히 불신앙은 영혼의 버림받는 벌을 현실적으로 겪게 될 것이다.

그러나 예수님의 재림은 옛 세상의 종말이지만 새로운 세상의 시작이기도 하다. 예수님의 재림으로 이루어질 새로운 나라는 질적으로 기존의 세상과는 다른 것이다. 그 세상은 물질적·환경적 변화와 더불어 신자의 영적 완전함이 이루어지는 나라이다. 자연 세계는 거듭나서 새로워지며, 불완전하던 성결은 영화를 체험하게 된다. 예수님의 재림으로 이루어질 세상은 이전에도 없었고 앞으로도 없을 만일회적(once for all) 사건이다. 그렇기 때문에 그 세상은 말할 수 없이 귀하며, 귀하기 때문에 대망해야 할 나라이다.

예수님의 재림은 역사적이다. 예수님의 재림 사건은 인간 세계의 시·공간을 뚫고 들어오는 하나님의 시간이지만 역사적이다. 성경에서 예언된 재림은 인간에게 비현실적으로 보일지 몰라도 하나님의 현실에서는 지극히 자연스러운 것이다. 재림의 사건은 인간이 진리로 여기는 과학 너머의 현실로서 인간의 확신의 오류와 무지를 드러내는 현실이 될 것이다.

기독교교육은 사람들이 다시 오실 예수님을 선취하여 그 앞에서 결단하는 삶을 살도록 도와야 한다. 다시 오실 예수님의 심판을 받아야 할 우리의 삶은 다른 사람과의 삶이 아니라 나 자신의 단독적 삶이다. 그 삶은 주님의 재림을 대망하는 신앙의 삶이어야 할 것이다. 인간은 오직 다시 오실 주님 앞에서의 삶을 살 뿐이다.

기독교교육은 자연과 인간이 질적으로 변화되는 재림의 사건을 대망하도록 격려해야 한다. 재림의 대망은 세계 변화를 위한 인간 노력의 무력함을 인정하는 것이 아니라 인간 노력의 완성을 위한 희망이다. 이 희망은 인간에게 가장 우선되어야 할 희망이다. 이 희망은 미래적 의존적 기대를 넘어서 인간의 본질을 상기시키기 때문이다.


8. 하나님의 나라 실현을 위한 사회적 책임

신자에게는 소망 중에 하나님의 나라를 이루기 위한 책임이 있으며, 그 나라는 예수 그리스도께서 보여주신 사랑과 정의가 넘치는 사회이다. ……하나님의 나라는 예수 그리스도의 초림으로 시작되었으며 지금 여기에 존재한다. 하나님의 나라는 과거와 현재, 그리고 미래에 걸쳐 있으며 우리는 그 가운데서 살아간다.

이미 임한 하나님의 나라는 신자가 이루어 나가야 할 과제로서의 하나님의 나라이다. 그럼에도 불구하고 현재에서의 우리의 노력은 하나님의 은혜를 무용화시키지 않는다. 우리는 마치 하나님의 나라를 우리가 이룰 수 없다는 듯이 하나님의 은혜에 의지하며 일하지만, 한편 우리가 하나님의 나라를 이룰 수 있다는 자신을 갖고 온갖 노력을 경주하지만 하나님의 나라는 결국 최종적으로 예수 그리스도의 재림으로 완성된다는 신앙 가운데 있다.

현재와 미래 사이의 하나님의 나라는 신자에게 그 나라를 위한 책임적 삶을 요구한다. 하나님의 나라는 온 세계의 구원이 이루어지는 나라이다. 이 나라는 인간뿐만 아니라 자연을 포함한다. ……

하나님의 나라를 위한 교육을 위해서는 먼저 교육의 장을 확장해야 한다. 신앙공동체가 교육을 교회 내의 교육으로 한정했다면 가정, 사회, 국가, 세계, 자연으로 넓혀야 한다. 불완전한 가정, 병든 사회, 통일을 이루어야 할 국가, 지구화되어 가는 세계, 황폐해져 역공격을 가하는 자연환경 등은 무두 교육의 장이고 문맥이다. ……

한편, 하나님의 나라를 위한 책임을 다하기 위해서는 학습자의 발달과 은사들이 고려되어야 한다. 현대 사회의 다양한 사상(事象)들은 다양한 계층의 다양한 재능을 요구할 것이다. 특정한 문제들을 다루어야 할 인재는 교육적 안목에서 발굴되어 훈련되어야 한다. / 8 − 13 /


## Ⅲ. 결  론


앞에서의 문헌 연구 결과를 토대로 우리는 다음과 같은 점들을 정리할 수 있다. 우선, 문헌들의 전체적인 방향이다. 성결교회의 교육은 주로 교회 성장의 차원에서 다루어져 왔다(김석규, "선교와 교단 교육의 현황", 「활천」 355(1971), 18 − 25; 朴麟秉. "敎會敎育을 通한 宣敎戰略", 「신학과 선교」(1974), 163 − 174; 홍순우, "교단선교전략과 교육", 「활천」 384(1978), 19 − 26 등). 그래서 교회가 쇠퇴하는 이유가 교육에 대한 무관심이며, 교회는 양과 질의 균형 잡힌 성장을 꾀해야 한다고 말한다.

다음으로, 문헌 연구를 통해 볼 수 있는 성결교회 교육의 흐름이다. 성결교회 교육의 흐름은 문헌적으로 볼 때, 세 단계로 나눌 수 있다. 첫째, 교육을 성경교육으로 이해하는 단계이다. 이명직에 의해 대표되는 "만국주일학과"는 주로 성경의 내용을 주일학교에서 교육하는 것을 그 목적으로 한다. 둘째, 교육을 주로 주일학교에서 수행하는 것으로 이해하는 단계이다. 50-60년대에 주로 나타난 교육 연구가 이 같은 흐름을 보여준다. 이와 같은 흐름을 보여주는 문헌들은 주일학교 예배, 주일학교 학습지도, 여름 성경학교 등의 주제들을 중심으로 다양한 내용들이 나타나고 있다. 이 같은 흐름 속에서 외국의 새로운 교육이론들을 받아들이려는 노력이 번역물 등의 형태로 나타나고 있다. 이런 문헌들에는 장문요, "기독교 교육의 원리", 「활천」 306(1959), 41-45; 장문요, "기독교 교육의 원리", 「활천」 307(1959), 23-27; 장문요, "기독교 교육의 원리", 「활천」 308(1959), 28-30; 장문요, "기독교 교육의 역사적 발전", 「활천」 309(1959), 32-33; 장문요, "기독교교육의 역사적 발전", 「활천」 310(1960), 26-28; 장문요, "기독교교육의 역사적 발전(6)", 「활천」 311(1960), 33-35; 장문요, "기독교교육이란 무엇인가", 「활천」 312(1960), 33-36; 장문요, "기독교교육이란 무엇인가(8)", 「활천」 313(1960), 47-50; 장문요, "기독교 교육이란 무엇인가(9)", 「활천」 314(1961), 28-32 등이 있다.

또한 범교단적으로 기독교교육의 전문가들로부터 배우려고 하는 움직임들도 있었다. 이와 같은 움직임들은 김득렬, "한국교회의 교육적 목회의 과제", 「활천」 332(1968), 13-16; 차풍언, "학생 여름학교 계획과 진행", 「활천」 341(1969), 65-67; 김형태, "교회학교에 대한 교육학적 평가", 「활천」 341(1969), 19-22; 김득용, "기독교 교육과 신학", 「활천」 341(1969), 14-18; 이봉구, "참 신앙 위의 교육", 「활천」 345 (1969), 45-46; 은준관, "교회 교육의 좌표", 「활천」 355(1971), 32-36; 성갑식, "선교와 교회교육", 「활천」 365(1972), 46-50; 정성구, "학원선교의 현황과 당면과제", 「활천」 377(1976), 28-32; 이규호, "성숙한 그리스도인과 교육", 「활천」 380(1977), 18-24; 정웅섭, "현대 기독교교육의 동향", 「활천」 384(1978), 27-36 등에서 볼 수 있다.

60년대는 한국 교회 전체의 교육 부흥기라고 할 수 있는데, 이는 성결교회 역시 예외는 아니다. '성결교회의 교육이 무엇이냐?' 하는 주제를 제외한다면, 이 기간은 아마 교단에서 가장 교육에 대한 열기가 뜨거웠던 시기일 것이다.

셋째, 성결교회 교육의 정체성을 추구하는 단계이다. 이정근과 이정효 등에 의해 연구된 성결교회 교육은 사중복음과 웨슬리 신학의 교육적 적용에 초점을 맞춘 것으로 신학적 성격이 강하다. 따라서 본격적인 교육적 해석으로 심화되어야 할 필요가 있는데, 이 같은 과제는 넷째 단계로 이어진다. 이 단계에서는 성결교회의 교육의 구체적 실천에 대한 모색 단계라고 할 수 있다. 이 같은 노력들은 주로 교단 교재의 작성과 교육 백서 등의 형태로 나타난다. 다섯째, 평신도들의 교육 운동이다. 이 단계는 주로 주일학교 전국연합회에 의한 교육적 노력으로 사실 우리 교단의 교육목적도 이들로부터 기인되었다. 이들은 주일학교 현장에 뿌리를 두면서 교육의 체계를 잡아나가려는 노력을 교육 활동과 「어린양」 등의 잡지 발행으로 보여주었다.

이와 같은 흐름들을 통해서 나타나는 성결교회의 교육에 대한 자기 인식은 성결교회의 교육이 매우 약하다는 것이다. 그 이유로는 교회 성장주의, 교단 지도자들의 교육에 대한 인식의 부족, 그리고 중생과 성결 등 교육보다는 회심에 강조점이 두어지기 쉬운 교리 등으로 보았다. 그럼에도 불구하고 사중복음과 웨슬리 신학, 특히 사중복음에 대해서 전통적인 회심 위주의 해석으로부터 교육적 해석을 가할 때 교육의 가능성이 커 성결교회 교육의 지평을 확대하는 소중한 유산이 될 수 있음을 확인한다.

문헌 연구를 통해서 볼 때, 성결교회의 교육은 이제 본격적으로 성결교회의 정체성 있는 교육을 수립할 단계에 와 있음을 알 수 있다. 교육을 성경 교육으로 알던 시기부터 시작하여 교육에 대한 일반적 이해의 시기를 거쳐 우리 성결교육이 무엇이냐를 사중복음을 중심으로 함의를 찾는 단편적인 연구의 단계를 거쳐 왔다. 교단의 『새천년 교육백서』에서 교육 실천의 장에까지 깊이 스며들지 못한 교단의 신학이, 최근 기성·예성의 공동 연구에 의해 탄생한 『비전과 성결』 교육과정에 의해 좀 더 형상화되었으나, 아직도 발행된 교재에서 이론적 틀을 제외하고는 교수-학습 진행 등을 포함해 전체적으로 성결교회다운 교육의 성격을 띠지 못하고 있다.

따라서 앞으로의 과제는 성결교회의 교육신학이 무엇이냐가 명쾌하게 진술되어야 하며, 이를 바탕으로 이론적으로 타당하고 실천적으로 효율성 있는 교육 이론의 정립이 필요하다고 할 것이다. 더 나아가 이를 바탕으로 교회의 균형적인 성장을 위한 교육목회의 이론적 작업이 당장은 선행되어야 할 것이다.

# 제2절 성결교회교육관련 문헌목록

성결교회 교육관련 문헌목록이 처음 선 보인 곳은 서울신학대학교 성결교회신학연구위원회의 『역사적 유산 자료 연구집』이다.[4] 총 68건의 관계 문헌 목록에 대한 해설과 여기에 포함되지 않은 문헌들을 소개하고 있는 이 목록은 '교육관련'이라는 말의 범위에서 생각할 경우, 성결교회의 교육과 관련이 있다고 여겨지는 문헌을 뜻하기 때문에 꼬투리를 잡을 이유는 없다. 그러나 '성결교회 교육'이라는 말을 강조할 경우, 그 의미는 달라진다. 우선 '성결교회 교육'이라고 할 때 그것을 성결교회의 교육 실천이라고 볼 수 있다. 성결교회가 과거에 행해 온 교육적 행위를 이른다. 여기에 '성결교회 교육'은 또한 '성결교회적'인 교육을 의미할 수 있다. 즉 성결교회적 성격의 교육을 가리킨다. 정리하면 성결교회 교육관련 목록은 성결교회의 교육과 관련이 있는 문헌, 성결교회의 교육 관련 문헌, 그리고 성결교회적 교육 관련 문헌이라고 할 수 있다. 성결교회 교육관련 문헌의 이 세 가지 성격의 상관 범위는 성결교회의 교육과 관련이 있는 문헌>성결교회의 교육 관련 문헌>성결교회적 교육 관련 문헌이 되며, 그것을 그림으로 나타내면 다음과 같다. 성결교회 교육관련 문헌의 범위를 여기서는 이 책의 성격상 세 번째 성결교회적 교육관련 문헌의 경우로 한다.[5]

---

4) 서울신학대학교 성결교회신학연구위원회 편, 『역사적 유산 자료 연구집』 (서울: 기독교대한성결교회출판부, 2006), 901－1002.
5) 성결교회의 교육과 관련이 있는 문헌과 성결교회의 교육 관련 문헌에 대해서는, 전체적으로 서울신학대학교 성결교회신학연구위원회 편, 『역사

여기에 실린 문헌 외에 성결교회교육에 관한 내용들이 나타나는 곳은 각종 세미나들이다.

그런 곳들에서 발표되는 논문들은 모두 출판되는 것이 아니어서 상당수의 내용들이 사장된다. 이것들에 대해서는 따로 수집하여 자료집을 만들 필요가 있다. 여기서는 그와 같은 내용들이 단지 출판되지 않았다는 이유로, 그래서 독자들이 이용할 수 없다는 이유에서 실리지 않았다.

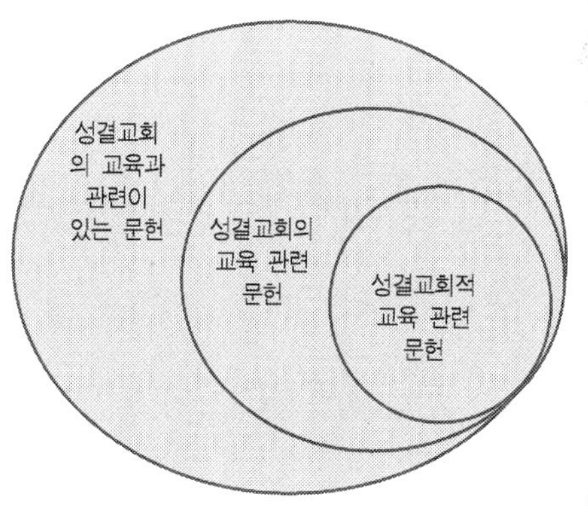


[그림1] 성결교회 교육관련 문헌의 의미 간 상관 범주

강일권. 「제자훈련 교재 및 방법에 관한 연구: 만리현교회를 중심으로」, 박사논문. 부천: 서울신학대학교 목회대학원, 1994.
고상희. 「재개념주의 이론에 근거한 초등부 교육과정 연구: 역촌교회를 중심으로」, 석사학위논문. 서울신학대학교 대학원, 2001.

---

적 유산 자료 연구집』(서울: 기독교대한성결교회출판부, 2006), 901-1002의 내용을 참조할 것.

교육국. "성결교회교육의 목표와 목적", 「활천」 434(1989 · 6): 20－23.

교육백서위원회 편. 『새천년교육백서』, 기독교대한성결교회출판부, 2001.

구경선. "성결교회와 기독교교육", 「신학과 선교」 29. 부천: 서울신학대
학교 출판부, 2004: 73－94.

구경선. "권위", 서울신학대학교 성결교회신학연구위원회 편. 『성결교회
신학용어사전』, 서울: 기독교대한성결교회 출판부, 2005: 64－69.

구경선 · 박종석. "교육신학", 서울신학대학교 성결교회신학연구위원회 편.
『성결교회신학역사적 유산자료 연구집』, 서울: 기독교대한성결교
회 출판부, 2006: 901－1002.

구장회. "성결교회교육의 미래는 참 밝습니다", 「활천」 641(2007): 110
－111.

권성만. 「단계적 성장이론에 근거한 신자 육성교재 개발에 대한 연구:
웨슬리 신학을 중심으로」, 박사학위논문. 부천: 서울신학대학교
목회대학원, 1995.

吉寶崙. "社說", 「활천」 3, 1923 · 2: 1－2.

김국환. "'성결과 비전' 교육과정의 성격과 특징", 한국성결교회연합회
편. 『'성결과 비전' 교육과정』, 서울: 기독교대한성결교회 출판부;
예수교대한성결교회 출판부, 2003: 18－24.

김국환. "예성교단 교육구조 분석연구". 「성결교신학대학교 논문집」 ·
안양: 성결대학교, 1990.

김국환. "예성교단 교육(목)사 제도 수립을 위한 기초적 이론정립에 관
한 연구". 「성결교신학대학교 논문집: 신학편」 20. 안양: 성결대
학교, 1991.

김국환. "영암 김응조 목사의 신앙 교육관 연구". 「성결대학교 성결교회
와 역사」 3. 안양: 성결대학교, 2001.

김국환. "초등부 교육과정". 한국성결교회연합회 편. 『'성결과 비전' 교

육과정』. 서울: 기독교대한성결교회 출판부; 예수교대한성결교회
　　출판부, 2003: 89-95.

김국환. "예성 100주년과 기독교교육". 「聖潔大學校 聖潔神學硏究」 13.
　　안양: 성결대학교, 2006.

김덕주. 「교회학교 교사교육을 위한 교육과정 연구: 기독교대한성결교회
　　교사교육 교재분석을 중심으로」. 석사학위논문. 부천: 서울신학대
　　학교 대학원, 2003.

김석규. "선교와 교단 교육의 현황", 「활천」 355(1971): 18-25.

김성찬. 「한국 신학교육과 교회와의 관계에 관한 연구: 감신, 서울신,
　　장신, 한신대를 중심으로」, 석사학위논문. 서울: 연세대학교 연합
　　신학대원, 1983.

김우영. 「성결한 삶을 위한 기독교교육 연구」, 석사학위논문. 부천: 서울
　　신학대학교 대학원, 2004.

김승곤. "한국성결교회 성결론의 기독교교육적 적용: 기독교교육 목적
　　설정을 중심으로", 「성결교회와 역사」2. 서울: 성결교회와 역사연
　　구소, 2000: 98-122.

김종욱. "교단교육의 새로운 패러다임", 「활천」 640, 2007 · 3: 8-9.

김지은. 「D. C. Wyckoff의 교육과정 이론을 통한 계단공과 비교 분석:
　　성결교단 아동부를 중심으로」, 석사학위논문. 안양: 성결대학교
　　대학원, 2002.

김천일. "통계로 바라본 교회학교 현황", 「어린양」40. 기독교대한성결교
　　회 교회학교 전국연합회, 2007: 33-38.

김춘백 · 유윤종. "청소년 캠프는 황금어장: 제1회 성결 청소년 리더십
　　캠프를 중심으로", 「활천」 613, 2004 · 12: 32-35.

김현준. 「성결교회 중등부 교육과정 분석: Henry A. Giroux의 이론을
　　중심으로」, 석사학위논문. 서울: 연세대학교 교육대학원, 1999.

남은경. 「웨슬리 신학에 나타난 기독교 교육관: 성화론의 기독교교육적 이해」, 석사학위논문. 부천: 서울신학대학 대학원, 1987.

남은경. "성결교회 교육과정 평가와 새 교육과정 모델 작성", 교육백서 편찬위원회 편. 『새천년 교육백서』, 서울: 기독교대한성결교회출판부, 2001: 450-456.

남은경. "'성결과 비전' 교육과정의 내용 범위", 한국성결교회연합회 편. 『'성결과 비전' 교육과정』, 서울: 기독교대한성결교회 출판부; 예수교대한성결교회 출판부, 2003: 44-51.

남은경. "'성결과 비전' 교육과정 디자인과 교육방법", 한국성결교회연합회 편. 『'성결과 비전' 교육과정』. 서울: 기독교대한성결교회 출판부; 예수교대한성결교회 출판부, 2003: 53-61.

남은경. "유치부 교육과정", 한국성결교회연합회 편. 『'성결과 비전' 교육과정』, 서울: 기독교대한성결교회 출판부; 예수교대한성결교회 출판부, 2003: 82-84.

남은경. "BCM 교육목회제도에 따른 어린이, 청소년 전문사역자 및 교사 교육", 「활천」 640, 2007·3: 28-32.

류재하. "교회교육 진흥의 달을 맞아", 「활천」 414, 1985·6: 30-36.

류재하. "교단 교육의 방향과 시대적 소명의식", 「활천」 429, 1988: 14-15.

류재하. "교단교육의 목적과 교육정책 수립과정", 「기독교교육」창간호. 부천: 서울신학대학교 기독교교육연구소, 1989: 14-17.

류재하. "성결한 삶을 가르치는 교회", 「활천」 439, 1990·1: 8-12.

류재하 편저. 『성결교회 기독교교육』, 서울: 청파, 1993.

박동순. 「계단공과를 중심으로 한 성결교회 교육과정의 이해」, 석사학위논문. 부천: 서울신학대학교 대학원, 1992.

박경순. "교육사역자의 직무만족도에 관한 연구: 서울신학대학교 신학대

학원생을 중심으로", 『복음과 교육』창간호. 한국복음주의기독교
교육학회, 2004: 72-94.

박경순. "신학교육", 서울신학대학교 성결교회신학연구위원회 편. 『성결교
회 신학용어사전』, 서울: 기독교대한성결교회출판부, 2005: 235-
239.

박경순. "성결교회의 교육신학", 「신학과 선교」29. 부천: 서울신학대학교
출판부, 2004: 139-160.

박명수. "세계 신학교육의 동향과 서울신대의 정체성", 「신학과 선교」
26. 부천: 서울신학대학교, 2001: 123-130.

박명철. "한성연 여름공동교재의 의미", 「활천」584, 2002·7: 10-15.

박명철. "새 교육과정을 개발하며", 한국성결교회연합회 편. 『'성결과 비
전' 교육과정』, 서울: 기독교대한성결교회 출판부; 예수교대한성
결교회 출판부, 2003: 6-11.

박명철. "한국성결교회연합회의 공동교재: 성결한 하나님의 사람으로 양
육하기 위하여", 「활천」601, 2003·12: 78-80.

박수한. 「교회 교육과정에 대한 연구: 기독교대한성결교회 교육과정을
중심으로」, 석사학위논문. 부산: 고신대학교 대학원, 1989.

박연선. 「대전시 성결교회 교회학교 유·초등부 교사의 사역 만족도에
관한 연구」, 석사학위논문. 부천: 서울신학대학교 대학원, 2002.

박재규. 「타일러 교육과정 이론에 의한 교회학교 계단 공과 분석」, 석사
학위논문. 부천: 서울신학대학교 대학원, 1986.

박종석. "성결교회의 교육과 교단의 미래", 「한국성결신문」, 1991·7·19.

박종석. "교단의 교육과 권력 구조", 「디다케」6. 부천: 서울신학대학교
기독교교육과 학생회, 1996: 23-39.

박종석. "교회학교 교재에 대한 사회학적 연구", 「기독교사상논단」2. 서
울: 대한기독교서회, 2000: 471-489.

박종석. "성결교회 교회학교교재의 역사에 대한 비판적 연구", 「교수논총」13. 부천: 서울신학대학교 출판부, 2002: 215-248.

박종석. "성결교회의 교육목적", 한국성결교회연합회 편. 『'성결과 비전' 교육과정』, 서울: 기독교대한성결교회 출판부; 예수교대한성결교회 출판부, 2003: 25-32.

박종석. "중등 교육과정", 한국성결교회연합회 편. 『'성결과 비전' 교육과정』, 서울: 기독교대한성결교회 출판부; 예수교대한성결교회 출판부, 2003: 96-98.

박종석. "한국 주요교단의 교육조직에 대한 검토와 제언", 「교수논총」14. 부천: 서울신학대학교, 2003: 261-286.

박종석. "성결교회 신학의 기독교교육적 함의", 「신학과 선교」29. 부천: 서울신학대학교 출판부, 2004: 183-204.

박종석. "성결교회 교육신학의 기초적 구상", 「신학과 선교」30. 부천: 서울신학대학교, 2004: 129-154.

박종석. "재림과 소망: 기독교대한성결교회 여름성경학교 교과과정을 위해", 「기독교와 교육」12. 부천: 서울신학대학교 기독교교육연구소, 2004: 4-16.

박종석. "성결교회 새신자 교육과정 설계", 「복음과 교육」2. 한국복음주의 기독교교육학회, 2005: 211-244.

박종석. "기독교교육", 서울신학대학교 성결교회신학연구위원회 편. 『성결교회 신학용어사전』, 서울: 기독교대한성결교회 출판부, 2005: 75-80.

박종석. "성결인", 서울신학대학교 성결교회신학연구위원회 편. 『성결교회 신학용어사전』, 서울: 기독교대한성결교회 출판부, 2005: 175-180.

박종석. "주일학교로부터 교육적 목회로", 「어린양」40. 기독교대한성결교회 교회학교전국연합회, 2007: 28-32.

박종석. "교육신학", 서울신학대학교 성결교회신학연구위원회 편.『성결
     교회신학: 성결교회 100년 전통의 '온전한 구원'의 신학 개신교
     복음주의 웨슬리안 사중복음 신학』, 서울: 기독교대한성결교회
     출판부, 2007: 927－1038.

박종석. "성결교회 교육신학", 서울신학대학교 성결교회신학연구위원회
     편.『성결교회신학 개요』, 서울: 기독교대한성결교회 출판부, 2007:
     161－175.

박종석. "성결교회교육의 새방향, BCM 교육목회제도", 「활천」 640,
     2007·3: 16－21.

박종석. "교회의 사명 수행을 위한 교육목회: BCM 교육목회제도", 「기
     독교교육논총」17. 2008: 1－34.

朴亨圭. "仁川敎會夏間役事記",「활천」95, 1930: 53－54.

박훈용.「성결지향적 영성훈련의 이론과 실제: 전주성결교회를 중심으로」,
     박사학위논문. 부천: 서울신학대학교 목회대학원, 1994.

서울신학대학교 기독교교육연구소.『BCM 교육목회제도』, 서울: 기독교
     대한성결교회 출판부, 2007.

서울신학대학교 기독교교육연구소.『BCM 교육목회 핸드북: BCM 유아
     교회 핸드북, BCM 어린이교회 핸드북, BCM 청소년교회 핸드북』,
     서울: 기독교대한성결교회 출판부, 2007.

손원영. "기독교대한성결교회의 BCM(Body of Christ Model) 교육목회
     제도에 대한 평가".「기독교교육정보」18. 한국기독교교육정보학
     회, 2007: 257-280.

송기식. "한국적 기독교교육을 위한 서설: 성결교회의 입장에서",「활천
     」324, 1964: 30－34. 송철웅. <기독교에 대한 성결교회의 성인
     교육 curriculum에 관한 연구>, 테이프. 부천: 서울 신학대학교
     목회대학원, 1993.

안성민. 「청소년 셀 교회의 한 모델 제시: 중앙교회 청소년부 사례를 중심으로」, 석사학위논문. 부천: 서울신학대학교 신학대학원, 2006.

안효창, 「성결의 교육신학화를 위한 '성결한 삶' 교육과정 분석 및 개선방안 연구」, 박사학위논문. 천안: 호서대학교, 2002.

안효창. "성결의 교육신학화 개념화와 교수·학습모형", 박종석 외. 『기독교교육의 시선』, 부천: 서울신학대학교 기독교교육연구소, 2005: 75-181.

S. M. C. "淸凉里敎會 小兒復興會記", 「활천」 90, 1930: 55.

왓손, 지. 디. "聖潔과 成長", 「활천」 5, 1923·4: 15-18; 8, 1924·7: 13-16; 10, 1924·9: 8-10.

오경석. 「해방 30년의 기독교교육과 그 방향 모색연구: 기독교대한성결교회 유초등부 교육내용을 중심으로」, 석사학위논문. 부천: 서울신학대학, 1980.

오의환. 「교회청소년의 이성교제와 교회교육의 문제점에 관한 연구: 기독교대한성결교회의 중·고등학생을 중심으로」, 석사학위논문. 부천: 서울신학대학교, 1983.

유윤종. "새 교재를 사용해야 하는 세 가지 이유", 「활천」 602, 2004·1: 49-51.

유윤종. "내일을 심는 오늘의 교육비전: 교회학교 30만운동과 성결교사대회", 「활천」 627, 2006·2: 16-21.

유윤종. "교육목회제도 실행방안", 「활천」 640, 2007·3: 22-27.

유윤종. "교회학교의 미래를 새롭게 열어가려면: 교단 창립 100주년, 성결교회 교육비전", 「어린양」40, 기독교대한성결교회 교회학교 전국연합회, 2007: 22-27.

윤갑준. 「성인을 위한 기독교 교육과정에 관한 연구: 기독교 대한 성결교회 구역교재 교과과정에 대한 분석을 중심으로」, 석사학위논문. 서울: 연세대학교교육대학원, 1996.

윤요섭. 「교회학교 어린이를 위한 설교 연구: 5, 6학년 어린이를 중심으로」, 석사학위논문. 부천: 서울신학대학교 대학원, 2006.

이강천. "성결교회 교육의 오늘과 내일: 사중복음 교육을 중심으로", 「활천」 407, 1984: 23-33.

이덕재. 「장년교과과정에 나타난 구원관의 비교연구: 감리교, 성결교, 장로교를 중심으로」, 석사학위논문. 부천: 서울신학대학 대학원, 1987.

이순덕. 「기독교대한성결교회의 교육과정에 관한 한 연구: Living the Word 교육과정에 비추어 본 개선방안」, 석사학위논문. 서울: 이화여자대학교 대학원, 1987.

이용신. "주일학교의 커리큘럼과 당면과제", 「활천」 324, 1964: 28-29.

이용신. 「한국성결교회 기독교교육사: 주일학교교육 운동사를 중심으로」, 석사학위논문. 부천: 서울신학대학 목회대학원, 1977.

이정근. "성결교회 전통과 기독교 교육의 방향", 「활천」 375, 1976: 34-43.

李正根. "韓國聖潔敎會의 敎育的 特徵과 方法", 「신학과 선교」4, 1977: 105-130.

이정근. "교단신학 교육의 지표가 있어야 한다", 「활천」 533, 1998·4: 49-53.

이정률. "성청 아동성경학교", 「활천」 282, 1957: 76.

이정효. "신학 대학생들의 가치관 연구: 서울신학대학을 중심으로", 「신학과 선교」9. 부천: 서울신학대학교 출판부, 1984: 239-281.

이정효. "서울신학대학 기독교교육과의 방향", 「기독교와 교육」창간호. 부천: 서울신학대학교 기독교교육연구소, 1989: 18-22.

이정효. "사중복음 교육화에 관한 연구", 「신학과 선교」22, 1997: 411-437.

이정효. "기독교대한성결교회의 기독교교육사", 「기독교교육논총 5: 한국교단의 기독교교육사」, 한국기독교교육학회, 1999: 241-271.

이정효. "기독교 대한 성결교회의 교육신학정립에 관한 연구", 「신학과
　　　선교」26, 2001: 159-182.

이정효. "21세기와 서울신학대학교 기독교교육과", 서울신학대학교 성결
　　　교회역사연구소 편. 『21세기와 서울신학대학교: 서울신대 개교
　　　90주년기념 학술논문집』, 부천: 서울신학대학교 출판부, 2002:
　　　104-127.

이정효. "새 교육과정의 필요성", 한국성결교회연합회 편. 『'성결과 비
　　　전' 교육과정』, 서울: 기독교대한성결교회 출판부; 예수교대한성
　　　결교회 출판부, 2003: 12-17.

이정효·임낙형. "유치부 교육과정", 한국성결교회연합회 편. 『'성결과
　　　비전' 교육과정』, 서울: 기독교대한성결교회 출판부; 예수교대한
　　　성결교회 출판부, 2003: 99-102.

이종규. 「기독교교육학과 교육과정에 대한 학습자의 반응 연구: 4개 신
　　　학대학(감신, 서신, 장신, 한신)을 중심으로」, 석사학위논문. 부천:
　　　서울신학대학 대학원, 1992.

이종무·송기식·채준환 공저. 『교회학교 50년사』, 서울: 일정사, 2001.

이종무. "주일학교의 당면한 과제들", 「활천」 322, 1964·1: 41-45.

이종무. "공과 선정의 당면과제", 「활천」 334, 1968·11: 56-60.

이종무. "주일학교 공과 책이 나오기까지", 「활천」 343, 1969·10: 47-
　　　50.

이종무. "교회교육지도자 수련회 그룹토의 보고서", 「활천」 375, 1976·
　　　4: 57-59.

이주용. 「한국 교회교육 기획행정의 개선방안에 관한 연구」, 석사학위논
　　　문. 안양: 성결대학교 신학전문대학원, 2003.

이지연. 「교회 성인교육을 위한 성경공부 교재 분석에 관한 연구: 성결

교회 구역교재(1988-1993년)분석을 중심으로」, 석사학위논문. 부천: 서울신학대학교 대학원, 1996.

이형로. "교단교육과정 이해", 기독교대한성결교회 총회본부 교육국 편. 『교사대학』III. 서울: 기독교대한성결교회 출판부, 1992: 69-87.

이혜경. 「세계 선교를 위한 교회 교육 평가 및 제안: 장로교, 감리교, 성결교, 초등부 공과를 중심으로」, 양평: 亞細亞聯合神學硏究院, 1993.

임낙형. "'성결과 비전' 교육과정의 핵심주제", 한국성결교회연합회 편. 『'성결과 비전' 교육과정』, 서울: 기독교대한성결교회 출판부; 예수교대한성결교회 출판부, 2003: 33-43.

임동혁, "교단 교회 교육에 대하여", 「활천」332, 1968: 39-40.

임창복. "성결교회, 기독교장로교회, 그리고 감리교회의 교육과정 분석", 「교회와 신학」21, 1989.

장금현. "경성성서학원에 대한 연구(1907-1947)", 「성결교회와 신학」7, 2002·봄.

장금현. "경성성서학원에 대한 연구, 1907-1947(2)", 「성결교회와 신학」 8, 2002·가을.

장종철. "한국기독교회의 교육목회 모형에 관한 연구", 「신학과 세계」 21. 서울: 감리교신학대학교, 1990·가을: 265-303.

정부선. 「교회여성의 신앙의 개별화를 위한 교육모델에 관한 한 연구: 기독교 대한성결교회 성인초기(20-35세)를 중심으로」, 석사학위논문. 부천: 서울신학대학교 대학원, 1993.

정승일. "성결교회 교육의 실정", 「활천」332, 1968·8: 17-20.

정혜경. 「학습자 이해에 근거한 고등부 공과교재 분석」, 석사학위논문. 부천: 서울신학대학교 대학원: 기독교교육, 1995.

좌담회. "성결교회교육의 과제", 「기독교와 교육」1, 1989·1: 23-29.

주  간. "신학교인가(神學校認可)에 대하여", 「활천」 209, 1940: 1-2.

주교전련. "연구주일학교 선정에 대하여", 「활천」 321, 1963: 68-70.

주교전련. "주일학교의 연합예배와 위문활동", 「활천」 322, 1964: 46-48.

주일학교전국연합회. "기독교교육의 표준", 「활천」 323, 1964: 47-48.

지수근. 「교회학교 어린이 교육공과에 대한 연구: 성결교, 장로교, 감리교공과를 중심으로」, 석사학위논문. 부천: 서울신학대학교 대학원, 1984.

총회교육국. "성결교회 교육의 목표와 목적", 「활천」 434, 1989: 20-23.

총회교육국 편. 『성결교사 베이직』. 서울: 기독교대한성결교회 출판부, 2005.

총회교육국 편. 『BCM 교사 에센스I: 새김마루』 성결교회 교사대학 시리즈 제1권. 서울: 기독교대한성결교회 출판부, 2008.

총회교육국 편. 『BCM 교사 에센스II: 믿음마루, 사랑마루』 성결교회 교사대학 시리즈 제2권. 서울: 기독교대한성결교회 출판부, 2008.

총회교육국 편. 『BCM 교사 에센스III: 섬김마루, 소망마루』 성결교회 교사대학 시리즈 제3권. 서울: 기독교대한성결교회 출판부, 2008.

최인식. "다원사회와 서울신학대학교의 신학교육", 『21세기와 서울신학대학교』, 부천: 서울 신학대학교 출판부, 2002: 39-72.

최정윤. 「교육교회 교사상 및 교사교육에 관한 연구: 기독교 성결교단을 중심으로」, 석사학위논문. 서울: 이화여자대학교 교육대학원, 1996.

최희범. "서울신학대학 70년사 소고", 「신학과 선교」7. 부천: 서울신학대학교, 1981: 7-40.

편집실. "성결교회교육 발전형태에 대한 소고", 「기독교와 교육」창간호, 1989: 12-13.

편집실. "좌담회: 기대속에 발행된 공과", 「활천」 346, 1970: 47-52.

한국성결교회연합회 교육분과 편. 『‘성결과 비전’ 교육과정』, 한국성결교회연합회. 서울: 기독교대한성결교회 출판부; 예수교대한성결교회 출판부, 2003.

한미라. 「성결교회교육의 회고와 전망: 성결교회교육의 어제, 오늘, 그리고 내일」, 부천: 서울신학대학 기독교교육연구소, 1987.

한미영. 「기독교대한성결교회의 교육과정에 대한 연구」, 석사학위논문. 서울: 연세대학교 연합신학대학원, 2002.

홍은숙. “‘성결과비전’ 교육과정에서의 교사의 역할”, 한국성결교회연합회 편. 『‘성결과 비전’ 교육과정』, 서울: 기독교대한성결교회 출판부; 예수교대한성결교회 출판부, 2003: 62-72.

홍은숙. “‘성결과 비전’ 교육과정의 평가”, 한국성결교회연합회 편. 『‘성결과 비전’ 교육과정』, 서울: 기독교대한성결교회 출판부; 예수교대한성결교회 출판부, 2003: 73-80.

홍은숙. “유년부 교육과정”, 한국성결교회연합회 편. 『‘성결과 비전’ 교육과정』, 서울: 기독교대한성결교회 출판부; 예수교대한성결교회 출판부, 2003: 85-88.

홍은숙. “성결교회 교육에서의 교사의 역할 연구”, 「성결신학연구」8. 안양: 성결대학교 출판부, 2003: 181-192.

황선혜. 「교육과정의 기초를 토대로 한 성결교단 유년부교재 분석: 학습자를 중심으로」, 석사학위논문. 부천: 서울신학대학교 대학원, 1993.

황예식. “학생회 전국 연합회를”, 「활천」 336, 1969: 46.

허상봉, “교단 100주년, 교회학교의 현재와 미래”, 「어린양」40. 기독교대한성결교회 교회학교 전국연합회, 2007: 15-21.

홍순우. “교단선교 전략과 교육”, 「활천」 384, 1978: 19-26.

Ahn, Mi-Young. *Effects of Participatory Educational Program for*

*Revitalizing the Elderly in Case of Yuk-Chon Evangelical Holiness Church* (Korean text). Drew University, 2002.

Jung, Sang-Bae. *Effects of the 'Four-Fold Gospel' Bible Study Model on the Formation of Denominational Identity of Evangelical Holiness Church Members: A Case Study of Saeum Evangelical Holiness Church* (Korean text). Drew University, 2002.

Lee, Se-Young. *Effects of the Shared-Praxis Approach for Worship Renewal: A Case Study of the Sap-Gyo Evangelical Holiness Church* (Korean text). Drew University, 2002

Lee, Young-Woon. *Faith Development among Adult Christians in the Korean Evangelical Holiness Church in Korea.* Docotoral Dissertation. Talbot School of Theology, Biola University, 1993.

Nam, Eun-Kyoung. *La Catechese au Defi des Cultures: Aalyse et Comparaision Critique de Contenus et de Methodes Catechetiques en Coree et en Millieu Francophone.* Docotoral Dissertation. Strasbourg: Universite Mare Bloch de Strasbourg, 1999.

Park, Jong-Seok. "The Theology of Education". Seoul Theological University The Research Committee for the Theology of the Korea Evangelical Holiness Church, ed., *Introduction to the Theology of the Korea Evangelical Holiness Church.*

Park, Kyung-Soon. *The Relationship between Ministry Satisfaction and Organizational Climate among Sunday School Teachers in the Korea Evangelical Holiness Church in Korea.* Docotoral Dissertation. Talbot School of Theology, Biola 2001.

박종석　•약　력•

서울신학대학교 기독교교육과(B.A.)
연세대학교 대학원 신학과(Th.M.)
한국 4개 신학대학교(감리교신학대학교, 서울신학대학교,
장로회신학대학교, 한신대학교) 공동 박사학위과정(Ph.D.)

현재
서울신학대학교 기독교교육과 교수
한국복음주의기독교교육학회 회장
한국복음주의신학회
한국기독교교육학회
한국복음주의기독교교육학회 편집위원

•저　서•

『기독교교육의 지형도』
『기독교교육학의 선구자들』
『십대, 말씀으로 바로 세우기』
『기독교교육심리』 외

성결교회를 중심으로

# 기독교교육과 프락시스

- 초판 인쇄　　2008년 10월 20일
- 초판 발행　　2008년 10월 20일

- 지 은 이　　박종석
- 펴 낸 이　　채종준
- 펴 낸 곳　　한국학술정보㈜
　　　　　　　경기도 파주시 교하읍 문발리 513-5
　　　　　　　파주출판문화정보산업단지
　　　　　　　전화　031) 908-3181(대표) · 팩스　031) 908-3189
　　　　　　　홈페이지　http://www.kstudy.com
　　　　　　　e-mail(출판사업부)　publish@kstudy.com
- 등　　록　　제일산-115호(2000. 6. 19)
- 가　　격　　37,000원

ISBN　　978-89-534-9968-3 93230 (Paper Book)
　　　　　978-89-534-9969-0 98230 (e-Book)